2015

中国金融发展报告

——社会信用体系建设的理论、探索与实践

上海财经大学信用研究中心
上海国际金融中心研究院
上海财经大学金融学院

上海财经大学出版社

图书在版编目(CIP)数据

2015 中国金融发展报告:社会信用体系建设的理论、探索与实践/上
海财经大学金融学院编.—上海:上海财经大学出版社,2016.4
ISBN 978-7-5642-2388-5/F·2388
I.①2… Ⅱ.①上… Ⅲ.①金融业-经济发展-研究报告-中国-2015
Ⅳ.①F832

中国版本图书馆 CIP 数据核字(2016)第 048251 号

□ 责任编辑　李宇彤　石兴凤
□ 封面设计　周卫民

2015 ZHONGGUO JINRONG FAZHAN BAOGAO

2015 中国金融发展报告

——社会信用体系建设的理论、探索与实践

上海财经大学信用研究中心

上海国际金融中心研究院

上海财经大学金融学院

上海财经大学出版社出版发行

(上海市武东路 321 号乙　邮编 200434)

网　　址:http://www.sufep.com

电子邮箱:webmaster @ sufep.com

全国新华书店经销

上海华教印务有限公司印刷装订

2016 年 4 月第 1 版　2016 年 4 月第 1 次印刷

710mm×960mm　1/16　26.25 印张　471 千字

定价:69.00 元

2015 中国金融发展报告
——社会信用体系建设的理论、探索与实践

编委会主任：柳永明　叶伟春

编委会委员：
　　曹　啸　胡乃红　柳永明　叶伟春
　　吴以雯　陈利平　赵晓菊

前　言

　　人类信用制度的形成与发展可以划分为三个阶段，即以物易物为主的自然经济时期、以货币作为交换媒介的货币经济时期和以信用交易为主导的信用经济时期。

　　最早的信用活动产生于原始社会末期，私有制的出现造成了贫富的分化，产生了借贷关系，信用也随之而生。经过漫长的历史发展，信用制度不断演进，从最初的近于道德范畴的信任关系发展到围绕借贷行为展开的信用信息与服务活动以及相应的制度规范，同时也促进了人类社会的不断进步。

　　目前，全球已形成了三大信用体系模式：以欧洲为代表的政府主导的信用制度模式；以美国为代表的政府监管与民营企业规范运作的信用制度模式；以日本为代表的银行协会为中心的信用制度模式。各国的信用体系各有特色，国家与市场在信用体系中扮演着不同的角色，同时对经济的促进作用也有所不同。这些国家的信用体系的特点与经验值得我们总结与借鉴。

　　回顾国内，自新中国成立到1978年，我国实行了高度集中的计划经济，以国家指令性计划实现经济主体之间的经济联系，因此并不存在市场经济意义上的信用制度与信用体系。十一届三中全会之后，我国商品生产和交换得到空前的发展，信用活动日趋多元化，多层次、开放型的社会信用体系逐步形成。

　　1999年3月，童石军等全国政协委员联名提出了第一份关于社会信用问题的提案——《关于建立国家信用管理体系的建议》；同年8月，企业家黄闻云向时任国务院总理朱镕基建议我国建立"国家信用管理体系"，得到了党和国家领导人的高度重视。2002年，党的十六大强调

"整顿和规范市场经济秩序,健全现代市场经济的社会信用体系"。2003年10月召开的中共十六届三中全会通过的《中共中央关于完善社会主义市场经济体制若干问题的决定》提出,"把建立健全社会信用体系作为完善市场体系、规范市场秩序的一项重要任务",这为之后中国建设社会信用制度指明了方向。2005年,"十一五"规划提出了加快建设社会信用体系的具体要求。2012年12月14日,党的十八大提出"深入开展道德领域突出问题专项教育和治理,加强政务诚信、商务诚信、社会诚信和司法公信建设",明确了信用制度建设的四大重点领域。2013年3月15日,《征信业管理条例》开始实施,为信用中介机构的发展奠定了制度框架。

2014年1月15日,国务院常务会议讨论通过了《社会信用体系建设规划纲要(2014—2020年)》(以下简称《纲要》),并于2014年6月16日正式印发,成为指导我国社会信用体系建设的纲领性文件,我国社会信用体系建设开始有了完整的顶层设计。

正是在国家的持续推动下,我国的城市信用体系建设才不断取得新的进展。1999年9月,时任国务院总理朱镕基同志批示,同意上海市成为我国城市信用体系建设的试点,上海市的诚信体系建设工作由此启动。之后,北京市、浙江省、江苏省、湖北省、天津市等省市也都开始建设当地的信用体系,提出了诸如"打造信用城市"和"重建城市信用"等口号,地方社会信用体系建设不断推进。2014年12月16日,国家发改委与中国人民银行联合发布《社会信用体系建设规划纲要(2014—2020年)任务分工》和《社会信用体系建设三年重点工作任务(2014—2016)》,就贯彻落实《纲要》、加强社会信用体系建设作了具体部署。此后,河南、广东、河北、湖北、天津、江苏等省市也纷纷制定地方性信用体系建设规划,我国社会信用体系的建设开始全面展开。

经过30多年的建设,我国在个人信用体系、企业信用体系、信用中介行业、信用产品与服务、信用风险管理、全国和地方社会信用制度等方面从无到有,取得了长足的进步。但社会信用体系建设是一项庞大的社会系统工程,涉及经济、社会发展的方方面面,而我国的信用基础较薄弱,目前信用状况仍存在诸多问题,信用体系建设亟待进一步推进。

当然,我们应该看到国家在治理社会信用缺失、提升诚信文化、加强信用管理方面的巨大决心,为了在2020年初步建立社会信用体系的基本框架和完成各项工作任务,需要梳理好社会信用体系的各项构成要素及其相互关系。上海财经大学信用研究中心与上海财经大学金融学院银行系的师生们结合这一重大热点问题,在上海国际金融中心研究院课题"上海'十三五'规划:加快完善社会信用体系 促进诚信社会建设"的基础上进行深入研究,编写了本报告,旨在对社会信用体系建设的理论、探索与实践进行总结与分析，为促进我国信用体系的发展提出相关建设性意见。

本报告的基本结构为：第一篇对相关理论进行梳理，讨论信用体系中的市场与政府、法律与监管以及信用体系、经济增长与社会发展的关系；第二篇对国际上主要国家的信用体系进行分析，讨论美国、欧洲主要国家及日本、韩国等亚洲国家的信用体系建设历程并总结可供借鉴的经验；第三篇与第四篇回顾国内信用体系建设的进程与特点，从我国社会信用体系建设的不同阶段及特征、社会信用体系的数据环境与制度环境、地区信用体系建设的典型代表（包括长三角地区、北京市、天津市、重庆市、湖北省等）及上海浦东自贸区、北京中关村等特色园区分析信用体系建设情况；第五篇研究信用服务市场，从该市场的定位和功能、机构和产品、中国信用服务市场发展及现状进行分析，并讨论央行征信、征信机构及评级机构等主体；第六篇就社会信用体系建设的一些前沿问题展开讨论，包括中国诚信文化建设、互联网金融的信用风险与征信体系、P2P的违约风险、运用贷款信用保险解决中小企业融资难等专题。

本报告由柳永明、叶伟春主编，负责框架结构的设计、总纂与统稿。各部分的执笔者分别为：第一篇社会信用体系的理论基础（曹啸、曲亚楠），第二篇信用体系建设的国际借鉴（胡乃红、邱思佳、谷文臣、张剑、徐明文），第三篇中国信用体系的制度演进（柳永明、张琳、杨菡、蔡熠阳），第四篇中国信用体系建设的地方经验（叶伟春、卢策、徐伟、曾方子、洪志宇、付易坤、何逸云、苏天毅、孔贺），第五篇信用服务市场（吴以雯、刘思慧），第六篇社会信用体系建设热点专题研究（叶伟春、陈利平、陆蓉、曹志广、粟芳、邓鸣茂、赵海蕾、汪桂霞、田静晗、姜丹、朱文、杨燕、罗大成、沈思勉、柯文俊、肖振华）。

本报告得到上海财经大学金融学院创新金融人才实践研究项目以及学院领导和师生们的大力支持，特此鸣谢！

柳永明、叶伟春

2015 年 12 月 10 日

目　录

第五篇　信用服务市场

第六篇　社会信用体系建设热点专题研究

第一篇

社会信用体系的理论基础

第 1 章

经济学思想中的信用

信用有着社会学的含义,也有着经济学的含义。在经济上,信用的产生与理性计算、机会主义行为有关,也与信息和博弈等有关。本章从信用的概念入手,分析信用与这些活动的关系,并从制度、组织层面理解信用。

1.1 信用概念的界定

"信用"一词涉及伦理学、经济学、社会学、法学等诸多领域,具有极其丰富的内涵。从经济学的角度来看,颇具权威的经济百科全书《新帕尔格雷夫经济学大辞典》对信用的定义为:"提供信贷意味着把对某物的财产权给以让渡,以交换在将来的某一特定时刻对另外的物品的所有权。"《中国大百科全书》中将信用解释为:"借贷活动,以偿还为条件的价值活动的特殊形式。"

主流经济学在对信用问题开展理论研究时,主要是从信息经济学、博弈论等角度出发。所以本书在对经济学思想中的信用进行理论回顾时,不再简单地将其定义为"借贷活动",而是从信息经济学与博弈论的角度将其含义进行扩展:"信用是市场主体在多次重复博弈中,为追求自身利益最大化而作出的理性选择,具体表现为显示真实的信息、作出理性的承诺或采取可信的行动。"

信用问题不是一开始就被纳入经济学的研究范畴,因为在标准的新古典经济学框架中,假定市场是完全信息和零交易成本的,如有背叛的行为会马上被察觉,因此欺骗、不守信用等行为不可能在竞争均衡的市场上出现,不需要考虑交易执行中的信用问题。在构建完善的 Arrow-Debreu 体系中,交易主体诚实地进行交易,不存在背信弃义的问题。

20 世纪 70 年代以后,随着信息经济学、制度经济学的兴起,以及基于博弈论的分析框架在主流经济学中得到广泛应用,完全信息假设被证明与现实不相符,经济学家们逐渐认识到,信用对于促进社会经济发展和维护市场交易秩序具有重要的作用,主流经济学对信用问题的经济理论研究才逐步展开。

1.2 理性计算、机会主义行为与信用

美国经济学家威廉姆森(1985)提出信用问题的产生是因为人天生具有机会主义倾向,即不完整地或者是歪曲地透露信息的行为,以导致信息方面的误导、歪曲、掩盖、混淆或搅乱的蓄意后果。也就是说,如果未建立有效的监督和处罚机制,人的理性自利使得交易对手不太可能完全按照事先的约定履行契约,人与人之间的信任很脆弱,选择信任反而只会进一步助长交易对手的机会主义行为。威廉姆森(1993a)认为,假如信任超出了自我利益的理性计算,势必产生盲目和无条件的信任,这对于个体而言是无法在市场竞争中持续生存的。因为当事人事前不具有确凿的关于机会主义将会在何时何地发生的信息,他不得不采取各种控制措施来防范机会主义可能带来的危害。这些主要在强制权利和制止行动基础上建立起来的控制措施,使得当事人选择诚实地去履行事先的约定,要比选择违约更有利,形成了所谓的"正式控制"。例如,对专用性资产进行投资,由于资产专用性越高,就越难从一种用途转作另一种用途。有限理性的条件下,交易一方可能利用契约的不完全性来侵占对方由专用性投资而产生的可占用性准租,这属于事后机会主义行为,通俗地说是"敲竹杠"。

克莱恩等(Klein, Crawford and Alchian, 1978)指出,可占用性准租的存在造成了专用性资产投资交易的实现难度很大。如果缺乏相关的保护措施,很难让当事人相信交易对手不会在自己进行专用性资产投资之后采取机会主义行为。除非存在例如抵押或者第三方规制等措施,才能避免当事人因担心交易对手的"敲竹杠"行为而导致专用性资产投资不足。再者,如果交易是不断重复的,由于可置信的终止合作威胁的存在,使得机会主义行为虽然可带来

即时的收益,却远不及未来合作剩余收益的贴现,促使交易各方如实按事先约定行事,叶建亮(2004)把这种信用称为可计算的信用。

在建立防范措施问题上,伍尔什维斯等(Woolthuis, Hillebrand and Nooteboom,2002)提出反对意见,他们认为通过在自利的理性计算基础上建立的控制措施来防范机会主义,本身就是一种不讲信用的表现。因为正式控制的权力在一定程度上是有效的,但同时也产生了一些不利影响,如伽斯克(1984)指出这种控制权力会引发冲突,赫尔希曼(1984)则认为这种控制权力反过来也会导致相应的防范措施等。高歇尔和摩仁(1996)同样认为,正是因为经济活动中的相关当事人采取的各种正式的防范措施所传递出的不信任信号,进而导致机会主义行为的发生和忠诚的丢失,而这些又反过来会需要更多的控制,其结果必然需要耗费大量资源,势必又会造成资源配置的扭曲。这与本意上希望通过信用关系来使交易各方均能以低成本来获得资源的初衷背道而驰,因为当事人不得不将大量资源配置在契约的谈判和执行上。

尽管以上学者在防范措施上存在分歧,但他们都不否认经济人的自利性导致了信用问题的发生,只是威廉姆森认为在此基础上应该采取防范措施来保障信用的实现,但伍尔什维斯等认为建立防范措施本身就显示了不信任,信用是不可能建立在不信任基础上的。布莱恩(1998)进一步指出真正的信用应该是这样的,即在选择去信任他人的同时,察觉并维护自身行为上的脆弱性,且并不准备通过建立各种措施来维护自身的利益。米契尔(1995)指出如果需要耗费大量的成本在事前的防范、对契约执行进行的监督以及事后的违约处罚上,这种措施本身就造成了不信任的文化。

因此,他们反对通过理性计算来解释信用,认为应该更多从交易主体的态度来考察信用,而不是从保证交易顺利达成的防范措施来考察。伍尔什维斯等(Woolthuis, Hillebrand and Nooteboom,2002)指出信用在本质上是不可能由狭义的利益计算来解释的,因为人类不仅具有自利性和机会主义倾向,在商业交往中同样也存在诚实、正派等品格,信用可建立在关于互惠和责任、个人约束、传统行为等的社会规则之上。莱伯斯登(2000)明确提出,相信人们合作是因为这是天性,或者说这种合作已被社会化,而非某些成本结构促使他们去确保可信性。

如果人们之间互相信任,那么根本无须正式控制来维持信用,也就是说,信任可以替代正式控制的作用。即费尔和盖希特等(Fehr and Gaechter, 2000;Fukuyama,1995;Lane,2000)所认为的正式控制与交易主体间的信用互不相容或者相互替代。伍尔什维斯等因为增加正式控制本身即显示了不信任,进而引发对应的不信任和正式控制。而卢曼恩等(Luhmann,1979;Zucker,1986)通过实证研究发现,并无任何证据显示信任与正式控制可相互替代,事实上多数情况下正式控制与人际信用关系紧密关联。许多学者的研究表明,组织间的法律等制约是人际信用关系的重要前置条件,这些制约的存在使得人际信用关系变得更有可预见性。

列维茨基和邦克(Lewicki and Bunker,1995)提出了一个简单三阶段模型,他们从契约关系的发展过程出发,描述了信用关系形成演化的进程。在第一阶段交易各方是基于回报、声誉、惩罚等的计算作出决策;第二阶段则是在第一阶段获得知识的基础上采取信任或不信任的对策;到第三阶段便逐渐达成默契,形成了稳定的合作与信用关系,这种稳定的信用在脱离了强制约束情况下也能存续。这个模型为信用关系的动态演化提供了可能的框架思路,即在任何交易关系发生的初期,基于自利计算的信用是必要且稳定的,但是随着交易关系的长期开展,交互关系中的信息不对称会逐渐降低,这使得减少各种的正式控制反而有助于增进各方福利,于是原本个体选择的群体理性逐步开始演化为一个群体中的合作理性,这更加有助于整个物种的存续。假如从个体选择的角度分析,建立在理性计算基础上的信用关系显然更加有利于促进个体利益最大化。基于此,从自利角度出发制定的各种保障契约顺利执行的防范措施,确保并维持了信用关系的成立。巴尼和汉姆森(1995)认为这些保障措施通过长期的演化逐步内化在组织、制度和文化中,与个人偏好相结合,形成一种社会普遍遵循的信用价值观和信用文化。因此,从自利的理性计算出发来研究个体的信任,再到动态的和长期演化中的组织、制度和文化中的信任,经济学已分别在信息经济学、博弈论、演化经济学、制度经济学和经济社会学等学科领域对信用问题进行了融会贯通的理论研究。

1.3 信息、博弈与信用

1.3.1 信息与信用

1. 信息不对称理论

传统的经济学理论研究中,信息被假定是完全且对称的,所有信息都是公开且透明的,价格灵敏地反映了所有可获得的信息,并且能够不受任何阻滞广泛而及时地传播,使得经济行为主体都获得同样的信息,所有人都只能够根据所给定的价格做出选择,而不能影响价格的形成。市场参与者自动诚实地进行交易,市场上不存在欺骗、不守信用等问题。

完全信息假设后来被证明是不切实际的空幻假定,斯蒂格勒(1961,1967)

提出,经济行为主体是需要花费成本去获取相关信息的,且有时这种花费可能相当大甚至导致交易根本无法实现。因此,阿罗等(Arrow,1974;Radner,1968)指出,只要市场中存在信息成本,就会存在不完全信息。不完全信息的市场要比完全信息的市场更具有现实性和普遍性,由于信息的获取和传播都可能要花费成本,价格信息也不可能很及时地传递给每个需要的市场参与者,每个市场参与者的交易活动和结果也未必能够通过价格体系及时地予以传递,因此价格信息不可能完全地反映所有公开和未公开的、过去和现实的信息,而是只能反映一些历史的和已公开的信息。换句话说,市场通常情况下只能是半强式有效市场,无法实现资源配置的帕累托最优状态。同时,市场中广泛存在的信息干扰和传递障碍也进一步加剧了信息的不对称性。在此情况下,经济行为主体很可能会利用自身的信息优势,做出欺骗、违约和不守信用等机会主义行为。

信息经济学修正了传统经济理论中的假设条件,做出了不完全信息假设,把信息由可以忽视的条件变为必然存在的约束条件,使得信用相关理论更具现实性,解释力更强,为信用问题的研究扩展了视野并指明了方向。

如果将交易的过程分成事前(ex ante)和事后(ex post)两个阶段,则不对称信息的交易过程就会出现两个问题:一是主体的“特征隐瞒”或“隐藏知识”,即信息优势方在事前拥有对方所不知道的一些关于交易的信息,这就涉及事前交易主体的选择问题,例如投资者可能比银行更清楚关于一个项目投资的风险,但是在一定的利率条件下他会伪装成一个低风险者以获取银行的贷款。由此产生的一个问题是所谓的“逆向选择”问题。二是主体的“行动隐瞒”,即在事后,信息优势方并不完全按照事前的约定采取行动,例如工人在获得薪水支付之后并不是完全尽心地努力工作,偷懒和怠工等依然存在。行动隐瞒涉及的实际上是激励问题和监督问题,即如何让信息劣势方从自身利益最大化出发而同时尽量达到信息劣势方的最大化利益。在激励监督并不十分有效的情况下便会出现所谓的“道德风险”问题。

由此可见,信息不对称和交易成本的存在,导致了逆向选择、道德风险问题,而经济学讨论的信用事实上是研究如何有效地克服这两个问题。

2. 逆向选择与信号传递、信息甄别

逆向选择这一概念被用来说明交易主体在事前(签约或交易之前)由于信息不对称导致的交易选择问题,也称“事前机会主义”。1970 年阿克洛夫在哈佛大学《经济学季刊》上发表了一篇论文,题为《柠檬市场:质量不确定性与市场机制》,自此开创了逆向选择理论研究的先河。

柠檬市场(The Market for Lemons)也被称为次品市场,或者阿克洛夫模型,指的是信息不对称的市场,市场中产品卖方对于产品的质量拥有比买方更多的信息。"柠檬"在美国俚语中的意思是"次品"或者"不中用的东西"。而"柠檬市场效应"是指在信息不对称的市场中,好的产品往往会遭受淘汰,次品反而会逐渐占领市场,甚至完全取代好的产品,导致市场中出售的都是次品,在极端的情况下,市场会逐步萎缩甚至消失。

阿克洛夫在这篇论文中讲述了旧车交易市场的案例,作为柠檬市场的一个经典例子。在旧车交易市场中,买卖双方对旧车的质量存在信息不对称。卖方更清楚旧车的真实质量,而买方却无法(或者至少低成本)鉴别旧车质量。由于难以分清汽车优劣,典型的买方只能通过市场中的平均价格来判断汽车的平均质量,因此也只愿意支付平均价格。但旧车交易市场上的汽车有优有劣,若买方只愿支付平均价格,那么提供高质量汽车的卖方自然会受损,而提供低质量汽车的卖方会得益。于是质量高于平均程度的卖方就会将高质量的汽车撤出市场,从而市场上只留下质量低的卖方。相应地,买方也会调低平均质量预期并进一步降低出价,再一次导致卖方将高于平均质量的旧车撤出市场。依次反复,最终会导致整个旧车交易市场成为劣等汽车充斥的"柠檬市场",违背了市场竞争中"优胜劣汰"的选择法则,出现"劣币驱逐良币"的现象,这种机制后来被总结为逆向选择。

关于逆向选择的另一个经典例子是罗斯切尔德和斯蒂格利茨(1976)对保险市场的分析所揭示的投保人信息优势导致的逆向选择。保险公司在平均概率基础上确定某个险种例如健康保险的保费,但不同投保人的风险是不同的,而保险公司不可能逐个进行识别,只有投保人本人最清楚。一般来说,健康状况越差的人(高风险投保者)越愿意投保,导致保险公司的赔付率上升。保险公司因此要提高保费,这又使得健康状况良好的人(低风险投保者)更不愿意投保。其结果,保费价格不断上升,只有高风险投保者才愿意投保,导致保险市场的风险不断上升,形成一个典型的"柠檬市场"。

阿克洛夫提出的问题实际上是,一些市场并没有被次品所充斥,是什么机制在发挥作用。转换成的信用问题就是,卖方提供高质量的产品的激励是什么和买方凭什么相信是物有所值的,或者说买方是否能够低成本地识别产品质量的差异。

自从阿克洛夫通过研究旧车市场交易情况提出逆向选择问题之后,很多学者都尝试着站在不同角度从理论上来解决这一问题,其中较为经典的是斯宾塞,在研究劳动力市场存在的有关雇员能力的信息不对称问题时,从信息优势方的角度建立的信号传递理论;罗斯切尔德和斯蒂格利茨在研究保险市场上存在的有关投保风险信息不对称问题时,从信息劣势方的角度建立的信息甄别理论。也正是因为阿克洛夫、斯宾塞和斯蒂格利茨对信息经济学作出了巨大贡献,三人共同获得了 2001 年度的诺贝尔经济学奖。

信号传递是指市场中具有信息优势的个体为了避免与逆向选择相关的一些问题发生,通过向信息劣势方发送相关信号来显示自身的信息,实现有效率的市场均衡。

作为信号传递理论的开创者,著名经济学家斯宾塞最早于 1973 年在《劳动力市场中的信号问题》一文中提出了信号在市场中的作用,并在 70 年代发表的一系列关于信号传递问题的论文对此进行了深入的理论研究和分析,对于信息经济学和信用问题研究作出了开创性的贡献,解决了在信息不对称的情况下,具备信息优势的一方如何发送信号来显示自己的真实类型,以克服信息不对称带来的困惑。斯宾塞指出,劳动力市场上雇员有高能力和低能力之分,但是这些信息只有雇员知道,而雇主不知道,只能根据市场上雇员的平均能力支付工资。高能力雇员为了获得与自己能力水平相适应的工资,就必须设法向雇主传递一些信号,如"受教育水平"或"文凭",以显示自己的真实能力。根据这个信号,雇主就可以将高能力雇员与低能力雇员完全区分开来。威尔逊(1980)和沃林斯基(1983)对消费品市场的研究也指出,信息优势方在具有定价权的情况下,卖主喊价实际上等于向买方发送了关于产品质量的信号,甚至接近于一个可分离的均衡,从而缓解逆向选择问题。

罗斯切尔德和斯蒂格利茨(1976)进一步发展了阿克洛夫(1970)、斯宾塞(1973,1974)的研究成果,提出了利用信息甄别机制来克服逆向选择的途径。由于投保人知道自己的风险,保险公司不知道,因此保险公司针对不同类型的潜在投保人提供了一系列保险合同,每一个保险合同具有不同的保费和保险范围,由投保人根据自己的风险特征自主选择一个保险合同。通过这一菜单合同形成了一个不同风险的分离均衡,缺乏信息的一方可以将另一方的真实信息甄别(筛选)出来,实现有效率的市场均衡。威尔逊(1977)和赖利(1979)进一步讨论了这一机制存在的条件和带来的社会福利损失。

通过信息甄别还可以用来区分不同类型的贷款人(及其项目)。米尔德和赖利(1988)认为,在具有各种私人信息的借贷市场上,如果是竞争性的(不管是贷方和借方),则肯定具有可甄别的特征。换句话说,会存在各种发送借贷风险信息的信号来选择不同的借贷主体。作为贷款人,通过设计不同借款规模和利率的贷款合同,可以由借款人在选择这些合同的过程中自动显示不同的风险类型。他们的实证研究也证实,是风险更小的主体获得了更多的贷款。

信号传递和信息甄别都是用来解决逆向选择问题的,但解决问题的主体不同。信号传递的主体是信息优势方,信息甄别的主体是信息劣势方。在实际生活中,某一逆向选择问题的解决,可能会出现三种情形:一种是信息优势方主动进行信号传递,一种是信息劣势方主动进行信息甄别,还有一种情形是信号传递和信息甄别结合出现。实际情形主要取决于两种因素:一种因素是交易双方对交易的获益预期,谁的预期大谁就更主动。需要说明的是这里的获益预期,首先比较的是交易收益对各自的重要程度和相互影响程度,其次才是在同等程度基础上比较收益量的大小。另一种因素是某些交易自身的特点或者制度规则使得交易过程只能是单方主动。显然,那些对以上两种因素影响都不敏感的交易以及制度性规定双方同时主动的交易,常常是信息甄别和信息传递结合出现的,这种情形也很常见。因为主动而支付的费用(甚至是双方全部相关的交易费用),最终都在交易达成的合同中按照某个比例在双方之间进行了分摊。

3. 道德风险及其解决机制

道德风险被用来描述从事经济活动的人在最大限度地增进自身效用的同时做出不利于他人的行动。

早在亚当·斯密(1776)时代,人们就已经开始关注道德风险的存在,但直到1963年,美国著名数理经济学家阿罗在对医疗保险的分析中才最早提出这一概念。他在研究健康护理的福利经济学时发现,如果医疗费用全部或部分地由健康保险来承担,那么与被保险人自付医疗费用时相比,医疗服务将被过度消费,即导致道德风险问题。阿罗意识到道德风险的存在将导致市场失灵,以至于许多保险市场可能根本就不会出现。

对于被保险人过度消费导致的道德风险问题,一个有效的控制方法是通过合约建立费用分担机制。兰德公司曾于1974~1982年在美国2 756个家庭(7 708人)中做过一个实验,结果表明,有无自负比例对被保险人年均医疗费用具有极其重要的作用。这从实验的角度证明了过度消费的存在以及建立费用分担机制对控制医疗费用的有效性,该实验就是著名的兰德健康保险实验。

具体而言,费用分担的形式可以有三种:设置免赔额、共保比例和保单限额。免赔额是指保险机构只支付某一确定数额以上的医疗费用,低于该数额的费用由患者自负;共保比例是指保险机构只承担医疗费用的一定比例,其余比例由患者自负;保单限额与免赔额正好相反,限额以下由保险机构支付,限额以上由患者自负。三种方法都是通过适度提高患者自负比例,从而提高需求的价格弹性,最终达到抑制费用增长的目的。但三者在具体作用对象上不尽相同。如免赔额法对免赔额以上的费用有效,而对低于但接近免赔额以及免赔额以下的费用非但无效,甚至还有推动其上涨的副作用;而保单限额方法则恰恰相反。因此,将三种方法结合使用效果更好。

值得注意的是,尽管费用分担机制可以有效减少过度消费,但它对费用的控制力度要受到两方面的限制。一是受保障水平的限制。患者的自负比例越高,对过度消费的抑制力度越强,但同时也意味着患者获得的保障越少。保障水平的下降不符合社会医疗保险的基本目标,也会使商业医疗保险产品失去吸引力,因而费用分担比例只能是十分有限的。二是受医疗服务市场信息不对称的限制。如前所述,患者在医疗服务市场上处于信息劣势,医生对医疗费用的影响力远远强于患者,且患者的过度消费也必须通过医生的配合才能实现。因此,对医疗保险中道德风险的控制,关键在于对医疗机构诱导需求的控制。

兰德公司的实验证明了建立费用分担机制对医疗保险中道德风险控制的有效性,这种费用分担机制实质上是保险公司与被保险人的契约约定,同样也适用于借贷市场。借贷市场中,在借贷行为发生后,借款人有可能违反借款合同的约定,进行高风险项目投资,导致不能按期偿还贷款,形成道德风险。阿扎里亚迪斯和史密斯(1993)对存在代际转换的金融市场的研究得出了类似的结论,即可以通过设计合理的契约(信贷规模和利率以及保险)来保证这一市场的借款人诚实履行还贷并且保持社会的福利。

此外,通过重复借贷和声誉机制也可以抑制借款人的事后机会主义行为,控制道德风险。斯蒂格利茨和卫斯(1983)指出,因为重复借贷的未来收益预期会抑制借款人即期的机会主义行为,如一旦银行发现借款人的不还贷行为就结束再贷款,这种威胁会促使借款人努力控制风险和如实归还贷款。戴蒙德(1989)则研究了在逆向选择和道德风险并存的借贷市场上,重复借贷过程中,贷款人的贷款记录对于获得再贷款的规模和利率的影响。结果显示,大多数贷款历史短的和新贷款人获得贷款将接受更为苛刻的条件,这种机制是一种有效的激励制度以促使贷款人诚实守信,形成良好的声誉。戈顿(1996)对美国早期自由银行时期银行债券的研究也得出了类似的结论。

道德风险同样也存在于委托代理关系中。由于现代企业所有权和控制权的分离,产生了委托人与代理人之间的委托代理关系。詹森和麦克林(1976)将委托代理关系定义为一种契约关系,在这种契约下,一个人或更多的人(即委托人)聘用另一人(即代理人)代表他们来履行某些服务,包括把若干决策权托付给代理人。

随着对委托代理理论研究的不断深化,人们认识到委托代理关系不仅存在于所有权与经营权分离的企业中,而且存在于人类社会的其他领域。由于委托人和代理人往往信息不对称且存在利益冲突,导致委托代理关系中道德风险的发生。即委托人与代理人签订合同并建立委托代理关系后,委托人无法观察到代理人的某些私人信息,特别是有关代理人努力程度方面的信息。在这种情况下,代理人可能利用其拥有的信息优势采取委托人所无法观测和监督的隐藏性行动或不行动,导致委托人损失或代理人获利。因此,委托人必须给代理人适当的激励来减少他们之间的利益分歧,促使代理人在追求自身效用最大化的同时,能最大限度地促进委托人的利益,于是近些年来关于经理人激励的各种理论蓬勃发展。

委托代理关系中激励机制理论的研究主要围绕在不拥有代理人完全信息的条件下,委托人如何根据所观测到的信息奖惩代理人,以激励代理人选择对委托人最有利的行动。关于经理人激励的几种主要理论介绍如下:

(1)声誉激励理论

法玛(1980)提出了经理人声誉激励的思想,认为当经理人的能力愈高时,委托人支付给经理人的报酬就愈高。因此,经理人在过去的工作中,就有积极性通过努力工作取得好的成绩来向委托人传递他的高能力信息,或者通过好的成绩影响未来委托人对他能力的评价,从而提高未来收入。并且认为,现实中的激励问题并没有委托代理理论中所提到的那么严重,"时间"可以解决问题。他强调经理人市场对经理人行为的约束。拉德纳(1981)和鲁宾斯坦(1979)的研究也证明如果委托代理关系是重复的无限次博弈,则当双方都有足够的耐心时(即贴现因子足够大),帕累托一阶最优风险分摊与激励都可同时实现。

(2)棘轮效应理论

魏茨曼(1980)在研究苏联计划经济制度时提出了"棘轮效应"的概念。他认为从激励角度看,委托人支付给经理人的报酬只有与经理人的能力和努力水平相关时,才会产生激励效应(或甄别功能)。激励经理人一个实际需要解决的问题是如何设计对经理人业绩进行评估的"标准"。当经理人的业绩高于这个标准时,就可以认为经理人的能力或努力水平是"较高"的,从而经理人越努力,企业的"标准"可能被委托人不断向上调整,导致努力生产的经理人反而受到惩罚,而聪明的企业经理会通过隐瞒生产能力的方法来对付委托人。

(3)锦标赛理论

拉兹尔和罗森(1981)提出锦标赛理论,认为经理人的报酬多少只与他在所有经理人中的排序有关,与他的绝对努力程度不直接相关。该理论认为,当经理人的业绩之间存在相关性时,即经理人受到共同的不确定性因素影响时,通过锦标赛机制可以剔除更多的不确定性因素,从而使委托人对经理人努力水平有更为准确的判断。而霍姆斯特姆(1982)却认为,除非经理人面临的不确定性因素是完全相关的,或者经理人的业绩只能用序数测量,否则锦标赛机制不会使观测量所包含的信息量得到充分利用,因为单纯的业绩排序并不是反映经理人努力水平的充足统计量。

激励机制理论能够有效解决现实生活中委托代理关系面临的道德风险。当委托人通过契约授权代理人从事某一活动时,为防止代理人的失信行为,就要通过设计激励和约束条款使得代理人即使完全从自身利益最大化的角度出发,也会做出符合委托人利益最大化的行动。

1.3.2　博弈、合作与信用

1. 博弈论

博弈论是研究人们的策略互动行为,以及策略的均衡问题的理论。博弈可以分为合作博弈和非合作博弈两种。合作博弈强调团体理性,即参与人都认识到合作能给大家带来最好的结果,因此使参与人之间达成具有约束力的协议。而非合作博弈表现了个人理性,具体而言就是每个参与人都依照各自的最优决策采取行动,从而实现个人利益最大化。但是由于每个参与人的非合作行为,个人理性作出的决策并不一定会实现各自原定目标。

自 20 世纪 70 年代以来,许多经济学家和数学家对重复博弈过程中的合作均衡进行了系统研究,为分析和解释有限理性下的人类信用行为构建了有力的理论基础。

2. 囚徒困境

在多次重复和演化的博弈过程中研究长期演进的信用关系,一次性博弈中的"囚徒困境"是重要的研究起点。

囚徒困境是非合作博弈中的经典案例,反映了个人的最优选择未必是团体的最优选择。其原文是"the Prisoner's Dilemma",又被译为"囚犯的两难困难"或"囚犯难题"等,是 1950 年由社会心理学家梅里尔·M. 弗勒德和经济学家梅尔文·德雷希尔拟定相关困境的理论,后来由艾伯特·W.塔克以囚徒方式阐述。之后纳什有两篇关于非合作博弈的重要文章分别发表于 1950 年和 1951 年。塔克的这项工作同纳什的文章一起被认为基本上奠定了现代非合作博弈论的基石。因此,囚徒困境的重要性自然不言而喻。

在囚徒困境中,两个囚徒都试图选择对自己最有利的行为方式,结果却发现陷入了对双方都不利的境遇。原因在于两个囚徒本性都是利己的,在一次性囚徒博弈中,参与人出于自身利益的考虑,沉迷于机会主义行为,无法形成信用与合作,对他们来讲,不管对方采取何种行动,选择不合作(坦白)永远是占优的策略,结果导致的均衡却是"两败俱伤",信用在单阶段交易中是无法实现的,除非有其他的保障机制。

3. 重复博弈与合作均衡

在一次性博弈中,参与者可能会为追求自身利益最大化而产生失信行为,导致信用风险。经济学家进一步证明,在多次重复博弈中,参与者为了维护长远的合作关系和长远利益的实现,将有可能致力于建立和维护自己的信用形象,自发地形成博弈主体间的信用机制。

最早研究重复博弈问题的是卢斯和雷发(1957)。他们认为,有限次重复博弈中,合作均衡是无法获得的。因为按照逆向归纳分析法分析,一旦参与人预期到博弈即将结束,则会在最后一次选择背叛,但是对方会预期到这一情况而选择在倒数第二次提前背叛。以此类推,结果参与人最优的策略是一开始就选择背叛,并在接下来的每一期都选择背叛。由此得出的结论是,在可预期的有限次重复博弈中合作均衡将无法形成。卢斯和雷发接着证明了如果博弈的次数是无限次重复的,则对双方都有利的合作均衡可以作为子博弈精炼纳什均衡的形式出现,这就是著名的无限次重复博弈民间定理,又称无名氏定理。

夏必克(1959)和弗里德曼(1971)也总结出了这一定理。其经济学意义在于,在无限次重复博弈中,只要博弈结束概率足够小,即交易具有长期性,且交易双方对未来收益的贴现足够高,即使存在短期欺骗的动机,理性的参与人也会从长期利益出发来维持相互的合作。交易反复进行时,具有长期利益的参与者之间将容易建立信用关系,因为合作的长期利益远远大于失信获取的短期利益。也就是说,信用是在重复博弈中当事人谋求长期利益最大化的策略选择。

简单而经典的例子来自克瑞普斯(1990)提出的"信任博弈"。这个博弈结果揭示了决策者从各自利益最大化出发选择行为,结果是既没有实现整体利益最大化,也未能实现自身利益最大化。

Rander(1985)对委托代理关系中的具有贴现率的重复博弈的研究也证明,在重复博弈中,只要每一参与人以其长期平均期望收益帕累托优于单阶段的纳什均衡,则有效率的合作均衡就可以在纳什均衡中得以维持。在长期博弈中采取"触发策略"是占优的均衡策略。所谓触发策略,是局中人对于对手违背合作策略而采取的惩罚性策略。即参与人在开始时选择合作,在接下来的博弈中,如果对方合作,则继续合作,而一旦发现对方背叛,则随即选择背叛,且永不合作。很显然,对于背叛后长期合作收入流的丧失的考虑会迫使参与人放弃背叛的企图。

弗里德曼(1985)接着证明了,即使在有限次重复博弈下,满足一定的条件也可以得到合作均衡。尼曼(1985)在扩展了参与人的规模之后,证明了当参与人是有限理性的情况下,给定参与人规模的有限次自动控制的博弈的囚徒困境中也会形成合作博弈。弗登伯格和马士肯(1986)也证明只要重复博弈的次数足够多,无限次重复博弈的无名氏定理在不完全信息有限次重复博弈中同样成立。这意味着,即使在有限次交易的情况下,满足一定条件下的交易者相互信任的合作机制还是可以成立的。

胡伯曼和格兰士(1994)动态考察了囚徒困境博弈中合作均衡的形成机制。他们指出,理性的参与人将根据他们的行为对他人影响的预期来作出选择。他们通过计算机模拟证明,即使在一个起初非合作的群体之内,在经过一段时间的交互作用之后会逐渐出现合作特征的行为。

近期的研究主要关于在双边道德风险和逆向选择情况下的合作均衡存在性问题的探讨。伯斯特和冯·戴蒙(1997)建立了一个存在道德风险的双边的重复交易模型,约翰尼斯(1999)研究了厂商与消费者的重复博弈,探讨了在双方都存在道德风险和逆向选择条件下,双方是如何形成合作信用的机制的。

4. 合作机制的演化

人类个体具有自利性,每个人都有自私动机,但人类社会的信用与合作现象又是普遍存在的,如何来解释这一矛盾? 这种群体的信用与合作机制是如何形成与演化的? 艾克斯罗德(1980a,1980b,1984)关于合作机制演化的研究,为连接博弈论关于个体间合作机制向群体合作机制的演化奠定了基础。

艾克斯罗德采取计算机竞赛模拟的实验方法,对长期囚徒博弈导致合作均衡进行了出色的实证研究。模拟竞赛的结果是,一个名为"针锋相对"(tit for tat)策略的程序获得的分数最高。从信用机制的角度而言,艾克斯罗德的研究结果意味着,信任别人、不首先欺骗别人、对别人的欺骗进行必要的处罚后原谅对方,并继续信任对方,这种信用关系对于经济主体在长期社会交互关系中的收益最大。因此,这一计算机模拟不仅揭示了长期重复博弈中合作均衡的形成与演化机制,同时还在一定程度上揭示了信用的形成与演化机制。

万尼克和史朗宁(2002)的实验研究也表明,大部分主体在开始时都选择信任和互惠的行为,且在与新的主体博弈中,信任和互惠都会置于一个较高的水平。该研究还发现,一些背叛的行为在短期内会对参与人的关系产生冲击,但长期来看,这种影响几乎可以忽略。这再一次证明,人类在与他人关系的行动选择中也显示出对信任与合作的偏好和对背叛的容忍。

接下来的问题是,信任与合作的策略是否稳定? 是否可以长期存续? 史密斯(1974,1978)提出了集体稳定策略(collective stable strategy,CSS);艾克斯罗德(1984)认为"针锋相对"策略中体现的信任与合作只有在长期的交互关系中才能成为集体稳定策略,而且一旦一个社会形成了这样一种机制,那么任何背叛的变异策略都无法入侵。

因此,威尔逊(1998)提出在社会演进过程中,信任与合作作为集体稳定的策略必然要灌输于整个群体内的某种载体和机制中,文化、组织、制度、宗教与伦理道德等便是这种维护集体合作与信任的载体。而诺斯(1990)认为,正式制度、法律和国家则是社会演进到更高层次的博弈均衡罢了。

但是,集体稳定策略的一个假设前提是已经存在一个采取某一特定策略的预置,而忽视了纳什均衡多重性的问题。后来史密斯(1982)对这一理论的不足进行了改进,提出了进化稳定策略(evolutionarily stable strategy,ESS)。"针锋相对"策略就是一个进化稳定策略,ESS 意味着最后均衡是这些策略的后代在演进中的种群规模比例保持稳定了。

重复博弈、"针锋相对"策略及其动态的进化、集体稳定策略、进化稳定策略等理论为我们理解合作机制的形成和演进提供了理论基础。此外,演化经济学还研究了合作机制的演化过程中个体理性(或个人秩序)如何向群体理性(扩展秩序)演进的问题。哈耶克(1988)对个人合作秩序的扩展进行了集中的探讨,他认为扩展秩序完全是自然的产物,是在自然选择过程中通过自然演化形成的。

1.4 制度、组织与信用

人类的交易是基于信用的交易,信用的范围制约着人类交易的范围。而信用的扩展是以一系列相应制度以及组织为载体来实现的。换言之,人类的理性会在博弈中形成各种制度和组织,以在不同层面上保障交易者之间的信用,并进而促进交易效率的提高和交易的扩展。

人类社会在发展过程中,不断地总结学习,寻找更有利于自身发展的方法,并将许多有利的方法形成了社会规则。这些规则一开始表现为惯例和禁忌等,最后以正式律法的形式存在。制度的这一发展演进过程,同时也是人类知识和文化的演进过程,在哈耶克(1964)看来,就是社会秩序自发的文化演进过程。因为当我们把经济活动看成由许多博弈构成的时候,具有有限理性的人们就需要不断地总结经验和教训,不断地探索未知的领域、寻找新的对策,这些经验教训和探索积累的传承便构成了人类的知识和文化。哈耶克(1973)认为,人们在这样的经济博弈中,互动的、独立的、学习的和遵循规则的个体会"自发"地形成社会秩序。

美国经济学家安德鲁·肖特(1981)用博弈模型展示制度生成机制的演化情形,验证了哈耶克的"自发社会秩序"理论。其分析思路为,制度的出现首先要解决人们社会生活中普遍存在的囚徒困境博弈和其他协调博弈问题。如果一个社会反复地面临某种囚徒困境博弈，那么它应该演化出某种行为规则，以避免反复出现的非效率的均衡策略的采用。另外，这样一个规则应成为一个社会惯例，它规定了在重复博弈情况下当事人的行为，并且将被他们所遵循。当博弈重复出现时，这一规则将界定某些被反复实施的非均衡的 n 维数组的使用。然而，如果这种博弈是囚徒困境类型的，在每次重复的时候，均存在博弈者偏离规则的激励。这样约束人们不做占优策略均衡的制度规则就会出现。肖特指出，强调囚徒困境弈局的反复出现（即重复博弈）这一点非常重要，"因为，社会制度最好是被描述为由某种特定成分博弈的反复进行而形成的超博弈的非合作均衡，而不是一次性博弈的特征"。接着，肖特又按照这一思路考察了维系不平等的博弈，即具有一个原状的协调博弈，进一步论证了他的这一观点。这样，通过考察囚犯困境博弈和协调博弈，肖特得出了以下哈耶克式制度自发生成论的结论："它们是通过人类行动而不是人类的设计而有机地滋生出来的，因而是个人行为的结果，而不是人类集体行为的结果。"

惯例是最初的制度形态，它是一种自我维系的内生性秩序，产生于自利和具有有限理性的个体在资源稀缺的竞争环境中的相互博弈，是群体中每个人都认识到并遵从的规则。刘易斯（1986）认为，惯例是被社会所有成员同意的，在特定的反复出现的情况下规范行为的准则。韦伯（1968）认为，惯例是一种非正式的规则，是一种长期的习惯行为，是经验上的某种共识。肖特（1981）也强调惯例是某个群体中所有人员的共同知识，并为大家乐意遵守。惯例显然是一种原始的社会契约，个体对这种契约的遵守是一种普遍信用的实现。惯例的形成说明社会制度得以从人们的博弈中内生出来，并成为新的博弈规则。惯例也并非一成不变，如果新的社会经济形势使得不按惯例办事可以获得更多的利益，那么这些惯例就会受到破坏而被改写，博弈的规则将进行调整。当然，如果人们发现某些惯例被破坏造成了混乱而不利于群体的发展时，这些惯例便会受到许多人共同的强制保护而成为禁忌。

如果惯例是人们在不断博弈中所掌握的日常生活中有效率的原初基本行事原则，那么禁忌就是人们从博弈中所理解的生活中哪些事情不能做的原初规则。或者说，禁忌是人们在同自然以及人们相互之间的博弈过程中认识到的不能够做的事，原因是博弈的多次重复使人们获得了做这些事情可能带来严重后果的经验，例如禁止近亲结婚等。禁忌是要求所有的人都必须遵守的社会契约，并受到全体遵守这一规则的人的监督执行。与惯例相比，禁忌已经具有一定的强制力，许多民族对于触犯禁忌的人都会给以严惩，所以我们事实上可以把禁忌看成是早期的律法形态，具有正式规则的形式，而事实上许多禁忌也被立法者写入了正式律法。更进一步来看,如果禁忌是某个部落的族长或酋长设立的,则这些禁忌在一定程度上便具有律法上的意义。当社会群体中出现强势团体时,这个团体为了自己的利益就可能设立一些规则以使自己的利益最大化,这些规则就已经有了正式制度的形态。

由于惯例和禁忌是人们在现实生活中长期博弈的结果,因此在很大程度上它们都能够体现公平原则,或者说正是由于公平性才使得惯例和禁忌得以形成。因此,由惯例和禁忌长期施行而形成的知识积累便会逐步演变成人们的道德习惯,从而违背惯例的行为就成了不道德的行为。既然每个人对惯例和禁忌的遵守是一种遵守共同契约的行为,那么对这些行为的肯定和认可自然也使得守约演化成了道德行为,因此几乎所有的文明传统中诚实守信都成了重要的道德标准。但违约事件还是会在"道德社会"中产生,哪怕是偶然的行为也可能会动摇社会道德基础,于是,管理者可能会希望通过设立惩罚机制来维持原有的秩序,这就产生了正式规则。当然,正式规则并不是随心所欲地创造出来的,斯力奇(1998)认为法律是习俗的明文化,而哈耶克则不断地强调自发秩序衍生的规则。当然,人为秩序也是存在的,但人为秩序是不同的利益集团相互博弈的结果,西方国家国会的立法过程明确地说明了这一点。即使是集权国家也不可能随意地制定一项法规,因为如果此法规与现在的自发秩序不一致,实际执行过程中造成人们的动机和行为扭曲,结果也与创立规则的初衷相悖。人类社会的发展壮大和正式规则的普遍实施使得社会的多样性和复杂性日益突出,于是由人们不断博弈组成的社会便产生了人人都需要遵守的规则。

正式规则的产生意味着执行这些规则的人或机构固定地充当第三方的角色,那么此时整个社会的信用秩序便主要取决于两个方面:一是规范的行为规则;二是这些规则的执行实施情况,这取决于执行者的行为和公众的监督。不公平的规则不可能长期施行,因为长期内人们都会认识到制度的不公平而不会遵从这些规则,就如同奴隶社会的规则不可能长久一样。规则具有公平性的同时还需要得到公正的执行,而执行者的信用恰好体现在其在执行规则的过程中能否坚持公正的立场。执行者事实上被赋予了可以带来租金的特定的权利,如果执行者因此而发生寻租行为,那么违约者可以用违约所得的部分好处"购买"免于得到的更大惩罚,结果便可能造成整个社会信用秩序的混乱。从这个意义上讲,需要对执行者实施监督。如果专门安排一个监督者来监督执行者,进一步的逻辑就是,监督者也需要监督,谁又来监督这个监督者呢?按照上述逻辑,必然会形成一个长长的监督链,由处于顶端的集权者层层监督下去,这事实上就是集权政治的表现。且不论这种监督机制的效率如何,从博弈论的角度来看,更为有效的办法是互相监督约束机制,也就是让公众时时监督执行者的行为,因为互相监督本身就是信用产生的重要条件之一。

总之,制度和信用一开始都是从人们的社会经济实践中内生出来的行为规则,随着人类社会的发展,人为的制度开始出现,同样,信用也需要第三方约束来维持。从博弈的角度来看,公平公正原则逐渐成为对制度和第三方约束的内在要求。

而组织作为个体或个体集合之间的一种稳定的交易模式,各种类型的交易都需要被安排在某种组织框架内,组织实际上是交易得以进行的一种机制。因此,人类合作机制和信用机制的演进以及扩展必须依赖于一定的组织。

叶建亮(2004)从制度与组织的视角,对交易扩展中的信用进行研究,他根据交易的基本维度,即交易的重复性和交易对象的特定性两个方面将交易扩展区分为四个层次,并对各个层次所依赖的组织和制度进行研究。首先是对象特定的、单次的交易,最为典型的是代际投资的交易,即父辈对子辈的抚养和子辈对父辈的赡养交易中的信用;其次是对象特定、重复的交易,交易双方通过双边机制来制约对方,达到信用均衡;再进一步扩展为对象是不特定的多个的、重复的交易,主要通过多边机制加以约束;交易扩展的最高形式是对象不特定的单次匿名交易,对此匿名交易下信誉和信任都必须依赖于第三方的权威治理。

龙游宇(2007)则从博弈演化的视角对信用产生和演进的条件进行了分析,指出信用组织形式在逐步演进,由个别信用到团体信用,再到需要第三方协调的信用,最后演进到由国家(或政府)固定地充当第三方的角色,且上述的各种信用的形式总是共存于一个社会框架内,具体体现为局中人之间的相互约束治理、熟人社会中信息传播治理、第三方非强制治理、第三方强制治理、法律治理以及利用技术创新的治理等。

阮德信(2006)认为,经济发展水平决定了信用发展的阶段性。信用经历了三个发展阶段:局部区域的诚实守信为主的阶段;跨区域的诚实守信为主的阶段;全社会范围的诚实守信为主的阶段。信用制度是对信用现象的规范和制约,它的演进经历了三个逐渐递进的阶段:人伦信用制度阶段、契约信用制度阶段和社会契约信用制度阶段,且这三个阶段是逐渐递进的,具有层递性。

以上学者从不同的角度出发,总结分析了信用发展不同阶段组织和制度的形式,其本质上却有相似之处,即基于亲缘的信用关系是最初的信用形式;随着人类交往范围的扩大和经济活动复杂性的增加,通过互惠基础上的声誉机制和惩罚机制等保持信息高度流通,降低信息不对称来促进信用关系的建立;如果依靠以上机制都不足以阻止机会主义行为的发生,则必须借助于以契约为保障、以法律为后盾的强制性信用保障机制。

1. 基于亲缘的信用保障机制

基于亲缘的信用关系及家族组织,是最为基本的信用,它是有血缘关系的个体之间的相互信赖和互不欺骗。在这个阶段,个体间的合作行为可以通过汉密尔顿(1964)提出的亲缘选择理论来解释。该理论认为,为了更好地使自己的基因得到繁衍,个体会帮助与自己有血缘关系的他人。亲缘选择虽然可能降低"利他者"自身的适合度,即个体存活和成功繁衍的可能性,但增加了广义适合度,即成功传播自身基因或与自身基因相同的可能性。合作行为的强度与亲缘亲近程度成正比:亲缘关系越近,利他倾向越强。因此,家庭组织作为人类最古老和最稳定的组织,其基础正是基于亲缘的信用关系,家庭组织作为基本信用载体的扩展是家族、氏族以及传统社会对姓氏的尊重与认可。普特南(1993,1995)、福山(1995)等社会学家的研究也表明,亲缘基础的信用关系的稳定性决定了现代社会的工业组织。那些亲缘信任文化浓厚的文明和区域,如华人企业和意大利南部的企业都具有深刻的家族痕迹。

亲缘选择理论可以较好地解释具有亲缘关系个体间的合作行为,但却不能较好地解释非亲缘关系个体间的合作行为。随后,研究者提出了直接互惠理论、间接互惠理论等来解释非亲缘关系个体间的合作行为和信用机制。

2. 互惠基础上的信用保障机制

特里弗斯于1971年在博弈论的框架下提出直接互惠的思想。直接互惠理论旨在解释亲缘选择理论所不能解释的远亲或者非亲缘关系的个体之间的合作现象。该理论认为:在重复互动下,与从自利的角度所作的决策相比,如果合作能获得更高的收益,这时的行为主体会选择合作策略,甚至会牺牲短期利益,以谋求增进长期收益。在直接互惠条件下,参与个体的动机是各自的私利,而策略选择的最终结果是双方获利,是一种"你帮助我,我帮助你"形式的互惠机制。直接互惠需要参与人之间存在重复交往,所以它对"熟人社会"中的人类合作行为的解释力很强,可以覆盖广泛的社会生活。

但是随着人类交往范围的迅速扩大,当社会结构由"熟人社会"过渡到以人口快速流动为特征的"陌生人社会"之后,一个人会与其他许多人进行交互,本次交互可能遇到这个主体,下次交互可能遇到另外一个主体,即交易对象是不特定的。而且与一个主体交互之后,以后再与其相遇的概率很小,即使再次相遇,也不会因为其曾经与自己交互过而特殊对待。有鉴于此,亚历山大在1987年出版的《道德体系生物学》中系统阐述了间接互惠的概念。间接互惠理论指的是,在众多个体的彼此交互过程中,一个个体对另一个个体的合作和帮助行为不能直接从对方获得回报,而只能通过第三方获得间接的回报,也被称为第三方利他。间接互惠是"你帮助我,我帮助他"或"人人为我,我为人人"形式的互惠。亚历山大的间接互惠理论为陌生人之间的合作建立起一条合作链,所以,他认为间接互惠促成了人类大规模的合作,也促成了伦理道德和法律体系的产生。

互惠基础上的信用也是人类最为基本的信用关系之一。例如,在原始社会,个体抗争自然和生存的能力显然要远远低于群体。因此与集体共同狩猎和生活是对各方都有好处的,原始公社制度便成为这种互惠信用凝结的一个载体。

市场与贸易是迄今为止最为有效的建立在互惠信用基础上的一种组织形式。专业化分工提高了劳动生产率,也推动着商品的交换,因此哈耶克(1988)指出交换的市场与贸易便成为维持各方专业化分工带来好处的基本保障。而市场与贸易(特别是远程贸易)的生成必须依赖于一定的信用机制,人类社会围绕市场与贸易的互惠好处发展了一系列信用机制,如声誉机制,以保证交换能以更加低的交易成本进行。

克瑞普斯、米尔格罗姆、罗伯茨和威尔逊(Kreps, Milgrom, Roberts and Wilson, 1982)构建了一个声誉模型。该模型通过引入非对称信息,研究了不完全信息重复博弈中经济主体之间合作行为的可信性问题,被称为"KMRW声誉模型",他们的思想被总结为"KMRW 定理"。KMRW 定理的一个直观解释是(张维迎,1996),每一个参与人尽管在选择合作时可能会面临被对手出卖的风险,但是如果不合作则暴露了自己的类型,从而失去长期合作收益的可能(如果对方是合作类型的话)。因此,如果博弈重复次数足够多的话,出于对未来收益的考虑,每一个参与人都会尽量树立自己合作的良好声誉(即使本质上是非合作类型的),以获得对手同样的回报。

由于社会分工和专业化的存在,现实中的大量交易并不是频繁发生和重复进行的,通常的情形是,交易个体不断地改变交易伙伴,因此交易者本人往往很难通过选择"以牙还牙"的"触发策略"来对欺诈行为进行惩罚,在这种情况下,交易者又如何能够有积极性建立和维持良好的声誉呢? 神取道宏(1992)对这一问题进行了研究,并拓展了"KMRW 声誉模型",他把互利协议的非正式实施机制分为两类:第一类称为"个人实施"机制,其典型特征是对欺诈行为由受害者本人实施惩罚。由于只有在惩罚严厉和迅捷的前提下才能发挥作用,所以这种机制通常只适用于频繁而长期的关系。神取道宏证明如果欺诈行为存在蔓延过程,则违反社会规范的交易者会受到社会成员的惩罚,被社会成员排斥在外,这就迫使交易双方守约,促进声誉的形成。特别是存在可靠信息生产机制和制度的前提下,即使信息生产和传递机制本身不具有强制力,也将导致社会有效交易的出现。神取道宏的研究表明,尽管一个社会中不同经济主体之间的交易次数非常有限,但是如果存在信息传播机制能够及时将交易者的欺诈行为传递给其他相关成员,并由他们对欺诈者实施惩罚,同样可以促使交易者有激励维持诚实的声誉。

米尔格罗姆、诺斯和温加斯特(1990),格雷夫(1993),格雷夫、米尔格罗姆和温加斯特(1994)研究了在商业团体内部的放逐、仲裁、排斥等处罚措施对形成高效率均衡的作用。但这种团体内部的惩罚只能在交易秩序封闭的情况下有效,而且由于缺乏强制力,交易的扩展就会使这种惩罚失效。这就需要强制性信用保障机制对非合作方进行惩罚,从而维持高效率均衡。

3. 强制性信用保障机制

尽管汉密尔顿的亲缘选择理论、特里弗斯的直接互惠理论、亚历山大的间接互惠理论等机制可以在一定程度上解释人类的合作行为,但是在以上各种合约的执行中,由于囚徒困境、逆向选择和道德风险等问题,在个人利益的驱动下,如果没有强有力的惩罚威胁,合约规则很可能形同虚设。

另外,重复互动、声誉机制等都不允许利他性合作在规模很大的群体中演化,比如波伊德和理查森(1988)等已经论证,有条件合作的针锋相对类的策略只能在4~8人的小规模群体中成功演化,即使再次相遇的概率足够大,仅仅依靠针锋相对类的策略或其他互惠行为也很难维持大规模群体的合作秩序。可见,重复互动只能支持一定规模内的二元关系之间的合作。莱马尔和哈默斯坦(2001)指出,声誉机制只有在群体规模比较小且迁移很少发生的条件下才能导致合作行为的稳定演化。

2002年瑞士学者费尔和盖希特发表在英国《自然》杂志上的论文指出,惩罚是促进合作的有效机制。第三方强制性的实施机制是任何规则都能够得以实施的基本前提,这呼唤制度性惩罚的介入。现代社会的稳定依赖于公正的第三方,即不受到违反规范本身影响并从惩罚中没有直接受益的公正的决策者,其通过惩罚执行道德规范的能力和意愿。能够以独立第三方身份执行惩罚的能力可能是人类合作规范得以稳定运行的独特机制。

格雷夫(1994)和亨里赫(2010)等发现,在人类发展的进程中,为了提高惩罚的效力,群体趋向于形成自我管理的机制,惩罚背叛者的权力被赋予特定的权威集中者。如吉布森和马科斯(1995)发现,传统社会的村民会请求他们的首领来调节争端;格雷夫(1993)发现,中世纪欧洲的商人创立了工会来维持商业秩序。惩罚基金可被看做维护公共利益的制度雏形,如奥斯特罗姆(1990)描述了许多小规模社会自筹资金保证合约执行的例子(如雇用一个执法者)。古斯(2007)等认为,由于集权化的制度可以更有效地克服协调问题和"搭便车"问题,且从演化的角度来看比同辈惩罚更有效率,因而将这种基于集权化制度的惩罚称为制度性惩罚。制度性惩罚在人类社会中实际担当了维持社会秩序的主要责任。西格蒙德(2010)等的模型显示,人们会自发地采取自我管理的制度来监督对合作的贡献和惩罚"搭便车"者。在复杂的社会中,集权化的惩罚和法定权威对维持社会的合作秩序更有意义,且作为权威的监督者扮演着重要角色。

在现代社会,规范的执行主要有两种方式:第一,对于维护法律规范,主要是通过违法行为得到法律和社会的正式的惩罚而实现。第二,社会规范是通过非正式的形式为法律规范提供支撑,并通过在本地区成员之间自发的监督和控制得以执行。制度性惩罚是以国家权力作为强制力的一套制度体系,但是一个重要的前提是,强制力的介入有时会带来系统的不稳定。例如,拉波尔塔等(La Porta,Lopez-de-Silanes,Shleifer and Vishny,1997)指出,政府信用度的高低在很大程度上决定了整个社会信用度的高低。法律制度如何有效保障信用机制,将是一个有待进一步研究的课题。

第 2 章

信用体系中的市场、政府、法律与监管

信用体系有着广义和狭义之分,信用体系健康发展的关键是处理好市场、政府、法律与监管在其中的关系。

2.1 信用体系的构成

国外学术界很少使用"信用体系"一词。伊腾·诚和考斯达斯·拉帕维查斯所著的《货币金融政治经济学》(1999)中,第四章标题就是"信用体系",书中指出"资本主义信用体系是由货币市场、个别银行信用、自发产生的企业之间的商业信用组成的(由上至下)的金字塔式的结构"。

关于信用体系的概念,国内文献资料有不同的观点,但明确界定其内涵并深入探讨其理论依据的文献不多,且有的文章中只能依靠上下文来辨析信用体系的含义。

有的文献重点强调了信用体系中的制度因素,如陈文玲(2003)将信用体系概念与信用制度概念等同使用,在中国与美国信用体系的比较和借鉴的分析中,可以归纳出信用体系至少涵盖了与信用相关的法律法规体系、征信数据的开放和使用、信用服务企业主体的培育、失信惩戒机制等内容。

也有文献从局部的角度提出信用体系的概念,如张军扩等(2005)指出,社会信用体系有广义和狭义之分。广义的社会信用体系包括与信用交易有关的四个主要环节和方面:一是信用的投放;二是信用风险的管理和控制;三是信用信息的开放和服务;四是对失信行为的惩戒。狭义的社会信用体系主要是指与上述第三类活动(即信用信息的开放和服务活动)有关的体制框架和服务体系。其中,信用信息的开放和服务,指的是实现市场主体的信用信息依法公开、收集、加工和传播。

大部分文献比较认可将信用理解为具有社会学和经济学双重意义的范畴,然后比照成熟国家的实践提出信用体系的概念。如贺学会、尹晨(2005)认为建立高效完善的信用体系应涵盖七方面内容:一是建立健全信用法规体系;二是发展以征信机构和信用增值服务机构为主体的信用服务体系;三是完善信用监管体系;四是实施征信行业标准化建设;五是建立共享的信用信息系统;六是强化失信惩戒机制;七是加强信用道德文化的建设。比较经典的是朱毅峰、吴晶妹(2003)从三个层面介绍了美国的信用管理体系,较为全面地总结了信用体系构成的本质内容。即:第一是国家信用管理,主要管理内容是立法和执法;第二是非政府性的行业信用管理,主要是对信用经营机构、信用信息管理机构和信用管理服务机构的管理;第三是信用环境建设,主要由信用管理的法律法规、不良信用惩罚机制(由民间运作并自愿执行),以及信用管理教育与科研共同构成。持相似观点的文献如高宏业(2010)把社会信用体系的内在机制分为三个层次:一是道德规范;二是法律规范;三是市场规范。而征信解决的就是市场规范问题。征信通过形成信用激励和惩戒机制,规范社会信用,在社会信用体系建设中处于基础和核心地位。

还有学者认为,信用体系是各种信用形式的集合,如社会信用体系包括企业信用、商业信用、银行信用、个人信用,或者信用体系就是个人信用、企业信用和国家信用。

不可否认,我国信用体系研究产生了一批各具特色、颇有见地的成果,但是不少是以感性经验为基础的对策研究,而关于信用体系构成、功能及内在规律等基本理论的研究比较匮乏,缺乏令人信服的理论支撑;另外,站在体系全局角度展开的研究不足,忽视了信用体系建设的整体性和配套性。

2.2　信用体系中市场、政府、法律与监管的关系

2.2.1　市场与政府关系的基本理论

有关市场与政府配置资源的作用，以及两者之间的关系，西方经济学家至今尚未形成较为一致的看法。有的认为市场可以自动实现资源的优化配置，无须政府插手经济活动；有的认为市场也有缺陷，市场机制的自发作用不可能实现资源的优化配置，政府应当对经济活动进行干预，以矫正市场缺陷；也有经济学家认为，政府也有缺陷，政府在对经济干预过程中会出现政府失灵现象，市场做不了或做不好的事情，政府也未必能够做得了或做得好。但现代西方经济学家们关于市场与政府理论有一个基本观点，即现代市场经济是"市场之手"和"政府之手"共同作用的结果，忽视任何一个方面都会造成灾难性的后果。

以亚当·斯密为代表的古典经济学家认为，市场机制这只"看不见的手"完全可以实现资源的最优配置和经济发展，政府的职能就是提供国防、法制和公共产品，而不应当深入经济活动内部直接干预。继亚当·斯密之后，让·巴蒂斯特·萨伊、纳骚·威廉·西尼尔、约翰·穆勒等古典经济学家在市场与政府问题上基本上秉承了亚当·斯密的自由放任主义基本内核。

20世纪以后，特别是1929年的经济危机和随之而来的30年代初期空前的、长期的经济大萧条暴露了自由市场和自由调节的不可靠性，从而彻底摧毁了放任自由经济下的市场神话，导致经济自由主义濒于破产，并在市场经济领域中为政府干预主义树立了百余年来前所未有的权威地位。庇古在《福利经济学》(1920)一书中认为，亚当·斯密的"看不见的手"的原理虽然正确，但并不是无条件的，由于外部性的广泛存在，国家要对经济进行干预以消除外部性对经济的影响，从而使资源配置达到最有效率的状态。

1926年，凯恩斯在其《自由放任主义的终结》一文中，公开表明放弃自由放任主义原则，并在1936年出版的《就业、利息和货币通论》一书中系统阐述了政府对经济干预的思想，确立了凯恩斯主义经济学的理论体系。

20世纪70年代初，西方国家出现了高失业和高通货膨胀并存的经济"滞胀"现象，按照凯恩斯主义的理论，失业率高时，通货膨胀率下降；失业率低时，通货膨胀率上升。"滞胀"现象的产生使西方学者开始怀疑凯恩斯的国家干预主义，并导致了经济学理论向自由放任的自由市场制度"复归"。20世纪70年代以后，新自由主义经济学取代凯恩斯主义在西方国家占据主流地位。其

基本主张是：古典自由主义经济学的"看不见的手"的原理仍然是正确的；资源的有效配置只能由市场来执行，任何市场以外的力量都不能代替市场的作用，只会起破坏作用；即使市场本身具有难以克服的缺点，但克服与纠正市场缺点的唯一办法在于通过产权明晰等措施予以完善，决不能依赖市场以外的政府干预。以往之所以会出现市场失灵，正是由于政府干预的结果，而不是市场本身的原因，政府本身也有不可克服的缺陷。

20世纪80年代，由于新自由主义经济理论在解释西方世界的经济衰退和低通胀率下持续的高失业等现实问题上力不从心，一批主张"国家干预"的经济学家在继承传统凯恩斯主义基本信条的基础上，引入一些新的经济分析方法对传统凯恩斯主义进一步修正，提出国家的经济政策还是有积极作用的，这批经济学家的主张被称为新凯恩斯主义经济学。新凯恩斯主义学派的主要特点是把"国家干预"建立在否认古典两分法基础之上，认为市场是不完全竞争的，有非瓦尔拉斯特征。斯蒂格利茨是新凯恩斯主义经济学最有影响的代表人物之一，他认为现实中所有的市场都是不完备的，信息总是不完全的，政府干预市场并把干预范围集中在较大、较严重的市场失效方面是合理的。斯蒂格利茨也认为，政府的经济行为同样具有一定的弊端，政府干预的结果也不是十分完美的，不完全信息、不完备市场等也将导致"政府失灵"。新凯恩斯主义经济学派以不完全竞争、不完善市场、不对称信息和相对价格的黏性为基本理论，坚持"非市场出清"这个最重要的假设，认为在货币非中性的情况下，政府的经济政策能够影响就业和产量，市场的失效需要政府干预来发挥积极作用。

将上述历史演变过程综合起来看，我们可以发现，各学术流派的争论可以归纳为自由主义和政府干预主义之争。但一般来讲，各学派的理论对于市场的优化资源配置作用已达成共识，其分歧点主要在于政府和市场各自应在多大范围和程度上发挥作用。各种理论的产生与发展都是与当时的经济发展状况相联系，对经济现象做出理论上的解释，并为政府制定政策提供理论依据。

2.2.2 信用体系中市场、政府、法律与监管的关系

国内文献关于信用体系中市场与政府关系的研究相对较少，大多着重于研究信用体系建设中政府的职能定位，并附带提到政府应如何处理好与市场的关系。如杨蕾（2003）认为，政府应从制度、操作、价值三个层面发挥积极作用，以构建完善的社会信用体系。一是从制度层面来看，政府首要的任务是为社会信用体系建设提供制度保障，利用立法手段将诚信的理念和规范以法律的形式表现出来，并借助于国家强制力保证实施，即信用立法；二是从实际的

操作来看,政府应该完善信用体系的基础建设,积极促进信用产业的发展,加快对信用管理机构的监督;三是从价值心理层面看,政府应该以身作则,树立"信用政府"形象,通过教育实践,强化契约精神,重塑诚实守信的价值观念和社会道德秩序。

孙洁、刘芳芹(2003)总结发达国家建立社会信用体系的经验,认为在信用管理方面,政府所起的作用包括:在信用方面的立法和执法(包括银行信用方面的立法、非银行信用方面的立法和失信惩罚机制);政府对信用行业的监督管理;政府对全社会的信用教育和管理。

上述文献本质上都认为,在信用体系建设中,政府应从信用立法、信用产业监督管理和社会信用环境营造几方面发挥重要作用。除此之外,潘晓珍(2005)认为政府还应承担社会信用制度供给的职能以支撑信用体系的运转,同时提供必要的信用信息公共服务,实现信用信息资源共享。在信用体系建设过程中,还应考虑政府职能的限度问题,在行为限度方面政府应规范自律,构建法治政府;在关系限度方面不应该也不可能成为社会信用体系的唯一构建者和包办者,而应正确处理政府与社会信用中介组织、企业和公民个人之间的关系,充分发挥各市场主体的积极性、主动性,共同推进社会信用体系建设。

蓝寿荣(2009)也认为,应充分发挥市场的主导作用,在市场经济条件下,政府的职能是对经济生活实行宏观调控的间接引导,而不是事必躬亲进行直接管理;是提供市场游戏规则,而不是直接的参与。在处理与市场的关系上,必须是市场优于政府,充分发挥市场经济的功能,政府只做市场做不好和做不了的事,市场的有效功能扩展到哪里,政府作用就收缩到哪里。

以上文献的研究多是以我国信用体系建设的背景为基础,借鉴发达国家政府与市场关系理论以及信用建设实践经验展开的。事实上,不同模式的信用体系中政府与市场的关系是不同的,两者相互补充,协调发挥作用。

信用体系是市场经济发展的必然产物。在信用交易成为市场交易的主要方式、信用工具被大规模使用以及信用风险日益显著的背景下,社会信用体系成为影响一个国家经济发展的重要方面。经过上百年的市场经济发展,发达国家形成了相对比较完善的社会信用体系。但是,由于各国经济、文化、历史不同,不同国家形成了不同的社会信用体系模式。

邱伟(2002)、安贺新(2004)、徐宪平(2006)等根据信用体系中政府的作用和市场的力量的不同,总结了发达国家三种主要的信用体系建设模式,即政府主导模式、市场主导模式和会员制模式。这三种模式不仅体现着信用体系中市场与政府之间不同的关系,实际上也是政府对信用体系的三种监管模式。

1. 政府主导模式

政府主导模式,也称欧洲模式。政府主导模式的主体是政府。政府不仅通过法律的制定来保障整个社会信用体系的运行,而且一般还通过直接设置专门的部门和机构对整个信用体系的建设进行深度的参与,信用信息的征集工作主要由政府的专门机构来完成,绝大多数信用评级机构也是由政府出资参股设立。这些机构的共同点是服务于社会公共利益,而不是一般的商业机构。

2. 市场主导模式

市场主导模式,也称美国模式,即以商业征信机构为主体形成的社会信用体系。市场主导模式强调的是市场机制,完全实行市场化运作,征信公司是以营利为目的的商业组织,对市场交易主体的信用状况进行调查登记,将资料记入电脑数据库,连续跟踪其信用变化情况,向社会提供有偿服务。政府是市场秩序的监管者,不直接参与征信活动,政府的作用是制定信用管理法律并监督相关法律的执行。

3. 会员制模式

会员制模式,也称日本模式,由会员制征信机构和商业性征信机构共同组成社会信用体系,这主要是由于日本的行业协会在日本经济中具有较大的影响力。信用信息的征集和使用主要依靠行业协会的自律约束,政府只是制定法律并监督法律的执行。

由此可见,三种不同的信用体系模式中,市场与政府之间的关系也是不同的,但其共同点是,政府都要制定信用管理法律并监督相关法律的执行,来保障整个社会信用体系的运行。

信用体系的建立必须依靠市场力量,但信用体系的培育也不是一个完全自发的过程,需要有政府的制度供给与监督、执法。以凯恩斯为代表的西方主流经济学派为政府干预经济提供了理论依据及现实方案,政府能够通过自身权力进入经济领域,如公共产品的提供、外在制度的制定、市场行为的管理等,做到了单纯依靠市场办不到的事情。

市场经济发达国家的经验同样表明,单纯依靠市场机制难以建立完善的信用体系,还必须借助政府的力量,尤其在信用体系建立的初期,政府的作用尤为明显。政府是构建信用体系的主要推动力,无论是信用立法、征信制度的建立还是社会信用中介机构的培育等,都离不开政府的制度供给和积极推动。当然,这么说并不意味着政府在信用体系的构建中居于主导地位,而是强调其发动机的作用。例如苏振芳(2003)、邹向群(2005)、董才生(2008)等发现美国在其信用体系的发展过程中,尊重经济规律,始终强调市场的主导作用,但良好的市场经济秩序还需要健全的法律体系和监管机制作为保障,美国政府逐步建立健全信用服务业相关法律体系,于是在 20 世纪 60～80 年代的 20 年间,美国的信用管理相关立法纷纷出台,这些法案构成了美国信用管理体系正常运转的法律环境,并随着市场经济的进一步发展变化而经常不断修订和完善。

除了法律和监管作用,政府自身的信用也在社会信用体系中起着基础性、决定性、导向性的作用。关于政府信用的思想来源于 17、18 世纪英国资产阶级思想家霍布斯和卢梭提出的社会契约论。该理论着重说明国家是人们由于理性驱使,为摆脱无序争夺状态而寻求有组织和平生活而相互订立的一种社会契约,人民与政府之间本质上存在着政治委托—代理关系:公众将行政权委托给政府行使,同时期望获得能维持其利益的政府产品,这实际上构成了政府的义务或职责。政府代理公众行使行政权,并通过履行职责获得继续存在和发展的利益。而政府信用就成为决定这种委托—代理关系存续的最重要因素,如果政府无法回应公众的期待和信任,就会出现信用危机,威胁到委托—代理关系的存续,也意味着政府对社会的违约。

钦利(2000,2002)等指出,当公众对政府的信任程度较高时,公众对政府开支和活动的支持程度也较高。奥坎波(2006)认为,每当一个新的政策宣布时,信任都会发挥作用。这一点正如艾尔斯等(Ayres and Braithwaite,1992;Levi,1998;Tyler,1998)提到的,信任能提高公共政策被自愿接受的程度,鼓励遵纪守法,从而有助于降低行政成本和政策的顺利实施。比安科(1994)指出,对于政府而言,公众的高度信任使更大的政策创新和冒险成为可能,而低度的信任则会威胁政府的稳定及合法性。

因此,要充分发挥政府在信用体系建设中的作用,必须提高政府信用。古德赛尔(2006)明确指出:"政府的最高宗旨是建立公众的信任,以使民主成为可能。"奥斯本和格布勒(1992)提出,把信任作为对政府进行根本性改革时起支持作用的一个因素,公众的普遍不满反映出政府的信任危机,反映出政府"合法性"受到怀疑和挑战,因而致力于提高公众对政府的信任度,重新确立政府在公众心中的"合法地位",就成为各国行政改革的重要动力和目标。

第 3 章

信用体系、经济增长与社会发展

信用活动与经济增长的相关性问题是当前经济学领域的研究热点,国内外众多学者都展开了卓有成效的研究。

3.1 国际经验与比较

英国经济学家希克斯(1969)提出,"交易就是凭承诺进行贸易,但除非有使承诺恪守不渝的适当保证,否则凭承诺进行贸易便归于无效",指出了信用在商品经济中具有的重要作用。阿罗(1972)认为,信用是一个社会经济构建和运作的润滑剂,是包含于交易行为的基本要素。离开人际的基本信用,整个社会的交易维持成本将急剧上升,从而导致整个社会交易进而是经济的衰落。福山(1995)也认为,信任是一个降低所有社会、经济和政治关系的执行成本的有效途径。普特南(1993)提出了社会资本的概念,他认为信用是社会资本的重要组成部分,信用能够通过促进合作行为来提高社会的效率,从而促进经济繁荣。此外,兹埃克和奈克(2001)指出,各国在法律制度、社会制度安排及经济程度上的差异会导致人们之间的信任度及各国信任水平的差异,由此导致各国的经济增长和发展水平的不同。

在定量研究方面,国内外学者通常选用信用规模来衡量一个国家的信用活动和信用交易水平,即信用体系的发展水平,选用国内生产总值 GDP(Gross Domestic Product)或国民生产总值 GNP(Gross National Product)作为衡量一个国家经济发展水平的指标。然而,信用总规模通常被认为是国内各个部门(包括政府部门、金融部门、非金融企业部门和居民部门)信用规模的总和,它是各类信用工具(包括债券、贷款、商业赊购款、货币、存款)余额的合计。不同的学者基于其研究目的和范围,对信用规模指标选取的范围有一定的差异。

最早进行信用与经济增长关系的相关定量研究、贡献较大的是美国学者弗里德曼(1981),他在论文《宏观经济分析中货币与信用的作用》中,深入分析了不同层次的信用规模对经济增长所起的作用。弗里德曼选取国内非金融债务总额、非联邦债务、私人非金融债务、总债务和银行信贷作为负债类指标,同时选取基础货币、M1、M2、M3 和净资产总额作为资产类指标,考察了美国在 1946~1980 年间这 10 个变量与 GDP 之间的变化,旨在比较信用与 GDP、货币与 GDP 之间的关系。首先,他用简单比率的分析方法,计算了这 10 个变量与 GDP 比率的标准差系数,观察它们与 GDP 关系的稳定性;其次,建立了 10 个变量的回归方程,对 GDP 的增长率进行回归,考察每个金融变量与经济增长的稳定性;最后,使用向量自回归的方法,分析不同经济期间所选择金融变量与 GDP 之间的相关关系。弗里德曼得到以下主要结论:美国所有非金融借款人的信用活动与美国非金融经济活动之间有密切的相关性;非金融负债与经济的相关性显示出很强的稳定性;提供给私人和公众的两种负债之间存在着此消彼长的替代关系。

法科勒(1990)的研究指出,美国的私人非金融债务总额(含州与地方政府债券)与实际经济增长之间存在相对稳定的比例关系。他从美国财政赤字快速增长这一事实推论出,联邦信用规模与私人信用规模对宏观经济运行有着重要的影响。法科勒采用向量自回归的方法估计不同的信用规模总量,包括基础货币、联邦信用、私人信用对宏观经济变量的效应。最终方差分解分析的结果表明,基础货币、M1、私人信用规模、联邦信用规模对实际经济产出的波动均有显著影响,其中联邦信用规模对经济变动的影响最大。

后来的学者也多采用上述两位学者的研究方法来研究信用与经济增长之间的关系。研究成果表明,信用交易规模与经济增长之间确实存在着一定的作用关系,且很多学者认为前者对后者具有正向的拉动作用。

吴晶妹(2002)利用数量分析的方法,对美、德、法、日、韩 5 国 1990~2000

年间的经济增长和信用总规模的历史数据进行了比较分析,得出了大多数国家信用交易总规模与 GDP 均呈同方向的增长,且信用总规模的增长高于 GDP 的增长,前者与后者之间存在一定的作用关系的初步结论。

高波、钱蓁(2003)对美国、德国和日本经济快速增长时期的信用制度建设和经济发展情况进行了案例分析,研究发现,在各国经济快速增长阶段,信用体系的建立和完善对其经济增长具有巨大的促进作用。

吴晶妹(2004)将弗里德曼的研究区间进行延伸,研究美国新经济条件下各层次信用规模与 GDP 之间的关系,同时还提出信用依存度的概念(即经济增长对信用交易的依赖程度,体现了信用活动的发达程度及信用交易对一国经济的贡献),研究并总结了经济对各层次信用活动的依存程度及其变化,指出信用规模、信用结构与经济增长密切相关,揭示了信用活动发展的轨迹与空间。

国外学者芬克(2006)等对美国、英国、法国、意大利、德国、日本和荷兰 7 个发达国家 1950~2001 年的数据进行研究,发现除德国外,其他 6 个国家的信贷增长、债券市场发展和股票市场发展都是 GDP 增长的原因。

蒋恒波(2010)将信用制度引入经济增长模型,论证了信用制度作为降低交易成本的重要影响因素,在以分工为主要因素的经济增长中扮演着重要的角色,甚至在一定程度上决定了经济增长的效率。然后以信用规模为中介变量,阐述和比较了美国、法国、巴西、中国信用制度不同形态与发展阶段,并运用协整分析、脉冲响应函数、方差分解等方法系统比较了四国经济的信用化率及信用制度对于经济增长的拉动效应。

也有部分学者的研究数据表明信用对经济增长的拉动作用不明显,如吴晶妹(2003)将信用活动从信用总规模和各部门的信用规模两个层次刻画,经济增长以 GDP 水平为代表,选取了美国 1960~2000 年的数据为样本,对信用活动与经济增长这两个经济变量作相关分析、一元线性回归分析和弹性分析,考察这两个经济变量相互关联的密切程度,以及信用活动对经济增长的作用。研究发现:(1)无论是信用总规模还是各类信用的规模,都与 GDP 水平有极强的相关性。在 GDP 水平较低时,信用总规模和各类信用规模通常也比较低;GDP 水平较高时,信用总规模与各类信用规模也比较高。(2)信用总规模、各类信用的增长与 GDP 的相关关系有差异。但总的来说,除了政府信用外,各类信用的增长与 GDP 都具有较强的相关性,表现在 GDP 水平较高时,信用总规模和各类信用规模才有较快速的增长。(3)信用总规模、各类信用规模的年增长额与 GDP 年增长额没有表现出明显的相关关系。

综合来看,多数学者对发达国家的不同阶段、不同层次信用规模条件下的历史数据进行比较分析,其经验显示,信用规模与 GDP 密切相关,信用规模对经济增长有极强的拉动作用,信用体系的建立和完善对经济增长和社会发展有极其重要的意义。

3.2 中国的经验和证据

近年来,国内许多学者对我国信用与经济增长、社会发展之间的关系进行了研究。在如何有效拉动内需成为经济理论界的研究热点的背景下,周利国(1999)最早提出,大力发展消费信用、扩大消费者信用交易规模,是刺激消费、商品流通发展和经济发展的一种手段。陆家骝(2001)提出,信用资源作为经济体系的内涵资源因素,主要以降低经济活动交易成本的方式来提升经济系统运行的效率。茅于轼(2002)定性分析了良好的信用能促进经济增长和社会发展。朱先奇和董玲(2003)认为,信用问题归根结底是经济问题,信用与经济发展存在明显的相互促进、相互制约的关系,经济越发展,信用就越发达,信用的发展完善又进一步促进经济的发展。晏艳阳等(2006)提出,信用是维系社会经济正常关系的纽带,信用缺失将导致需求不足、政府的宏观调控政策和工具难以发挥作用、使经济运行受阻、增加交易成本等诸多危害。田励平、徐祗坤(2009)从交易成本和博弈论的角度分析完善信用体系对经济发展的重要性,指出建立良好的信用体系可以降低市场中的交易成本,提高企业的竞争力,促进市场经济的健康发展。

国内关于信用与经济增长的关系问题的定量研究始于吴晶妹(2002),她运用最小二乘法对中国信用总规模与 GDP 年增长进行了相关分析,结果是信用总规模低于 10 万亿元时,即 1987～1994 年,信用总规模是经济增长的原因,信用总规模每增长 1 亿元,带来 GDP 年增长 3 100 万元,而在信用总规模处于 10 万亿～25 万亿元时,格兰杰因果检验证明,信用总规模增大导致经济增长减缓,相关系数达－0.99。

之后,国内多位学者从定量研究的角度,对我国信用与经济增长、社会发展的关系进行实证研究。部分学者研究结果表明,一定条件下信用规模增长才能带动经济增长,如张兴(2003)选取国家信用、商业信用、证券投资信用和银行信用之和代表信用总规模,通过对中国 1978～2001 年间的货币供应量 M2、信用总规模和 GNP 的统计数据进行数量分析,得出货币供应量和信用规模的增长速度与 GNP 的增长速度有一定联系的结论,并推断,只有当货币供应量和信用规模的增长速度同向变动时,才能拉动经济的持续增长。他认为,目前我国的货币供应量增长很快,但由于我国的信用交易不发达,信用规模的增速却相对落后,这是造成我国国民经济增长放缓的主要原因。

吴晶妹等(2007)的研究颇具启发性,他们分别选取美国1960～2005年与中国1990～2005年的历史数据作为研究对象,分析了信用活动和信用交易规模与经济增长之间的内在关系。研究发现,美国信用总规模的变化会引起GDP的变化,反过来GDP的变化也会影响信用总规模的变化;当中国信用总规模低于10万亿元人民币时,经济增长随着信用总规模的扩大而加快;当信用总规模在10万亿～25万亿元人民币时,GDP的增长随着信用总规模的扩大而减缓;当信用总规模超过25万亿元人民币时,经济增长又开始随着信用总规模的扩大而加快。由此看来,信用活动与信用交易总规模对经济增长会起到拉动作用,但这种拉动作用是有一定范围限制的,只有在一定范围内,信用总规模的增长才可以拉动经济增长。超出这个范围,无论信用规模过大或过小,都会给当期或未来的经济增长带来负面影响。中国经济数据显示出的周期性变动说明了这一点。但是在同样的条件下,征信发达的国家,信用的负效率会大大降低;而尚没有建立起信用体系的非征信国家,信用的负面影响会比较严重。

部分学者研究结果表明,信用总规模对经济增长有显著影响。如高霞、王然(2007)运用协整检验和误差纠正模型针对我国信用规模与经济增长的长期稳定关系展开了研究。结果表明,GDP与信用总规模之间存在协整关系,信用总规模对经济增长有着明显的拉动作用;且GDP与金融信用、企业信用和政府信用规模之间同样存在协整关系,GDP与金融部门信用、企业部门信用规模有着较强的正向关系,而GDP与政府信用规模之间负相关。

部分学者研究结果表明,不同层次的信用规模对经济增长的影响有差异,但并不显著。如沈钦华等(2011)分析了1990～2007年中国经济数据,认为信用规模与经济增长之间存在极强的内在联系,两者为正相关关系,但其关系十分复杂。主要表现在总信用、金融信用与非金融信用、政府信用与非金融企业及个人信用等不同层次对经济增长的影响存在差异。目前,我国非金融部门信用发展受到一定限制,受传统观念影响,个人信用的规模也较为有限,因此,金融部门信用规模成为影响GDP增长的主要因子,其正向影响远远超过非金融部门;格兰杰因果检验还发现,不同层次的信用规模与GDP之间并非双向因果关系,只存在单向因果关系,即经济增长对各层次信用规模的变化有显著的正向效应,而总信用规模、金融信用规模、非金融信用规模、政府信用、非金融企业及个人信用等不同层次信用规模对经济增长的影响并不显著。

此外,部分学者开始了信用与区域经济增长关系方面的研究,但这方面的研究成果相对较少。如杨晓霞(2005)以我国东部地区为例,采用定量的方法对信用与区域经济增长的关联进行探讨,得出的结论是:我国东部地区各省市综合信用度与其人均GDP、人均消费、人均投资、人均出口之间都呈显著的正相关性。

综合来看,国内学者的理论研究认为,良好的信用能促进经济增长和社会发展,但通过对我国不同时期、不同区域、不同层次信用规模条件下信用与经济增长关系进行实证研究,发现其结论不尽一致。部分学者研究发现,信用总规模对经济增长有显著影响,或不同层次的信用规模对经济增长影响有差异;还有一些学者研究发现,一定条件下或范围内,信用才能带动经济增长,超出这个范围甚至会给当期或未来的经济增长带来负面影响。

参考文献

[1]Akerlof, George A., "The Market for a 'Lemons': Quality Uncertainty and the Market Mechanism", *Quarterly Journal of Economics*, 1970, 84(8):488—500.

[2]Alexander, Richard D., *The Biology of Moral Systems*, New York: Aldine de Gruyter, 1987.

[3]Arrow, Kennith, J., "Uncertainty and the Welfare Economics of Medical Care", *American Economic Review*, 1963(53):941—69.

[4]Arrow, Kennith, J., *The Limits of Organization*, New York: Norton, 1974.

[5]Axelrod, Robert, "Effective Choice in the prisoner's Dilema", *Journal of Conflict Resolution*, 1980a(24):3—25.

[6]Axelrod, Robert, "More Effective Choice in the Prisoner's Dilema", *Journal of Conflict Resolution*, 1980b(24):379—403.

[7]Axelrod, Robert, *The Evolution of Co-operation*, New York: Basic Books, 1984.

[8]Ayres I., Braithwaite, J.*Responsive Regulation*, Oxford: Oxford University Press, 1992.

[9]Azariadis, Costars, and Smith, Bruce D., "Adverse Selection in the Overlapping Generations Model: the Case of Pure Exchange", *Journal of Economic Theory*, 1993(60):277—305.

[10]Barney, J.B. and Hemsen, M.H., "Trustworthiness as a Source of Competitive Advantage", *Strategy Management Journal*, 1995(15):175—190.

[11]Bhaskar, V., and van Damme, Eric, *Moral Hazard and Private Monitoring*, Mimeo, 1997.

[12]Bianco, William, *Trust: Representatives and Constituents*, University of Michigan Press, 1994.

[13]Chanley, Virginia A., Thomas J. Rudolph, Wendy M. Rahn, "The Origins and Consequences of Public Trust in Government A Time Series Analysis", *Public Opinion Quarterly*, 2000.

[14]Chanley V. A., "Trust in Government in the Aftermath of 9/11: Determinants and Consequences," *Political Psychology*, 2002.

[15]Diamond, Douglas W., "Reputation Acquisition in Debt Markets", *Journal of Political Economy*, 1989(4):828—862.

[16]Engle-Warnick, Jim & Slonim, Robert L., "The Fragility and Robustness of Trust", 2002.

[17]Ernst Fehr, Gachter, "Altruistic punishment in humans", *Nature*, 2002(415):137—140.

[18]Fackler J.S., "Federal credit, private credit, and economic activity", *Journal of Money, Credit and Banking*, 1990, 22(4):444—464.

[19]Fama, "Agency Problems and The Theory of The Firm", *Journal of Political Economy*, 1980(88):288—307.

[20]Fehr, E., and Gaechter, S., "Do Incentive Crowd Out Voluntary Cooperation?" IERE Working Paper No.34, University of Zurich, 2000.

[21]Friedman, James W., "A Noncooperative Equilibrium for Supergame", *Review of Economic Studies*, 1971(38):1—12.

[22]Friedman, James W., "Cooperative Equilibria in Finite Horizon Non cooperative Super games", *Journal of Economic Theory*, 1985(35):390—398.

[23]Friedman B.M., "The relative stability of money and credit'velocity'in the United States: Evidence and some speculations", NBER Working Paper No.645, 1981.

[24]Fudenberg, D., and Maskin, E., "The Folk Theorem in Repeated Games with Discounting and Incomplete Information", *Econometrica*, 1986(54):533—556.

[25]Fukuyama, F., *The Trust: Social Virtues and Creation of Prosperity*, The Free Press, 1995.

[26]Gaski, J.F., "The Theory of Power and Conflict in Channels of Distribution", *Journal of Marketing*, 1984, 48(7):9—29.

[27]Gerhard Fink, Peter Haiss, Sirma Hristoforova, "Credit, bonds, stocks and growth in seven large economies", EI working paper, 2006.

[28]Gibson, C. C., Marks, S. A., "Transforming Rural Hunters into Conservationists: an Assessment of Community-Based Wildlife Management Programs in Africa",*World Development*,1995,23(6):941—957.

[29]Goodsell C. T.A.,"New Vision for Public Administration",*Public Administration Review*,2006.

[30]Gorton, Gamy, "Reputation Formation in Early Bank Not Markets",*Journal of Political Economy*, 1996,104(2): 346—397.

[31]Goshal, S. and P. Moran,"Bad for practice : a critique of the transaction cost theory",*Academy of Management Review*, 1996(21):13—47.

[32]Greif, A., Milgrom, P., Weingast, B. R.,"Coordination Commitment, and Enforcement: The Case of the Merchant Guild",*Journal of Political Economy*,1994,102(4):745—776.

[33]Greif, Avner, "Contract Enforceability and Economic Institutions in Early Trade: the Maghrib Traders Coalition",*American Economics Review*,1993,83(7):525—548.

[34]Greif, Avner, "Cultural Beliefs and the Organization of Society: Historical and Theoretical Reflection on Collectivist and Individualist Societies",*Journal of Political Economy*,1994,101(10):912—950.

[35]Guth, W., Levati, M. V., Sutter, M., Heijden, E. V. D.,"Leading by Example with and without Exclusion Power in Voluntary Contribution Experiments",*Journal of Public Economics*,2007,91(5—6):1023—1042.

[36]Hamilton W. D.,The genetical evolution of social behaviour,*Theor. Biol*,1964,7(1): 1—16.

[37]Hayek, F.A.,"Kinds of order in society", *The Individualist Review*,1964(3):3—12.

[38]Hayek H. A.,*The Fatal Conceit: The Errors of Socialism*,University of Chicago Press,1988.

[39]Hayek, Law, *Legislation and Liberty: Rules and Order（Ⅰ）*, The University of Chicago Press, 1973.

[40]Henrich, J., Ensminger, J., McElreath R., et al.,"Markets Religion, Community Size and the Evolution of Fairness and Punishment",*Science*,2010(327):1480—1484.

[41]Hicks.J.,*A theory of economic history*,Oxford: Clarendon Press,

1969.

[42]Hirschman, A.O., "Against Parsimony: Three Easy Way of Complication for Transaction Cost Theory", *Academy of Management Review*, 1984,15(3):500—513.

[43]Holmstorm,B. "Moral Hazardin Team", *Bell Journal of Economics*,1982(13):24—40.

[44] Hörner, Johannes, "Reputation and Competition", CARESS working paper:99—102.

[45]Huberman, Bemardo A. and Glance Natalie S., "Beliefs and Cooperation", Presented at the "Chaos and Society", International Conference, June, 1994.

[46]Jensen, M. & Meckling, W., "Theory of the firm: managerial behavior, agency cost and capital structure", *Journal of Financial Economics*, 1976,3(1):305—360.

[47] Kandori, Michihiro, "Social Norms and Community Enforcement", *Review of Economic Studies*,1992(59):61—80.

[48]Klein,Benjamin, Crawford, Rorbert, G. and Alchian, Armen A., "Vertical Integration, Appropriable Rent and the Competitive Contracting Process", *Journal of Law and Economics*,1978(21):297.

[49]Klein,Crawford and Alchian, "Vertical Integration Appropriable Rents and Competitive Contracting Process", *Journal of Law and Economics*,1978(21):297—326.

[50]Kreps, D., "Corporate Culture and Economic Theory", in J. Alt and K. Shepsle (eds.), *Perspectives on Positive Political Economy*. Cambridge: Cambridge University Press, 1990.

[51]Kreps, D., P. Milgrom, J. Roberts and R. Wilson, "Rational Cooperation in the Finitely Repeated Prisoner's Dilemma", *Journal of Economic Theory*,1982(27):245—252.

[52]Laffont, Jean-Jacques and Martimort, David, *Theory of Incentives:The Principal-Agent Model*, Princeton, Princeton University Press, 2002.

[53]Lane,C.,Introduction: Theories and Issues in the Study of Trust", in Lane, C., and Bachman (eds.), *Trust Within and Between Organization*,Oxford: Oxford University Press, 2000.

[54]La Porta, Rafael, Lopez-de-Silanes, Florencio, Shleifer, Andrei and Vishny, Robert W., "Trust in Large Organization", *American Economic Review*, 1997(87):333—338.

[55]Lazear E.P., Rosen S., "Rank-order tournaments as optimum labor contracts", *Journal of Politics*, 1981.

[56]Leimar, Olof and Peter Hammerstein, "Evolution of Cooperation through Indirect Reciprocity", *Royal Society*, 2001(268):745—753.

[57]Levi M., *Of Rule and Revenue*, University of California Press, 1998.

[58]Lewicki, Rov J. and Bunker, Barbara B., "Developing and Maintaining Trust in Work Relationships", in Kramer and Tyler (eds.), *Trust in Organization: Frontiers of Theory and Research*, Thousand Oaks: Sage Publication, 1995.

[59]Lewis, Tracy, "Reputation and Contractual Performance in Long-Term Projects", *RAND Journal of Economics*, 1986, 17(2):141—157.

[60]Luce, Duncan R. and Raiffa, Howard, *Games and Decisions*, John Wiley, 1957.

[61]Luhman, Neklas, *Trust and Power*, New York, NY: John Wiley & Son, 1979.

[62]Milde, Hellmuth and Riley, John G., "Signaling in Credit Markets", *The Quarterly Journal of Economics*, 1988(2):101—129.

[63]Milgrom, Paul R., Douglas North and Barry Weingast, "The Revival of Trade: The Law Merchant, Private Judges, and the Champagne Fairs", *Economics and Politics*, 1990, 2(3):1—23.

[64]Mitchell, Lawrence E., "Trust, Contract, Process", in Lawrence E. Mitchell ed., *Progressive Corporate Law*, Boulder, CO: Westview Press, 1995:185—217.

[65]Nelson, Richard R., "Recent Evolutionary Theorizing About Economic Change", *Journal of Economic Literature*, 1995(3):48—90.

[66]Neyman, A., "Bounded Complexity Justifies Cooperation in the Finitely Repeated Prisoner's Dilemma", *Economics Letters*, 1985(19):227—229.

[67]North, Douglass C., *Institution, Institutional Change and Economic Performance*, Cambridge University Press, 1990.

[68]Osborne D., Gaebler T.,*Reinventing Government: How the Entrepreneurial Spirit is Transforming the Public Sector from Schoolhouse to Statehouse, City Hall to the Pentagon*,Reading, MA: Addison Wesley, 1992.

[69]Ostrom, E.,*Governing the Commons*,Cambridge University Press, 1990.

[70]Pigou,*The Economics of Welfare*,fourth edition,Macmillan,1920.

[71]Putnam R.D.,Making Democracy Work: Civic Traditions in Modern Italy,1993.

[72]R. Boyd and P. J. Richerson,"The evolution reciprocity in sizable groups",*Journal of Theoretical Biology*,1988(132):337—356.

[73]R. Radner,"Monitoring Cooperative Agreement in a Repeated Principal-Agent Relationship",*Econometrica*,1981(49):1127—1148.

[74]Radner,Roy,"Competitive equilibrium under uncertainty",*Econometrics*,1968(36):31—58.

[75]Ribstain, Larry E., Law v. Trust, George Mason University School of Law, mimeo, 2000.

[76]Riley, John G.,"Testing the Educational Screening Hypothesis",*Journal of Political Economy*,1979(87):227—252.

[77]Rothschild, M. and J. Stiglitz,"Equilibrium in Competitive Insurance Markets: An Essay on the Economics of Imperfect Information",*The Quarterly Journal of Economics*,1976(90):629—650.

[78]Rubbinstein R.,"Offenses that may have been committed by accident: An optimal policy of retribution",*Applied Game Theory*,1979(25):406—413.

[79]Schotter, Andrew,*The Economic Theory of Social Institutions*,Cambridge University Press, 1981.

[80]Schotter, A.,*The Economic Theory of Social Institutions*,Cambridge University Press, 1981.

[81]Shubik, Martin, Edgeworth Market Games, in "Contributions to the of Games", no. IV, 1959:267—278.

[82]Sigmund, K., Silva, H. D., Traulsen, A., Hauert, C.,"Social Learning Promotes Institutions for Governing the Commons",*Nature*,2010(466):861—863.

[83]Smith, Maynard J., "The Theory of Games and the Evolution of Animal Conflict", *Journal of Theoretical Biology*, 1974(47):209—221.

[84]Smith, Maynard J., "The Evolution of Behavior", *Scientific American*, 1978(239):176—192.

[85]Spence, Michael A., "Job market signaling", *The Quarterly Journal of Economics*, 1973(77):355—379.

[86]Stigler, George, "The Economics of Information", *Journal of Political Economy*, 1961(6):213—225.

[87]Stigler, George, "Imperfections in the Capital Market", *Journal of Political Economy*, 1967:287—192.

[88]Stiglitz, Joseph E., "The Contributions of the Economics of Information to Twentieth Century Economics", *The Quarterly Journal of Economics*, 2000, 115.

[89] Stiglitz, Joseph E., Andrew A. Weiss, "Alternative Approaches to Analyzing Markets with Asymmetric Information: Reply", *American Economic Review*, 1983(73):246—249.

[90]Trivers R. L., "The evolution of reciprocal altruism", *Q Rev Biol*, 1971:35—57.

[91]Tyler T. R. "Trust and Democratic Government", in V. Braithwaite, M. Levi. *Trust and Governance*. New York: Russell Sage Foundation, 1998:269—294.

[92]Weber, Max: "The Types of Legitimate Domination". In *Economy and Society: An Outline of Interpretive Sociology*. Bedminster Press, 1968: 212—254.

[93]Weitzman, M.L., "The 'Ratchet Principle' and Performance Incentives", *The Bell Journal of Economics*, 1980(11).

[94]Williamson, O.E., "Calculativeness, trust, and economic organization", *Journal of Law and Economics*, 1993(34):453—502.

[95]Williamson, O.E., "Transaction Cost Economics: The Governance of Contractual Relations", *Journal of Law and Economics*, 1979(22).

[96]Williamson, Oliver E., *The Economic Institutions of Capitalism*, The Free Press, 1985.

[97]Wilson, C. A., "A Model of Insurance Markets with Incomplete Information", *Journal of Economic Theory*, 1977(16):167—207.

参考文献

[98]Wilson, C. A., "The Nature of Equilibrium in Markets with Adverse Selection", *The Bell Journal of Economics*, 1980(11):108—130.

[99]Wilson, Edward O., "Biological Basis of Morality", *The Atlantic Monthly*, 1998, 281(4):53—70, in http://www theatlantic. com/issues/98apr/biomoral. htm.

[100]Wolinsky, Asher, "Retail Trade Concentration Due to Consumers' Imperfect Information", *The Bell Journal of Economics*, 1983, 14(1): 275—282.

[101]Woolthuis, Rosalinde K., Hillebrand, Bas and Nooteboom, Bart, "Trust and Formal Control in Inter-organizational Relationships", ERIM Report ERS—2002—13—ORG, 2002.

[102]Zak, P. and S. Knack, "Trust and Growth", *Economic Journal*, 2001, 11(4):295—321.

[103]Zucker, Lynne G., "Production of turst: Institutional sources of economic structure,"1840—1920", In B. M Staw and L. Cummings (eds.) *Research in Organizational Behavior*. Greenwich, CT: JAI Press, 1986.

[104]安贺新. 关于我国社会信用制度建设目标模式的思考[J]. 中央财经大学学报,2004, 06:39—43.

[105]陈文玲. 中美信用制度建设的比较和建议[J]. 经济社会体制比较, 2003,02:89—94.

[106]董才生. 美国社会信用体系建设的经验教训对我国的启示[J]. 东北亚论坛, 2008,06: 39—42.

[107]范柏乃,张鸣. 国内外政府信用研究述评与展望[J]. 软科学,2011, 03:1—7.

[108]高波,钱蓁. 信息不对称、信用制度与经济增长[J]. 南京社会科学, 2003,11:14—19.

[109]高宏业. 征信在社会信用体系建设中的核心作用[J]. 河北金融, 2010,02:11—12.

[110]高霞,王然. 中国信用规模与经济增长关系的实证研究——基于1986～2004年的协整分析[J]. 金融理论与实践,2007,04:46—48.

[111]贺学会,尹晨. 信用体系与征信:概念与基本框架[J]. 金融理论与实践,2005,02:6—8.

[112]黄少安,姜树广. 制度性惩罚与人类合作秩序的维持[J]. 财经问题研究,2013,11:3—9.

[113]蒋恒波. 信用制度及其经济增长效应研究[D].湖南大学,2010.

[114]蓝寿荣. 论社会信用体系中的市场机制与政府职能[J]. 政法论丛,2009,02:23—26.

[115]林毅夫. 社会信用体系建设与金融改革[J]. 中国金融,2004,12:30—32.

[116]龙游宇. 信用的博弈演化研究[D].西南财经大学,2007.

[117]陆家骝. 现代经济增长与信用资源的作用[J]. 学术研究,2001,08:13—16.

[118]茅于轼. 社会信用与经济增长[J]. 特区理论与实践,2002,09:31—32.

[119]马寅杰. 委托代理中的经理人最优激励合约[J]. 经济论坛,2006,23:83—84.

[120]潘晓珍. 社会信用体系建设与政府职能及其限度分析[J]. 苏州大学学报,2005,06:42—44.

[121]邱伟. 构建我国信用体系的多方位思考[J]. 财经科学,2002,06:27—30.

[122]阮德信. 信用与信用制度的演变[J]. 厦门理工学院学报,2007,01:51—56.

[123]沈钦华,谈儒勇,金晨珂. 信用与经济增长关系实证研究——基于多层次视角的 VAR 分析[J]. 财经研究,2011,12:50—60.

[124]孙洁,刘芳芹. 论社会信用体系构建中的政府职能[J]. 财会研究,2003,04:52—53.

[125]孙磊. 信用体系演化的经济学分析[D].西南财经大学,2008.

[126]苏振芳. 美国社会信用体系的构建及对我国的启示[J]. 马克思主义与现实,2003,06:89—94.

[127]田励平,徐祗坤. 谈完善信用体系对经济发展的重要性[J]. 商业时代,2009,33:61—62.

[128]吴晶妹,李诗洋. 信用规模与经济增长:中美比较分析[J]. 财贸经济,2007,09:68—74.

[129]吴晶妹. 现代信用学[M].北京:中国人民大学出版社,2009.

[130]吴晶妹. 信用规模、信用结构与经济增长——从美国信用活动轨迹看我国信用制度的建设[J]. 金融论坛,2004,02:34—39.

[131]吴晶妹. 信用活动对经济增长的长期效应[J]. 成人高教学刊,2003,03:41—44.

[132]徐宪平. 关于美国信用体系的研究与思考[J]. 管理世界,2006,05：1—9.

[133]杨蕾. 政府在构建社会信用体系中的职能分析[J]. 江西行政学院学报,2003,01:73—75.

[134]杨晓霞. 信用与区域经济增长的关联分析——以我国东部地区为例[J]. 经济地理,2005,06:771—774.

[135]晏艳阳,刘弢. 经济学层面上的道德、信任、信用与征信[J]. 财经理论与实践,2006,03:15—21.

[136]叶建亮. 交易扩展中的信用——一个制度与组织的视角[D].浙江大学,2004.

[137]伊腾·诚,考斯达斯·拉帕维查斯. 货币金融政治经济学[M].北京:经济科学出版社,2001.

[138]约翰·伊特韦尔. 新帕尔格雷夫经济学大辞典[M]. 北京:经济科学出版社,1992.

[139]张军扩,赵怀勇. 中国信息化国研报告(二)——我国信用信息开放与服务的法律框架及建议(1)[J]. 中国信息界,2005,14:9—14.

[140]张兴. 信用规模与经济增长[J]. 经济工作导刊,2003,08:10—11.

[141]中国大百科全书编辑委员会. 中国大百科全书[M]. 北京:中国大百科全书出版社,1993.

[142]周利国. 积极发展消费者信用,促进扩大国内需求[J]. 价格月刊,1999,06:3—4.

[143]朱先奇,董玲. 社会信用的经济分析[J]. 山西财经大学学报,2003,06:24—26.

[144]朱毅峰,吴晶妹. 美国信用管理体系简介[J]. 中国金融,2003,05:56—57.

[145]邹向群,曹文炼,陈新年. 建立我国信用体系的对策思考——兼论考察借鉴美国信用体系发展的经验[J]. 价格理论与实践,2005,03:9—10.

第二篇

信用体系建设的国际借鉴

第 4 章

美国信用体系

美国是当今世界上信用管理体系最为完善的国家之一,其信用制度的发展有着 160 多年的历史,经过漫长的市场磨砺和进化演变,到 20 世纪 80 年代已经趋于完善,形成了特色鲜明、运作规范、体系完善、功能健全、服务高效、支撑有力的信用管理体系。

4.1 美国信用体系发展概览

4.1.1 货币经济时期:社会信用体系的发展

自然经济时期信用萌芽的产生,为独立后的美国以及其他国家过渡到货币经济乃至信用经济时代起到了很大的作用。

美国于 1776 年宣布独立,之后经过 1861~1865 年南北战争,资本主义迅速发展,至 19 世纪末工业生产跃居世界首位,垄断组织开始形成。至此,美国进入了真正的货币经济时期,即自由竞争的资本主义时期,社会信用体系取得了大发展。

1. 社会信用体系发展的背景

这一时期,美国近代工业初步形成。美国从棉纺织业开始,逐步建立起近代炼铁业、机器制造业、食品加工业;采掘业也随着金属冶炼和金属加工工业的发展而发展起来。这一时期,市场也随着工业经济的发展而逐步扩大,地区间专业分工逐渐形成。全国形成一个循环市场,即东部把制成品运到西部,西部把粮食卖给南部和东北部,南部把棉花卖给北部。到19世纪中叶,美国形成了三大区际贸易区,即五大湖区、密西西比河沿岸和西部大平原区。这时,美国最重要的工业区集中在大西洋中部各州和新英格兰各州。总的来看,19世纪上半叶,美国近代工业已经迅速建立起来。从1810年到1860年,美国工业产值增长了10倍。

在这样的背景下,社会信用体系得到了迅速发展,例如银行处于分散经营状态,且经营范围广泛;相关立法开始出现;各州银行自行发行银行券,银行经营管理缺乏监管。直到1864年美国通过了《国民银行法》才从立法上确定了美国联邦银行对银行业干预和监督的权威,建立了一个以国民银行体系代替各州银行的分散经营,并将这一体系置于一个统一的监管之下,从而协调货币流通,保证金融稳定。

2. 社会信用体系发展的特征

这一时期,美国社会信用发展主要表现为两个特征:

(1)银行和企业信贷交易逐步增长

随着美国工业化的逐步建立以及国内贸易区的形成,银行和企业的信贷交易不断增加。1837年,银行向企业贷款为5.25亿美元(参见表4—1)。由于1837年发生经济危机,到1845年贷款额下降至2.89亿美元,但随着经济情况好转,之后每年都在增加,如表4—1所示。

表4—1　　　　　　　　1837~1862年美国州银行发展情况　　　　　　　　单位:亿美元

年份	银行数	资本额	存款	贷款
1837	788	2.91	1.90	5.25
1840	901	3.58	1.20	4.63
1845	707	2.06	1.14	2.89
1850	824	2.17	1.46	3.64
1855	1 307	3.32	2.36	5.76
1860	1 562	4.22	3.10	6.92
1862	1 492	4.18	3.57	6.47

资料来源:高宝安,《美日银企信用关系比较研究》,2008年10月1日,第39页。

(2)市场自发信用机制在银企信用关系维护中发挥重要作用

银企间有限的交易对象和长期交易关系,成为自发信用机制发挥作用的基础。由于美国银行实行单一银行制,严禁跨州设立银行,银行交易范围狭小,交易对象较为有限,银行对本区域较为了解。因此,银行和企业之间交易对象较为稳定,信用信息较为对称。同时在 19 世纪上半叶,美国形成了三大贸易区,在不同的区域里,企业主要经营单一产品系列并局限于一个区域经营。银行一般为特定客户群体提供金融服务,形成较为固定的商业网络,彼此通过长期博弈,建立起长期交易关系。因此,自发信用机制得以发挥作用,违约的企业将受到来自"个人实施"和"社会实施"两方面的惩罚。

另外,银行业私人组织在自发信用机制中发挥重要作用。由于美国银行法规定禁止银行开立分支机构,在不同银行开户的企业之间交易结算较为不便,企业间使用支票、银行券的交易成本较高。因此,19 世纪中叶,由美国银行家自发组建的商业银行清算所(CBCH)产生了。CBCH 承担着银行间资金清算的功能。更重要的是,CBCH 作为私人组织发挥了自发信用机制的作用;定期公布成员银行的资产质量,增加了成员银行中信息的真实性;企业间的信用信息在成员银行间广泛传播;选择接受这些监管要求的成员银行能够借此机会进行信号传递,容易提高自己的信誉、获得公众的信任,是银行信誉投资的一种形式。

4.1.2 信用经济时期:社会信用体系的形成

19 世纪末 20 世纪初,美国进入了信用经济时期,又称垄断资本主义时期。到 20 世纪 80 年代,美国社会信用体系基本形成。

1. 社会信用体系形成的背景

自由竞争必然推动生产集中,而生产集中达到一定程度之后则必然引起垄断。信用的发展也是加速资本集中的强有力的杠杆。大资本由于具备许多优越条件,在竞争中容易击败中小资本,并将其吞并。随着资本主义信用的发展,信用机构可吸收大量的社会闲散资金,通过贷款的形式,使大资本得以运用社会资金加强竞争实力,以加速对小资本的吞并。同时,信用机构又可以促使分散的中小资本联合起来组成巨大的股份公司。信用的这两方面作用都将促进资本集中和生产集中。

美国在两次世界大战中,巩固了在资本主义世界的领先地位。第二次世界大战之后,美国工农业的生产和规模、资本输出及对外贸易数额都居资本主义国家首位。国家经济命脉为极少数大的垄断集团所控制。工业中,机器制造占首位,其次为动力、冶金、化学、纺织等;农业及畜牧业高度发达;科技水平居世界领先地位。随着经济的迅速发展、生产规模的日益扩大以及私人垄断资本和国家垄断资本地位的进一步巩固,产生了对信用的大量需求。南北战争结束后,美国经济发展速度加快,银行信用和民间信用规模不断扩大,特别是在一些大城市,社会的信用需求和消费者借贷活动的增加促进了金融信贷和其他信用方式的发展,进而产生了金融机构、商业机构对消费者和企业信用调查、资信评级的市场需求,民营信用机构和征信业务应运而生。在"一战"、30年代经济危机和"二战"期间,美国民间征信业曾受到很大影响,制约了其发展进程。"二战"后,随着美国经济发展速度加快和信用规模的不断扩大,征信和信用评级等行业快速发展起来。到60年代,美国已有2 200多个民营消费者信用调查机构,主要业务是收集、整理、加工、储存、评估和销售消费者信用报告。

2. 社会信用体系发展的特征

美国是一个年轻的国家,其发展历史比较短。但是,自第一次世界大战后的100年左右的时间里,美国的社会信用体系建设取得了突飞猛进的发展,至20世纪80年代已趋于完善。

(1)法律体系不断完善

美国政府在20世纪60年代末到80年代的近20年时间里,相继出台了一系列与信用管理相关的法律,建立起了比较完备的涉及信用管理各方面的法律框架体系,将信用产品加工、生产、销售、使用的全过程纳入法律范畴。美国的信用管理立法主要形成于其基本信用管理,相关法律共有17项,几乎每部法律都进行了若干次修改,其中《信用控制法》于20世纪80年代被终止。因此,目前美国的基本信用法律总共有16部。这16部信用管理法律是一个以《公平信用报告法》为核心的法律体系。其余15部法律是:《平等信用机会法》、《公平债务催收作业法》、《公平信用结账法》、《诚实租借法》、《信用卡发行法》、《公平信用和贷记卡公开法》、《电子资金转账法》、《储蓄机构解除管制和货币控制法》、《甘恩—圣哲曼储蓄机构法》、《银行平等竞争法》、《房屋抵押公开法》、《房屋贷款人保护法》、《金融机构改革—恢复—执行法》、《社区再投资法》与《信用修复机构法》。

(2)监督体系分工明确

第二次世界大战后,美国政府在不断加强法制建设的同时,还不断重视监管体系的建设,形成了银行类监管和非银行类监管分工明确、相互配合的监管体系。美国政府将信用管理法案的主要监督和执行机构分为两类:一类是银行系统的机构,包括财政部货币监管局、联邦储备系统和联邦存款保险公司;一类是非银行系统的机构,包括联邦贸易委员会、司法部、国家信用联盟办公室和储蓄监督局。这些政府管理部门负责对信用执行情况进行严格监管。

(3)征信体系市场运作

美国随着经济的发展和不断壮大,以及信用立法体系和信用监管体系的不断完善,截至20世纪90年代,其征信体系也迅速建立起来。征信体系是社会信用管理体系中的核心内容之一。美国征信体系按所服务对象和内容可分为企业征信系统和个人征信系统,并实行市场化运作,即是一种完全以民营市场化运作方式为主体的模式。这种模式的突出表现是,在完善的信用法律体系和政府监管体系的框架之下,形成独立、客观、中立、公正的,按照现代企业制度方式建立,符合市场经济规律并依据市场化原则运作的征信系统。

在美国的企业征信领域,邓百氏是历史最悠久、最具影响力的公司,经过100多年的市场竞争,邓百氏公司最终独占鳌头,成了美国乃至世界上最大的全球性征信机构。目前,邓百氏公司在150个国家和地区设有300多个分公司或办事机构,使用95种语言生产信用产品,信用产品涉及181种货币种类。该公司拥有的"世界数据库"是世界上最大的数据库,库内涵盖了全球超过6 500万家企业的信用档案,可以及时地向所需者提供企业资信调查报告。邓白氏的数据库有5个子系统:邓白氏全球数据库联机服务系统、全球企业家谱和联系系统、全球数据库支持系统、全球市场分析系统和全球市场方案系统。

美国的个人征信业已经历了100多年的发展历程,但作为一个现代化的行业存在则始于20世纪90年代。90年代以前,美国个人征信业务规模普遍较小,机构分散且均为地方性组织,信息的采集、整理和传输均为手工操作,地方垄断性行为强,缺乏竞争性。90年代以后,随着个人征信业务的电子化、自动化程度的不断提高,几乎所有消费者都可享受无纸化服务的方便。同时,电子化的发展也加剧了征信行业的竞争。特别是消费信贷的迅猛发展,促使个人征信部门的信息量增大,从而业务量不断扩大。利润最大化的内在动力和激烈竞争的外在压力都迫使个人征信部门通过收购、合并等方式不断发展壮大自己。到90年代初,美国出现了5家较大的全国性信用局。90年代,五大信用局又演变为目前3家信用局——艾可菲公司、全联公司、益百利公司,前两家是由美国人投资控股,后一家是由英国人控股。它们合法地收集消费者个人的信用记录,制作消费者个人信用调查报告,并向符合法律规定的使用者提供信用服务。这三大信用局在美国三分天下,其规模大小和竞争实力均不相上下。三大信用局通过收购或信用合作方式不断向全球扩张,目前已经发展成为完全国际化的个人征信组织。

4.2　美国信用体系运行现状

美国是一个征信国家。所谓征信国家,就是说一个国家的信用管理体系比较健全,形成了独立、公正且市场化运作的征信服务企业主体,从而保证以信用交易为主要交易手段的成熟市场经济能健康发展。在这样的国家,可以快速取得资本市场、商业市场上任何一家企业和消费者个人真实的资信背景调查报告,企业和消费者已经形成自觉培育和维护自己良好信用的习惯。在征信国家做生意和生活,信用的缺失是一件很可怕的事情,不少企业和个人因此断送了事业或生活中应有的便利。

4.2.1　美国信用管理体系运行架构

美国信用体系经过一个多世纪的发展已覆盖了广泛的社会经济领域,形成了完整的架构,对市场经济发展起到了重要作用。目前,美国企业间的信用支付方式已占到社会经营活动的80%以上,消费支出占国民生产总值的2/3,而信用付款方式在个人支付活动中已占据了主导地位,居民购买汽车、住房和家电等商品普遍使用信用消费。在美国已经形成了以发达的征信企业为主要标志的成熟的市场主体、完善的法律体系、健全的中介机构和有效的管理体制,从而构成了美国信用体系的完整架构(见图4—1)。

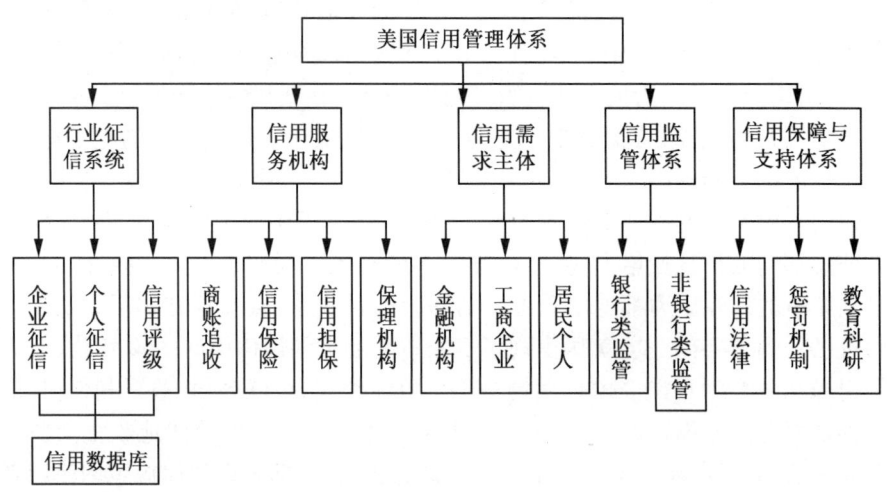

图 4—1　美国社会信用管理体系架构

4.2.2　美国个人征信系统

美国的个人信用体系是其国家金融体系中不可分割的重要部分。作为世界上最大的发达国家,在其社会信用体系实践过程中,美国逐渐形成了一套相对完善的个人信用体系。经过 150 多年的实践与探索,美国已经成为世界上信用交易额度规模最大的国家。同时,在世界三大个人信用体系模式(以欧洲为代表的政府主导的个人信用制度模式;以美国为代表的政府监管与民营企业规范运作的个人信用制度模式;以日本为代表的银行协会为中心的个人信用制度模式)中,美国的个人信用体系模式是最具效率的,同时对经济的促进作用也最大。美国个人信用体系最主要的特征是整个国家的个人信用运转完全依靠私人机构来完成,国家在这个体系中仅仅扮演着规则制定者与监管者的角色。

1. 美国个人信用体系概况

(1)市场主导型的独立私人信用服务主体

不同于欧洲的政府主导型征信模式,美国的个人信用征信体系为第三方独立的私人营利性机构来运营。美国征信机构主要由私人投资和其他法人投资组成。征信公司通过以市场为主导的商业化运营机制来构成它们的个人征信体系。同时,在激烈的市场竞争压力下逐步形成了完善的行业规章制度和体系,并且形成了以三大征信公司(艾可菲、全联与益百利)为核心的征信咨询管理系统。

(2)在美国,所有美国公民、永久居民和拥有合法工作的临时居民都会拥有一个社会保障号码,即 SSN(Social Security Number)

美国的个人信用体系跟 SSN 是密不可分的。这个号码便是美国个人信用信息交互网络的核心。工作的申请、房屋租赁、各种保险、纳税、借贷以及还款都要用到这个号码。商业银行和其他金融机构、政府相关部门、各类第三方数据处理公司、信用卡公司、租赁公司和一些商业零售机构以及私人征信公司,都以 SSN 为对应,通过互联网实现个人信用资料的共享。

(3)严谨的个人信用数据加工处理和信用评估

征信局获得个人信息之后,必须经过严密的数据处理和加工,才能生成其征信产品,主要步骤包括数据分类、数据比较、数据计算、结果分析、风险评估等。在美国个人信用市场中,三大征信局均采用了世界上最通用的个人信用评分模式——FICO 模式。通过对多达 100 万份数据的样本分析所得出的精密模型,各个征信局为顾客提供了世界上可靠性最高、最精确的结论数据。这些数据能够有效地识别个人风险,帮助判断是否给消费者提供贷款,为顾客的决策提供重要依据。

（4）完善的个人信用监管体系

在美国以私营企业为个人信用体系主要执行者的模式下，政府并不是直接扮演各个环节的管理者或参与者的角色，而是扮演着规则制定者的角色。美国有关个人信用的法律主要包括《公平准确信用交易法案》《信用机会平等法案》《公平债务采集实施法案》《信用维护机构法案》等。这一系列法律法规对数据采集、数据使用和消费者权利与义务等方面做出了规定。由于是专门针对个人信用领域的法律法规，因此针对性非常强。同时，各级信用监管机构按照法律法规以高效的惩戒机制对消费者和相关行业参与者进行有效的监督。因此，健全的监管机构以及和个人信用直接相关的系列配套的法律法规使得个人信用体系稳健、严密地持续运转。

2. 美国个人信用体系的作用

（1）有助于减少现金在流通领域中的比重

美国个人信用体系中的重要工具之一是信用卡，通过信用卡本身及其相关的附属功能，消费者可以最大限度地降低现金的使用情况，从而减少市场中流通的现金。同时，信用卡消费还可以有效避免个人因持有现金而产生的相关风险，一定程度上为社会安全度的提高产生正面作用。

（2）刺激消费

信用卡消费属于超前消费，消费者可以根据自己的授信额度进行先期消费。当一个消费者需要购入某种商品时，他只需要使用信用卡购买即可先拥有商品，随后进行分期还款。同时，各大银行为了吸引顾客使用信用卡消费，也纷纷推出了信用卡消费积分业务。使用信用卡消费的部分可以根据金额进行积分，积累的分数还可以兑换商品折扣或航空里程，甚至可以返现，这也极大地促进了消费者使用信用卡进行超前消费的意愿。

（3）为个人融资提供便利

当消费者有资金缺口时，可以向银行或担保公司提出贷款申请。通过个人信用报告，银行和其他金融部门可以获知个人的信用状况，为银行和其他金融机构的决策提供便利。此外，对于有紧急小额资金需求而又无法从银行获得贷款的消费者，使用信用卡还可以在信用额度范围内获得一定量的资金，相对银行贷款，通过信用卡获取资金成本较高，但更加方便、快捷。

（4）提高了相关机构和企业的工作效率

通过个人信息共享机制、征信公司的信用报告以及内部数据库，政府相关部门、银行、房产商乃至通信公司都可以更加迅速有效地了解消费者的个人信用状况，从而极大地降低其员工工作强度与信用评估所需要的时间，提高了处理申请的工作效率。此外,大量使用信用卡,还可以增加自动柜员机的使用,减少人工柜台,为银行节省了成本。

3. 美国个人信用制度基础——信用局制度

对消费者信用评估和提供个人信用服务的中介机构,在美国被称为信用局,或称为消费信用报告机构。信用局专门从事个人信用资料的收集、加工整理、量化分析、制作和售后服务,形成了个人信用产品的全面服务。美国有1 000多家当地或地区的信用局为消费者服务,但这些信用局中的绝大多数或者附属于艾可菲、益百利和全联三家最为主要的征信局,或者与这三家公司保持业务上的联系。而这三家征信局都建有覆盖美国的数据库,包含有超过1.7亿消费者的信用记录,从而在事实上形成了三家征信局三足鼎立的局面。这也构成了美国信用局制度的核心。

美国的信用局制度就个人信用信息的收集、个人信用产品的开发和管理形成了一套科学的体系,其主要包括以下三个环节:

(1)个人信用资料的收集和登记

个人信用数据是形成征信产品的前提。在美国,信贷提供者向征信局提供信息,并按合同规定从公司购买信用报告。美国征信局征集的个人信用信息包括三个方面的内容:消费者身份信息、信贷信息、公开信息。美国在进行消费者个人信用调查时一般将上述信息指标分为两大类,即广度指标和深度指标。广度指标为个人信用分析提供了一般性构架和准则,一般包括品德、能力、资本、条件、担保品五个方面,又称5C准则。深度指标则是对5C准则的深化,具体包括工龄、信用卡、债务收入比例、银行开户情况、信用档案年限、毁誉记录、职务、住房、现行地址、居住时间、个人收入、公用事业记录等指标。信用局主要通过三个渠道获取消费者的信息:一是经常从银行、信用卡公司、公用事业公司和零售商等渠道了解消费者付款记录的最新信息;二是同雇主接触,了解消费者职业或岗位变化情况;三是从政府的公开政务信息中获取被调查者(消费者)的特定信息。

(2)个人信用数据的加工处理和信用评估

个人信用评估有两种方法:主观评级法和客观经济计量模型量化法,美国采用第二种方法,其中以FICO信用分数最为有名。目前,美国三大征信局都采用FICO信用分数来量化个人信用质量和风险。该模型利用高达100万的大样本数据首先将消费者的5C指标进行具体刻画,再将深度指标分档计分,加权得出最终总分,打分范围为325～900分。然后进行分段定级,不同的机构有不同的分段定级标准。一般来说,超过620分就意味着达到了社会平均水平。绝大多数贷款者对于个人信用报告的细节都不太关心,他们仅仅需要了解的只是最终的信用分数。信用打分模型使个人信用可进行精确的度量和区分。

(3)个人信用产品的销售使用

在美国,对个人信用产品的销售使用有明确的法律规定。根据有关规定,到信用局调用他人的个人信用资料需要得到被调用人的同意或者是司法部门的授权,从而可以防止个人信用资料的滥用。

4. 美国个人信用制度的核心——信用评分机制

进行个人信用评分的计算方式有多种,其中FICO评分模型是世界上使用最广泛的一种评分标准,它是由FICO公司开发的一种能够精确展现个人信用水平的标准。事实上,每个人会有至少三种基于FICO模型的信用分数,因为Fair Isaac公司为美国三大信用局开发了各自专属的信用评分系统,同时这三大信用局又都有自己独有的数据信息库,因而每个人的数据会随着不同信用局的数据不同而有微小的差异。FICO信用分数在325~900分,分数越高,信用越好。一般情况下,个人信用分数达到680分以上为信用卓著,金融机构会毫不犹豫地发放贷款;信用分数低于620分,金融机构会拒绝贷款或要求增加担保;信用分数在620~680分,金融机构须做进一步核查处理。

由于信用评分是用于预测消费者违约风险的工具,因此消费者个人财务记录中的多重因素需要被纳入影响FICO信用评分的因素。尽管准确地用于计算个人信用分数的数学模型属于商业机密并不公开,FICO公司还是向公众公开了其个人信用评分的影响因素:

(1)偿付历史

偿付历史是FICO评分模型中权重最大的一个影响因素,大约占总体影响因素的35%,主要的评估内容是被评估人的还款(包括信用卡账户还款、从商家直接获得的零售账户还款、移动通信费用还款以及抵押贷款等)记录。逾期偿还的次数、金额以及时间长度不同,会导致FICO分数相应下降;反之,按时支付应还款项将会有助于FICO评分的提高。

(2)信用账户的使用

信用账户的使用情况在评估FICO分数中的重要程度仅次于偿付历史,大约为30%。此项数据主要考察被评分人的信用账户数量、需要偿还的信用账户数量、信用账户的余额以及循环债务比率。偿付欠款和降低借贷利用率有助于FICO评分的提高。因此,随着用户信用分数的提高,用户授信额度的提高也会有助于降低借贷利率。

(3)建立信用的年限

该影响因素约占总影响因素的15%。此项数据主要考察被评估人使用的所有信用账户的最长账龄、最短账龄以及平均账龄。通常情况下，就单一账户而言，用户建立信用的历史越长，对信用评分越有利，因为足够大的交易历史数据能够更准确地帮助预测未来的偿付能力。

（4）拥有的信用类型

此项因素大约占总影响因素的10%，通常指包括客户的信用卡账户、零售账户、分期付款账户、金融公司账户和抵押贷款账户的混合使用情况。一个良好而健康的混合信用使用模式有助于FICO分数的提高。

（5）近期设立信用账户数量

如果被评分者经常开设过多的账户，说明该消费者对于单一信用账户的稳定意愿较低，因而会呈现出相对不稳定的信用水平，这种行为会导致FICO评分的下降。同时，大量新开设信用卡账户会影响到平均账龄，导致评分下降。

5. 美国个人信用体系发展对我国的启示

（1）建立健全相关法规和标准是建立个人信用信息管理体系的前提保障

建立健全个人信用信息管理的法规和标准，能够避免在个人信用信息管理体系建设中走弯路。应根据我国经济社会的发展状况，建立健全有关信用体系建设的法律法规，依法建立我国信用信息管理体系和服务模式。同时，在全社会努力构建社会主义和谐社会的大环境下，应大力宣传诚信理念，积极探索完善信用信息管理工作的具体措施。美国的个人信用信息法规体现了对个人信息的保护原则，赋予了公民对自身信息的控制权，同时又从法律层面对个人信用信息的流通给予了法律支持。我国在通过立法解决和平衡个人信用信息利用与公民信息安全保护这一对矛盾的过程中还面临许多问题，美国的经验对我们有一定的参考价值。

（2）协作监管与市场竞争是建立和发展个人信用制度的必要条件

我国社会的信用关系本质上体现为一种关系型信任，即人际信用关系往往体现在以血缘、亲缘、地缘为纽带的社会网络中，人际信用行为受社会内部自发的"内在秩序"所规制，呈现出内生性的特征。而由政府调控，在全社会自上而下设立信用机构、建立信用制度而形成的信用关系则是一种外生型信用关系。个人信用关系所具有的内生性使处于信用关系中的个体或群体能够明确自身利益范围，在市场竞争中不断进取，促进信用体系的有效发展。但这种建立在亲缘关系上的信用关系难免会有一定的局限性，因此，政府和信用管理机构需要通过完善制度、有效协作、全面监管，为社会和市场创造一个公平公正的信用管理体系，为个人信用制度的发展创造条件。

（3）个人信用信息的全面征集和数据共享是建立个人信用体系的基础

当前,我国的个人信用信息收集工作仅仅在银行、金融、房地产等领域进行,还未向其他领域拓展,要建立信用管理体系,必须扩大个人信用信息的收集范围,完善个人信用信息资源建设。同时,作为社会人,每个人都会不断产生有关个人信用的新信息,信用信息管理部门必须对其进行及时收集、更新和补充,以维护个人信用信息的时效性。在完善信用信息资源建设的基础上,加快信用信息共享也是信用体系发展的必然趋势。应在做好安全保密工作的同时,通过完善的制度来规范信用信息的管理,逐步实现个人信用信息数据在全国范围内的互联互通与信息共享,充分发挥信用信息的利用价值。

4.2.3 美国企业征信系统

美国企业征信服务主要分为两类:一是商业市场上的信用评估机构,即对各类大中小企业进行信用调查评级的公司;二是资本市场上的信用评估机构,即对政府部门、银行、证券公司、基金、债券及上市大公司的信用进行评级的公司。

1. 商业市场信用评估

企业资信服务机构是对各类大中小企业进行信用调查、信用评级等资信服务的信用中介机构。邓百氏公司是美国以至全球历史最悠久、规模最大的企业资信调查服务机构,该公司拥有的"世界数据库"内有来自世界各国的5 700万家企业的信用档案,全球企业1 000强中有99%的企业把邓白氏公司作为经营决策的可靠商业伙伴。

邓白氏公司信用评估业务主要有两种模式:一是企业之间进行交易时的信用评级;二是企业向银行贷款时的信用评级。这两种模式在咨询对象和咨询内容上都有一些区别,但信用报告大致包括以下几个方面的内容:(1)公司概览,包括地址、电话号码、业务范围、成立时间、领导人有关资料、公司架构等基本资料;(2)付款记录和分析,包括公司12~24个月的拖欠账款记录,同行业企业付款情况的比较分析,对公司的付款能力和风险的分析预测和评估;(3)财务状况分析,即依据资产负债表、损益表等财务报告的相关财务指标,对公司财务状况的分析,对公司的财务表现、财务压力和风险的评估与预测;(4)经营表现分析,包括诉讼记录、公众记录、新闻机构对公司的评价;(5)营运状况,包括产品品种、生产能力、产量、交易方式、销售地区、原料来源、顾客类别等资料。

2. 资本市场信用评估

为企业融资服务的评级机构,主要是对国家、银行、证券公司及上市大公司的信用进行评级的信用中介机构。在所有评级机构中,享有最高地位、信誉以及市场占有率的是穆迪、标准普尔和惠誉这三大机构,它们垄断了90%的世界信用评级市场。三大评级机构的评级结果由被评级国家的整体政治、经济、社会等宏观因素综合决定,并根据重要经济政治事件进行相应的调整。从地域分布来看,世界上主要的国家信用评级机构大多来自美国,如标准普尔和穆迪都是美国公司。尽管欧洲和日本也曾发展自己独立的评级机构,但难以与美国的信用评级机构相抗衡。

(1)三大评级机构

穆迪投资者服务公司于1909年成立,开始对100个国家的主权进行评级,发布了评级报告,目前评级业务已经涉及530多个主权国家、超国家机构及次主权实体相关的发行人、区域(其中主权与超国家实体170个,次主权实体360个)。

标准普尔公司可以追溯到1860年,由普尔出版公司和标准统计公司合并而成,从1916年开始对国家主权进行债务评级,目前的国家信用评级涉及全球128个国家和地区。

惠誉国际信用评级有限公司成立于1913年,是唯一的欧资国际评级机构,对新兴市场较为敏感,2000年进入中国市场,是三大评级公司中最早进入中国市场的评级机构。惠誉在全球的份额要比其他两家公司小,针对全球100多个国家和地区提供信用研究报告,并对主权政府所发行的外国货币及本国货币债务进行评级,而此类债务占全球所有主权国家债务发行总额的绝大多数。

三大信用评级机构的历史、评级范围和重点领域见表4—2。

表4—2　　　　　　三大信用评级机构的历史、评级范围和重点领域

	穆迪	标准普尔	惠誉
成立时间	1909年	1860年	1913年
控股资本	美国	美国	法国
评级范围	涉及530多个国家和次国家主权信用评级	涉及128个国家(地区)主权信用评级	涉及100多个国家和地区的主权信用评级、外国货币和本国货币债务评级
重点领域	机构融资	企业评级	金融机构

(2)信用等级分类

穆迪的信用评级分为长期评级和短期评级,又分别分为投资级和投机级。长期评级共分为9个等级(从高到低:Aaa级、Aa级、A级、Baa级、Ba级、B

级、Caa 级、Ca 级、C 级），前四个为投资级，而后五个为投机级。短期评级分为 3 个投资级（Prime-1、Prime-2、Prime-3）和 1 个投机级（Non-Prime）。

标准普尔的信用评级也有长期和短期评级之分，一年以下为短期评级，五年以上为长期评级。标准普尔的长期评级主要分为投资级和投机级两大类，共 10 级（从高到低：AAA、AA、A、BBB、BB、B、CCC、CC、C、D）。投资级的评级具有信誉高和投资价值高的特点（包括前四级），投机级的评级则信用程度较低，违约风险逐级加大（从第五级开始）。从 AA 级到 CCC 级可加上"＋"或"－"号，表示评级在各主要评级分类中的相对强度。标准普尔的短期评级共设 6 个级别（从高到低：A-1、A-2、A-3、B、C 和 D），短期评级也可另加"＋"号表示偿债能力相对较强。

惠誉运用不同的评级模型来进行长期和短期评级。短期评级预测不超过 12 个月，更关注流动资金问题。如果一个国家能够应付短期债务偿还，则短期评级可能会高于相应的长期评级。长期评级包括投资级和投机级两大类，共分为 12 个等级（AAA、AA、A、BBB、BB、B、CCC、CC、C、DDD、DD、D）。前四级为投资级，后八级为投机级。而短期风险程度分为 6 个等级：F1、F2、F3 为最高、较好和一般的信用等级，F1 后面可以添加"＋"表示更高的信用级别，B 表示具有投机性，C、D 分别表示较高的违约风险和违约。三大信用评级机构的评级期限与等级划分见表 4－3。

表 4－3　　　　　　　三大信用评级机构的评级期限与等级划分

		穆迪	标准普尔	惠誉
信用等级数		9	10	12
信用等级	长期 投资	Aaa/Aa/A/Baa	AAA/AA/A/BBB	AAA/AA/A/BBB
	长期 投机	Ba/B/Caa/Ca/C	BB/B/CCC/CC/C/D	BB/B/CCC/CC/C/DDD/DD/D
	短期 投资	P-1/P-2/P-3	A-1/A-2/A-3	F1/F2/F3
	短期 投机	Non-Prime	B/C/D	B/C/D

（3）信用等级评价指标与方法

穆迪公开的评级方法比较松散，更改的频率较高，主要是将定量方法和定性方法结合起来综合评定。穆迪公司的分析师和评级委员会与评级对象进行电话会议，广泛收集资料，以获得对被评级对象全面的了解。穆迪的评价指标体系包括定性因素、经济基本面和外债三个部分。其中，定性因素主要是对社会关系结构的考察，经济基本面主要是对宏观经济管理进行分析，而外债部分主要强调外债对出口和 GDP 的相对比重。

标准普尔同样采取了定性和定量相结合的方法对 8 个类别的国家风险进行评估。其中,定性分析的核心是政治制度的有效性和政治风险;定量分析的核心是宏观经济状况和金融绩效,包括经济结构、持续增长的可能性、外部流动性、财政负债及机动性、货币政策稳定和灵活性等各项指标的测算和评价。此外,标准普尔还将许多其他因素纳入国家信用风险的考虑范畴,如可能转化为国家债务的私人债务、国际流通手段等。

惠誉的评级以双方合作的形式展开,对被评国家政府官员的调查问卷形成惠誉访谈的基础。目前,惠誉的评价体系包含 14 类指标,囊括了政治、宏观经济、金融与负债、教育、人口等因素。三大信用评级机构的评价指标与方法见表 4—4。

表 4—4　　　　　　　　　三大信用评级机构的评价指标与方法

	穆迪	标准普尔	惠誉
评价指标	定性因素 种族划分 财富分配 文化和意识形态差异 利益集团 经济基本面 财政货币政策 国家资源及开发 进出口 外债	政治风险 收入与经济结构 经济增长展望 财政的动机性 公共债务负担 价格稳定性 国际收支平衡 外部债务和流动性	人口、教育和结构因素 劳动力市场分析 产出与贸易结构 私人部门的活力 供给与需求的平衡 国际收支 中期增长约束的分析 宏观经济政策 贸易和外资政策 银行与金融 对外资产 对外负债 政治与国家以及国际地位
评价方法	定性＋定量	定性＋定量	定性＋定量

4.3　美国信用体系对我国的启示

通过上述总结分析可以看出,美国在信息公开的法制保障机制、对信用产品和评级结果的自觉而广泛运用、消费者合法权益保护机制、征信服务的市场化运作模式等方面还是有许多经验值得总结的,可以说美国是当今世界上社会信用体系建设得比较成功的国家之一。当然,美国社会信用体系也并非十全十美,从次贷危机的爆发即可看出它存在着问题和不足。但是我们不能因为这些问题和不足的存在就全盘否定其对促进美国经济发展和金融发展所起的重要作用。我们应该结合中国实际情况,借鉴其经验,吸取其教训,建设具有我国特色的社会信用体系。

4.3.1 明确征信体系发展和信用制度建设的目标

征信体系发展和信用制度建设的目标应当是通过完善的制度和健全的法律规范,在全社会范围内形成开放、透明和公平的信用信息共享机制,促进信用信息的合理使用。

美国的经验表明,信用信息是征信活动开展的基础,而规范的信用信息共享机制是征信企业公平、合理采集和使用信用信息并为全社会提供征信服务的基本制度保障。征信行业在我国的发展已有 10 年左右的历史,但至今行业规模依然较小、市场信誉尚未形成,其主要原因是,我国还未确立信用信息公开、共享的制度和法律规范,征信企业无法稳定、合理地从银行、工商企业、政府机构收集和获得相关的信用信息,因此很难掌握和了解各种市场主体信用信息全貌,并提供令人信服、权威的信用报告,征信企业在获得和采集信用信息方面仍然处在弱势地位。因此,政府在促进征信体系发展和信用制度建设过程中,必须首先解决信用信息共享的问题,通过建立信用信息共享机制并建立健全相关的法律法规,来促进信用信息资源的合理使用。

4.3.2 培育和鼓励市场化运作的征信企业的发展

鉴于我国征信服务业发展过程中所面临的问题和约束,政府有必要采取相应的措施,加快征信服务业的快速发展。

首先,在征信服务领域,应当鼓励社会投资,特别是国内民间资本或民营企业投资征信服务领域。美国艾克菲、益百利、全联等征信公司在 100 多年的发展过程中,之所以能够从私营的、地方性公司成长为全国性乃至世界性公司,既有其自身长期积累的因素,更重要的是获得了大量民间资本以及资本市场的支持,通过引入现代信息技术和合并大量的地方性征信公司,加快了其集聚和集中征信市场优势资源的过程,从而形成了其具有优势的市场竞争地位。因此,鼓励民间资本和民营企业进入征信服务领域,对我国征信行业的发展和成长壮大是一项有着积极意义的举措。

其次,鼓励以采集地方信用信息和服务于地方市场的征信公司发展。当前我国信用市场还不是十分发达,经济活动中对各种信用信息产品的需求还比较小,而且各地经济发展水平和市场需求状况也存在较大的差异,在这种情况下,征信公司从地区市场起步发展,特别是从经济比较发达的城市市场起步,是比较合理的选择。相比较而言,在一个城市或一个地区范围内信用信息公开和共享机制的形成与协调难度较小,可以为征信公司采集信息和提供征信服务给予更多的便利,而且可以降低征信公司的市场准入门槛。在地方性征信公司取得长足发展的基础上,通过促进各个地方征信公司的合并和集中,最终形成能够覆盖全社会的征信服务体系。

4.3.3　政府对信用行业的管理

从国际经验看,政府对信用行业的管理方式与该国信用管理法律体系的状况密切相关。法律法规越完善,政府的直接管理职能就相对弱化,信用行业的发展也比较规范;法律法规不健全,政府或中央银行的直接管理职能就更为重要一些,信用行业的发展状况更容易受政府行为的影响。当前,需要确立央行是该行业的监管主体,改变长期以来我国信用行业多头监管与无人监管并存的状况,以促进信用行业的健康发展。

4.3.4　大力加强舆论宣传,扩大资信评级的社会影响

美国资信评级业发展主要的动因决定于监管部门和投资者对评级结果的使用情况,而不是被评级对象是否愿意接受评级。其中监管部门对评级结果的法定采用对信用评级业的发展起到了关键作用。美国信用评级业在 20 世纪 70 年代加快发展的一个主要原因是监管部门在有关法规中广泛使用信用评级结果,特别是美国证券交易委员会 1975 年对标准普尔、穆迪、惠誉评级结果的认可。因此,参照国际经验,我国有关监管部门应积极推广信用评级结果的使用。另外,随着市场利率化的进程,评级结果也可以作为贷款融资利率的重要参考依据之一。对在同业拆借市场进行拆借业务的证券公司、基金管理公司等必须对其资信等级设立最低标准。监管部门、信贷发放机构及投资者对评级结果的广泛应用必将有力地促进我国信用评级业的发展。

第 5 章

欧洲主要国家信用体系

5.1 欧洲主要国家信用体系发展概览

5.1.1 欧洲主要国家信用体系发展历程

从发展趋势来看,欧洲信用体系经历了从政府主导向市场主导的发展历程。

1934 年在德国成立了欧洲第一家公共征信机构——联邦银行信贷登记中心系统。此后欧洲各国相继成立以中央银行为主导的公共征信机构。

20 世纪 60~80 年代,欧洲征信业进入高速发展时期,国内外贸易量大幅度增加,交易范围日益广泛,企业征信的业务量也随之迅速增大,从而进入了大规模信用交易时代。在 20 世纪 80 年代以前,欧洲银行资金充沛,大公司和固定客户很容易从银行获得融资款。因此,市场对企业征信的需求量不大,主要是由公共征信系统采集公司和贷款数额较大的个人客户的信息,为中央银行更好地监督金融市场、防范金融风险服务。

20 世纪 80 年代以后,全球市场格局发生了重大变化,间接融资地位下降,新兴产业不断崛起,征信又重新被投资人和金融家们加以重视,用来评估企业申请贷款和信用额度的资质,私营企业征信机构开始兴起,尤其在德国和意大利渐渐居于国内市场主导地位。这类机构主要为商业银行、保险公司、贸易和邮购公司等主要的信息使用者提供服务,其采集的信息具有覆盖人群广、总量大、信息来源渠道多、信用记录更全面等特点。

20世纪90年代以后,由于征信业并购的盛行,欧洲的私营征信机构(特别是个人征信机构)逐渐被几家大的跨国公司所控制,欧洲私营征信机构具有明显的美国特点。

5.1.2　欧洲国家信用体系运行结构

区别于美国以私营征信机构为主导的市场征信体系,欧盟国家征信机构可分为公共征信机构和私营征信机构,前者由中央银行主导建设和运行;后者是其他机构通过商业协议或约定等手段形成信息共享系统,一般由银行业协会、征信协会或者专门从事征信的独立商业组织主导。

在许多欧洲国家,中央银行要求其所监管的金融机构向公共征信机构提供有关贷款及借款人的数据,然后将公共数据库中积累的数据自动或应要求提供给每个参加机构。这种由中央银行组织的强制性的信用信息交换机制,常常与私营安排机制并存。在私营安排机制中,放款机构自愿地通过私营征信机构分享各自借款人的信息。向征信局提供其信息的放款机构,只要提供的数据是及时和准确的,就准许进入公共数据库。在个人借贷市场和公司借贷市场,这两种类型的安排并存,只是程度不同。

公共征信机构和私营征信机构在经营目的、所有权结构、服务对象、服务领域、适用法律、债权人参与、信息采集范围、社会覆盖率等方面具有一定的相似之处,但差异也较为明显(见表5－1)。

表5—1　　　　　　　　　　**公共/私营征信机构的主要差异**

	公共征信机构	私营征信机构
信息来源	公共征信系统通常依靠政府法律法规,强制性地从金融机构采集借款企业和个人的信息,服务对象也仅限于金融机构和监管当局	私营征信机构不能强制银行或其他机构向其报送信息,通常以协议或合同的方式规范信息采集。数据来源主要包括:提供信贷服务的金融机构(包括租赁公司、信用卡发卡机构)信贷信息,政府掌握并对公众开放的公共记录(如破产、欠税和法院判决信息等),零售商、批发商之间的信用交易及对消费者的消费信贷记录,有关消费者社会经济行为的数据(如消费者收入信息)等

	公共征信机构	私营征信机构
信息内容	(1)个人征信:消费者的姓名、贷款金额、贷款类型和金融机构 (2)企业征信:公共征信机构在采集方面受限制较多,其核心数据主要包括公司名称、报告金融机构的名称、贷款数额和贷款种类,以及附属担保品信息和贷款评级信息等	(1)个人征信:除消费者的姓名、贷款金额、贷款类型和金融机构外,还采集数据主体的地址、身份信息、纳税信息、婚姻或就业状况信息 (2)企业征信:私营征信机构采集的企业核心数据主要包括公司名称、公司所有者姓名、公司地址和纳税号码等纳税信息,企业所有权信息、财务信息以及关联企业信息等
业务范围	公共征信机构主要服务于中央银行等监管当局和商业银行等金融机构	私营征信机构一般服务于具体的市场,如消费者信贷市场等
主要目的	公共征信机构的主要目的是防范信用风险,维护金融稳定,服务于监管当局的货币政策和宏观调控,帮助商业银行等金融机构分析借款人的信用信息	私营征信机构的商业化特点决定了其主要目的是规范商业行为,提高经济透明度,促进形成更为公平的商业环境,以利于信用风险评估及商业和金融交易
信用报告内容	(1)公共征信系统将贷款加总,报告借款人的总体负债情况 (2)公共征信系统从必须向公共征信系统报送信息的全部放款机构中提炼报告	(1)私营征信系统报告单笔贷款的信息 (2)私营征信局从自愿提供的信息中提炼报告,很少覆盖全部银行部门

5.1.3 欧洲国家的信用发展现状

由于政治、经济、法律及文化背景的差异,欧洲国家不存在统一的征信模式,欧洲国家现有的征信模式主要有三种:以英国为代表的单一私营征信模式;以法国为代表的单一公共征信模式;以德国为代表的兼容征信模式。

目前,欧盟 27 个成员国中有 3 个国家采用公共征信模式,分别是法国、比利时和拉脱维亚;有 12 个国家采用私营征信模式,分别是英国、瑞典、波兰、荷兰、马耳他、爱尔兰、匈牙利、希腊、芬兰、爱沙尼亚、丹麦、塞浦路斯;有 11 个国家采用兼容征信模式,分别是意大利、德国、西班牙、斯洛文尼亚、斯洛伐克、罗马尼亚、葡萄牙、立陶宛、捷克共和国、保加利亚、奥地利;而卢森堡尚未建立征信机构。

5.1.4 欧洲主要国家信用模式比较研究

本部分重点讨论欧洲具有代表性的英国、法国、德国三个国家的征信模式。其中,英国与美国相类似,是市场化的私营征信模式;法国是典型的单一公共征信模式;德国则包含了目前世界上较为普遍的三种信用体系模式:市场化的私营征信模式、公共征信模式和以行业协会为主导的会员制征信模式。

对三国信用模式的讨论分别从四个方面展开:第一部分主要讨论各国的主要信用机构及其提供的信用产品;第二部分主要讨论各国的信用体系运行结构;第三部分主要讨论英国和德国的信用体系立法及监管情况,以及法国的央行信用评级体系,该信用评级体系近几年来在世界范围内受到广泛关注;第四部分结合我国征信业发展实际,讨论英、法、德三国信用体系发展的经验有哪些值得我们借鉴。

在进行讨论之前,首先看一下英、法、德三国征信市场发展现状。世界银行网站提供了 2015 年英、法、德三国以及 OECD 国家征信业覆盖人口、覆盖公司数目和成年人口覆盖率的统计情况,如表 5-2 所示。

表 5-2 英、法、德三国征信业覆盖情况比较

	英国		法国		德国	
	私营征信局	公共征信机构	私营征信局	公共征信机构	私营征信局	公共征信机构
成年人口	47 827 635	0	0	10 365 685	66 300 000	204 000
公司	14 714 435	0	0	8 397 414	4 200 000	492 000
成年人口覆盖率	100.00%	0.00%	0.00%	44.50%	100.00%	1.30%

资料来源:世界银行(2015)。

从征信业覆盖成年人口数量、公司数目以及成年人口覆盖率的角度来看,英、法、德三国征信业发展已经进入较为成熟的阶段(虽然公共征信机构在法国成年人口覆盖率为 44.50%,但 OECD 国家的平均水平仅为 12.10%),征信公司以及征信机构覆盖的广度远高于 OECD 国家的平均水平。在存在私营征信局的英国和德国,私营征信局的人口覆盖率都为 100%,而德国公共征信机构成年人口覆盖率仅为 1.30%,法国的公共征信机构成年人口覆盖率也仅为 44.50%,这表明私营征信局在市场渗透能力、满足市场需求能力等方面与公共征信机构相比有较大的竞争优势,如图 5-1 所示。

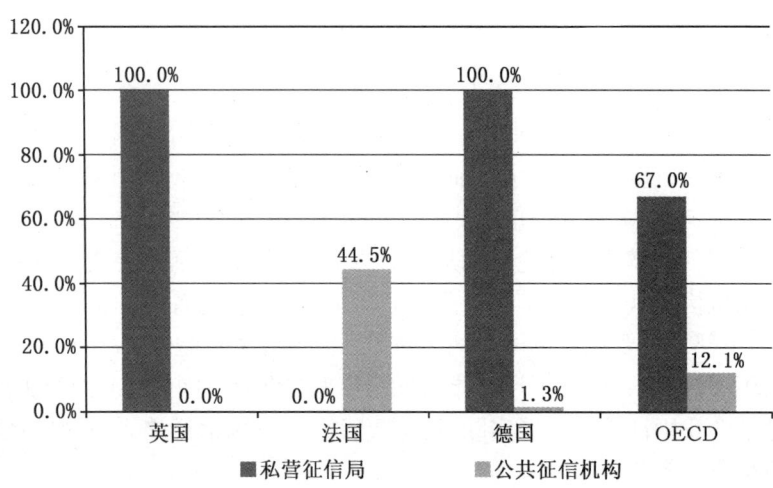

资料来源：世界银行(2015)。

图 5—1　欧洲主要国家征信行业成年人覆盖率

5.2　欧洲主要国家公共征信系统发展经验

　　欧洲中央银行委员会将公共征信系统定义为"一个旨在向商业银行、中央银行以及其他银行监管当局提供有关公司及个人对整个银行体系负债情况的信息系统"。欧洲的公共征信系统通过各自的中央银行管理，只有被授权的中央银行工作人员和报送信息的金融机构才被允许进入公共征信系统。这是强制信息交换将公共征信系统与私人征信局区别开来。征信局收集、存档、分发放款机构自愿提供的有关借款人信用情况的数据。但是，向公共征信系统提供数据，对于中央银行监管之下的所有金融机构来说都是必须的。公共征信系统的运作与私营征信局相似，两者均通过在信用提供者之间建立双向数据流来运作。

5.2.1　欧洲各国公共征信系统的共同特征

　　现阶段共有14个欧洲国家设有公共征信系统，分别是法国、比利时、拉脱维亚、意大利、德国、西班牙、斯洛文尼亚、斯洛伐克、罗马尼亚、葡萄牙、立陶宛、捷克共和国、保加利亚、奥地利。欧洲的公共征信系统有几个共同特点，包括强制参与、保密、隐私保护、报告信贷信息的最低贷款规模要求以及计算机密集型技术。

处于中央银行监管之下的所有金融机构参加公共征信系统是强制性的。在奥地利、法国和西班牙，参加机构扩展到财务公司，在葡萄牙扩展到信用卡公司，在德国扩展到保险公司。管理公共征信系统的规则是通过法规严格执行的，而不是如征信局那样是参加者之间通过合同来管理。参与机构在向公共征信系统索取信息时，可获得本机构的借款人以及新的信贷申请人的数据。

公共征信系统的运行原则是为参加机构保密以及保护单个借款人隐私。参加机构所提供的数据仅以加总的形式公布，并且只提供给其他信贷机构，且只为批准信贷的目的而提供。隐私保护法使单个借款人有权限检查并更新其在公共征信系统的档案。

对于设有公共征信系统的欧洲 14 国来讲，贷款机构按照最低贷款规模要求报告数据，尽管最低贷款规模要求在欧洲各国不大相同，但在大多数国家是足够高的，从而大部分家庭放贷数据被排除在外，有些国家甚至小额商业贷款也被排除在外。公共征信系统不收集家庭负债情况信息的原因是，家庭信贷的主要提供者——财务公司和信用卡公司，通常不在中央银行的监管范围之内，因此免于报告义务。在比利时和法国，家庭信贷是通过一个独立的、专门化的公共征信系统来做的，只报告负面信息。

5.2.2　欧洲各国公共征信系统的主要差异

欧洲各国公共征信系统的差异主要体现在三个方面：一是放贷者向公共征信系统报告贷款的最低规模的要求；二是所收集信息的类型；三是收集信息的保存时间。

欧洲各国的公共征信系统都明确了最低贷款规模的要求，但具体最低贷款额各国规定是不一样的。在德国和奥地利，最低贷款规模的要求特别高，故这些国家的公共征信系统只侧重于大型的贷款人。而在葡萄牙，最低贷款规模的要求特别低，故葡萄牙的公共征信系统有效地包括了向许多家庭发放的贷款。比利时和法国的情况与葡萄牙相似，这三个国家都有专门应对消费者债务的公共征信系统。

另一个差异体现在所收集信息的类型。德国和奥地利只报告正面信息（贷款数据），葡萄牙只收集负面信息（违约和逾期记录），法国的家庭征信登记系统只收集负面信息，意大利和西班牙的公共征信系统同时收集正面信息和负面信息。

此外，各国征信系统在收集信息的保存时间上也各有特点。比利时家庭公共征信系统的保存时间因借款人不当行为的性质而有所差异。违约记录在数据库中记录保存时间长于逾期记录，体现了公共征信系统的惩戒作用；意大利的公共征信系统向每个放贷者提供其现有借款人的完整情况(不管其贷款的日期如何),但对新的贷款申请人只提供一年的信息。表5-3选取了有代表性的欧盟8国公共征信系统进行比较。

表5-3　　　　　　　　　欧盟8国公共征信系统的比较

	公共征信系统建立时间	最低贷款规模报告要求(美元)	报告数据类型	返回报告机构的信息
德国	1934年	1 699 800	总贷款、担保	总贷款、担保
法国	家庭: 1989年	118 293	家庭:违约贷款、逾期记录	家庭:违约贷款、逾期记录
	公司: 1984年		公司:总贷款、担保	公司:总贷款、担保
西班牙	1983年	本国居民:6 720 非本国居民:336 000	违约贷款、逾期记录、总贷款、担保	违约贷款、逾期贷款、总贷款、担保
奥地利	1986年	430 000	总贷款、担保	总贷款、担保
芬兰	1961年	0	违约贷款、逾期记录	违约贷款、逾期贷款
比利时	1985年	家庭:223	公司:违约贷款、逾期记录	公司:违约贷款、逾期记录
		公司:27 950	家庭:违约贷款、逾期记录、总贷款	家庭:违约贷款、逾期记录、总贷款
葡萄牙	1977年	5	违约贷款、逾期记录、担保	违约贷款、逾期记录、担保
意大利	1964年	不良贷款和坏账:0	家庭:违约贷款、逾期记录	家庭:违约贷款、逾期记录
		其他贷款:86 010	公司:总贷款、担保	公司:总贷款、担保

5.2.3　关于欧洲建立统一的公共征信系统的讨论

随着欧洲信贷市场的日益融合以及高度一体化的资本市场逐渐形成,欧洲各国国内的公司可到国外借款而不向国内的征信系统报告,这意味着公共征信系统正在失去就一家公司全部负债情况提供充分、准确和可靠信息的能力。

近年来,欧盟委员会一直尝试建立一个统一的国际征信报告系统,然而其所做努力并未成功。原因主要有以下几点:

首先,各国征信系统之间的差异已经存在,除信息技术的差异所带来的问题外,欧洲各国现有公共征信系统的设计在覆盖面、报告最低贷款规模的要求、报告的信息类型及隐私保护条款等方面存在巨大差异,难以整合;其次,诸如英国这些没有公共征信系统的国家不愿意建立一个统一的欧洲公共征信系统;最后,欧洲各国官僚机构因循守旧的惯性、缺乏硬的预算约束和私营征信机构带来的竞争压力使统一公共征信系统的建立更为困难。

现阶段欧洲各国现有的公共征信系统已同意在特定情况下跨境交流关于

借款人负债情况的信息。但是,这种信息至今仅能用于审慎目的。为使商业银行获得其客户在国外的借款信息,公共征信系统目前计划将现有的合作扩展,将来使商业银行能够获得其他公共征信系统的信息。但是欧盟国家之间的信息交换没有明确的法律要求,征信信息交流的技术与组织问题也尚未解决,还无法明确这种合作何时会真正生效。从长远来看,各国的公共征信系统可能逐渐被跨国的私营征信局取代,或者被各国征信局之间的跨境协定所取代。

5.3 英国模式

5.3.1 主要信用机构及产品特点

与美国类似,英国征信模式是以市场主导的私营征信模式,英国的征信机构都是私人部门所有,个人征信主要由三家大型征信公司主导。英国三大征信局征信业务覆盖的成年人口总数达4 780万,成年人口覆盖率达100%;企业征信主要由几家跨国企业征信公司主导,其中的代表公司是 Creditsafe,目前英国的企业征信业务覆盖公司总数达1 471万家,公司覆盖率达100%。

1. 企业征信服务

在企业征信方面,英国征信公司主要提供企业信用报告及企业信用评分服务。

英国征信公司提供的企业信用报告主要包括以下几方面的内容:(1)负面信用信息,包括法院判决的支付纠纷,以及贷款及票据违约和逾期记录;(2)账款偿付历史,包括企业账款偿还时间、未支付账款情况;(3)公司管理层人员信息;(4)公司信用评分,包括现在及过去的信用评分;(5)5 年内的公司银行账户情况;(6)公司母公司及子公司情况;(7)公司注册登记信息;(8)公司风险追踪,该服务为有偿服务,当公司信用风险或信用评分变化时,可及时通知信用记录购买方。

企业信用评分服务主要为企业决策者在商务关系的建立、发展、维护中提供帮助,如供应商选择、客户商业信用额度提供等。以企业征信公司 Creditsafe 为例,其企业信用评分范围为 1～100 分,评分主要衡量企业在未来 12 个月的信用偿付能力。企业信用偿付能力越强,评分越高。其中,信用风险较高的企业标注为红色,信用较好的企业标注为绿色。

2. 个人征信服务

英国个人征信公司提供的个人信用报告与美国类似,不做过多陈述,这里主要介绍近几年英国个人征信公司的业务创新情况。

目前,英国征信机构开始推出如信息安全保护、信用风险提示等更加多元化的服务。以 Experian 为例,该公司推出了针对信用风险提示的 Credit Monitor 服务,该服务定期检查个人的信用报告,并将信用报告上出现的有可能降低客户信用评分的可疑行为及时通知客户。同时,Experian 还提供针对个人信息安全保护的 Identity Theft Protection 服务,该服务可及时发现未经客户授权的第三方非法盗用客户信息来获得贷款或消费信用的行为,从而保护客户的声誉及良好信用记录。

同时,Equifax、Experian 和 TransUnion 这三家国际征信局还共同开发了 Vantage Score 3.0 Model 信用评分模型。该模型综合了三家征信局的信用分析模型及信用分析方法,同时使用了三家征信局所拥有的更为“细化”(Granular)的数据,提高了模型的准确性及预测性。该模型所具有的三大优势在于:(1)对于各信用账户进一步细分,比如模型将分期付款账户进一步分为学生、汽车、个人及标准化分期付款账户。(2)对不同来源的数据原有差异进行调整,使其具有一致性,使用的方法为 Patented Characteristic‐Leveling Process,由此降低了原有 FICO 评分模型下三大征信局信用评分的差异。(3)同时综合了 2009~2011 年以及 2010~2012 年两个时间段,包含借款人在金融危机末期及金融危机以后两个时期的信用行为,降低了模型对经济波动的敏感性。

5.3.2 信用体系运行结构

英国征信机构的服务对象包括法人公司、零售商、医疗机构、信用卡公司、金融机构、邮购公司、水电公司、建筑协会等非公共部门,而征信产品包括信用报告查询服务、信用信息增值服务和外包服务三大类。

目前,英国个人及企业征信机构的数据采集方式有三种:与贷款机构签订数据共享协议、收集公共信息以及加入欺诈数据库。个人及企业征信机构采集的信息包括个人/企业的基本信息和信用信息两方面。基本信息主要用于确认个人/企业的身份,这方面的信息主要来自政府部门和公共机构。

1. 企业征信机构的信息采集

企业征信机构关于被征信企业的公共信息主要来源于:(1)英国公司登记局,主要记录公司财务、注册信息等;(2)伦敦及爱丁堡公报,主要登记破产公告信息等;(3) Registry Trust 主要登记法院判决信息;(4)被征信公司的交易对象提供的账款偿还信息等。

2. 个人征信机构的信息采集

出于充分保护自由和隐私的考虑,英国政府不办理类似于我国居民身份证的个人身份证明或者其他附带照片的个人证件(出国护照除外),也不允许采集个人出生登记号码、纳税人识别号码、护照号码、储蓄账户、就业记录、养老金以及财产状况等信息,因此,英国一般通过从各选区获取的选民登记信息以及从邮政部门获取的住址信息来进行身份识别。另外,英国个人征信机构同时收集消费者的正面信息及负面信息。正面信息多为按时偿还贷款的信息,包括除利率以外的贷款详细信息以及一些个人签订协议的自愿共享信息,不允许采集收入和其他个人信息、信用评级和信用评分、雇主信息、公用事业付费、抵押物价值以及担保人状况等信息。负面数据采集拖欠贷款的细节信息、违约行为、拖欠款项、破产倒闭事实以及官方判决信息,但是不允许采集学生贷款信息、纳税信息以及拖欠税款、未判决诉讼、犯罪记录等信息。

3. 信息共享:征信机构贷款信息的主要来源

征信公司与信息提供机构共同建立了信用账户信息共享组织,该组织已经拥有 350 多家成员机构,这种组织方式能够拓宽采集信息范围、提高信息采集效率。信用账户信息共享组织中的共享信息分为一般信息和特别信息两种。一般信息包括贷款额度、贷款余额、借贷记录等 20 种常规贷款信息,组织成员间可以共享。特别信息则只包括负面信息,共享条件要求很高,只有成为组织成员,并且共享了自己的全部信息,才能从其他成员处共享特别信息。不过,出于控制个人消费贷款风险的考虑,英国政府要求银行必须按照一般信息模式共享个人消费贷款的全面信息。

4. 信用行业欺诈防范体系(CIFAS)

该组织不以营利为目的,仅致力于防范金融犯罪,其成员为银行、建筑协会、保险公司、信用卡公司和金融公司。如果某成员确认了某人具有欺诈行为,将会向数据库发出详细信息,成员机构可以互相交换被认为有欺诈行为的人员、服务(如欺诈性保险信息)乃至欺诈受害者的信息,甚至将此信息显示在个人信用报告中,从而防范和制止欺诈侵害继续扩大。

5.3.3 征信体系立法及监管情况

英国的法律对私营征信公司发展的限制性条款较少,主要针对规范征信公司的数据收集及使用。

英国有严密的监管法律体系和全面的监管组织机构,除了制定《数据保护法》《信息自由法案》《公共信息法》等基础法律以外,还制定了《个人隐私及电子通信管理规定》《环境信息管理规定》《公共部门信息再利用条例》等针对性法规,甚至2010年英国还新出台了《消费者信用监管规定》。征信机构还需要遵守《欧盟数据保护法令》《欧盟消费者信用法令》《个人数据的隐私保护和跨国界流动的指导原则》等国际性公约。英国政府对与征信体系相关的各个方面,特别是信息的取得和使用做出了详细的规定。

如在数据采集上,《数据保护法》明确规定,取得个人信息必须经过个人主体同意,不允许采集声明范围外的数据;在数据使用上《数据保护法》规定,当个人数据向第三方披露时,必须经过数据主体的同意。《消费者信用监管规定》要求,在批准信贷或者大量增加信贷之前,债权人必须评估借款人的信誉,而且必须从借款人和征信机构获得充足信息后才能进行评估。

英格兰银行、信息专员办公室、公平贸易办公室及信息委员会等部门各司其职并监督法规执行情况。英格兰银行主要负责信用监督和指导。公平贸易办公室根据新《消费信用法》审批征信机构准入条件并颁发许可证。信息专员办公室负责实施和监督《数据保护法》的执行情况,可以采取刑事起诉、非刑事执法和审计行动,以纠正征信机构收集、使用和维护个人信息过程中的违规行为。信息委员会主要接受信息主体为维护自身合法权益而对征信机构的投诉。

5.3.4 对中国征信业发展的经验启示

首先,要不断鼓励发展私营征信机构。英国的经验说明,征信行业市场化运营不一定会影响信息的采集和使用,甚至可能更加符合信息使用者的需要。因为私营征信机构是征信市场的重要组成部分,在提供增值服务和定制服务以及满足市场多样化需求等方面较之央行建立的公共征信体系具有一定优势。同时,从市场细分的角度来看,征信行业不能局限于满足信贷市场需求,以后必然要向消费信用、贸易信用、房地产信用等各个方面扩展,仅靠公共征信体系显然无法满足众多市场的差异化需求,必须引入民间或国外资本为主导的私营征信机构。虽然我国国情决定了我们不能建立完全市场化的征信体系,但现有央行主导的公共征信体系必须要为私营征信机构的发展留出足够的市场空间,因为征信行业私营机构与央行主导的公共机构相比在竞争上具有先天劣势。

其次,英国的经验表明,对征信行业的立法应侧重于数据的收集与使用,而不是对私营征信企业的发展进行限制。我国现有的《征信业管理条例》仅明确了征信业监管机构的职责及监管措施,对征信数据采集、使用和交换还没有任何一部法律进行规范。央行的征信系统对此可能顾虑较少,但市场化的私营征信公司在这方面仍然心存疑虑,相关征信业务的开展由于没有明确的法律规定,其数据收集、交换的合法性在很大程度上必然受到限制。

5.4　法国模式

5.4.1　主要信用机构及产品特点

法国是单一公共征信模式的典型国家,其个人及企业征信系统均由法国政府建立并由法兰西中央银行负责运行。

1. 个人征信

在法国,有一家公共信用登记机构从事个人及企业信用信息服务,该机构由法国政府成立并由法兰西中央银行负责管理,政府当局强制贷款人向公共信用登记机构提供个人贷款逾期的数据作为回报,公共信用登记机构将向贷款人提供可以用于贷款决策的信息。

2. 企业征信

自 1984 年起,在法国经营的所有国内外金融机构,包括租赁与保理公司,都必须向法国企业征信系统(法语名称为 Central des Risques,是法兰西中央银行企业司的一部分)报告,但在法国经营的外国金融机构不需要报告公司所属境外母公司的数据。

同时,法兰西中央银行还有一个关于公司、经理人员、司法事件以及法院禁令的数据库。这个数据库被称为 FIBEN 数据库。FIBEN 数据库也提供对经理人员的评级以及对公司的三类评级(交易额评级、信用评级和支付评级)。交易额评级是关于交易额(减去税款)水平的一个指数。支付评级(有三种类型)表示支付是否按时进行或是否有现金流困难。最重要的评级是信用评级,它是以对该公司财务状况进行分析,对经理人员、资本持有人以及是否存在支付时间或法律诉讼的评估为基础。评级等级由 3＋＋(较高等级的评级,拥有此等级的公司其偿还能力毫无问题)到 9(处于此等级的公司财务状况令人担忧,例如存在过去三年盈利性或流动性不佳、债务违约、法律诉讼等问题)。

5.4.2　信用体系运行结构

1. 个人征信体系运行结构

负责个人信用等级的公共信用登记机构是建立在互惠基础上的,因此公共信用登记机构除了能够起到信用风险防范的目的,还是中央银行取得监管信息的重要渠道。法国的公共信用登记机构的个人信用信息数据库记录了 95％的全国公民的信用档案,其管理机构是非营利性的,直接隶属于中央银行。

个人信用信息登记系统的数据来源主要包括商业银行、外资银行、基金会、保险公司、金融中介等。所有信贷机构和金融机构必须每月报告关于分期付款、购买贷款、租赁个人贷款、信贷额度和透支的逾期记录情况。法国的公共信用登记机构对逾期的定义如下：对分期付款来说，如果过期的金额三次超过上次的分期付款额，则逾期发生。对没有规律性的还款计划所涉及的贷款，如果债务未按计划还款超过 90 天，则逾期发生。对所有其他贷款，当放贷机构开始法律行动时，逾期发生。还款后，公共信用登记机构的逾期记录将被删除。

法国的公共信用登记机构广泛采用网络数据传输、数字化信息服务等手段，在信息的采集、整理等方面通过网络实现对客户信息的实时更新、管理。全国范围内完善的信用信息登记系统极大地提高了信用信息的时效性和准确性，同时也提高了管理效率，降低了管理成本，该信用信息网络系统主要由政府出资负责建立。

2. 企业征信体系运行结构

与其他欧洲公共征信系统不同的是，法国企业征信系统将从信贷机构收到的信息与关于公司及其经理人员的其他信息整合起来，后一种信息主要来自法律公告、法院和金融杂志。法国企业征信系统的参加机构必须每月报告高于118 293美元的贷款。最低报告继而适用于一家分行而不是一家银行总体发放的信贷。这里的最低报告金额选择的是分行而不是银行整体的主要原因是，法国公司通常只从同一银行的一家分行申请贷款。法国企业征信系统按照到期时间和担保对报告的贷款进行分类。

FIBEN 数据库全称为法国信用风险登记系统，是为实现银行对信贷风险的管理而由法兰西中央银行于 1946 年设立。FIBEN 主要从以下几方面获取信息：企业每年提供自身的资产负债表等财务信息，商业银行报送每月的信贷信息和票据信息，商事法庭裁定的诉讼、判决等信息。此外，法国国家统计局也向法国央行提供信息，这些信息主要通过网络进行采集。目前，FIBEN 数据库储存了 620 万个经济实体的信息。

5.4.3　法国央行信用评级体系介绍

由上文介绍可知，法国是建立单一公共征信模式的典型国家，其公共征信系统以法兰西中央银行为核心，主要应用于货币政策操作、监管部门审慎监管、银行发放信贷参考等，并由此建立了一套完善的央行信用评级体系，该央行信用评级体系明显区别于传统的国际信用评级体系。自 2008 年国际金融危机以来，以三大国际信用评级机构为代表的信用评级体系暴露出诸多缺陷，而法国央行信用评级体系不仅未被削弱，反而进一步加强，并在欧元区逐步推广开来。目前,德国、奥地利、西班牙已建立央行信用评级体系用于货币政策操作,意大利、斯洛伐克、斯洛文尼亚正在筹集类似体系,因此法国央行信用评级模式值得我国借鉴。

法国中央银行信用评级开始于 20 世纪 80 年代初,最初服务于货币政策执行,帮助法国中央银行加强对银行抵押资产质量的监管,后用于筛选可以从欧元体系中获得再融资的抵押品,帮助企业判断自身信用风险状况,增强企业与银行之间的了解等目标。2004 年,为了适应《巴塞尔资本协议》的要求,法国央行对评级体系进行了修改和完善,形成了目前具有鲜明特色的评级模式。

1. 评级内容

法国央行信用评级包括两部分:营业额等级和信用等级。营业额等级分为 14 个级别,分别用字母 A~H、J~N、X 从高到低表示,根据企业营业额确定。例如 B 表示营业额在 1.5 亿~7.5 亿欧元。信用等级表明企业在未来三年内偿债能力的大小,按照企业偿债能力从高到低分别为 3~9、P、0。

2. 评级流程

法国央行信用评级由模型分析(ASCOT 系统)和专家分析(分析师)相结合完成。首先 ASCOT 系统利用财务指标等定量信息初步确定信用等级,随后分析师对非财务指标即定性信息进行进一步分析,最后综合两方面的因素得到企业的信用等级,分析师在评级过程中要遵守相应的制度要求。

ASCOT 的定量分析主要围绕四方面的财务信息:一是利润,包括毛利、经营利润、净利润等;二是财务的独立性,包括偿债能力、偿息能力等;三是财务结构,包括资产负债率等;四是流动性,包括速动比(短期资产/短期负债)、短期债务权重、现金流等。

当定量分析完成后,分析师将根据定性信息进行进一步分析。此外,法国央行通过与企业访谈、媒体等获取更多信息。在 2008 年金融危机后,法国央行更加注重定性和前景因素的分析,尽可能消除短期因素的影响。定性信息通过分析将归为三类风险,即已有风险、潜在风险和待观察风险。根据不同风险分类,分析师对模型分析提出的初步信用级别进行调整。

法国信用评级的一般流程见图 5—2。

3. 与传统国际信用评级体系的差别

一是评级目的的差异:法国央行评级主要为执行货币政策、宏观审慎管理、银行信用管理服务;私营评级机构主要为市场提供专业化的市场分析。二是信息获取能力不同,法国央行依据监管部门的地位,在信息获取方面具有极大的便利性,而这些信息对于信用分析和模型检验具有重要作用。三是收费模式差异,法国央行评级采用使用者付费模式,而主要国际评级机构仍然采用

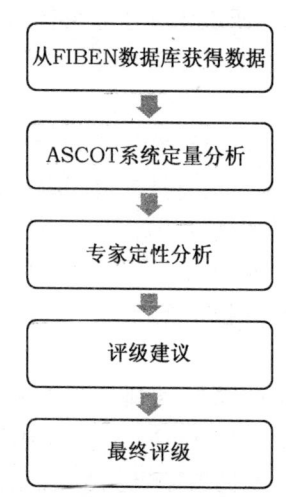

图 5-2　法国信用评级的一般流程

发行人付费模式。四是法国央行不对外公布评级结果,仅向加入 FIBEN 数据库的银行等机构提供,使用者必须严格遵守保密规定,企业只能查看其自身评级状况;而私营评级机构的评级结果往往向市场公开。

5.4.4　对中国征信业发展的经验启示

央行建立自己的企业信用评级系统、建立完备的企业信用数据库,有助于进行货币政策操作、把握经济与行业动态、加强宏观审慎管理。2008 年金融危机充分暴露了现有国际评级体系的顺周期性、滞后性、可能的政治倾向性等缺点,三大国际评级机构面临的质疑不断。中国的评级业经历了近 30 年的发展,在评级技术、评级产品等方面都有了较大的进步,但仍不能满足金融快速发展的需求,在国际市场上仍不能摆脱对三大评级机构的依赖。学习并借鉴法国的央行评级模式,有利于保持金融独立性、避免私营评级模式存在的利益冲突、提高评级质量和透明度,同时更有助于政府机构加强对资本市场的监管,促进本国的信用评级业发展,提升本国信用评级行业公信力。

5.5　德国模式

5.5.1　主要信用机构及产品特点

德国的信用体系主要由三部分组成:一是以德意志银行建立的信贷登记

系统为主体的公共征信系统。该系统还包括工商登记信息、法院破产记录、地方法院债务人名单等行政、司法部门的信息系统。其中,德意志联邦银行信贷登记系统供银行和金融机构内部使用,在使用范围上有明确的限制;而工商登记信息、法院破产记录和地方法院债务人名单均对外公布,并可查询。公共信用信息系统依法向私营信用服务系统提供信息服务,成为私营征信机构信息的重要来源之一。

二是以私营公司为主体的市场征信系统。该系统提供的信用服务范围覆盖到企业与个人资信调查、信用评级、信用保险、商账追收、资产保理等。

三是以行业协会为主体的会员制征信系统。该系统以具有公司性质的通用信用保险保护协会(Schufa)为代表,由协会建立信用信息系统,为协会会员提供个人和企业的信用信息互换平台,通过内部信用信息共享机制,实现征集和使用信用信息的目的。

目前,Schufa 信用记录在德国应用最为广泛,是被人们广泛接受的具有法律效力的正式记录。Schufa 官方网站的数据显示,目前其保留着 6 630 万条个人信用记录和 420 万家企业的信用记录。作为第三方资信调查与评估公司,Schufa 收集的用户信用信息十分全面,除了姓名、出生日期、住址等基本信息外,还包括人们的银行账户、信用卡、手机合同、租赁合同以及贷款等信用信息。Schufa 系统里的个人信用数据每季度更新一次,企业信用数据每天更新。此外,Schufa 信用保障系统有着相当完善的评估体系,它采用 0~100 的评分制度,分数越高,信誉度越高。该系统的信用数据对于个人和企事业单位都完全公开,可以随时在网上或者打电话查询。

5.5.2 信用体系运行结构

1. 公共征信系统

按照德国《银行法》第 14 节规定,德国的所有信贷机构、其国外分行及子机构、保险公司、风险资本投资公司、自由账户交易商以及保理企业、从属于一家国内母信贷机构的国内外信贷机构,都必须每季度向德意志联邦银行报告数据。必须提供数据的要求只针对负债额超过 160 万美元的借款人。对于其他金融机构,只有当受控于一家必须报告数据的机构时才必须报告。该报告只要求指出季度末的负债情况(包括短期银行间放贷以及对公共信用机构的风险暴露)。必须提供的信息不包括抵押品和不良贷款。银行也必须报告持股超过其借款人股权 25% 的情况。同时,为维持银行的信息机密,发放给贷款机构的通知只包含借款人总负债数据以及涉及的放贷人数目,而不是向同一借款人放贷的各机构的名称。

2. 市场化运营的私营征信机构

私营征信公司以及行业协会共同主导的信用服务系统是德国社会信用体系的主体。该信用服务系统主要包括私营信用服务公司以及行业协会根据自身业务需要建立的企业与消费者信用数据库及其提供的信用服务。目前,德国的信用服务业主要包括:

(1)资信调查与评估

资信调查与评估服务是信用风险管理服务中的一项最基本、最普遍的业务。资信调查与评估公司收集与企业和消费者个人信用有关的所有信息,并用科学的方法加以分析评估,建立庞大的信用数据库,所提供的服务产品主要是信用报告和信用风险指数。

(2)信用保险

信用保险通常是以他人的信用风险为保险责任的财产保险业务,是保障投保企业应收账款免受不正常损失的保险。信用保险分外贸和内贸服务两大块。出口信用保险包括政策性信用保险和商业性信用保险。德国承担政策性出口信用保险的是裕利安宜信用保险公司。

(3)商账追收

商账追收业务是指商账追收公司受客户委托从事的催账和账款追收活动,其特点是使用合法手段但不通过法律程序追收拖欠债款。商账追收公司按照收回的金额提取一定比例的佣金。在德国,从事商账追收业务的公司约650家,从业人员约5 500人,其中495家是德联邦商账追收商协会的成员。

(4)资产保理

资产保理业务是指保理商通过购买他人债务而提供的客户应收账款服务。与商账追收业务最大的不同是,保理服务是一种债权转让交易,保理商采用立即付款的方式购买客户的应收账款,以便客户能及时获得所需资金。保理商虽从中收取一定的费用,但承担债务风险,因而在购买债权前要对债务人的资信进行全面的调查。德国目前有20多家从事资产保理业务的公司,其中19家是德国保理商协会的会员。

目前混合经营已成为信用服务公司的发展趋势。德国信用服务公司的经营模式已从单一的资信调查、信用评级、信用保险、商账追收等服务向同时提供多种信用服务的模式发展。良好的信用文化传统和自律意识为混合经营模式奠定了基础。目前,德国较大规模的征信公司均提供信用报告和信用风险评估服务。大的信用保险公司更是提供从信用咨询、信用保险到商账追收和资产保理等全方位的信用服务。

5.5.3　信用体系立法及监管情况

目前,德国已形成欧洲较为完备的社会信用监管体系及法律体系。由于德国社会信用体系涵盖了目前世界上三种最普遍的社会信用体系模式,其社会信用法律体系以及监管体系必然呈现多样化的特点。德国社会信用管理的立法及监管经验值得我国借鉴。

德国迄今有关信用管理的法规存在于商法、民法、信贷法和数据保护法等法律法规中,构成了完备的社会信用法律体系。其主要法律有:

1. 规范信用信息公开的法律

德国《商法典》规定,成立公司必须在地方法院以公开可信的形式,即通过公证进行商业登记注册,以载入商业登记簿。商业登记包括公司法律形式、工商注册号、公司地址、注册资本、法人代表、主要股东、营业范围等内容。商业登记簿可公开查阅。

德国《破产条例》规定,企业破产必须到当地法院申请。该条例对企业和消费者破产的条件、过程做了明确的规定。破产申请经法院审核批准后即进入破产程序,法院将破产企业或消费者列入破产目录,并予公布。联邦各州须建立各自的破产目录中心。

德国《特定企业与企业集团账目公布法》对超过一定规模的企业如何公布账目做了明确的规定。凡符合三个条件中的两个的企业有义务在做年终决算报表日后的第 3 天首次公开账目。

2. 保护个人隐私的法律

德国保护个人隐私的法律主要有《联邦数据保护法》、《信息和电信服务法》及 1998 年 10 月生效的《欧盟数据保护指南》。上述法律对个人数据的获取、储存、使用、传播等方面都有严格的规定。征信机构必须公正、合理地收集消费者和企业的信用资料。消费者有权了解征信机构收集、保存的本人信用资料。数据处理单位的工作人员有保密的义务,只有在法律允许或经用户同意的情况下,有关公司才能提供用户的信用数据。禁止在消费者信用报告中公开消费者收入、银行存款、生活方式和消费习惯以及超过法定记录期限的公共记录中的负面信息等。

3. 规范催账程序的法律

2000 年 5 月 1 日生效的德国《反不道德支付法》规定,客户在收到账单 30 天后或在账单规定的付款截止日后 30 天仍未付款,债权人可加收超过银行贷款利率 5％的滞纳金。如客户在收到连续 3 次催账警告后仍置之不理,债权人可向地方法院申请强制执行。

4. 关于信用监督的法律规定

德国的《信贷法》规定,德联邦银行和联邦金融服务监管局负责对银行和金融机构的监督与管理。联邦银行是唯一具有对金融机构行使统计权力的机构,各类金融机构须每月向联邦银行报送包括信贷业务数据在内的各类统计报表。联邦银行通过建立"信贷登记中心"的信息共享机制控制银行业内部的信用风险。

德国的《联邦数据保护法》规定,德联邦内政部负责国家秘密保护工作的指导、监督和管理。联邦政府及各州政府均须设立个人数据保护监管局,负责对掌握个人数据的政府机构和信用服务机构进行监督和指导。

由于德国信用体系结构的多样化,其信用体系监管也呈现出分类监管的多样化管理方式的特点。在以德意志联邦银行统一建立的"信贷登记系统"的公共模式下,金融机构向"信贷登记系统"提供信息并按规定使用信息;在以市场模式为主的私营公司领域,各私营公司按照相关法律法规的要求开展业务,监督与管理职责由出台相关法规的职能部门执行;在行业协会领域,由专门的行业协会实施协会内部的监督管理职能。例如通用信用保险保护协会内部,协会建立了成员单位的信息共享平台,同时协会也负责监督管理各成员单位在信息平台的信息提供、披露等行为。

5.5.4 对中国征信业发展的经验启示

首先,德国三种征信体系并存的模式值得我们借鉴。我国是社会主义国家,征信行业在一定程度上关系到国家经济安全,因此并不能像美国及英国那样建立完全私有化的征信体系;其次,如果由央行建立单一公有制的征信体系,又会不利于市场竞争,阻碍征信业发展。实际上我国目前的社会信用体系建设实践与德国的道路较为一致。我国已成立由中国人民银行征信管理局负责的个人及企业信用平台;2015 年 1 月 5 日,央行向腾讯、阿里巴巴等 8 家公司下发个人征信牌照,此前央行已向 26 家企业发放了企业征信业务牌照;而各行业协会也正在加紧组建行业信用信息平台。

在具体实践上,可建立多个专门领域的数据库,并利用互联网信息技术实现各数据库之间的有效联动。目前,中国不同地区及行业之间存在着巨大差异,解决这些差异建立统一的中央集中数据库,一方面技术困难较大,另一方面其成本也是十分巨大的。现阶段可借鉴德国模式,在金融等行业,建立并强化以中央银行为主导的公共模式的信用数据库;在私营征信服务机构领域,建立市场导向的私营信用数据库;在某些行业,可以考虑建立行业协会主导的行业信用数据库。同时,要利用信息技术及大数据分析技术,建立各数据库之间的高效联动机制。

　　其次，要进一步健全信用管理的相关法律法规。2012 年 12 月 26 日国务院颁布了《征信业管理条例》，解决了征信业管理无法可依的问题，明确了征信业监督管理部门的职责及其管理对象、措施和手段。但中国社会信用体系在诸多方面仍缺乏相应的法律法规。如在数据交换方面，缺乏相关的数据保护法；缺乏对征信机构非法获取信息、利用个人信息牟利、损害信息主体的安全和隐私的有关法律制裁措施。为此，我们可以借鉴德国经验，尽快出台和完善诸如《信用信息公开法》《商业信用保护法》《商业秘密法》《隐私权法》《个人破产法》等信用法律法规，明确对涉及个人隐私、商业秘密和国家安全等特殊信息的保护措施，为信用信息共享和合理使用提供制度保障。

第 6 章

日本、韩国的国家信用体系

6.1 日本、韩国的国家信用体系发展概览

6.1.1 日本的国家信用体系发展概览

1. 起始阶段：19 世纪末至 20 世纪中期

19 世纪末至 20 世纪中期，是日本信用体系的起始阶段。这一阶段，大量企业和个人涌入信用行业，呈分散经营态势。1868 年，日本明治维新开始，经济上日本逐步走上了资本主义发展道路。伴随着资本主义经济的初步发展，商品交换日益增多，于是，社会中慢慢出现了赊销赊购现象。因此，1892 年，日本最早的征信公司——东京商工所成立；1899 年，帝国数据银行成立。从社会大环境方面而言，企业、个人对于信用的态度经历了一个警惕、拒绝到逐步接受的转变，社会信用意识、诚信文化慢慢增强。

2. 发展阶段：20 世纪 60 年代至 80 年代

20 世纪 60 年代至 80 年代，是日本信用业的发展阶段。这一阶段，日本信用业的发展呈现出如下三个特点：

（1）集团化经营与垄断趋势的出现。伴随着信用市场的日益成熟，自20世纪60年代起，日本信用业的集团化经营和垄断趋势日益明显，帝国数据银行和东京商工所两家机构占据了日本信用业整个市场份额的60％以上，日本最大的两家信用机构垄断了60％以上的信用市场，体现出明显的垄断性。

（2）数据库的建立。伴随着第三次科技革命的蓬勃开展，科学技术不断发展，电子技术日臻成熟，日本信用业也开始应用电子技术，因此整个日本信用业对于数据库的建立十分重视，并引入数理分析概念，对建立起来的数据库进行建模分析，得出企业偿债能力、破产情况预期的模型，提高了预测的准确度，同时提高了行业的整体信誉度。

（3）社会信用意识进一步加强。伴随着信用业的不断发展，日本社会中的信用意识不断加强，诚信文化得到进一步宣传，这也为20世纪80年代后信用业的进一步发展打下了坚实的基础。

3. 成熟阶段：20世纪80年代至今

20世纪80年代以来，日本的信用业高速发展并趋于成熟。这一阶段，日本信用业发展呈现出如下几个特点：

（1）信息公开日臻完善，社会公众对信用信息的知情权得到法律保障。日本政府对其掌握的信用信息逐步采取开放的做法，特别是2001年《政府信息公开法》实施后，日本民众可以免费查询到大量信用信息，包括企业登记、破产申请、企业个人纳税、土地房屋状况等原始资料，这些对征信调查具有重大参考价值，同时对于在整个社会中进一步强化信用意识起到了良好的作用。

（2）行业协会作用逐步加强。20世纪80年代以来，日本信用业的发展已经不再是单纯一个或者两个企业垄断信用市场，而是逐步形成了由行业协会主导的信用体系，并在信用体系中占据主导地位。

（3）经过近百年的发展，20世纪80年代以来，日本信用业已经转型为综合情报产业，其产品呈现出系列化、定期化、高附加值化的特征。

总之，经过100多年的发展，信用业已经成为日本市场经济体系的重要组成部分，在整个经济发展中扮演着不可替代的角色。同时，诚信文化建设和社会信用意识的提升对于信用业长期稳定发展起着重要作用。

6.1.2 韩国的国家信用体系发展概览

韩国信用业历史较短，是在20世纪90年代末期后得以大力发展起来的一个产业。根据几个标志性事件，可将韩国信用业发展分为三个历史阶段。

1. 起始阶段：20世纪90年代末期金融危机以前

早期，韩国信用产业并不发达，基本处于萌芽阶段。这一阶段，信用机构非常零散,职能也相对单一,更多的是行业内部或者某一协会、企业内部信息共享。在这一阶段,一个标志性的事件是 1976 年韩国信用担保基金(其前身是 1961 年 11 月成立的韩国信用保证储备系统)的成立,其主要职能有两个:一是为企业提供信用担保和信用保证;二是通过信用信息的搜集和整理,建立较好的信用体系,为国民经济的平稳健康发展提供稳定的根基。这一机构的成立在一定程度上促进了信用业的进一步发展。

2. 企业信用大力发展阶段:20 世纪 90 年代末期至 21 世纪初

20 世纪 90 年代末期,亚洲几个新兴经济体爆发金融危机,使得韩国经济原本较为依赖的出口贸易受到了沉重的打击,国民经济发展被迫转为发挥国内动力作用,因此,韩国国内信用消费不断增长,韩国政府也逐步增强对信用业的关注。这一阶段的发展呈现出如下两个特点:

(1)企业信用大力发展。自金融危机后,韩国经济转向国内,企业信用不断发展并完善,逐步形成了目前韩国的信用体系架构。1995 年,韩国银行联合会成立,经授权于 1997 年 11 月 11 日开始承担中央信用信息登记职责,并提供信用信息服务。

(2)消费者信用不断发展并膨胀,孕育着信用危机。这一阶段对于个人信用的发展并无很多法律规制,也没有合理的信用评级体系和违约惩戒机制,因此,个人信用业不断膨胀,信用卡大量增发,但信贷资金经常无法收回或者收回不完全,导致韩国信用卡危机的爆发。当然,这为韩国以后个人信用业的发展提供了深刻的教训。

3. 企业信用和消费者信用并举阶段:21 世纪初至今

信用卡危机爆发后,韩国政府意识到对于消费者信用规制的必要性和重要性,韩国信用业进入了企业信用和个人信用并举的阶段。这十几年间,韩国成立了韩国信息服务公司、国家信息及信用评价公司等专业从事个人征信的公司,使得韩国逐渐从信用卡危机的阴影中走出,国民经济进一步稳步健康发展。

综上,我们可以看到,国民经济发展的每一个阶段都离不开信用,信用业的健康发展对于韩国国民经济的健康发展和市场有序运行起着至关重要的作用。

6.2 日本、韩国的国家信用体系总体结构

6.2.1 日本信用体系总体结构

经过了 100 多年的发展,日本形成了以银行协会建立的会员制征信机构与商业性征信机构共同组成的社会信用管理模式,可称为"社会征信系统"。

银行协会建立非营利的银行会员制机构即日本个人信用信息中心,负责消费者个人征信和企业征信、会员银行共享信息等。该中心在收集信息时要付费,而在提供信息服务时要收费,以保持中心的发展。与之并存的还有一些商业征信公司作为有益的补充,如帝国数据银行等。

1. 日本信用体系运行的基本架构

目前,日本信用体系可被称作社会征信系统,其中既包括以银行协会建立的会员制征信机构,也包括商业性征信机构,如图6—1所示。

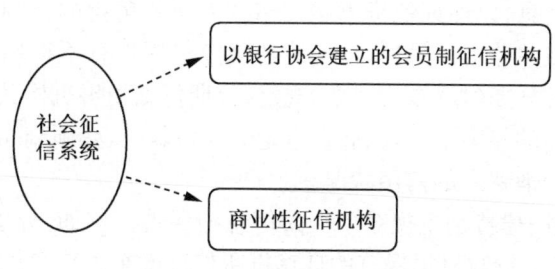

图6—1 日本信用体系总体结构

在会员制征信机构模式下,由行业协会主导建立信用信息中心,为协会会员提供个人和企业的信用信息互换平台;与此同时,会员单位有义务向信用信息中心提供全面准确的信用信息。当然,信用信息的交换仅限于协会会员之间,而严禁向非会员单位提供此类信息。例如,以日本全国银行个人信用信息中心为例,各地的银行协会负责运营个人信用信息机构,如东京银行协会负责收集东京地区的个人信用信息,大阪银行协会负责大阪辖区内的个人信用信息,最后,各地区的信用信息局域网通过全国银行协会形成统一的网络。

在个人征信方面,日本的个人征信机构主要有三家,即银行系统的"全国银行个人信用信息中心"、邮购系统的"信用信息中心"(CIC)以及消费金融系统的"全国信用信息联合会"。1978年3月,日本三家信用信息中心机构之间开始实行信息资源共享,相互交流信息情报。

商业性征信机构中,日本最大的是帝国数据银行,该机构在日本有85个营业支点,雇员超过4 000人,其中各领域的专家有1 800多人。它拥有亚洲最大的企业资信数据库,有4 000家上市公司和230万家非上市公司的信用资料,占据了日本信用市场70%以上的份额。

帝国数据银行以"现地现认,保持中立"作为征信的基本原则,其中,所谓现地现认是指专人到所在地确认。据此原则,帝国数据银行为委托人提供可靠的企业背景资料调查、信用调查、催收账款、市场调查、行业分析报告等服务。帝国数据银行提供企业信用报告的费用较低,为2万～3万日元/户,相当于一个当地小学生一个月的零花钱,因此,该机构有着十分稳定的客户群。

日本另一家较大的征信公司是创建于 1892 年的东京商工所,这也是日本最早的一家信用机构,其提供企业资信调查、信用管理咨询、个人或法人财产征信等服务。

2. 日本信用体系的法律规制

到目前为止,日本没有一部信用法典,相关的规定散见于各类法律法规中。例如,《管制信贷业务法案》第 30 款规定,信贷机构必须通过信用局调查申请者的信用信息,以保证信贷不超过借款人所能负担的范围。信用局是由贷款提供者设立并监管。另外,该法律还规定信用信息不得用作授信以外的目的。类似地,《分期付款销售法案》规定,分期付款销售机构其授信不得超过消费者所能偿还的能力范围,因此在审定分期付款时,必须到相关信用局查询申请分期付款的消费者的信用状况。

此外,相关法律特别重视对于个人信息的保护。例如,分别于 1988 年和1999 年颁布的《与行政机关保有的计算机所处理的个人信息的保护有关的法律》与《信息公开法》,对国家行政机关利用计算机处理个人信息的行为以及政府信息的公开做出了明确规定;2003 年出台的《个人信息保护法》、《关于保护行政机关所持有之个人信息的法律》、《关于保护独立行政法人等所持有之个人信息的法律》以及《信息公开与个人信息保护审查会设置法》对个人信息保护给予了明确的法律规制。

3. 日本的信用保证体系

日本信用保证体系可以追溯到 1937 年在东京成立的信用担保协会,它由156 家会员组成,包括东京都政府、商业及工业组织、金融机构。

日本的信用担保体系的功能包括:一是信用担保功能,它能够使信用担保协会为金融机构所面临授信风险提供保障;二是信用保险功能,它是由日本金融协会对这些信用担保机构进行再担保。由此,日本形成了独特的双重信用担保体系。这个体系中的主体主要包括政府部门、日本金融协会、金融机构以及中小企业。它的运行机制如下:政府部门的主要职责是进行监管,并为联邦担保协会和信用担保协会提供补偿津贴,地方政府部门也可以对其给予捐助和贷款;联邦担保协会为信用担保协会提供补偿津贴;日本金融协会主要是提供再担保。当中小企业向金融机构申请贷款时,双方均需要提出申请,信用担保协会稽核后向金融机构进行确认,最后三方协议正式确立。

4. 日本信用保证业的特点

(1)立法保障

信用保证业在日本刚刚诞生时,政府为了扶持该行业的发展,即颁布了

《信用保证协会法》，对机构性质、业务范围等事项进行界定，保护信用保证协会依法为中小企业服务，并为信用保证机构分担风险。

（2）信用保证体系有政府的大力扶持，这为信用保证体系的完善打下了坚实的基础

政府四轮驱动、大力扶持是日本信用保证业的显著特征，扶持的内容包括政府资本注入、优惠的税收政策、保险保证以及巨额融资帮扶等。

（3）信用保证体系拥有完整的组织体系和科学的业务流程

日本52个信用保证协会均属独立法人，它们自愿联合组成全国信用保证协会联合会，成为信用保证业的行业协调者，联合会每年编制预算，采取等比例分摊的形式负担费用；而且，各个信用保证协会都拥有科学的业务流程，为信用保证业的发展和国民经济的健康发展打下了坚实基础。

6.2.2 韩国信用体系总体结构

1. 韩国信用体系运行结构

目前，韩国的信用体系架构可以用"两级行业架构、三种搜集模式"来概括。所谓两级行业架构，是指韩国信用体系中包括非营利性信用信息登记机构和以营利为目的的私营信用信息登记公司两级机构。而三种搜集模式则包括以下三种信用信息搜集模式：第一种模式是强制征集，是指由国家强制力保证的信用信息征集，这种搜集模式得到了韩国法律的保障以及国家强制力的支援，但仅限于韩国银行联合会这一机构使用该模式搜集信息；第二种模式是行业协会内部的信息共享；第三种模式是由信用公司通过商业合同、信贷合同中透露出来的信息进行筛选、整合而来的信用信息。具体如图6—2所示。

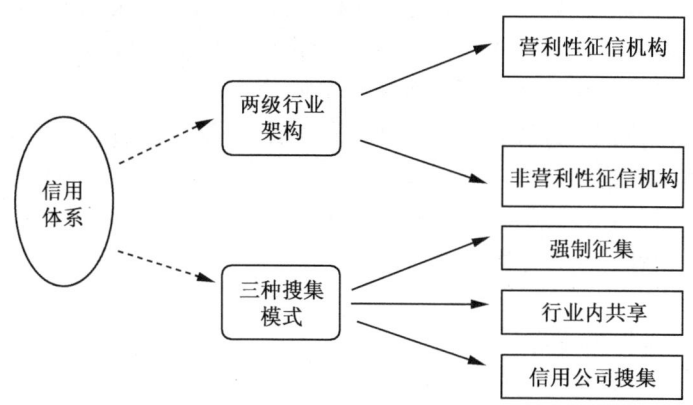

图6—2　韩国信用体系的总体结构

(1)两级行业架构

第一,非营利性信用信息登记机构。1995年,韩国颁布《信用信息使用及保护法》,根据其规定,韩国政府推动成立了非营利性信用信息登记机构,其中包括中央信用信息登记机构——韩国银行联合会和四家行业信用信息登记机构。

作为韩国信用业发展的支柱以及唯一一家中央信用信息登记机构,韩国银行联合会在韩国信用业发展中起着举足轻重的作用。目前,其会员包括49家商业银行、5家专业银行、2只信用担保基金以及1家房屋租赁公司。根据韩国财政部的授权,1997年11月11日开始,韩国银行联合会承担中央信用信息集中登记职责,同时收集与信用相关的其他信息,并在此基础上提供信用信息服务;此外,为了更好地发挥职能,韩国银行联合会还建立并不断完善其数据库,并采用动态而非静态形式公布信用信息,这些对于政府的决策和信用市场的有序发展起着至关重要的作用。

第二,以营利为目的的私营信用信息登记公司。根据私营信用信息登记公司的职责范围,将其分为企业信用信息登记公司和个人信用信息登记公司。

企业信用信息登记公司是指以营利为目的从事企业信用信息的搜集、筛选等工作并向社会有偿提供信用信息的机构。1976年6月,韩国信用担保基金成立,其主要目的是通过信用信息搜集、整理促进信用业发展。此外,该机构还承担着为有市场前景但缺少有形抵押物的公司提供融资担保。目前,韩国信用担保基金是韩国最大的信用信息供应商,其数据库拥有最广泛的韩国公司信息,信息内容包括企业简况、企业财务、债务偿还情况、经理人背景、金融机构信誉、基金使用及其他各项服务的信息。

个人信用信息登记公司是指以营利为目的从事个人信用信息的搜集、筛选、评估工作并向相关机构和个人有偿提供信用信息的机构。以信用卡危机的大规模爆发为背景,2002年,韩国信息服务公司成立,目前有48家数据成员共享机构;同年,国家信息及信用评价有限公司成立,拥有111家数据成员共享机构,是拥有数据共享成员最多的私营征信机构;2006年,韩国征信公司成立,但与韩国信息服务公司和国家信息及信用评价有限公司不同,该公司业务集中于向韩国几大金融机构提供信用报告,尽可能减少信用卡危机发生的可能性。

(2)三种搜集模式

在信用业发展的过程中,韩国对于信用信息的搜集和共享进行了十分有益的探索,形成了三种信用信息搜集模式,对于信用业发展时间不长的韩国而言起到了重要的积极作用,它既保证了信用信息的全面整合,又保证了信用市场的有序竞争,促进了韩国国民经济的持续健康发展。

第一,强制征集信用信息。所谓强制征集信用信息,是指信用机构凭借法律规范、政府行政命令等国家强制力向企业、个人强制征集信用信息,并对信用信息进行筛选、整理,进而进行信用评估并提供信用服务的信用信息搜集模式。这种模式对韩国信用业的发展注入了一针强心剂,在信用业发展的初始阶段或者社会信用意识相对薄弱的国家有着很强的适用性;但是,在信用业发展到一定阶段以后,这种模式可能会形成一种桎梏。

第二,行业内共享信用信息。即通过行业协会或者公司集团内部实现信用信息的搜集和整理,并在各公司间分享,保证信用信息的有效全面搜集。

第三,信用公司搜集信息。即信用公司将企业商业合同履行情况、个人信贷偿还情况等零散的信用信息进行整合,并提供信用信息服务的信用信息搜集模式。

2. 韩国信用体系的法律规制

信用业的发展要有良好的法律保障,既能保证信用信息的搜集、整理,同时还要保证信用主体的信息得到充分的保护,而且后者更加重要。因为,只有信用信息得到了充分的保护,社会主体对于信用信息的征集才不会抵触,整个信用业才能在一个良好的大环境下得到发展。韩国也不例外,整个信用业的法律十分强调对于社会主体信用信息的保护。

根据信用业发展情况,韩国立法机构分别制定了适用于公共部分的法律和适用于私人事业部门的法律。前者具有代表性的法律是 1994 年的《公共机关保有个人信息保护法》和 1998 年《公共机关信息披露法》;后者有代表性的法律是 1995 年的《信用信息使用及保护法》,以及 2000 年的《信息及通讯网络使用促进及信息保护法》。这些法律都为征信业的发展提供了良好的法律环境和有力的法律支持,特别是《信用信息使用及保护法》及相应的实施条例与规章,更是对征信业进行了明确具体的规范,是韩国征信业的基本法律规范。

《信用信息使用及保护法》是经韩国国会批准通过、法律效力最高的信用立法。其内容包括业务许可、信用信息的收集与加工、信用信息的使用及管理、信息主体保护等,共六章、三十五条,对韩国信用业的主要问题进行了原则性的规定。此外,该法规定,"对金融交易等商业往来过程中发生的付款或贷款等债务,无故不履行偿还义务者为信用不良者"。这是韩国首次引进这一概念,并依此建立了全国信用不良者登记制度和系统。

总之,法律保障对于韩国信用业的健康发展起到了相当重要的作用,也对我国的信用法制提供了十分重要的借鉴。

3. 韩国的信用保证体系

信用保证体系是信用体系的重要组成部分,信用保证也是解决中小企业融资难的重要措施。韩国目前主要的信用担保机构有两家:一家是韩国信用担保基金,另一家是韩国科技信用担保基金。韩国信用保证体系的主要特点如下:

第一,立法保障信用保证体系的有序运转。2006年的统计数据显示,韩国信用担保基金亏损2 000多亿韩元,其他年份也均处于亏损状态。因此,为了保证韩国信用体系的有序运转,必须运用法律手段对信用保证机构提供政策法律支持。《韩国信用担保基金法》明确了中小企业担保的政策性特点,具体表现如下:(1)明确担保对象优先为中小企业,中小企业的范围由《中小企业法》第二条做出相应规定。(2)政策性资金支持。这包括两个方面的支持:一是基本财产制度;二是财政补偿机制。基本财产制度指明了担保资本金的来源;财政补偿机制则指明了当发生损失时担保资本金如何获得补偿。(3)市场化运作模式。《韩国信用担保基金法》规定,基金必须最大化其基础资产。这一原则恰恰是市场化运作的体现。(4)政府监管。政策性资金必须由政府监管。

第二,信用保证机构采用专业化运作模式。信用保证机构积极开展信用担保业务,努力实现规模经济;与此同时,信用保证机构还围绕担保这个信息平台,提供各种综合服务以实现其范围经济。以韩国科技信用担保基金为例,其提供的综合服务几乎涵盖了科技企业生命周期的每一个阶段,如图6-3所示。

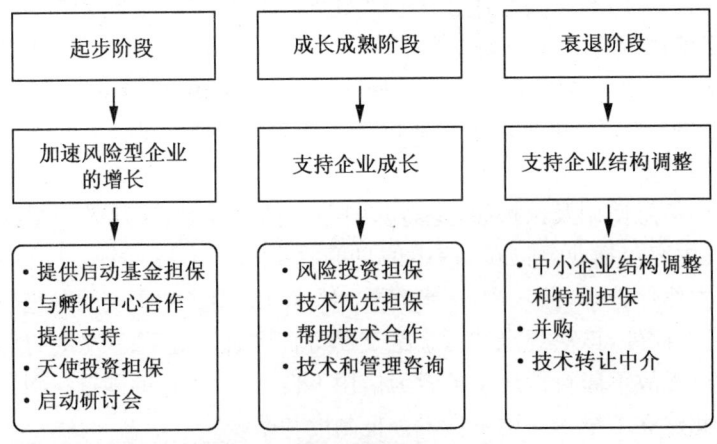

图6-3 韩国科技信用担保基金在企业发展的各个阶段提供的服务

第三,信用保证机构自身风险控制能力较强。韩国信用担保机构的风险控制能力较强,一方面得益于《韩国信用担保基金法》的规定,另一方面,担保机构自身也注重提高风险管理水平。以韩国信用担保基金为例,它的事前的风险评级系统有三个,不同的系统针对不同的公司进行信用分析。对于事中风险的控制,其引入了风险调整执行方法。这些措施都起到了有效分散和规避风险的作用。

4. 韩国的信用评级市场

韩国的信用评级市场发展起步于 20 世纪 80 年代,其迅速崛起和规范化是在 20 世纪末金融危机以后。经过 30 余年的发展,2007 年,韩国信用评级市场的评级手续费达到了 599 亿韩元。目前,韩国主要有三家信用评级机构——韩国企业评价、韩国信用情报和韩国信用评价,这三家公司取得了对商业票据、公司债、资产支持证券等的评级权力。以 2006 年的统计为基准,三家主导市场的评级公司各占三分之一左右的份额。

韩国主要的三家评级机构的信用评级方法,是以国际通用的信用评级体系为基本框架,并结合本国企业和行业的风险特征不断改进而形成的。评级方法上,韩国三家评级公司的主要分析框架十分类似,步骤为:(1)经营风险和财务风险的评价;(2)综合经营风险和财务风险,得到独立的等级;(3)考察关联企业关系的风险,对独立信用等级进行调整,从而得出企业主体信用等级;(4)考虑债券结构上的优先顺序决定债务信用等级。

6.3 日本、韩国的国家信用体系对于中国的借鉴与启示

总结日本、韩国国家信用体系建设的经验和教训,结合我国国情,对加强我国信用体系建设提出如下几点建议。

6.3.1 法律层面

完备的信用管理法律体系是信用行业健康规范发展的基础和必然要求。从上述几个国家的经验看,信用立法对于信用业健康发展起着至关重要的作用。无论是韩国的《信用信息使用及保护法》,还是日本散见于各个法典中关于信用信息的规定以及保护个人信息的规定,都在各自国家信用发展中发挥着举足轻重的作用,都是各国信用业发展中经验教训的总结和浓缩。以韩国为例,韩国的《信用信息使用及保护法》规定,金融机构对于金融交易信息有义务在 10 日以内向韩国银行联合会报告,这对于韩国信用信息的搜集、筛选以及信用评级工作都极为便捷。截至 2004 年底,有 5 000 多家金融机构向韩国

银行联合会提供信用信息,这基本上包括了韩国全部的金融机构。从中可见法律对于信用业健康发展的重要作用。当然,信用立法是一项长期工作,也需要一个长期的过程,因此,我国可以逐步推进,从最简单的行政法规入手,逐步上升到人民代表大会制定法典的层面,以更好地促进信用业的规范健康发展。

法律层面上,另外一个十分重要的问题是信用信息如何得到保护。信用信息的保护对于信用信息的搜集是一个保障,同时有利于社会诚信文化和民众诚信氛围的不断增强。无论是日本还是韩国,法律当中都渗透着十分明显的保护信用信息的价值取向。以日本为例,2003 年出台的《个人信息保护法》以及之前颁布的几部法律中都明确规定了对信用信息的保护原则、惩罚措施等,这些法律对于日本的信用产业发展都起到了至关重要的作用。

6.3.2 信息化层面

三次科技革命后,电子技术浪潮风靡世界,信用业当然也不例外。日本在 20 世纪 60 年代就着手建立信用信息的数据库;韩国也在 20 世纪 90 年代末期不断充实并完善数据库,且建立了动态信息模式来提供更优质的信用信息服务。然而,目前我国信用体系建设时间较短,信用信息数据较少且比较分散,缺乏有权威性的信用信息数据库,信用评价体系尚未健全,信用体系建设还有大量的基础工作要做。对此,一是要加快信用信息的采集,按行业建立完整的信用信息数据库;二是要加大各行业、各部门、各中介机构间的信用信息开放力度,在一定程度上实现信息共享;三是要加快建立行业的信用评价体系,并在一定领域内进行试点应用,以加快我国信用体系建设步伐。

6.3.3 诚信文化建设

诚信文化建设和社会信用意识的提高对于信用业的发展十分重要,为信用业的发展提供文化氛围。日本十分重视诚信文化建设和民众信用意识的培育,通过政府政策、法律以及传媒等手段不断提高社会民众的信用意识,有力地推动了其信用业的发展。因此,对于我国而言,要加强诚信教育与宣传,弘扬信用文化,培育信用道德,强化社会成员的信用观念和意识,营造良好的诚信氛围。同时,要加大对企业和个人在市场经济条件下信用知识的普及教育,增强其利用信用产品来防范经济风险的意识,大力推广使用信用产品,使信用产品成为信用风险防范的重要工具。同时,要推动各类企业建立健全信用档案及客户资信调查、评估等内部信用管理制度,提高信用风险防范能力。

6.3.4　政府与市场关系的协调

上述几个国家征信系统的发展表明,在信用行业的发展初期,政府需要给予一定扶持,特别是在资金和协助银行进行资信调查方面。例如,日本信用业发展的初期以及目前的韩国,政府的力量都十分强大。而目前的日本,我们都很难看到政府参与的痕迹,两者间的定位更近似于主顾关系,政府对外免费公开信息,同时有偿使用信用机构的信用信息服务;此外,政府对于行业的发展没有太多行政指令性的干预,这种自由经营,有利于信用调查的公正、独立以及信用调查结果的客观、公正,有利于促进信用业长久健康发展。

中国的经验也表明,以国家为主体的征信系统将会因利益分配不清而导致缺乏责任感和义务感,以及带来独立性、客观性和公正性的问题。此外,从社会经济层面考虑,征信业不完全类同于律师事务所、会计师事务所等服务业。市场化运作的商业机构更具有维持公正的本质动力。同时相对于民间,政府的职责和作用在于:在完善政府信息公开制度、提高社会诚信意识、培育征信人才、制定政策、促进征信行业发展等方面打好基础,创造软环境;在推动企业征信系统建设过程中,政府部门不应从事具体的商业化征信活动。

参考文献

[1]Banque De France 2013，"Banque De France Ratings：A Performance Assessment"，http：//www.fiben.fr/cotation.

[2]European Commission 2010，"Report of the Export Group on Credit Histories"，http：//ec.europa.eu.

[3]Jappeli，Tullio&Macro P.2000，"Information Sharing in Credit Market：a Survey"，CSEF working paper no.36，University of Salerno.

[4]Jappellli，Tullio& Macro P.2001，"Information Sharing，Lending and Defaults：Cross-Country Evidence"，*Journal of Finance*，52，no.3：1131—1150.

[5]Jappelli T.，Pagano M.，"Role and Effects of Credit Information Sharing"，Center for Studies in Economics and Finance Working Paper，2005(136).

[6]Jentzsch N.，San Jose Riestra A.Information Sharing and Its Implications for Consumer Credit Markets：United States vs. Europe，Workshop "the Economics of Consumer Credit：European Experience and Lessons from the U.S."[C].Florence，Italy，2003.

[7]Jiang Xin. "Establishing Efficient Social Credit System in China from American Experience of Social Credit System，*Canadian Social Science*，2007(6)：64—66.

[8]La Porta，Rafael，Florencio L.，Andrei S.，Robert W.V. 1997，"Legal Determinants of External Finance"，*Journal of Finance*，52，no.3：1131—1150.

[9]Margaret Miller 2003，*Credit Reporting Systems and the International Economy*，Massachusetts Institute of Technology.

[10]Padilla，A. Jorege，Macro P.1997，"Endogenous Communication among Lenders and Entrepreneurial Incentives"，*The Review of Financial Studies*，10，no.1：205—236.

[11]Padilla, A. Jorege, Macro P. 2000, "Sharing Default Information as a Borrower Discipline Device", *European Economics Review*, 44（10）: 1951—1980.

[12]Simeon Djankov et al."Private Credit in 129 Countries", *Journal of Financial Economics*, 2007(84):299—329.

[13]白云峰,毕强.美国个人信用评分体系研究及启示[J].现代管理科学, 2010(12).

[14]毕家新.美国征信体系模式及其启示[J].征信,2010(2).

[15]陈文玲.美国信用体系的总体架构[J].中国工商管理研究,2004(6).

[16]陈文玲.中美信用制度建设的比较和建议[J].南京经济学院学报, 2003(2).

[17]陈文玲.美国社会信用体系的架构及其特点[J].南京经济学院学报, 2003(1).

[18]陈树元. 韩国信用评级市场的发展[J]. 浙江经济,2010(2):48—49.

[19]邓郁松.建立社会信用体系的国际经验与启示[J].经济研究参考, 2002(17).

[20]董才生.美国社会信用体系建设的经验教训对我国的启示[J].东北亚论坛,2008(6).

[21]冯春晓. 关于德国社会信用体系建设模式的若干思考[J]. 北方经济,2014(8).

[22]郭濂.国际三大信用评级机构的比较研究[J].中南财经政法大学学报,2015(1).

[23]高明. 法国中央银行信用评级体系比较研究[J]. 金融理论与实践, 2013(10).

[24]国务院发展研究中心考察团. 英国、德国和意大利征信机构的特点与启示[J]. 经济研究参考,2003(82).

[25]韩冰,纪瑞朴.借鉴美国经验完善我国个人信用查询评级系统[J].金融电子化,2010(11):56—57.

[26]侯佩全.美国信用体系及运行机制探讨[J].科技信息,2008(36).

[27]江蒸腾.征信制度的演进与我国征信体系完善研究[J]. 江西师范大学出版社,2006.

[28]姜红娜. 三种信用模式比较与对中国信用体系建构的启示[J].经济研究导刊,2014(22):96— 98.

[29]姜玉英.日本征信系统的发展对我国的启示[J]. 金融会计,2006

(6):13—15.

[30]李俊丽.美国个人征信体系的经验及其借鉴[J].金融理论与实践,2006(9):73—75.

[31]廖永刚.德国社会信用体系建设对我国的启示[J].青海金融,2009(4).

[32]刘荣.英国单一私营型征信体系的实践和启示[J].征信,2011(6).

[33]刘可佳.国际视域下的我国信用征信体系建设问题研究[M].哈尔滨:哈尔滨工业大学出版社,2006.

[34]孟晗骏.美国个人信用体系及对我国的启示[J].经济师,2015(1).

[35]王海东.金融危机后韩国金融体制改革概述[J].现代金融,2003(5):39—40.

[36]王福英,方真.美国社会信用体系建设对我国的启示[J].商场现代化,2006(3).

[37]叶斌.中日韩三国再担保制度比较分析[J].华北金融,2007(11):57—59.

[38]战六一.韩国对个人不良信用的治理及其对我国的启示[J].青岛行政学院学报,2003(5):61—63.

[39]朱永亮.美日两国征信体系及其对我国的启示[J].日本问题研究,2007(1):25—28.

[40]中国人民银行征信管理局."征信与中国经济"国际研讨会文集[M].北京:中国金融出版社,2004.

[41]郑牟丹.征信体系的美、日模式[J].西安金融,2002(7):18—20.

第三篇

中国信用体系的制度演进

第7章

社会信用制度建设的意义与内涵

7.1 信用制度是市场经济的基石

7.1.1 信用是人类社会赖以发展的基础

在原始的商品交换中,信用的作用主要在于确认产品的所有权。交换双方对于他所经营交易的东西必须拥有财产权,他对那些财产的权利必须是可以证明的。当他出售一件物品时,他必须能够使买主相信,这物品是他的,准备出售的;如果他遭到怀疑,他必须能够证明他对它拥有财产权。在一般的情况下,财产权的证明并不是一定要有的,但交换双方必须做出承诺,这可以看作是协议的雏形,交易凭承诺而进行,信用就是对这种承诺的维护。

1. 信用使得商业在空间上和时间上得以延伸

(1)信用促进了商业的专门化

经济社会的一个重要起点是商业的专门化。原始社会晚期,商人阶层开始出现,引发了第三次社会大分工。这次大分工的基础,仍然是因为信用使得商业在时间和空间上得以延伸。在简单交换的情况下,交换双方在同一时间和同一地点完成商品交易,这就要满足需求的双重巧合。但满足这一前提的情形少之又少,所以早期的交换必然是偶然的和间歇性的。商品所有者也常会把其商品委托给别人,由后者代替货主进行贸易。这里的受托人,便是商人的雏形。

商人的出现,其首要的作用就在于把偶尔的、简单的交换扩大为一种普遍的经济行为。[①] 商人一方面从卖主手里购得商品,另一方面要寻找合适的买家,以更有利的价格将此商品出售。商人要想获得买卖价差,专业的商业判断是一方面,但商人要取得买卖双方的信任仍是保证其中介地位的前提,当买卖双方对商人的信任高于相互之间的信任时,以商人为中介的交易就更易于简单的交换。商人获得的买卖价差中,有一部分其实是来自信用的价值。

(2)信用扩大了商业的时空范围

专业化的商人既然乐于在任何一天做生意而不仅仅是在开市的日子,所以他有动力使市场在时间上不断延续下去。如果卖主一时找不到合适的买家,将商品出售给商人未尝不是一种可取的做法。商人囤积了一定数量的商品,愿意在任何时间接受买方的选择,自然使得市场从一种偶然的状态过渡到一种在时间上连续的行为,大大增加了交换得以完成的概率。

另外,商人的出现,促进了市场在空间上的延伸。如果他前往邻近地区以购买各种在本地可以有赚头的出售的物品,并把本地的物品拿到那些地区去出售作为回报,那么市场在空间上便延伸了。因此,市场作为一种组织形式,并不完全是农民或者手艺人的产物,而是商人和后来的金融家的产物。手工业者从商人那里得到羊毛或亚麻,然后把这些原料制成呢料或亚麻布出售给商人,从而得到报酬。商人由此而被锻炼成了银行家(马歇尔:《货币、信用与商业》)。

2. 信用是货币的本质特征

就货币的起源而言,它是商业经济的产物,同时也是信用的产物。即便是金属货币,有内在的价值,仍然需要以信用作为其价值实现的基础。"严格地说,我们可以断定,一切货币——包括金属货币——都是信用货币。这是因为直接促使发生价值的力,总是在于流通工具的接受者的信心,在于他相信借此能获得一定数量的商品。不过纸币大多只享有纯粹的地方信用,而贵金属——或者至少是黄金——则多少是在国际规模上被接受的。但一切只是一

---

① 如同现代中国的阿里巴巴公司,在买卖双方之间,建立了一座有利于商业沟通的桥梁,从而促进商品经济的繁荣。

个程度上的问题。"(威克塞尔,1993)

至于无法直接兑换为贵金属的银行券或者法令货币,更加属于信用的范畴。当今各国由中央银行发行的纸币,只是一种价值的符号,其之所以能与其他商品相交换,在于交易双方对各国政府的信任,政府为取得这种信任,也必须采取种种适当的措施。现代货币体系的重要组成部分是借由商业银行体系派生的各类存款货币,以至于现代货币体系能够有效地运营,必须建立于公众相信银行能永续经营的基础之上。即便是盛行于互联网的各类虚拟货币,也要使买家充分相信该虚拟货币的可靠性,其购买力才能得到有效的保证。因此,对货币而言,无论其形态如何,信用须臾不可或缺。

3. 信用是金融活动的基础

(1)信用媒介是金融业最基本的功能

在金融业发展的初始阶段,银行作为金融媒介,获取利差。表面上来看,这似乎是因为人们还不具备银行家所拥有的知识,一旦他们掌握这些知识,也可以像银行家那样为自己找到安全而有利的投资场所。这种看法忽略了一个基本的事实,在金融中介活动中,银行一方面作为借者的集中,向社会筹集资金,这时它代表的是合格的资金的需求者,它需要面对所有的资金需求者,从中筛选出银行认为比较可靠从而信用风险较低的客户。

另一方面,银行作为贷者的集中,向社会提供资金,这时它代表所有可以提供货币资金的存款人,只有当银行能够采取有效的手段防范挤兑时,银行才能获得存款人的信任,才能接受需要时随时可以提取或通知后不久就可以提取的存款。因此,即便是最简单的存贷业务,银行在其中的作用,也离不开信用的支持。

银行作为信用媒介发挥作用的大小,还与社会信用环境有关。除了当地的信用文化外,如果法庭严格实施贷款合同,那么借贷的风险较小,需付的利率也较低;但如果法庭实施不严,通常喜欢袒护债务人方面,那么结果就相反。

在信用媒介的过程中,虽然信用只是使资本从甲手转到乙手,但资本通常自然是转到更能在生产上有效地利用资本的人手中。如果不存在信用,或者由于普遍不安定和缺乏信任,信用实行得不够,则拥有或多或少的资本的许多人……就不能从资本中获得任何利益。他们的资金被搁置、浪费和丧失。因此,一国的生产资金虽不因信用而增加,但它将由此而处于更完满的生产活动状态。随着信用基础——信任——的扩大,各种方法将得到发展(约翰·穆勒,1997)。

(2)信用创造是金融业不断发展的根本动力

当银行里的存款可用支票使它成为可转让的,银行出借的货币就是它自己创造的货币(希克斯,1969)。这时,金融机构的信用创造功能开始出现,一旦信用创造变为可行,整个经济的运行,至少是整个金融体系,便构筑在信用的基础之上。纸币是国家的信用创造,银行的存款货币是银行的信用创造,各种金融工具如股票、债券等,是企业信用的创造,还有盛行于当代的各类名目繁多的金融衍生产品,亦可看作是金融机构的信用创造。

现代经济的发展,从金融的角度来看,整体上就是一个信用创造的过程,信用活动既润滑了生产和消费,又促进了生产和消费,是市场交换不可缺少的推进剂。在这个过程中,信用既为使一国的全部资本成为生产性的所不可缺少,又是使一国的产业能够更好地用于生产目的的手段。许多没有资本但有经营才能的人,借助于信用取得货物,从而使他们的产业能有助于增进公众的财富。

"如果由于较好的法律和较好的教育,人们比过去诚实得多,因而个人的品格就可以充分保证他人的财物不会被不正当地占用,而且不会被用作不正当的投机生意,则社会上得到的上述利益将更为巨大。"(约翰·穆勒,1997)

7.1.2 信用风险成为当代市场经济面临的重大挑战

1. 信用经济的演化

以上足以证明,市场经济是信用经济。但是,在市场经济活动中,信用发挥作用的方式和范围仍有所不同,这个不同,可以概括为信用的特殊主义与普遍主义的差异。

特殊主义的信任结构,是指信用关系的建立,基于交易双方在社会属性(部落、村)或自然属性(种族、肤色)等方面的特殊性之上。例如乡村集市中的信用关系,依赖于交易双方在宗族或村落等方面的联系。普遍主义的信任结构,是指信用关系的建立,独立于(或超越了)交易双方在社会属性或自然属性等个体方面的相互联系。这种信用关系,需要发达的社会制度加以保证。例如,发生在远距离、陌生人之间的商品交换;银行对此前没有业务往来的客户发放贷款;或者公司不定向地发行股票、债券等筹集资金的行为。

信用的特殊主义与普遍主义具有相对性。特殊主义在小范围内具有普遍主义的意味;而普遍主义放到更大的范围内又成为特殊主义(例如甲国的货币不能在乙国流通)。特殊主义的信任结构是与社会生产的不发达状态联系在一起的,是低级的信用形式(甚至不要求等价交换);普遍主义的信任结构是社会化大生产的必然要求,是信用的高级形态。信用制度的演化就是信用结构不断地向普遍主义扩展的过程。可以说,"进步社会的运动,到此为止,是一个从'身份到契约'的运动"(梅因,1959)。

根据信用的演化形态,可以将信用经济分为原始的信用经济、货币化的信用经济、发达的信用经济、纯粹的信用经济。

(1)原始的信用经济

在原始的信用经济阶段,信用关系主要局限于亲戚、朋友、熟人之间,涉及的空间概念较小,时间也比较短,信用关系的客体以实物资本为主。

(2)货币化的信用经济

货币是普遍主义信任结构发展的产物。货币成为信用关系的客体,也成为"社会的抵押品",商品交换过程简单了,也更加广泛了。

(3)发达的信用经济

在信用制度比较成熟的阶段,经济发展到有组织的信用经济阶段。这时,各种各样的信用中介机构支撑起庞大的信用活动,但同时,信用活动的停滞会给经济带来巨大的损失。发达的信用经济反映的是金融活动在经济体系当中居于核心地位这样一种经济结构。最初以商业银行为代表,通过存贷业务承担信用中介和信用创造的职能,渐渐地,投资银行、保险公司、私募股权投资机构以及其他各类投资中介应运而生。这些金融机构不断开发和交易信用产品,而信托公司、担保公司、租赁公司、信用评级机构等也为一系列经济活动提供信用信息和支撑服务。

(4)纯粹的信用经济

发达的信用经济发展到极端就成为纯粹的信用经济。此时商品交换不再需要货币,经济体系的运转依靠私人部门提供的信用工具来维持。这是一种假想的状态。

2. 信用在现代经济中具有不断扩张的趋势

(1)现代的信用交易有别于物物交换和现金交易

虽然,物物交换也离不开信用的支撑,但物物交换是一种原始的信用经济。交换的经济作用,在于促使社会分工的形成,交换受到阻碍,并不足以带来社会性的经济衰退。

货币的使用进一步促进了更为精细化的社会分工和财富的积累,但也会导致社会经济的非均衡发展。如果一切交易都用现金进行,某些商品价格上涨,则使很大一部分货币流入这些商品的市场,同时,货币必然会退出其他商品的市场,其他商品的价格就会下跌。如果货币的数量不变,则人们要在某些商品上多用一些,就必须在其他商品上少用一些。然而,他们不能用现金办到的事,却可以通过扩大信用来办到。如果人们进入市场,以其期望在将来得到的货币充实购买,则他们所取用的钱款就是无限的,而不是有限的。这样进行的投机无论在多少种商品上进行,也不会妨碍其他商品的交易,它甚至可以同时在一切商品上进行(约翰·穆勒,1997)。

（2）信用的不断扩张是现代经济的主要特征

工业革命最重要的特征是对固定资本的投资。在机器建造期间，将会出现一种信用扩张的趋势。制造业上升为金融界的主要顾客，部分是因为不断发展的制造业需要大量的资本，又因为制造业所能获取的利润远高于其他行业，所以在保持原有经济规模的情况下，新增的信用，源源不断地流入新兴制造业，导致了制造业的繁荣和信用规模的持续扩大。

特别对于创新相关的领域，信用的作用就更为重要。互联网经济的崛起，很大一部分依赖于信用的推动作用，在许多创新领域，由于没有原始的资本积累，资金来源无法从传统的融资渠道得到保证。天使投资、创业资本乃至许多新型的金融工具，如垃圾债券、结构化融资工具等，应运而生。这种现象，客观上促进了经济新增长点的形成，而一旦这种创新无法在市场上最终取得成功，其代价往往会对信用活动带来负面影响，严重的情况下，还会演化为信用危机。

3. 信用风险成为当代经济的主要风险特征

在实体经济和金融活动这两个层面，信用都发挥着重要的作用，但金融权力是极容易被误用或滥用的一种权力（希克斯，1969）。自20世纪后半叶开始，世界范围内主要的金融现象是信用越来越融合于金融活动而与实体经济相脱离，也因为信用的作用，金融活动与实体经济的背离日益加速。在实体经济未发生重大改变的情况下，信用可以急剧地扩大和收缩，这使得信用风险成为当代经济的主要风险。

一般情况下，经济危机主要表现为有效需求不足，有效需求不足往往起因于收入分配的不均衡。在生产资料的资本主义私人占有的情况下，如果收入分配问题无法解决，往往就会爆发经济危机，这是市场经济的强制调节机制。各国防止经济危机发生的政策手段，不外乎出台增发货币或增加政府开支等货币或财政政策，但此类政策的恶果是容易引发通货膨胀和债务危机。20世纪80年代以后，信用在调解经济周期方面的作用受到普遍的重视。消费信贷因其能促进总需求而在削弱收入分配不平等的后果方面，得到政策制定者的大力支持。在信用扩张的背景下，传统意义上的经济危机已不复存在。

只要信用的链条仍旧发挥作用，消费者总是能超越其收入的界限进行消费，企业也能扩大投资和生产。在这种情况下，除非发生信用危机，才会出现普遍意义上的生产过剩。20世纪末的亚洲金融危机，导致亚洲新兴经济体的严重衰退，其主要原因在于企业过度借债，信用的扩张超出了实体经济能够承受的范围。始于2008年的美国次贷危机，其影响波及全球，导致了美国大萧条以来最严重的经济衰退，其主要原因也在于次级抵押贷款市场以及相关产品的过度扩张，超过了房价能够支撑的程度。2010年以来的欧债危机，也是由于欧洲部分国家负债过度,其债务规模远远超出了政府的偿债能力。

因此,在当代经济中,信用膨胀纵然不是经济失衡的起因,至少也起了推波助澜的作用,一旦信用风险急剧上升,乃至失控,随之而来的去杠杆化引起的信用紧缩,将对实体经济带来严重的影响,甚至引起经济危机。

7.1.3 市场经济的发展需要信用制度的不断完善

已有的大量研究表明,人类社会的进步,与信用制度的演进有着密不可分的关系。早期的信用活动,无法独立于社会生活的各个方面,因而表现为一种更近于道德范畴的信任关系,它与其他因素一起,构成了我们现在所谓道德的基础。但信用又不仅限于道德层面,但凡一项活动,若其效果不能立竿见影地表现出来,而是需要等待若干时间,则这类活动就离不开信用制度的支撑。

对信用的利用,能够促进人类社会在其他方面的发展,这方面的例子不胜枚举。仅以人际交往的角度而言,由于家族的范围逐步缩小,人们在相互协作的过程中对信用制度就更加依赖。家族范围的缩小,是婚姻制度改变的一个必然的结果。人类的婚姻制度在从群婚制、对偶制、一夫多妻制、专偶制演变的过程中,家族的范围逐步缩小。一般来说,家族往往包含两种不同的亲属关系:一种是由血统产生的亲属关系,称为血族或血亲;另一种则是由婚姻而生的亲属关系,称为姻族。在群婚制度下,无论是血亲还是姻族,其数量无疑是庞大的,社会协作可在家族内部完成。随着社会的进步,直至向专偶婚姻制演变的过程中,家族的规模大大缩小,社会协作无法在家族内部完成,而不得不需要依赖同"陌生人"的交往,在这种交往中,家族内部的规则不再有作用,而更多地需要信用关系。

除了生存及家庭这两个最基本的要素深受信用制度的影响外,信用制度也普遍地存在于社会生活的各个方面。例如,出于防卫的需要,人们将某些权利让渡给一小部分人,从而出现专司防卫的分工,这些人为普通人所供养,而接受别人的信任从事这类与生产无关的活动,在此基础上,原始的政治制度不断发展和完善。因此,在早期的人类社会中,信用活动遍布社会生活的各个角落,乃至我们可以确定,抽离出信用因素,人类社会便很难向前发展。

7.2 社会信用体系的内涵与构成

7.2.1 社会信用体系的内涵

社会信用体系也称信用管理体系或国家信用体系,它有广义和狭义之分。

广义的社会信用体系是一种社会化信用服务网络,它以道德为基础,以法律为依据,通过对有关经济主体的信用信息及其失信行为的采集、记录、整理、评价、披露、传播、预警等功能,解决经济和社会生活中存在的信用信息不对称的矛盾,降低道德风险,维护经济活动和社会生活的正常秩序,促进经济和社会的健康发展。狭义的社会信用体系则是一种商业化运作机制,它以独立的中介机构为主体,在法律允许的范围内,通过专业化的信用服务和产品提供,帮助企业和个人规避商业及金融信用风险。

1. 狭义的社会信用体系

根据经济行为的特征来分,狭义的信用主要包括商业信用、银行信用、国家信用和消费信用等,其核心内容是指一种借贷行为。狭义的社会信用体系主要指围绕借贷行为展开的信用信息开放与服务活动,以及相应的制度规范。从国际经验来看,建立完善的信用信息开放与服务体系是改善社会信用状况最重要的途径。从我国目前的实际情况来看,信用信息开放与服务体系是最为滞后和缺失的,也是最需加强的环节。

2. 广义的社会信用体系

广义的信用除包括狭义信用外,还包括个人信用、企业信用、社会信用等内容,其内涵带有很多心理、道德和法律方面的因素,泛指人们在各种社会交往中的诚实和信任关系。因此,广义的社会信用体系涉及与信用活动相关的所有方面,包括:(1)信用的投放;(2)信用风险管理;(3)信用信息的归集与传播;(4)信用产品的开发与使用;(5)失信惩罚机制。从社会治理的角度来看,广义的社会信用体系几乎涵盖了市场经济体制的所有方面,从道德、市场、行政、法律等多个角度规范信用交易工具、信用交易过程、信用交易主体,是一个复杂的系统工程。任何一个方面的缺失和薄弱,都将对社会信用体系的整体有效性产生不良影响。

根据社会行为的性质来划分,广义的社会信用体系包含政务诚信、商务诚信、社会诚信、司法公信、诚信文化与教育等重点领域。[①]

(1)政务诚信

政务诚信是指各类政务行为主体在依法行政、科学决策、严格执行、加强监督、高效服务中的诚信水平。政务诚信的主要手段是全面推进政务公开,依法公开在行政管理中掌握的信用信息,建立有效的信息共享机制。其核心是健全权力运行制约和监督体系,提升政府公信力。

---

① 见国务院《社会信用体系建设规划纲要(2014—2020 年)》。

（2）商务诚信

商务诚信是指各类商务行为主体在从事安全生产、公平竞争、金融服务、合同履约、招投标、电子商务、中介服务等经济活动中的诚信水平。商务诚信的核心是企业信用体系建设，包括企业本身的信用管理制度和市场层面的信息披露、信用等级评估、准入退出等机制。提高商务诚信的主要手段是确立市场化的信用中介服务体系，提高各类信用产品和服务的水平与使用面。

（3）社会诚信

社会诚信是各类社会组织及其成员在从事社会服务、医疗卫生、教育科研、劳动合同、文化体育、知识产权、环境保护等领域中的诚信水平。社会诚信的主体既包括企事业单位，也包括自然人；既包括现实的社会活动，也包括各类主体在互联网等虚拟社会上的行为。社会诚信的核心是加强标准化建设，提高对各类社会组织相关活动的分类考核，强化对从业人员的资质管理。

（4）司法公信

司法公信是公、检、法及司法行政系统在司法审判、法律监督、公共安全等领域开展维护社会公平正义的活动中体现出来的诚信水平。司法公信对社会信用体系建设具有双重的作用。一方面，司法执法和从业人员信用建设有利于树立司法权威；另一方面，有利于发挥法律在监督、查处、惩戒失信行为中的作用，引导社会诚实守信的风尚。建设司法公信的核心在于加强程序管理、提高信息披露、促进社会监督。

（5）诚信文化与教育

诚实守信是社会主义核心价值观的主要内容，加强诚信文化与教育，有利于推进公民道德建设工程，弘扬诚信文化，形成崇尚诚信、践行诚信的社会风尚。诚信文化建设与教育的核心是社会道德建设和公民品德教育，还需要加快信用专业人才培养，开展信用管理理论相关研究，为社会信用体系建设提供人力资源支持。

7.2.2 社会信用体系的核心要素

社会信用体系建设是一项庞大的社会系统工程，涉及经济社会发展的方方面面，主体多元、内容广泛、周期持久、创新性强，为了在 2020 年初步建成社会信用体系的基本框架，完成各项工作任务，需要梳理好社会信用体系的各项构成要素及其相互关系。

1. 社会信用体系的基础是信用信息的记录与完善

信用信息是个人和机构在社会经济活动中信用状况的记录，它是经济社会主体了解利益相关方城实和信用状况，并在此基础上采取激励或惩罚措施的前提,是社会信用体系建设的基础。

按记录对象划分,信用信息分为个人信用和机构信用两大类;按记录的内容划分,分为经济信用信息和社会信用信息两大类。经济信用信息包括履约、产品质量、纳税、偿还贷款等;社会信用信息包括教育、治安、科技、司法等。从信用信息收集渠道划分,分为政务信用信息和商业信用信息。政务信用信息是行政、司法等国家机关执行公务活动中的信用信息记录;商业信用信息是指企业和个人在交易活动中的信用信息记录。

信用信息要在社会信用体系建设中发挥作用,要求其记录准确、全面、及时、持续、口径统一。信用记录越全面、持续,对信用主体作出越客观的评价,其在社会信用体系建设中的作用就越大。

2. 社会信用体系的关键是信用产品和服务的市场化

一般地,收集信用信息并提供给使用者,称为信用信息服务。信用信息服务根据其实现方式不同,可分为信用信息共享和征信两部分。信用信息共享是指从多个信息源收集信用信息并提供给多个使用者的制度安排。征信是指收集信用信息并加工整理,对外提供给使用者,帮助客户判断和控制风险的活动。

发达国家经过100多年的发展,形成了比较完善的信用服务体系,除了负责信用投放的各类金融机构外,专业化经营的信用中介机构发挥着十分重要的作用。主要的专业信用服务机构包括:(1)信用信息的收集,如美国的各类征信局和欧洲的央行登记系统;(2)信用评估机构,如三大信用评级机构和邓白氏公司、FairIssac等;(3)专业化的信用服务机构,如信用修复机构、信用风险管理机构、商账追收机构、信用管理服务机构等。

在我国,由于个人和机构信用信息的记录分散于各类机构之中,其信用信息的内容与口径各不相同,而信用信息的使用者及需求的内容也不尽相同。因此,把不同的信用信息的收集者、使用者及信用信息内容在制度或机制上做一安排,使三者统一起来,是社会信用体系建设的前提。

在此基础上,信用服务机构根据市场需要,开发征信报告、评级报告、信用评分、信用风险管理系统等信用产品,对参与经济社会活动的个人和机构的信用状况进行记录和评价,使有不良信用记录者得到惩戒,使有良好信用记录者得到激励,有利于推动信用观念的普及和对失信的市场约束。以市场化的手段推进社会信用体系建设,容易使社会信用体系与现代市场经济紧密结合,能够以较低的成本,解决社会信用体系建设中关键环节的问题。

3. 社会信用体系的保障是法律和制度的完善

在市场经济活动中,社会信用的基础是作为对市场交易双方人格的一种信任。市场交易主体基于自身利益的考虑，以自愿的意志，通过签订契约的方式完成交易行为，既保护了自己的基本权利，同时也表示尊重交易对象的基本权利，契约的最终目的是保证市场秩序的正义。但是，市场交易双方签订契约的前提则是交易双方必须是彼此信任的，相信对方有能力和意愿履行契约责任。一旦交易的一方未能践行承诺，另一方也有能力强制对方履约。强制对方履约的能力是由法律保障并组织实施的，因此，在法制越完善的情况下，契约的履行越能得到保障，交易双方的承诺越能得到遵守，社会信用环境就越是良好，人类行为的后果就越有可预见性，社会活动的开展就越有秩序。

因此，市场经济的社会信用仅仅停留在对交易双方的人格信任还是不够的，随着交易范围的扩大和交易方式的日益多样化，交易双方的信息不对称程度日趋严重，仅仅依靠道德伦理的力量，还不足以保证行为主体的利益免受恶意的侵害。这就需要健全的社会信用制度来规范市场行为，它体现为国家通过法律法规对公民和法人交易自由权和财产权的保护。只有建立健全社会信用制度，才能真正监督、管理和保障各类市场主体的市场经济活动，从而有效防范市场中的失信行为。

此外，与社会信用制度有关的法制建设，还包括对社会信用中介机构的监管和规范，以避免信用服务中出现的偏差。例如，在信息公开和披露领域，可以防止个人或企业信息的不当泄露，以保护消费者个人的隐私权和企业的商业机密。

7.3 建设有中国特色的社会信用体系

7.3.1 我国经济的转型与发展需要完善的信用制度加以保障

1. 社会主义市场经济同样是信用经济

社会信用体系是市场经济得以建立和完善的必要条件和基本特征。经过30多年的改革和开放，我国经济已基本步入了社会主义市场经济的轨道，市场交易关系和交易行为将更多地表现为信用关系，不仅银行信用关系日益广泛，而且工商企业之间的信用规模也不断扩大。与市场经济信用关系发展紧密相连的"社会信用"的作用机制也必将发挥基础性作用，成为维系市场经济中各主体之间经济关系的重要纽带。社会信用体系的建立和完善既是市场经济发展的必然结果，也是市场经济体系建立与完善的必要条件和基本特征。

市场经济是信用经济，信用是市场经济的道德基础和灵魂。党的十八届三中全会指出，要发挥市场在资源配置中的决定性作用，而建设统一开放、竞争有序的市场体系是使市场在资源配置中起决定性作用的基础。社会信用体系是市场体系的重要组成部分,对于降低交易成本、稳定市场预期、达成市场交易、优化资源配置具有重要意义。

随着经济和社会的不断发展,当今世界逐渐进入信息化、互联网时代,人与人之间的交往范围越来越大,节奏越来越快,社会从熟人社会转变为陌生人社会,从熟人交易转变为陌生人交易,交往和交易的道德风险越来越高,迫切需要探索一种有效的制度和方式来解决道德诚信问题,而建设社会信用体系就是降低交往和交易成本、防范道德风险的一个有效途径。

信用是市场经济的一个基本构成要素。没有信用,市场就没有秩序;没有信用,经济活动就难以健康发展。从最原始的物物交换的实物交易,到"一手交钱,一手交货"的货币交易,再到当代的电子商务、电子货币、电子结算等信用交易,都是以恪守信用为基础的。随着市场经济的发展,市场经济活动便出现了完备的信用形式、发达的信用工具、健全的信用制度和规范的信用体系。因此,我们说市场经济必然是信用经济,这是一个成熟的市场经济的题中之意。加强社会信用体系建设,是完善社会主义市场经济体制的内在要求。

社会信用体系是完善社会主义市场经济体制的重要方面。加快建设社会信用体系,对于保护公众和企业合法权益,防范和化解各类风险,促进经济发展与社会和谐,具有重要的现实意义。

2. 完善的社会信用体系是转变政府职能的根本保证

完善社会信用体系建设,是政府部门改变管理体制的一场创新。政府各部门特别是工商、税务、质监、进出口、金融监管等部门掌握着大量的信息资源,但很多数据信息都人为地相互分割,既不能综合利用,又难以充分共享。通过社会信用体系建设,可以把政府各部门所掌握的企业和个人的信用信息资源进行整合,互联互通,社会共享。这对政府部门在管理经济和社会事务方面将是一个彻底的改变。政府部门可以从信用服务中介机构那里迅速地获得个人或企业的综合信用信息,及时地作出决断,这样就可以最大限度地减少政府各部门管理社会的成本,极大地提高工作效率,实现政府职能的根本转变。

信用是规范政府行为、塑造政府良好形象的需要。社会主义市场经济要求政府由原来的行政式管理转向服务型管理,这就要求用信用规范政府的行为,政府在一切活动中都要诚实守信、讲求信用,并且要不定期地打造诚信政府,兑现所有承诺,树立起高效廉洁、讲求信用的政府形象。政府形象是政府行为的直接展示,是取得民众支持的重要因素,而政府形象的获得,无信用无以立。从一定意义上讲,政府信用最为根本,因为它对社会、对公民信用的影响最大。因此,打造信用政府十分重要。

和医护人员不能做到诚信执业、诚信采购、诚信诊疗、诚信收费,也没有全面贯彻合理检查、合理用药、合理治疗、合理收费的原则。社会保障领域在救灾、救助、养老、社会保险、慈善等方面,还没有建立全面诚信制度,存在诈捐骗捐、冒领社会救助、骗取社会保险等行为,特别是在保障性住房和惠农补贴等惠民政策实施中,违规、欺骗、提供虚假材料的行为尤为严重。文化教育领域娱乐、体育市场混乱;旅游行业不实宣传和欺骗消费者的情况屡见报端;学生诚信教育还没有深入开展,科研人员在科研立项、职务评聘方面弄虚作假,学历造假、论文抄袭、招生舞弊等现象还没有杜绝。环境保护和节能减排方面,环评机构和从业人员未能严格履行职责,企业排放不能自觉遵守环保标准等。

此外,有些社会组织内部治理不完善,组织机构不健全,民主管理不落实,财务管理不透明,自律性和诚信度不高,社会公信力不足,有的甚至违背自身非营利性质,打着公益的幌子,通过乱评比、乱表彰、乱培训、乱拉赞助、强制服务等方式变相敛财。

3. 行政管理领域失信行为时有发生

在政府各部门开展行政管理、监督和服务过程中,各类政务行为主体的诚信水平对其他社会主体诚信建设发挥着重要的表率和导向作用。但我国目前由于种种原因,各部门乃至各级干部未能严格遵守相关规定,给社会信用体系建设造成不利影响。主要表现为:

在行政许可方面,存在非行政许可的审批行为,对已取消的非行政许可审批事项落实还不到位,在政府内部审批的权限、范围、条件、程序、时限等方面,存在较为严重的自由裁量行为。

在招标投标方面,存在投标企业串标、陪标现象,在招标公告、资格预审、招标文件、评标办法、专家评标、中标公示等关键环节没有贯彻公开、公平、公正的原则,存在标底跑、漏、靠的现象以及干预评委、弄虚作假、暗箱操作等违规行为,未彻底贯彻落实招标投标违法行为公告制。

在干部选拔任用和管理监督方面,以个人偏好和人情关系取人,过分注重地缘关系、学缘关系、血缘关系、职缘关系选拔和使用干部;为了体现上级领导意图,有时在干部选拔考核中,不尊重群众意愿,民主推荐、民主测评、民意测验流于形式;某些地方、某些领域出现干部"带病提拔""带病上岗"的问题。

此外,在申请政府资金支持、劳动就业、重大投资项目管理等领域,依然存在违反程序、权力寻租、徇私枉法的现象。

7.3.3 社会信用缺失的主要原因

进入 21 世纪,在国家、地方政府、主管机关和社会共同的推动下,我国社会信用体系开始有了长足的发展,但是离理想的状态仍有较大的差距,因此上述信用缺失的情形普遍存在。其原因主要表现在以下方面:

在社会道德层面,信用文化尚未形成,社会主体在人际交往和经济活动中缺乏诚实守信的自律精神。在社会制度方面,缺乏全国统筹协调和统一领导,法律法规尚不健全,缺乏有效的失信惩罚机制;政府垄断信用信息,部门之间的信用信息相互封锁而不能有效共享,导致信用数据的市场开放度低,缺乏信息的正常获取和检索途径。在市场机制方面,信用产品和服务供给有限,无法满足社会经济活动的需要;信用中介服务的市场化程度低。

1. 信用文化尚未形成

中国传统的经济是重农抑商的自然经济,商品经济始终没有得到有效发展,因此,与商品经济发展相适应的信用道德文化缺乏比较深厚的历史积淀,公民的信用意识薄弱,随着市场经济体制改革的深入,由于缺乏相应的配套制度的跟进,从而使得出现普遍而严重的信用失效成为必然。

中国传统的社会信用,具有典型的"熟人社会"的特征,同一个家族、村落乃至其他社会共同体之中的个人,相互之间容易达成共识和信任。而对于"外人",就很容易产生不信任感,特别是对于陌生人的不守信用,很难得到社会网络的制约与惩罚。随着市场经济交易关系的不断扩大,陌生人之间的交易,成为市场发展的必然,但与之相应的正常的信用关系没有明确的表达形式和载体,这就容易导致在交易行为中,为了自身或者本团体的利益而损害他人的行为的发生。由于市场交易的信息不对称、不充分,使交易当事人可以很容易地利用自己的信息优势,通过隐瞒真实信息甚至制造虚假信息来操纵交易行为,牟取不正当利益。

此外,在计划经济时期,企业和个人信用都是用政府信用作支撑,而转型到市场经济后,一方面已没有了计划经济下的指令性计划的约束,另一方面维系市场经济中信用关系的制度和道德体系尚未有效构建,普遍失信现象在于社会规范不成熟,制度安排不合理,对人们的行为有不良诱导作用。再加上各类社会制度还处于不断的变革之中,社会主体往往表现出过分追求短期利益的趋向,不愿从长远角度对其行为进行优化,导致守信者没有相应的鼓励和收益,失信者没有得到应有的谴责和惩罚,也就难以形成"守信者走遍天下,失信者寸步难行"的氛围。

2. 信用制度约束软化

除了信用文化与市场经济的发展不相适应外,我国的法律、行政等各项制度也滞后于经济发展的要求,法规建设进程迟缓,缺乏统一的顶层设计,使得信用制度不具体、不规范、不完善,缺乏透明度、公正性和约束力。社会信用体系的建立、运营全过程都需要法律、法规支撑。到 21 世纪初,只有上海、深圳、北京等地出台过关于个人征信方面的地方法规。虽然后来又出台了《征信业管理条例》《中国人民银行个人信用信息基础数据库管理暂行办法》等,但国家层面尚没有统一的有关社会征信体系方面的法律,特别是缺乏信息提供义务、采集方式、共享范围、传播限制、隐私保护等方面的强制规定,一些现行的相关法规也亟待修改和完善。这使得构建整个社会信用体系的法律基础薄弱。失信成本过低必然会使背信行为得不到及时和有力的惩罚,不守信用得不到有力的制裁,不守信用的收益远大于成本,从而导致普遍而严重的信用缺失。

法制失效的原因在于,一方面,我国的信用相关立法比较滞后,各类信用活动缺乏适当的法律规范,不能真正构成对债权人和债务人行为的强有力的法律约束。虽然我国的《民法通则》、《合同法》和《反不正当竞争法》中都有诚实守信的法律原则,《刑法》中也有对诈骗等犯罪行为处以刑罚的规定,但这些仍不足以对社会的各种失信行为形成强有力的法律规范和约束,针对信用方面的立法仍然滞后。根据《中华人民共和国立法法》,基本经济制度以及财政、税收、海关、金融和外贸的基本制度只能制定法律,当前征信法律制度仍停留在行政法规、部门规章层面上,说明国家目前尚未将征信体系和征信法律制度纳入金融基本制度。由于征信法律的缺位,一定程度上降低和削弱了行政法规、部门规章对征信业务、征信机构及征信市场的规范、指导、教育和强制的管理效力。例如,信用评级机构目前按照一般中介机构在工商管理部门登记注册,信用评级业务则由不同的监管部门监管,企业债券评级由发改委监管,上市公司债券评级由证监会监管,企业短期融资券评级由中国人民银行监管等,监管处于多头分散和较为混乱的状况。

另一方面,有法不依、执法不严和执法腐败问题依然存在,"阳光执法"尚未得到全面推行。执法办案的制度规范、程序时限等没有得到严格遵守,司法执法从业人员以及法律工作者徇私枉法的行为还没有得到彻底的纠正。导致处罚不公的问题时有发生,法律"白条"现象普遍存在,使法律尊严仅仅停留在一纸判决上。

此外,各级政府部门诚信施政的意识尚待进一步提高,在行政许可、政府采购、招标投标、劳动就业、干部选拔任用和管理监督方面,需要加快守信践诺机制建设。在一些失信和诈骗案件的审理中,还存在严重的地方保护主义倾向和行政干预主义。比如,国有企业不必担心因不能按时还本付息而危及生存,也不必担心银行会要求自己破产还债。四大商业银行也不必担心自己的本息收不回来,并且还会继续对失信企业提供贷款,无须担心因此而形成的破产问题。有些政府部门包庇纵容行政区域内社会主体的违法违规和失信行为,部分公务员在工作中不守法纪、不讲诚信,对其他社会主体诚信建设没有起到表率和导向作用。

3. 信用服务的市场化程度比较低

信用中介机构是社会信用体系的重要组成部分,虽然我国已开始出现各类信用中介机构,也有一些为企业提供信用服务的市场运作机构(如征信公司、资信评级机构、信用调查机构等)和信用产品(如信用调查报告、资信调查机构等),但作为"非征信国家",我国信用中介服务行业的发展还比较落后,市场规模很小,其提供的信用产品和服务的标准与质量还不能满足社会经济发展的需要,信用中介机构的市场化、社会化程度还需要提高。而且,行业自律机制和良性竞争的行业秩序尚未形成。政府的协调、推动、准入和监管职责不到位,缺乏明确的监管机构。这些问题抑制了信用体系建设的快速健康发展。

信用中介机构的发展离不开信用原材料和信用产品的市场需求。从目前来看,我国信用业呈现的是供需双重不足的局面,并开始呈现出恶性循环的情况。

首先,由于缺乏现代信用意识,并没有将信用看作商品,因而信用服务行业的社会需求不足,社会对信用产品的需求十分有限,普遍缺乏使用信用产品的意识,而作为主要需求方的银行又高度依赖于其自身的征信系统,从而使得信用中介机构因缺乏市场而难以发展起来。

其次,从供给角度来看,信用服务行业发展滞后的一个重要原因,在于我国尚缺乏统一有效的社会信用基础数据库,各部门和各行业之间存在数据壁垒,使得其所掌握的信用信息相互割裂,而基础信用信息是信用服务行业开展业务的原材料,数据资料的极度分散和垄断,无疑增加了信用服务的成本,导致信用服务行业整体回报较低,无法较快实现资本积累,缺乏有实力提供高质量信用产品的机构,因而也无法利用规模经济降低信用中介服务的价格,从而限制了信用服务的市场规模。

再次,信用服务中介机构的运作和管理尚不够规范,没有统一的监管制度和监管部门,许多信用服务缺乏行业自律和行业标准。而且由于恶性竞争,普遍存在通过降低服务质量相互压价的现象,导致整个行业鱼龙混杂、良莠不齐,难以得到市场的认可。

最后,信用管理专业人才匮乏,技术落后,缺乏对我国经济领域信用风险的深入研究。目前,信用服务中介机构的专业人员,除少数专业人士外,大多为会计财务和工商管理背景,信用管理专业训练不够,定量分析的基础也不够扎实。因此提供的信用产品和服务,在准确性和权威性方面,还比较欠缺,从而削弱了信用中介服务行业的市场影响力。

7.3.4　建立和完善我国的社会信用体系

社会信用体系建设是一项宏大的社会系统工程,也是一项长期复杂的任务。在方法上,应当坚持政府推动,市场化运作,全社会广泛参与。政府应发挥组织、引导、推动的作用,注重市场机制的作用,优化资源配置,广泛调动全社会的力量,形成信用体系建设合力。在原则上,应健全法制,规范发展。应逐步建立和完善社会主义信用法律法规体系,加强信用信息管理,规范信用中介服务。在过程上,应规划为先,分步实施。强化顶层设计,着眼长远、统筹全局,有计划、分步骤地组织实施。在重点上,应着重突破,强化应用。以信用信息资源共享为基础,促进信息的互联互通;以失信惩戒机制为抓手,营造诚实守信的社会信用环境。

1. 加快信用立法,建立有效失信惩罚机制

具有完备的法律法规是社会信用体系完善的重要表现。我国现行法律中,只有《民法通则》《反不正当竞争法》《担保法》《票据法》《合同法》等法律法规中规定了关于信用的一些原则性条款,《刑法》中对欺诈等行为也有相应的惩罚规定。但到目前为止,我国还没有一部相对完整、系统的规范信用活动的专门法律。虽然在一些法律法规中也有关于信用的规定,但受传统意识的影响,这些规定还没有最大限度地发挥作用,不能对失信行为形成强有力的约束。因此,要完善社会信用体系建设,首先必须完善立法,以法律作为保障。

制定社会信用体系建设的相关法律制度与规则。一是对信用交易和规范信用秩序方面的相关立法,如商业银行法、合同法、信贷方面的法律等,目的是注重平等授信、合理授信。二是对信用信息公开化方面的相关立法,如政务信息公开、企业信用信息公开、企业商业机密的界定及个人隐私方面的界定等方面的立法,应充分借鉴发达国家在信用管理方面的法律法规,抓紧研究、率先出台与社会信用直接相关的基本法,如可先出台《社会信用促进法》《社会信用信息法》《政务信用信息管理条例》等。三是对信用中介行业管理方面的相关立法,在《征信业管理条例》之外,还需如《信用报告法》《公平债务催收法》《信用担保法》等方面的立法。通过立法,明确在市场经济中,失信的法律边界是什么,失信到什么程度将给予何种程度和形式的制裁,以此对信用行业的管理定下基本的制度框架,以促进信用行业规范健康发展。四是各部门、各地方应根据上述法律法规,结合本部门和地方实际,制定相关的管理规章,规范各自领域内的经济行为和信用服务等。

此外,还应加强执法,健全失信惩罚机制,加大失信成本。在执法过程中,尽量避免行政干预、徇情枉法、纵容失信行为等情形,加强对失信行为的惩戒。

政府在日常的行政管理中,也可以通过信用法律和制度的手段,对市场主体的行为进行监管。

2. 提高信用信息的开放程度与范围

信用信息主要生成于以下三个领域:第一,各级政府及政府部门在行政管理中产生的政务信用信息,公安、工商、财政、税务、质监、海关、外汇管理、社会保障与救助等部门在处理与自然人或企业相关的行政事务中,会产生大量能够反映经济主体信用价值的信息。第二,企业和个人相互之间或与交易对手之间开展经济活动过程中产生的商务信用信息,银行、保险公司等金融机构以及企业、个体经营户在信贷、买卖、投资等业务往来中,会自然产生大量有关交易对手是否诚信履约的信息。第三,经济主体在文化娱乐等社会生活中产生的相关信息。而且,随着互联网和现代通信手段的发展,经济主体在电子商务或虚拟社区活动中,相关的商业记录、互联网行为和言论等,也可作为判断其信用程度的重要的补充信息。

信用信息是社会信用体系中最根本的要素,是信用法律法规的执行、信用产品与服务的提供,以及褒奖守信和惩戒失信的最重要的依据。因此,建立健全社会信用体系,需要加快实施对相关信用信息的公开和开放。由于种种原因,上述信用信息相互割裂,给信用记录的收集、整理和分析带来很大困难,根据我国 2012 年颁布的《征信业管理条例》,信用信息的提供和使用方仅限于信贷机构。[1] 全社会信用信息的市场开放程度严重滞后,征信企业缺乏获取和检索经济主体信用信息的途径,严重制约了我国社会信用体系的建设。政府应该对于什么信息可以开放、开放的程度和范围、开放的形式,以及对拒不开放者的问责和处罚等制定严格的规定,全面规范信用信息的公开等级和使用、信息主体的权益保护等。在此基础上,加快各行业、各地方建立信用记录的数据体系,健全信用档案,明确各部门、各地方信用信息记录的侧重点和基本分工,这样既可以避免重复记录,又可以避免出现信息盲区。

此外,信用代码缺乏统一标准,政务代码(如个人身份证代码、组织机构代码等)和商务代码(如银行贷款证号码、邓白氏企业编码等)混用的情况时有发生,也影响了社会信用体系的标准化建设。为促进信用信息得到最大范围的使用,还应该制定和推广信用信息标准和信息主体信用代码,为信用信息联网共享打下技术基础。全国通用的信用记录要制定统一的定义标准和格式标

---

[1] 《征信业管理条例》第三十条规定:"不从事信贷业务的证券、保险、信托、担保等金融机构向金融信用信息基础数据库提供、查询信用信息以及金融信用信息基础数据库接收其提供的信用信息的具体办法,由国务院征信业监督管理部门会同国务院有关金融监督管理机构依法制定。"

准。对各部门可公开或可与其他部门共享的信用记录,要制定统一的信用记录目录、数据内容和格式标准。为社会广泛认可的信用信息标准和信息主体信用代码,是实现信息跨部门、跨地区流动的前提。推动信用信息标准建设:一是要制定国家信用标准规划,包括信用信息目录,从总体上把握信用信息标准化的目标和技术路径,建立国家层面的开放式的信用信息基础标准。二是鼓励各部门以国家标准为准则,制定部门信息标准。三是要制定和推广信息主体信用代码。个人信用代码以居民身份证为基础,机构信用代码应在现有各种机构代码的基础上重新设计。[①] 政府部门、事业单位或者信用数据库的维护机构,按照信用标准和信用代码,记录并归集个人和机构在经济、社会活动中的信用状况,有利于形成准确和比较完整的行业、地区信用记录。

3. 加快发展社会信用中介服务行业

信用中介服务包括信用调查、信用评估、信用担保、保理与信用保险、商账追收、信用管理咨询等。社会信用中介服务行业的完善与否是社会信用制度能否真正建立的重要标志。目前,我国信用中介机构发展尚处于起步阶段,信用机构数量较少,市场规模偏小,业务经营分散,服务水平不高,政府监管缺位,行业自律缺乏,市场竞争基本处于无序状态。

根据信用服务业智力密集、技术密集、专业化程度高、市场集中度高的特点,要抓紧培育现代信用服务体系,就需要在信用信息有序开放和有偿使用的前提下,发展一批独立、公正、市场化的信用服务企业。一是大力培育商业征信和个人征信机构,规范发展大型信用评级公司,在政府推动的基础上,鼓励民间资本进入,完善其公司治理结构。同时提倡适度竞争,限制垄断,促进行业整合,鼓励业务向规模大、实力强的公司集中。二是抓紧信用服务行业标准化建设,逐步形成行业标准体系,提高信用服务质量。通过制定行业技术标准、业务标准、从业人员资格标准和从业人员的行为标准,约束同仁,规范同业。三是加强行业自律,完善监管制度和监管框架,规范市场准入与退出,对不遵守行业规则、自身不讲信用的信用服务企业,出现失信行为、造成严重损失的,不仅要承担无限责任,还要实行市场禁入。四是大力推进信用产品的使用,政府应率先垂范,在行政许可、政府采购、招标投标、劳动就业、社会保障、科研管理、干部选拔任用和管理监督、申请政府资金支持等领域,率先使用信用信息和信用产品,培育信用服务市场发展。此外,政府还可采取多种手段引

① 2015 年 4 月 15 日,李克强总理在国务院常务会议上,要求各部门将企业的工商注册号、组织机构代码和税务登记号统一为一个"商事登记证号",登记主体对外使用单一号码,最大限度降低社会成本和行政成本。"一证一号"改革,将更加有利于机构信用代码的推行。

导市场交易者进行信用评级或者利用信用评级,如通过行政法规、监管规定、行业自律规范等方式,在投资对象、经济往来、资质授予、评比表彰等领域,广泛使用信用服务,有效缓解信用供需双重不足的现象。

第 8 章

我国社会信用体系建设的进程

　　信用体系的组成与特征依赖于经济运行的制度环境,经济制度的变迁,必然引起信用制度的转换。我国自新中国成立以来信用制度的发展,恰恰是信用制度的发展内生于经济及其体制的发展与变迁的实证。以下分几个历史阶段作一说明。

8.1　计划经济时期的信用制度

　　新中国成立后至改革开放前(1949～1978 年),我国经济发展水平落后,经济体制借鉴苏联模式,实行了高度集中的计划经济。在这一体制下,不存在市场经济意义上的信用制度与信用体系,经济主体之间的经济联系依靠国家指令性计划来实现。无论是商品交易之间、工商企业之间还是银行与企业之间,商品交易规则和资金融通规则都不是通过信用契约关系来维系,取而代之的是"计划观念"和"政策观念",各经济单位及各种经济活动,都以符合计划和政策作为标尺,以实际计划指标和体现政策规定作为行为目标和行为准则。所有经济活动都对国家计划和国家政策负责,以行政约束取代信用关系,即使当事人之间签订了商品交易合同和借款合同,也完全可以用"计划调整免责""政策变化免责""主管部门权利免责"等来拒绝履行信用的权利和义务。在这种体制安排下,计划和行政的约束力极强,个人和企业的赖债废债行为并不严重,社会经济效率虽低,但经济秩序相对较好(安贺新,2005)。

这一时期的社会信用体系的主要特征表现为:集中信用于银行,取消商业信用,在农村地区实行信用合作制度,虽然在银行内部曾尝试实行过征信制度,但并不真正需要乃至未形成全国性的征信体系。

8.1.1 集中信用于银行

1950年4月7日,中央人民政府政务院颁布《关于实行国家机关现金管理的决定》,其中有关信用方面,规定了各机构、企业、团体之间不得发生赊欠和借贷;短期信用集中于国家银行,这是我国信用体系的一次重大变革。根据苏联银行工作的经验,国家银行的主要任务是在对各企业、机关实行货币管理。换句话说,就是国家银行成为现金、清算、短期信贷的中心,通过货币对企业生产、机关进行统计与监督。1949年4月,苏联的经验先在东北银行试行,1年后又经中国人民银行分步推行,逐渐成为我国计划经济时期信用体系的核心内容。

集中信用于银行的目的在于:(1)使企业的一切活动,通过货币完整而且及时地反映到银行中来。这样,银行就成了企业的总会计、总出纳,从而在经济关系、资金关系上对企业进行统计和监督,促进国民经济各部门完成其生产或经营计划。(2)实行货币管理必然会更大量而迅速地集聚资金,使国家银行得以按照国家经济建设计划,对资金做充分、合理、有计划的分配和使用,避免了资金的浪费和迟滞;还可以供应国家经济建设中的巨大资金需要,扩大了国家银行的信用,加强国有经济的领导作用。(3)由于监督各单位按计划进行收支,就有效地控制了货币市场,防止了货币流通的盲目性,使货币和金融市场得以稳定。

因此,集中短期信用,就是为了进一步实行货币管理。从企业本身来说,由于短期信用集中以后,它们所需的短期贷款必须来自国家银行,从而使得国家银行的贷款具有短期性、计划性和监督性这三个特征。贷款必须用作流动资金,要有流动资产作为物质保证,必须按期先作计划,按照计划执行;必须专款专用,有利息、有期限。这样就会直接促进企业本身的经济核算制度,加强它们经营的计划性。因此,没有短期信用的集中,就不能更好地达成货币管理的预期目的和全部意义。

8.1.2 取消商业信用

要集中短期信用,首先必须取消商业信用。商业信用取消了,国家银行也就把信用集中起来了。这是一个问题的两个方面。所以,如何集中短期信用的问题,也就是如何取消商业信用的问题。

新中国成立初期,我国有着多种不同的社会经济成分,而且私营经济和个体经济所占的比重还很大,各有其不同的条件和基础,负担着各不相同的任务和使命。在这样一种复杂的经济基础上,短时期内要把一切商业信用都取消是不可能的。因此从 1950 年开始,取消商业信用的工作分阶段逐步推进。第一阶段,仅仅针对国有企业、合作社、部队和机关团体,并不包括个体经济和私营经济等在内。同时着重取消的是上述各单位内部的商业信用。第二阶段,则是逐步取消公有经济、机关团体与私营企业之间的商业信用。为了通过国有企业、合作社的管理,进一步密切国家银行与私营企业的关系,加强国有经济对私人资本主义经济的领导,当时普遍认为应尽可能地把国有企业、合作社与私营企业之间的商业信用也集中到国家银行。第三阶段,则是全面取消所有经济主体之间的商业信用。事实上,随着社会主义公有制经济的确立,非公有经济逐步消亡,取消商业信用的第二阶段和第三阶段的任务在 20 世纪 50年代末就已经完成。

商业信用取消以后,国有企业及合作社在生产及商品流通过程中,短期贷款的需要是不可避免的,这些必需的短期贷款便只能从国家银行取得。这一方面使得国家银行更能深入了解各单位的一切经济活动,有利于提高资金的使用效率,减少浪费;另一方面,由于国家银行的贷款是有计划的,这迫使企业的收支进而整个经营活动也要有计划。如果企业不能按计划收支,经营不当,不按预定用途使用贷款,或者不能完成生产或经营任务时,国家银行临时可以停止贷款或收回贷款,并可向上级提出报告和建议。因此,取消商业信用,加速了我国计划经济体制的形成,巩固了公有经济的主体地位。

此外,取消商业信用,大大加速了社会资金集中于银行体系,有利于快速实现社会主义初级阶段的资本积累。例如,自 1951 年初逐步取消商业信用以来,到 9 月份,国家银行的存款已较年初增长了 17.5 倍(贺琦,1951)。在我国国民经济恢复时期和第一个五年计划时期,还有商业信用存在,它在新建立的国有企业之间曾经起了动员和分配资金的作用。国有经济还利用商业信用作为一种工具,通过赊销商品来扶植供销合作社以及通过加工订货等方式对非公有工商业进行利用、限制和改造。但是,随着计划管理作用的加强,商业信用受到严格限制,而以银行信用作为主要的信用形式。

8.1.3　实行农村信用合作制度

新中国成立初期,我国经济建设的重点为发展社会主义工业生产和提高城镇化水平,加之资金实力的限制以及管理能力的制约,银行业务无法覆盖广大农村地区,作为当时主要信用制度的补充,在农村根据条件不同,试行并逐步建立信用合作制度便成为发展农村经济的一项重点工作,以组织农民自有资金的相互调剂,解决农民生产和生活中的经常需要,使农民逐渐组织起来,积累资金发展生产。

1951 年,中国人民银行总行首先联合全国合作社总社在华北地区开始试办信用合作社,是年底,河北、山西等省组织了信用社 105 个,另外还有 439 个供销社内建立了信用部,以及 33 个信用小组。到 1954 年底,发展到124 068个信用社,社员达到7 200余万人,信用部达到2 384个,信用小组发展到21 281个(常明明,2006)。

实行农村信用合作制度的目的,首先是为了组织闲散资金用于生产,而不是为了追逐利润。推行以来,各种信用合作组织在 1 年内就汇集了农村中1 000余亿元的资金,调剂与解决了农民不少问题,提高了农民的生产信心。其次,农村信用合作制度有利于打击高利贷。由于农村贫困人口较多,民间借贷比较频繁,为高利贷的滋生提供了土壤。通过信用合作,可以引导自由借贷提高到信用合作互助的水平,使之成为农村中新的信用形式,既可以活跃农村借贷,也可有效消除高利贷。再次,农村信用合作制度有利于形成和促进农村的生产合作,对社员的放款额度,不是根据财产状况,而是根据生产资金需要及劳动条件。盈余主要不用于分红,而用于股金的积累。

由于农村社会和经济发展的不平衡,我国农村信用互助的形式比较多样,其中最基本的有三种形式:第一,信用合作社。一般以一个行政村镇或邻近几个村为组社范围,并根据社员能互相了解或经济条件上有联系者再分小组,作为农村经常信用活动的基层单位。资金的来源是社员交纳的股金,放款只限于社员使用,利息低于同期银行贷款利息。信用合作社是农村信用互助发展的较高组织。第二,供销社的信用部。由供销社负责领导和出资,受银行在业务上的指导,与供销社分账核算,会计独立。第三,农民信用互助小组。在群众自发基础上,一个行政村内组织一个或几个信用互助小组,订立简单的互助公约,已经有生产互助小组的地区,可由生产互助小组兼办信用业务。

信用合作组织是农民自己的资金互助组织,不以营利为主要目的,主要依靠自己的力量,自力更生,以农民的闲散资金,解决农民的困难,而不以仰赖国家银行资金接济为主,也不是靠银行贷款来维持业务,银行只在发生困难时予以必要的支持。到1952年,仅一年时间,我国农村的信用合作组织已经有8 124个,其中农村信用合作社1 764个,信用互助组5 239个,供销社的信用部1 121个。到20世纪50年代中后期,农村信用合作制度已成为我国农村地区一项主要的信用制度,帮助劳动互助组织增加了生产设备,积累了公有财产,并部分代理了银行业务,节省了国家的财力和人力,成为国家银行联系农民的重要桥梁。1953年通过的中共中央《关于发展农业生产合作社的决议》指出,农业生产互助合作、农村供销合作和农村信用合作是农村合作化的三种形式。这三种合作互相分工而又互相联系、互相促进,逐步把农村的经济活动与国家经济建设计划联结起来,完成了对小农经济的社会主义改造。

农村信用合作社部分解决了农民的生活困难,对农村私人借贷产生了一定程度的冲击,但不能满足农户的生产、生活等多方面的需求,对困难农户扶持不足(常明明,2006)。

8.1.4 计划经济时期的信用调查与征信

值得注意的是,新中国成立初期,中国人民银行非常重视征信调查工作,征信调查的对象包括:企业调查、专业集体调查和一般市场调查。

企业调查的主要内容涉及:(1)企业的组织与信誉,包括基本信息、经营信誉、债务信誉、违法舞弊、社会批评等;(2)经营管理方面,着重调查有无计划、劳资协调、设备情况、会计制度等;(3)财务状况调查;(4)经济和金融往来关系调查。

专业集体调查主要对象为非企业组织的小手工业、商业及商贩等。

一般市场调查的目的在于了解:(1)政府颁布的政策、法令、措施对经济产生的影响;(2)商品流转的情况,包括生产情况、地区供求情况、季节变动影响、交通运输情况;(3)金融市场一般情况,私营企业流动资金增减趋势,社会信用与黑市利率情况等。

中国人民银行为了全面了解工商业的资金活动和供产销情况,以指导业务的正常发展,鼓励在各分支机构设立调查部门,开展征信调查活动。此外,还广泛借助专业征信机构,加强对其指导和帮助,通过经常性的联系,充实所需的征信内容。为使信用调查的资料得到最广泛的使用,中国人民银行还努力加强与政府工商管理机构和税务局的联系,建立经常的情报交换制度,有时也会利用工商团体的资料,或通过他们的联系进行典型调查。

按照中国人民银行的要求,银行内部的征信部门须建立往来户的征信袋或卡片,外勤人员随时了解到的资料以及账面上的业务动态,均须在征信袋或卡片上做好记录,使零星材料得以经常地汇集。在内部,必须树立经常性的汇集制度,定期汇编各种资料,树立长期建设性的征信工作,既有的各项材料应做好分析登记工作。

需要指出的是,这一时期的银行征信制度,其主要目的是增加业务上的预见性和计划性,其缺点是局限于与放款有关的信用调查。随着我国大一统的银行体制的逐步完善和计划经济的进一步加强,中国人民银行最终并未真正建立和健全征信调查制度,使得我国在计划经济之后,在大力发展市场经济的阶段,社会信用体系缺乏一个坚实的基础。

从新中国成立初期到 20 世纪 70 年代末,在近 30 年的时间里,我国实行了集中信用于银行(农村地区是信用合作机构)、取消商业信用、抑制民间信用的信用制度。这在当时的政治经济环境下,为实现"经济赶超战略"、迅速建立起完备的工业体系、打破一些资本主义国家对我国的经济封锁与孤立,起到了一定的积极作用。但是,这种信用体系客观上削弱了企业的信用意识,助长了忽视诚信的经济环境。在计划的主导下,企业不仅可以轻易获得银行的贷款,甚至可以无偿占用贷款,无限期地拖欠贷款,而且可以把获得贷款作为完成计划指标讨价还价的条件。因此,虽然名义上银行与企业是债权债务关系,实际上,真正的债权债务人是政府,银行与企业都是政府实现一定经济目标的职能部门。随着经济运行机制的转变,这种状况必然会严重制约经济的进一步发展。

8.2 社会信用体系的萌芽

党的十一届三中全会作出把全党的工作重点转移到社会主义现代化建设上来的战略决策。这是在新的历史条件下对建设有中国特色社会主义道路的探索,是新中国成立以来我国历史上具有深远意义的伟大转折。从十一届三中全会开始,我国逐步推行改革开放战略,打破原有的单一计划经济模式,信用活动日趋多元化,多层次、开放型的社会信用体系开始出现。

改革开放促使我国商品生产和商品交换得到空前的发展,到 90 年代末,服务于社会经济生活的各种信用形式,从无到有开始出现并有了快速的发展。商业信用得到鼓励和支持,民间信用不再是非法活动,消费信贷也开始出现,股票、债券、商业票据等信用工具日趋丰富,银行、信托、担保、租赁等信用机构和服务多元化发展,信用保险、信用评级、信用调查等社会信用体系的重要组成部分开始萌芽。信用体系的发展,反过来又给生产活动以极大的促进,推动我国经济有了持续高速的发展。

8.2.1 信用活动日趋广泛

1. 商业信用快速发展

我国社会主义经济仍属于商品经济范畴,生产力水平还不高,商品经济还很不发达,在这种条件下,在商品经济这块土壤中长大的商业信用,不仅不能被取消,而且还要积极引导。根据商品经济发展的要求,企业在完成国家计划后,其余产品可以通过市场调节。企业自主权范围的扩大,使得企业对银行不再是单纯的资金依赖关系,国家开始重视发挥企业的自主权,积极引导合理的商业信用,鼓励提高劳动生产率和产品质量,增强产品的竞争能力。

1980年,为了适应当时的经济体制的改革,搞活经济,中国人民银行总行同意先在上海试行有控制地开放部分商业信用,并逐步扩大。1981年为了加快销售积压物资,国家正式允许赊销、分期付款等商业信用合法存在。1982年12月国务院指示:"对于有利于发展生产,搞活经济,扩大商品销售的商业信用,对于经过批准允许赊销的商品、分期付款和预收货款的,各级银行要予以支持。"从而自80年代初开始,企业逐渐可采用灵活的赊销方式来处理积压物资,加速资金周转;产品供不应求的企业也可向购货单位收取一定比例的定金,以提高经济效益。

起初,国家对商业信用采取的是有管制的鼓励政策,例如,仅限于在某些领域开展商业信用:机电产品可采取预收定金的销售方式,但定金不得超过合同金额的10%;企业推销积压商品和材料,允许采取赊销或分期付款,付款期限最长不超过1年;企业为打开新产品或滞销产品的销路,可委托其他单位采取库存代销的方式,货款由代销单位定期偿还;等等。

1985年以后,商业信用进一步放开,进一步促进了我国商品生产的发展和市场的繁荣。商业信用的扩大,有利于协调购销关系,使生产常年性、商品销售季节性的企业增强了活力,保证再生产能正常进行,还有利于促使企业加强恪守信用的观念,有利于疏通流通渠道,沟通横向经济和资金联系。

2. 消费信用开始出现

新中国成立初期,我国实行了集中信用于银行的政策,对其他信用形式一概予以取消和打击,但在一定范围内,也允许适当的消费信用存在,如农村信用社向社员提供生活贷款等。但这种情况,国家在总体上不是非常鼓励。直到十一届三中全会以后,消费信用才有了迅速的发展。

80年代初期,商业部门为了推销某些积压物资和新产品,同消费者签订了"赊销"契约;反过来,因某些紧俏商品和名牌产品供不应求,商业部门也实施了预收货款、约期交货的做法,这些都是我国早期消费信用的有益尝试。试点消费信用的成功经验充分证明,"赊销"形式的消费信用,可以使原已阻塞的流通渠道得以疏导、畅通,使更多的商品进入消费领域,提高人民生活水平,增加货币回笼。"预收"形式的消费信用,则可以在供不应求的情况下,缓和供需矛盾,安排好市场。同时,"预收"也向生产厂商传递市场信息,促使以销定产,以销促产。

例如在1981年,上海中百一店受上海手表二厂委托,在金山石化总厂赊销换代产品——"宝石花"牌指针式日历电子手表,优惠价68元(市场零售价为72元),分三次收款。经生产厂、销售单位和石化总厂三方协议,由要货单位汇总取货,每月从职工工资中扣回货款。中百一店负责推销、保修;手表二厂为弥补销售方利润太薄的损失,以每只零售价3‰的手续费支付给中百一店。9月份,首批试销了500只(白寿韶等,1982)。

1982年起,中国人民银行对城镇职工开始发放耐用消费品贷款、小额消费贷款和住宅贷款,鼓励各地商业部门为增加销售,对许多中、高档耐用消费品进行分期付款,消费信用更出现蓬勃发展的势头。然而到1984年底,消费基金伴随着信贷、基建、外汇一起失控,通货膨胀开始攀升,国家又开始加以限制,消费信用发展的形势逆转,消费信用再遭"厄运"。此后到1991年之后,消费信用再度快速增长。特别是1997年亚洲金融危机爆发后,我国对以消费信用促进内需扩大,进而推动经济的持续增长尤为关注,使得消费信用成为我国信用环境中的一个重要组成部分。

虽然在改革开放初期,我国发展消费信用的目的主要在于解决某些产销不衔接的矛盾,搞活经济,促进资金周转。同时希望可以适当运用消费信用的手段,大量吸收生活待用资金,延缓购买力的实现来支持紧缺、高档消费品生产的发展。但在客观上,消费信用对生产和消费起着积极的促进作用。在我国居民的收入水平还较低的情况下,消费信用对提高消费者购买力和生活水平具有不可替代的作用,也有力地支撑了我国消费品工业异常迅速的发展。此外,消费信用对经济结构还有积极的调节作用。当国家需要扩大某种消费品生产时,可以通过消费信用的期限、额度、利率等杠杆加以支持;反之,可以加以限制,从而优化经济结构,带动经济发展,提高经济效益。

3. 民间信用逐步合法

在计划经济体系下,我国的民间信用没有正式的合法地位。在农村,信用体系是以银行为主导、合作信用为补充。在城镇,民间信用也不受保护。虽然农民和城镇居民因为生活需要,也有偶尔相互借贷的情况,但因为金额很小,非常分散,属于个人行为,对社会生活几乎没有影响。改革开放以后,传统上结构单一、融通有限、相对封闭的信用体系已不能适应经济社会的深刻变革。多种形式商品货币关系的出现与并存,为农村和城镇民间信用的发展提供了广阔的空间。

改革开放以来,我国农村普遍建立各种生产责任制,农户已由过去的单一消费单位变为生产、消费两重性的经济实体,农村市场由封闭式向开放式转化,农业银行和信用社虽然机构普遍、网点延伸,但是由于它们的资金来源和资金运用、经营运筹和管理办法还有很大的局限性,计划控制较严,市场调节不足。尤其在农村开始出现多种经济成分、多种经营方式以后,商品货币关系更趋繁杂,市场调节作用更大。我国农村一直存在全民所有制和集体所有制两种社会主义经济所有制形式,随着个体经济的发展,对信用的需求量日益增长。作为商品货币关系变化的一个主要反映,农村民间借贷有了较大的发展,而且形式多样,即使在银行信用社信贷业务比较发达的地方,群众互相借贷也很活跃①。农村的民间借贷,充分利用了市场调节机制,促进了农村商品经济的发展,有利于建立多层次、开放型的农村信用体系。

城镇地区,在银行信用占绝对优势的情况下,民间自由借贷作为集体、个人相互融通资金的一个渠道,能进行社会资金的余缺调剂,是市场机制逐步完善的必然产物。随着个体经济和私营经济的快速发展,银行信用满足不了社会多方面的需要,另外,在改革开放进程中,居民收入大幅提高,社会闲散资金数额庞大,一旦银行信用因为要承担国家宏观调控的任务而收紧,就会对民间信用有大量的需求。例如,1985~1986年,全国抽紧银根,单纯依赖银行贷款开展经营的企业特别是中小企业都受到了严重冲击,有的生产萎缩,有的濒临倒闭。但是出乎意料的是,浙江省温州地区的农村家庭手工业却没有受到多大影响,原因就在于温州农村家庭手工业依靠当地十分活跃的民间信用和私人钱庄渡过了资金供应难关。1985年,温州农村家庭手工业的销售额达到11.3万亿元,比上年增长20%。1986年比1985年又有了大幅度增长。因此,在许多情况下,一些急需资金的个体企业、私营企业、乡镇企业、集体企业等因向国家银行借贷无门,就只好转而求助于民间信用这个金融市场了。

4. 直接信用得到承认

在计划经济时期,我国只承认间接信用(通过银行等金融机构进行的资金

---

① 根据对张黄公社阳春大队42户农户的调查,就有40户发生了借贷关系,自由借贷总额占信用社贷款总额的64.1%,借款的用途主要是发展生产。

融通），不承认直接信用（资金持有者与资金需要者直接融通资金），只进行资金纵向联系，不引导横向联系。改革开放后，为适应经济发展的需要，信用活动形成了以银行信用为主体、多种信用形式并存的局面，并允许发行股票、债券进行资金的直接融通。

直接融通最初对银行贷款起着调节补充的作用，在银行信贷资金有时出现不足，或对某项生产建设资金需要受到银行贷款条件限制难以解决时，可由股票、债券集资进行补充调节，这样就能减少银行贷款的压力，起到拾遗补缺、灵活、及时、方便搞活金融的作用。

后来，为了充分发挥直接融资对企业提高经济效益的促进作用，我国直接信用开始有了蓬勃的发展，加快了我国企业的股份制改造进程。股票集资的形式可以使投资者、经营者及生产者的利益与企业生产经营的好坏紧密结合起来，他们会更加关心生产，重视经营，监督企业加强经营管理，充分调动起生产经营的活力，促进企业提高经济效益。

此外，直接融资有利于金融物价稳定。通过股票债券集资，把个人消费资金转向生产建设，创造社会财富，扩大市场物资供应，稳定金融物价。

5. 国家信用重新恢复

国家信用是商品经济中不可缺少的形式之一。为了加速整个经济发展的进程，增加对基础产业的投资，进行市政建设，创造良好的投资环境，财政即期收入如果不能满足即期支出，发展国家信用便成为有效动用社会资金的重要手段。

1981 年，在国家财政连续两年发生较大赤字的情况下，为了平衡财政收支、稳定物价，国务院颁布了《中华人民共和国国库券条例》，决定向企业、地方政府及城乡居民发行国库券。以后又发行了国家重点建设债券、财政债券、重点企业债券、保值公债、特种公债等。到 1992 年止，每年都颁布一个国库券条例，对发行对象与方式、发行数额及利率、还本付息的期限、国库券及其他债券的贴现、抵押和转让、国债法律责任、国债管理机构等内容予以规定。1989～1991 年每年还颁布一个特种国债条例，对特种国债的发行对象、发行数额、发行期限、利率及偿还期等内容予以规定。此后，国债发行逐年增加，如表 8—1 所示，政府债务举借规模从 1981 年的 147.81 亿元增加到 1999 年的 4 015.03 亿元。政府年举债规模呈台阶式上升态势，1988 年突破 200 亿元大关，1994 年突破 1 000 亿元大关，1997 年、1998 年、1999 年分别突破 2 000 亿元、3 000 亿元、4 000 亿元大关，几乎是直线增长。

表 8—1　　　　　　　　　　　我国的国债发行(1979～1999 年)　　　　　　　　　　　　单位:亿元

年度	国债发行			本金偿还额			年底国债余额		
	内债	外债	合计	内债	外债	合计	内债	外债	合计
1979		70.52	70.52					70.52	70.52
1980		73.03	73.03		20.61	20.61		122.94	122.94
1981	48.66	99.15	147.81		42.57	42.57	48.66	179.52	228.18
1982	44.15	40.03	84.18		39.91	39.91	92.81	179.64	272.45
1983	41.7	51.5	93.2		27.53	27.35	134.51	203.79	338.3
1984	42.16	34.81	76.97		16.75	16.75	176.67	221.85	398.52
1985	61.3	29.24	90.54		25.5	25.5	237.97	225.59	463.56
1986	62.3	51.4	113.7	6.65	22.84	29.49	293.62	230.93	524.55
1987	116.6	69.24	185.84	18.41	31.06	49.47	391.81	247	638.81
1988	188.36	29.36	217.72	21.66	23.62	45.28	558.51	264.22	822.73
1989	226.12	18.52	244.64	13.22	22.03	35.25	771.41	310.33	1 081.74
1990	197.23	14.3	211.53	76.22	46.82	123.04	892.42	316.33	1 208.75
1991	280.83	18.32	299.15	111.6	57.17	168.77	1 061.65	276.05	1 337.7
1992	460.75	18.34	479.09	238.05	59.46	297.51	1 284.35	261.08	1 545.43
1993	381.32	65.71	447.03	123.29	67.3	190.59	1 542.38	302.31	1 844.69
1994	1 028.27	145.82	1 174.09	282.61	76.37	358.95	2 288.04	544.8	2 832.84
1995	1 510.85	38.9	1 549.75	496.96	31.67	528.63	3 301.93	527.52	3 829.45
1996	1 848.5	119.51	1 968.01	786.63	25.36	811.99	4 363.8	581.91	4 945.71
1997	2 411.79	65.29	2 477.08	1 264.53	37.43	1 301.96	5 511.06	563.44	6 074.5
1998	3 808.77	82.16	3 890.93	1 481.18	41.93	1 523.11	7 838.65	686.92	8 525.57
1999	4 015.03		4 015.03	1 246.83	44.56	1 291.39	10 606.85	680.74	11 287.59
合计	16 774.69	1 135.15	17 909.84	6 167.84	760.31	6 928.15	41 397.1	6 926.91	48 324.01

资料来源:《中国统计年鉴》。

　　发展国家信用是经济体制改革的客观要求,在经济体制改革中,地方和企业掌握的预算外资金的大幅增长,是一种长期的必然趋势。国家要在宏观上调节积累与消费的比例关系和资金的使用方向,通过发行国债将一部分预算外资金募集起来,把分散资金与集中使用结合起来,把地方、企业的自主权与国家宏观调控结合起来,这就需要把发行国债作为一种长期、稳定的财政收入来源和宏观控制的手段。此外,发展国家信用是实现财政赤字与货币增发脱钩的客观要求。在计划经济时期,我国曾经强调既无外债又无内债。当财政发生赤字时,就只能向银行借款或透支,这会造成物价上涨的压力,不利于经济的发展。国债的作用在于它把人民的购买力转移给政府,由此安排政府支出或弥补赤字时,既不会增加货币供应量,也不会增加社会购买力总量,而且通过增发或者归还债券,还可以调节货币流通。

8.2.2 信用工具日益丰富

随着生产规模及社会化程度的扩大,资金需要总量也随之扩大,为了广泛筹集资金,各工商企业除利用银行信贷及商业信用之外,同时也大规模向社会发行股票、债券及其他各种融资票据,从而以证券交易为媒介的直接融资迅速发展,形成间接信用与直接信用相互竞争、并行发展的格局。

1. 商业票据

改革开放以来,随着商业信用的发展,商业票据也开始出现。1979年中国人民银行开始批准部分企业签发商业承兑票据。1981年,为了鼓励商业信用的发展,并控制其风险,上海率先推出银行汇票承兑与贴现业务。之后,中国人民银行将上海的经验推广到重庆、河北、沈阳等地,从1985年4月1日起,中国人民银行决定在全国范围内推广商业汇票承兑、贴现业务。1986年颁布《中国人民银行再贴现试行办法》,中国人民银行首次开办再贴现业务用于支持商业汇票业务,但商业汇票依然不得流通转让。1988年,中国人民银行改革了银行结算制度,取消了银行签发汇票必须确定收款人和兑付行的限制,允许一次背书转让、试办银行本票等。

1992年《中国人民银行对金融机构贷款管理暂行办法》还推出了再贴现贷款优先办理,并享受优惠利率的措施。1993年我国确立了社会主义市场经济体制的建设目标,作为货币市场重要组成部分的票据市场,成为中央银行传导货币政策、实施金融间接调控的重要渠道。国家的商业信用政策由推动商业信用票据化,演化为规范商业信用的票据化与建立、完善票据市场并重的政策。1994年中国人民银行制定了《商业汇票办法》《再贴现办法》,再次要求各级人民银行和专业银行要积极开办商业汇票承兑、贴现和再贴现业务。

1995年5月10日,第八届全国人大常委会第十三次会议通过了《中华人民共和国票据法》,标志着中国商业信用进入了一个依法治理的崭新阶段,促进了商业信用票据化的健康发展。中国人民银行1995年下发《进一步规范和发展再贴现业务的通知》,1997年实施《商业汇票承兑、贴现与再贴现管理暂行办法》,1999年9月又发出《关于改进和完善再贴现业务管理的通知》,2001年11月又颁布了《关于加强开办银行承兑汇票业务管理的通知》,商业信用的票据化发展逐渐走上正轨。到1999年,我国商业票据承兑发生额每年约5 000亿元,贴现额约为2 500亿元,再贴现额超过1 000亿元,商业票据日益成为不可或缺的信用工具。

2. 股票

从 20 世纪 80 年代中期开始,北京、上海、广东等地的部分集体和国有中小企业开始探索股份制改革。1983 年我国第一家股份制企业深圳宝安联合投资公司成立,1984 年 11 月上海飞乐音响股份公司首次公开发行股票,此后,北京天桥、延中实业、深圳发展银行等纷纷发行股票。随着股份制试点不断得到肯定,企业股票发行越来越多,上海、深圳出现了股票的公开柜台交易,沈阳、武汉、成都等地也出现了股票的公开交易或场外交易。

1990 年 11 月 26 日,经国务院授权,由中国人民银行批准建立的上海证券交易所正式成立,这是新中国成立以来内地第一家证券交易所,除了 30 种国债产品外,仅有 8 家公司的股票上市交易。1991 年 7 月,深圳证券交易所正式开业。此后,沪、深两市上市公司逐年增多,截至 2000 年,中国股市上市公司超过 1 000 家,筹资总额超过 9 400 多亿元,总市值超过 4.6 万亿元,约占 GDP 的 50%。

3. 债券

经济体制改革改变了原有的国民收入分配格局,个人与企业可支配收入在国民收入分配份额中所占比重逐步增大,同时,经济发展又迫切需要调整产业结构,国有企业需要投入大量资金,而政府财力又有限,难以满足国有企业的巨额资金需求。于是,从 1984 年开始,有些企业自发地向企业职工内部集资或者向社会公开发行债券,但公开发行的次数和范围都很有限。企业债券交易市场于 1986 年开始出现,沈阳市信托投资公司是第一家办理债券买卖、转让业务的区域性市场,其性质属于柜台交易市场。统计资料显示,至 1986 年底,企业债券累计发行规模达 100 亿元左右,当时的企业债券大多属于内部集资性质。

1987 年 3 月 27 日,国务院颁布实施《企业债券管理暂行条例》,开始对企业债券进行统一管理,只限于全民所有制企业可以发行企业债券,并且须经中国人民银行批准,票面利率不得高于银行相同期限居民储蓄定期存款利率的 40%。1988 年,为治理通货膨胀,国家计委在财政金融司成立债券处,严控企业债券发行计划。这一阶段,企业债券的流通则主要通过各地信托投资公司的柜台业务进行。

1996 年和 1997 年,沪、深证券交易所分别允许面值在 1 亿元以上的债券在交易所挂牌交易,并出台了《企业债券上市规则》《企业债券发行与转让管理办法》等规定,使企业债券的发行和流通进一步规范。1997 年 6 月 6 日,中国人民银行下发了《关于各商业银行停止在证券交易所证券回购及现券交易的通知》,要求商业银行全部退出交易所市场,同时建立了全国银行间债券市场。

至 1990 年底,只有 2 家民营企业发行了企业债券,其余仍均为国有企业,共发行各类企业债券超过2 200多亿元,大多集中在能源、交通、通信、重要原材料以及城市基础设施等领域内的国家重点建设项目。虽然说当时我国的企业债券市场规模较小、流动性较弱、成交量也低,且具有准政府债券性质,但其间也实行了一些如企业债券评级制度、发债企业资产抵押和担保人制度、受托人制度等有益于社会信用体系的积极探索。

8.2.3 信用机构多元发展

1. 商业银行体系逐步完善

1979 年以前,我国实行计划管理的"大一统"的金融体制。[①] 1979 年 2 月,国务院决定恢复中国农业银行。1979 年 3 月,专营外汇业务的中国银行从中国人民银行分设出来。同年 3 月、8 月又先后批准建立了中国银行和中国人民建设银行。1984 年 1 月,组建专门从事信贷和储蓄业务的中国工商银行。自此,中国现代银行业的基础开始形成。

自 1986 年开始,银行企业化改革全面推进。1987 年 4 月,重建交通银行;接着,又成立中信实业银行;为鼓励特区经济发展,先后成立了招商银行、深圳发展银行、广东发展银行、福建兴业银行和海南发展银行。为推动浦东经济发展,成立了浦东发展银行。此后,又陆续成立了华夏银行、光大银行、民生银行、中国投资银行等,1994 年 3 月、7 月、11 月,组建国家开发银行、中国进出口银行、中国农业发展银行三家政策性银行。

1995 年 9 月 7 日,国务院发布《关于组建城市合作银行的通知》,决定自 1995 年起,在撤并城市信用社的基础上,在 35 个大中城市分期分批组建由城市企业、居民和地方财政投资入股的地方股份制性质的城市合作银行。之后,组建范围又扩大到 35 个大中城市以外的地级城市。

至 20 世纪末,经过 20 年的改革,一个以中央银行为领导、国家专业银行为主体、多种银行机构并存的比较健全的现代银行机构体系基本形成。

2. 信托投资机构快速发展

原始的信托行为发源于数千年前古埃及的"遗嘱托孤"[②]。现代信托制度以美国和英国为代表,是一种以信任为基础的财产管理制度。1979 年 10 月,中国国际信托投资公司在北京成立,揭开了信托业发展的序幕。80 年代初,

---

① 参见高等财经院校试用教材《社会主义货币信用学》,中国财政经济出版社 1980 年版。

② 信托最早的文字记载是公元前 2548 年古埃及人写的遗嘱,其中指定其妻继承财产,其子为受益人,并为其子指定了监护人。

随着地区间横向经济往来的发展,大量的商品交易依赖于贸易双方的信用,许多地方开始纷纷设立信托投资公司。信托投资公司最初以办理经济咨询、信用征询等业务为主,运用银行机构网络普遍的特点,为交易双方服务,使商品交易顺利进行。随着金融意识的增强,有多余资金的企业和经济实体,可委托信用机构委托存款、委托贷款、委托购买债券股票等,以获得比银行存款更高的收益。在此背景下,信托业务开始有了蓬勃的发展。

1982 年,国务院针对各地基建规模过大,影响信贷收支平衡,决定清理信托业,开始严格限定信托公司的成立权限,并将计划外的信托业务统一纳入国家信贷计划和固定资产投资计划,进行综合平衡。1985 年,国务院针对全国信贷失控、货币发行量过多的情况,要求停止办理信托贷款和信托投资业务,1986 年又对信托业的资金来源加以限定。1990 年,国务院针对各种信托投资公司发展过快(高峰时共有 1 000 多家)、管理较乱的情况,对信托投资公司进行了进一步的清理整顿。1995 年,中国人民银行总行对全国非银行金融机构进行了重新审核登记,并要求国有商业银行与所办的信托投资公司脱钩。1998 年底,全国具有法人资格的信托投资公司共 239 家,其中全国性公司 21 家,地方性公司 218 家。1999 年,为防范和化解金融风险,中国人民银行总行决定对现有的 239 家信托投资公司进行全面的整顿撤并,按照"信托为本,分业管理,规模经营,严格监督"的原则,重新规范信托投资业务范围,把银行业和证券业从信托业中分离出去,同时制定出严格的信托投资公司设立条件。2001 年 1 月 10 日,中国人民银行发布的《信托投资公司管理办法》开始施行;同年 10 月 1 日,《信托法》正式实施,第一次在中国确立了信托制度的法律地位。2002 年 7 月 18 日《信托投资公司资金信托管理暂行办法》的施行,规范了信托投资公司资金信托业务的经营行为。1999 年底,全国信托投资公司资产为人民币 6 323 亿元,其中总资产超过 100 亿元的公司有 11 家;负债为人民币 5 245 亿元,其中总负债超过 100 亿元的公司有 9 家。

3. 租赁信用开始出现

家庭联产承包责任制的一个重要启示,就是租赁信用解决了土地和农民之间的结合形式。租赁信用将资金运动与实物运动融合在一起,符合社会生产过程的内在要求,因而在我国改革开放进程中获得了极大的发展。在我国经济转型初期,租赁方式可以缓解资金不足的矛盾,有力地推动技术改造,提高生产效率。采用租赁方式引进机器设备,可分享国家租赁业务在税收、加速折旧方面的好处,使租赁成本比贷款购买更低。重视和发展租赁信用,有利于缓和、抑制国民经济中投资需求膨胀的状况,在不增加或少增加投资的情况下,解决建设资金不足的困难。

　　1981 年 4 月,由中国国际信托投资公司发起与北京机电设备公司、日本东方租赁公司、日本奥力可思公司等合资创建了我国第一家专业的中外合资租赁公司——中国东方租赁有限公司;同年 7 月,中国国际信托投资公司又与国家物资局组建了中国租赁有限公司,它是我国第一家国有的租赁公司。此后,租赁作为一个新兴产业在我国得到了迅速发展,租赁机构纷纷设立,租赁交易金额成倍增长,经营范围日益扩大,用户遍布各行各业,在企业实行技术更新改造和引进外资方面发挥着独特的作用。

　　20 世纪 80 年代到 90 年代中期,是我国租赁业的快速发展时期。这一时期,我国租赁企业纷纷建立,到 80 年代后期,已建立专业租赁公司 50 多家,兼营租赁的信托投资公司、银行、外贸、物资企业及其他机构附属的租赁机构达到 200 多家,从 1981 年到 1990 年底累计引进租赁项目 10 000 多项,金额达 40 多亿美元,租赁业务的范围涉及飞机等各种运输工具、工农商等各个领域的设备和二手设备,同时还将国内生产的部分设备、船只等租赁到国外。90 年代初到 90 年代中期,我国租赁业又有了很大的发展,1994 年我国已有专业租赁公司 70 多家,其他兼营租赁业务的机构达 400 多家,从 1981 年到 1994 年我国通过租赁累计引入外资达 150 亿美元。1981～1999 年融资租赁公司交易额见图 8—1。

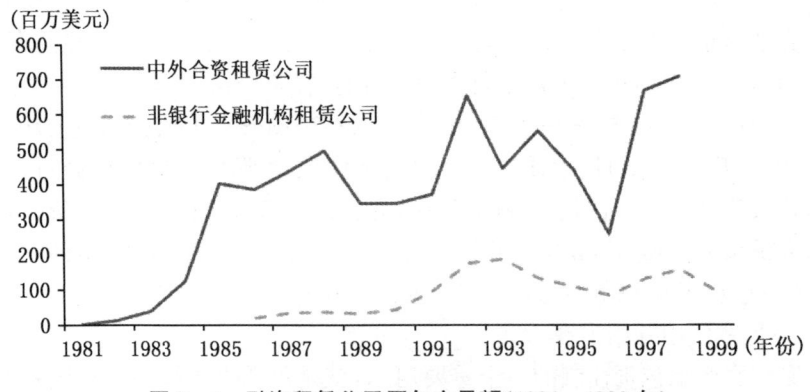

图 8—1　融资租赁公司历年交易额(1981～1999 年)

　　4. 其他

　　1986 年 9 月 26 日,新中国第一家代理和转让股票的证券公司——中国工商银行上海信托投资公司静安证券业务部——宣告营业,从此恢复了我国中断了 30 多年的证券交易业务。1987 年 9 月,深圳特区证券公司成立,成为我国第一家专业证券公司。1988 年,中国人民银行下拨资金,在各省组建了

33 家证券公司,同时,财政系统也成立了一批证券公司,这些机构是中国最早的证券公司,主要从事国债的经营。1992 年 10 月,华夏、南方、国泰三家全国性证券公司成立。到 1998 年底,全国有证券公司 90 家,证券营业部2 412家,从事证券业务的相关机构如资产评估、基金公司等 513 家。

1980 年,中国人民保险公司恢复营业,开办财产保险业务;1982 年,又恢复开办寿险业务。1986 年,交通银行组建保险业务部;1988 年,第一家股份制保险公司——平安保险公司——正式开业,打破了中国人民保险公司独家垄断经营的局面。1991 年,交通银行保险业务部分离为中国太平洋人寿保险股份有限公司;1996 年,中国人民保险公司业务分拆,组成中保财产保险有限公司、中保人寿保险有限公司和中国再保险公司;1999 年,光大永明、信诚(广州)等中外合资的寿险公司成立。至 2000 年,已有 4 家国有独资保险公司、9 家股份制保险公司、9 家外资保险公司分公司、4 家中外合资保险公司在中国开业,正在审批的外资公司有 7 家,有 200 多家外资保险公司在中国设立了代表处。

8.2.4　信用体系开始萌芽

从改革开放到 90 年代末,随着信用活动的规模和形式不断扩展,为社会信用活动提供支撑的各种服务如信用担保、征信、信用评级等开始产生并得到快速的发展,这些信用中介服务,在各类借贷活动之外,构成了我国社会信用体系的重要组成部分。

1. 信用担保

从 20 世纪 80 年代中期开始,银行为防范信贷风险,开始在贷款中采用信用担保制度。担保机构通常为企业的主管行政机关或集团关联企业。1993 年,国务院办公厅发布《关于禁止行政机关为经济活动提供担保的通知》,要求政府信用从一般经济活动领域退出,中国专业信用担保开始介入信用市场,1993 年,经国务院批准设立的中国经济技术投资担保公司,为我国第一家专业信用担保公司。

1992 年,重庆、上海等地的私营中小企业为解决贷款难问题,并防止相互之间担保造成承担连带债务的问题,自发地探索建立企业互助担保基金会,中国的中小企业担保实践开始起步。1994 年,广东、四川等地开始出现以中小企业为主要服务对象的地方性商业担保公司,交通银行上海杨浦支行与区政府和街区企业合作成立了担保基金。这个阶段,中小企业担保实践的特点主要是企业互助,地方政府也给予一定的财政资金帮助。

1998 年,江苏镇江、山东济南、安徽铜陵等城市探索采取设立担保资金和组建独立担保机构的方式帮助中小企业解决融资难特别是贷款难问题并开始进行试点。浙江、福建、云南、贵州等省(自治区)的一些市县开始探索组建以私营企业为服务对象的中小企业贷款担保基金或中心。陕西、广东、湖北、北京等地开始出现科技、建筑等专业性担保机构。上海、北京等地开始以政府财政部门与商业担保公司合作方式,由财政部门对银行做出承诺并推荐中小企业,由商业担保公司办理具体担保手续,对银行发放中小企业贷款进行担保的试点。

1999年6月14日,原国家经贸委发布《关于建立中小企业信用担保体系试点的指导意见》(国经贸中小企〔1999〕540号),以贯彻政府扶持中小企业发展政策意图为宗旨的中小企业信用担保体系正式启动。2000年8月24日,国务院办公厅印发《关于鼓励和促进中小企业发展的若干政策意见》(国办发〔2000〕59号),我国中小企业信用担保体系开始进入制度建设阶段。

在此过程中,民间资本也开始涉足信用担保行业,如深圳的中科智担保公司、甘肃的银泰担保公司等。信用担保机构的发展不仅缓解了中小企业贷款难状况,也为企业特别是中小企业信用能力的提高打下了基础。截至2001年底,全国已有各类信用担保机构约360家,覆盖了全国近30个省(市、自治区)的300个城市,拥有的担保资金已达100亿元,其中50%为民间投资。

2. 信用征询与调查

1981年,为了有效解决当时托收承付结算中的货款拖欠问题,中国人民银行总行在关于改进异地托收承付结算办法的征求意见稿中提到"信用征询"的问题。"信用征询"书由销货单位开户银行的信贷部门填写,寄购货单位开户银行调查,在半个月内签复。"信用征询"书的内容主要是购销双方的名称、地址,开户银行名称、账号,订货的名称、数量、价格,交货日期、货款数额、购货单位当时的存款余额,以及有无财政拨款计划或在银行的设备贷款计划等。"信用征询"书是我国改革开放以来信用调查的最初形态。

80年代中后期,银行开始对企业进行信用等级分类,指导贷款工作。根据银行授信政策,信用评级是银行签约前的必要准备,属于贷前调查的内容。银行实行信用等级管理后,对一类企业的贷款免于经济担保,对二、三类企业的贷款采取抵押和信用担保相结合的办法,有利于解决信用贷款担保难的问题。信用等级分类还为工商企业的经营活动提供了资信证明,根据信用调查的结果,银行向客户出具"信用优良证书",并通过信贷优惠政策加以鼓励。此外,银行还对二类、三类企业具体指明了改善经营管理的要求,促进企业在信用水平上开展竞争。

90年代初,随着金融业商业化经营和竞争步伐的加快,在信贷业务方面逐步打破了按行业、地域分工的格局。但是,银行在审贷时怎样才能掌握企业在多家银行的贷款情况和其他信息，就成了一个难题。中国人民银行深圳分行率先推出贷款证制度，中国人民银行总行迅速将其推广到全国 200 个大中城市。随后，厦门、宁波、上海、杭州、长沙等数十个城市的中国人民银行分行对贷款证制度实施电子化管理，建立了企业档案及信用制度，形成了具有银行信贷登记咨询系统的雏形。

1997 年，中国人民银行在全国 334 个地级市建立全国企业信贷信用登记系统和相应的数据中心，1998 年在 15 个地市试点；1999 年在每个城市范围内实现了信贷数据联网上报并提供查询服务，同时颁布了《银行信贷登记咨询管理办法（试行）》，在业务内容和管理等方面进行了规范；为了实现信贷登记系统全国联网，2000 年 11 月，中国人民银行在浙江、江苏、辽宁、上海进行系统试运行。到 2000 年底，基本实现了全国范围内中国人民银行与辖内商业银行、城乡信用社等金融机构的联网，实现信贷数据的上报、登记和查询；2001年 5 月，信贷数据向省会城市数据库集中，实现了在全国 31 个省、自治区和直辖市辖区内的联网查询，并实现了在各省域内的查询，全部信贷数据集中到中国人民银行中心数据库；2002 年底实现了全国联网查询，在全国所有 334 个地级城市（或地区）及 31 个省、自治区和直辖市建立了数据库。至 2002 年底归入 400 万个借款人的资信信息，占全国金融机构各项人民币贷款余额的79%。借款人基本涵盖了除自然人以外，所有与金融机构发生信贷关系的企业、事业单位及其他借款人。

银行信贷登记系统的建立和全国联网，为商业银行金融机构防范信贷风险、提高贷款效率提供了手段，为金融决策和监管部门实施金融监管提供了及时可靠的信息，为制定和实施货币政策提供了有力的支持依据。特别是整合了商业银行的信贷业务数据，实现了信用信息共享，为我国建立社会信用体系奠定了坚实的基础。①

除银行系统外，1987 年 7 月，由外经贸部计算中心将企业资信调查行业引进中国，这是我国较早的信用行业分支。但是，这个在国外最基础性的信用行业，在中国却处境艰难，该计算中心从 1987 年到 2002 年的 15 年中，为中外企业提供企业资信调查报告只有 55 000 件，还不足一家跨国资信调查公司一年调查量的 1%。1992 年末，新华信在北京成立，率先在中国开展市场研究咨询服务和商业信息咨询服务，提供企业信用报告、信用管理咨询、信用风险管理软件以及相关数据管理技术与信用管理服务。此后，华夏国际等一大批信

---

① 2009 年 5 月 22 日，银行信贷登记咨询系统在全国范围内停止使用，为 2005 年开始筹建的"企业征信系统"所取代，宣告着以贷款卡为标志的"银行信贷登记咨询系统"时代的结束。

用服务机构相继成立,成为中国信用体系建设的一支重要力量。

3. 信用评级

随着信贷活动和市场经济的发展,对企业的信用状况加以评估和分类的业务开始出现。20世纪80年代初,对企业进行信用评级的机构包括计经委、工商局、中国人民银行,以及工、农、中、建四大银行等,而且又形成省、市、县多层次的信用评估机构。同时,企业信用评估的级别形式多样,有些地方设"AAA""AA""A"三个级别,有些地方设"特级""一级""二级"三个级别,还有一些地方设"信用优等企业""信用优良企业"两级。此外,工商行政管理部门仅设"重合同、守信用企业"一个级别。企业信用评估机构众多、标准不一,导致评级结果无可比性,影响了其权威性和公正性,银行很难将企业信用评估与"区别对待、扶优限劣"的信贷政策结合起来,使之流于形式,难以更好地发挥作用。

随着证券市场的发展和直接融资比重的提高,特别是在企业债券发行过程中,出于对投资者的保护,信用评级的作用日益增强。此外,利用证券的资信评级,加强市场监管,提高市场公开性和公正性,是政府强化市场管理的重要一环。1987年3月27日,国务院发布《企业债券管理暂行条例》,从这时起,资信评级机构在各省纷纷建立。1987年,上海远东资信评级公司成立,是我国首家专门的信用评级机构。最初成立的信用评级机构,多为中国人民银行各地分行下属的公司,最多时曾达90多家。1989年,中国人民银行为了贯彻国务院关于清理整顿金融性公司的决定,下达了《关于撤销人民银行设立的证券公司、信誉评级公司的通知》,中国人民银行和专业银行设立的评信公司一律撤销,"信誉评级业务交由信誉评级委员会办理"。这为信用评级工作与主管部门脱钩,成为独立的中介机构迈出了可贵的一步。从此,信用评级体系初步成立,信用评级行业开始形成。

1996年4月,中国人民银行颁布实施的《贷款管理办法》中规定,评估机构对企业做出的信用等级评定结论,可作为金融机构向企业提供贷款的参考依据。1996年8月1日实施的《贷款通则》中规定,贷款人受理借款人申请后,应对借款人的信用评级以及借款的流动性、安全性、盈利性等情况进行调查,核实抵押、质物、保证人情况,测定贷款人风险度,从而把对借款人的信用等级评定作为银行贷款的一个必要程序。随后,部分地区的商业银行与信用评级中介机构联手合作,对贷款企业,特别是贷款大户和多头贷款企业进行信用评级工作,以便更好地防范信贷风险。把企业信用评级和信贷资产风险管理紧密地结合在一起,促进了各商业银行对企业信用等级的进一步利用,起到了更好防范信贷风险的作用。

1997年12月16日,中国人民银行银发〔1997〕547号文认证了9家可以对企业债券进行评级的机构,并明确了具体的业务范畴,包括长/短期企业债券评级、工商企业评估、基金评级、非银行金融机构评级等。从 1999 年《企业债券管理条例》进入修改程序,企业债券的审批权集中于国家计委开始,中国人民银行就不再负责此事。此后,中国的资本市场始终没有一个针对资信评估机构的统一的监管机关。国家发改委、中国证监会、保监会、中国人民银行、银监会等都与资信评估有一定的关系,但始终没有明确对资信评估机构的统一监管。

4. 信用保险

为了配合外贸公司采用灵活的结算方式,扩大机电产品的出口,1988 年国务院委托中国人民保险公司试办机电产品的出口信用保险,并通过调减中国人民保险公司调节税方式建立起出口信用保险基金。

1989 年中国人民保险公司成立了出口信用保险部,办理短期出口信用保险。在中国人民保险公司总公司的集中管理下,各地分公司的涉外业务部都开办了信用保险业务,为全国 200 多家外贸公司提供收汇风险保障。至 1991 年底,信用保险业务就已涉及世界 70 多个国家和地区的 3 000 多家买方(刘舒年、王亚松,1992)。

最初开办的短期出口信用综合险,适用于被保险人按付款交单、承兑交单和赊账等一切商业信用付款条件,产品全部或部分在中国制造,信用期不超过 180 天的出口合同。投保短期出口信用综合险的公司按业务需要,将与其有贸易信用关系的客户逐一向保险公司申请买方信用限额。无论被保险人向客户出口的金额是多少,保险公司赔偿的最高限额就是经批准的买方信用限额,出口金额超过买方信用限额的部分由被保险人自理。经批准的买方信用限额在一定时期内可以循环使用。

1992 年中国人民保险公司开办中长期保险业务,支持我国机电产品和成套设备的出口。1994 年中国进出口银行成立,同时开办政策性出口信用保险业务。1996 年中国人民保险公司代表中国参加国际海外投资和出口信用保险人联盟(伯尔尼协会)并于 1998 年成立该组织正式会员①。

出口信用保险业务的开展,固然是深化外贸体制改革的客观要求,但更是我国社会信用体系发展的必然。由于国际政治经济的一些不利变故,致使我国一些出口企业不能及时收汇,信用风险十分严重。因此,对出口收汇和信贷偿还提供经济保险,对改善出口商品结构、提高出口企业效益、降低商业风险、促进国际贸易十分重要。

---

① 2001 年,中国出口信用保险公司成立,取代中国人民保险公司的出口信用保险部,成为我国唯一的出口信用保险机构,并代表中国出任伯尔尼协会会员。

5. 其他信用服务

除上述信用服务以外,自 20 世纪 90 年代开始,商账追收、企业信用管理咨询等专业机构也开始出现。商账追收行业是信用行业中的一个重要分支领域,随着市场竞争的加剧,企业越来越多地采用赊销方式,但也面临严峻的商账难收问题,因而有一批专业收账公司应运而生。商账追收公司通过合法的追收流程和技巧,降低企业风险率和坏账率,防范企业由于使用赊销方式带来的信用风险。但在很长一段时间内,从事此项业务的一些单位和个人,并没有按照行业的规则,轻则动用不法手段,重则出现刑事犯罪行为。所以 1995 年,公安部和国家工商行政管理总局要求停止办理"讨债公司"及类似登记注册。2000 年,国家经贸委、公安部和国家工商行政管理总局联合下发了《关于取缔各类讨债公司 严厉打击非法讨债活动的通知》,再次取缔专业追账公司,商账追收业务遂由律师事务所或信用管理咨询机构代办,甚至一度转为地下活动。信用管理咨询机构除了代理商账追收业务外,主要为赊销企业提供信用风险管理的外包服务,还经营商业信用调查、帮助企业建立信用管理体系等业务,虽然发展比较缓慢,但对于提高企业的信用意识和提高信用管理水平,起到了积极的作用。

8.3 社会信用体系的发展

1998 年亚洲金融危机以来,受出口减速影响,我国 GDP 增速开始放缓,为稳定增长,中央出台了多项刺激内需的政策,旨在促进国内消费和民间投资,但是,市场假冒伪劣产品充斥、企业之间"三角债"问题十分突出、银行不良贷款高居不下等,严重影响到我国经济发展的质量,信用制度的不健全已经成为我国经济进一步发展的瓶颈,完善社会信用体系也开始成为社会各界的共识。

1999 年 3 月,在全国政协九届二次会议上,童石军领衔 11 名委员联名提案《关于建立国家信用管理体系的建议》,这是第一份关于社会信用问题的提案[①]。此后社会信用体系的话题已经成为之后历年两会的热点、焦点,直至进入政府工作报告。1999 年 5 月 11 日,33 位担任全国人大代表、政协委员、全国工商联常委的民营企业家在北京共同发起《信誉宣言》,郑重提出,为了建立社会主义市场经济秩序,民营企业家要带头"守信用、讲信誉、重信义",倡议把

---

① 在此之后的历次政协会议上,童石军都要就信用问题递交提案或发言,直至社会信用体系建设被写入政府工作报告。

诚信化为每个企业的自觉行动。1999 年 8 月,深圳企业家黄闻云有感于自己多年来经商的坎坷之路,对比国际商旅的见闻,向时任总理朱镕基上书,建议我国建立"国家信用管理体系",并给时任中国人民银行副行长的尚福林写信,建议银行运用网络建立全国性企业和个人的贷款档案,将不还款的企业和个人予以公布。① 接到信的第三天,朱镕基总理召开各经济主管部委负责人会议,讨论信用体系建设问题。

正是由于全社会的共同关注和中央领导的高度支持,各部委和各地方政府纷纷出台各项政策,推动我国社会信用体系的不断完善。自 1999 年之后,我国在个人信用体系、企业信用体系、信用中介行业、地方和全国社会信用制度等方面取得了长足的进步。

2002 年 2 月,中央金融工作会议明确提出,"必须大力加强社会信用制度建设"。2002 年党的十六大再次强调,"整顿和规范市场经济秩序,健全现代市场经济的社会信用体系"。在 2003 年 10 月份召开的中共十六届三中全会上通过了《中共中央关于完善社会主义市场经济体制若干问题的决定》(以下简称《决定》),提出把建立健全社会信用体系作为完善市场体系、规范市场秩序的一项重要任务。《决定》指出,"要增强全社会的信用意识,形成以道德为支撑,产权为基础,法律为保障的社会信用制度"。这为今后中国建设社会信用制度指明了方向。

2005 年,在《中共中央关于制定国民经济和社会发展第十一个五年规划的建议》中,又提出了"以完善信贷、纳税、合同履约、产品质量的信用记录为重点,加快建设社会信用体系,健全失信惩戒制度"的具体要求。2007 年 3 月 23 日,国务院办公厅《关于社会信用体系建设的若干意见》(以下简称《意见》)再次强调:"建设社会信用体系,是完善我国社会主义市场经济体制的客观需要,是整顿和规范市场经济秩序的治本之策。"②

2007 年 4 月 18 日,国务院办公厅下发《关于建立国务院社会信用体系建设部际联席会议制度的通知》(以下简称《通知》),为加强组织领导和统筹协调,稳

---

① 同年黄闻云个人出资与中国科学院经济研究所共同设立"国家信用管理体系"的课题研究小组。2000 年 1 月,黄闻云第二次向朱镕基总理上书,将怎样建立我国"社会信用管理体系"研究报告呈上。2002 年 4 月,黄闻云经过国内全面走访,将国家信用发展遇到的问题进行归纳后,第三次向朱镕基总理上书,每次均得到国务院领导的高度关注。

② 《意见》明确提出:"当前,恶意拖欠和逃废银行债务、逃骗偷税、商业欺诈、制假售假、非法集资等现象屡禁不止,加快建设社会信用体系,对于打击失信行为,防范和化解金融风险,促进金融稳定和发展,维护正常的社会经济秩序,保护群众权益,推进政府更好地履行经济调节、市场监管、社会管理和公共服务的职能,具有重要的现实意义。"

步推进社会信用体系建设工作,建立国务院社会信用体系建设部际联席会议制度。联席会议负责统筹协调社会信用体系建设工作,研究拟订重大政策措施;协调解决推进社会信用体系建设工作中的重大问题;指导、督促、检查有关政策措施的落实。《通知》要求各成员单位要按照职责分工,主动研究社会信用体系建设工作的有关问题,积极参加联席会议,认真落实联席会议布置的工作任务。要相互配合,相互支持,形成合力,认真做好社会信用体系建设有关工作。

经过多年的不断努力和探索,我国社会信用体系建设已经取得了一定的成就:初步形成了以政府主导、中国人民银行牵头、多部门共同参与的社会信用体系建设模式,在一定范围内实现了信用信息的共建共享。先后出台了若干有关信用管理的全国性和地方性法规;企业和个人征信系统已初步建立,在某些行业和经济较发达地区局部实现信用信息系统共享;先后成立了一批从事信用评估、信用征集、信用调查、信用担保、信用咨询等业务的社会信用中介机构;大多数企业和个人认识到信用的重要性,企业和个人信用管理的意识逐渐增强。

8.3.1 个人信用体系开始形成

改革开放以来,我国金融机构迅速增加,基本形成了银行与非银行机构、本国金融机构与外国金融机构并存的竞争格局。金融市场的迅速发展,对各金融机构的经营带来竞争压力,同时也为金融机构开展新的个人信用业务提供了条件和机遇。随着我国居民收入的稳步提高,人民开始追求生活的高品质、高水准。为了推动包括住房在内的有效需求,大力发展个人信用业务,发展住宅金融和其他消费信用已势在必行。但由于国内缺乏有效的个人信用体系,没有具有约束力的制度来保证个人信用安全,信用卡作为支持信用的工具在国内无法大规模使用,国内大多数银行卡都是借记卡,体现的是银行单方的信用。在利用住房消费信用和其他消费信用推动内需热点的形成过程中,也就推动了对个人信用业务的需求及其制度的建立。

1999年5月,上海市政府率先启动个人信用联合征信试点,开展了个人信用信息征集咨询工作。采集的个人信贷信息包括贷款发放、归还、逾期以及信用卡发放、透支等情况。在上海的各商业银行都与该系统联网,可通过一定的授权查询有关信息。上海个人信用体系的主要特点是:以自然人为主体,以消费信贷为主要服务领域,以政府推动设立的上海资信有限公司为载体,实现银行同业内个人信用信息的联合征集、评价与发布。在此之后,深圳、北京、温州等地也纷纷根据自身的地方特点,开展地方个人信用体系的试点工作。

2000年3月20日,国务院颁布《个人存款账户实名制规定》,明确自4月1

日起,个人在金融机构开立的人民币、外币存款账户,包括活期存款、定期存款、定活两便存款、通知存款以及其他形式的个人存款账户,必须使用符合法律、行政法规和国家有关规定的身份证件上的真实姓名。储蓄实名制,标志着我国建立个人信用体系的开始。实名制是健全社会信用的一项基础性工程,为中国金融业进一步推行信用卡、个人支票、个人贷款等零售业务创造了条件。

2004 年 4 月,中国人民银行成立银行信贷征信服务中心。2004 年 9 月,企业和个人征信体系建设专题工作小组上报国务院《建设企业和个人征信体系总体方案专题报告》。2004 年 12 月 15 日,个人信用信息基础数据库(简称"个人征信系统")实现 15 家国有和股份制商业银行与 8 家城市商业银行在重庆等 7 个城市的试点运行。2005 年 12 月 15 日,全国集中统一的企业信用信息基础数据库(简称企业征信系统)实现在津、沪、闽、浙四个省市试点运行。之后,个人信用信息基础数据库在全国迅速推广使用,为我国个人征信体系的建立奠定了坚实的基础。

8.3.2　企业信用体系的重构

早在 1991 年,原国务院生产办在国务院领导同志的直接领导下,组织进行了清理企业"三角债"和"质量、品种、效益年活动",其目的就是力图解决制约企业发展的经营行为和经济秩序问题,实质就是改善企业的社会信用环境。但是,由于当时市场经济体制尚未全面建立,导致清理"三角债"工作没有能够从根本上触动信用观念、信用制度和信用体系的建设。

直到 90 年代末期,企业信用体系建设特别是中小企业信用体系建设才受到高度重视。由于中小企业信用问题比较突出,2000 年底召开的全国中小企业工作会议明确提出,要把建立中小企业社会化信用体系作为 2001 年中小企业工作的重点。2001 年 4 月,国家经贸委会同工商总局、中国人民银行等 10 部门联合下发了《关于加强中小企业信用管理工作的若干意见》(国经贸中小企〔2001〕368 号),初步提出了以中小企业为主要服务对象,以全国中小企业信用担保体系、银行信贷登记咨询系统、工商企业信誉管理体系为基础,以政府推进、市场运作为基本原则,实现信用信息的联合征集、专业评估、权威发布和多方共享的社会化信用体系的基本思路,这是国家指导企业信用体系建设的第一个专门文件。

工商总局、质检总局、财政部、证监会、税务总局和国家经贸委等部门还先后公布了一系列失信企业的"黑名单"。同时,证券、保险、税务、旅游以及注册会计师等行业也开始建立行业、企业信用体系。

8.3.3 信用中介机构快速发展

我国的信用管理与征信行业诞生于 20 世纪 90 年代。至 2000 年中期,已拥有信用征集、信用调查、信用评价、信用咨询及风险管理等各类信用中介 100 多家。其中,新华信公司、华夏国际信用咨询公司、首信公司、大公国际资信评估公司、华安商业信用风险管理公司、联合资信评估公司和中国联合信用网、红盾 315 网等多是发展较快、知名度较高的公司。这些中介机构大多是自发形成的,资金及市场规模普遍不大(年营业额超过 1 000 万元以上的不超过 5 家)。但是,我国信用管理机构已能在 10～15 个工作日内完成对全国逾千万户企业中任一户企业的资信调查。

2005 年 8 月,央行确定了重庆、南京、长沙、武汉、成都、天津等 8 个城市实施由独立第三方的信用评级公司开展对企业信用评级进行试点,并出具信用报告,以便各家银行在贷款给该企业时统一采用,而不再是各银行自行评估。

在民间,中诚信、华夏、华安、大公、远东、联合、新华信以及中国联合信用网、中国信用信息网、中国企业信用网等社会信用中介机构也积极开拓业务领域。至 2010 年底,我国各类信用征集、信用调查、信用担保、信用咨询等信用服务中介机构已超过 500 家,邓白氏、惠誉、科法斯等国外信用机构也积极发展中国市场。这些标志着我国包括中小企业、个人在内的社会信用管理体系框架已初见端倪,为我国信用经济的发展创造了初步条件。

8.3.4 地方社会信用体系的探索

在我国社会主义市场经济的初级阶段,与市场经济相适应的各种信用制度和体系的建立与完善是一项长期的艰巨任务。在改革开放的过程中,我国尽管出台了一系列的信用制度,但是,这些制度只是为我国信用体系的建立提供了一个初步的制度性的框架,地方社会信用体系需完善的内容还有很多,如地方性的个人信用评估的信息体系和为个人服务的抵押、担保中介组织,为中小企业,特别是私人、个体、民间经济组织服务的信用评估和抵押担保的金融中介组织,为私人、私营、民间经济服务的民间融通资金的机构和组织,为高新技术催化和发展服务的风险投资体系等急需建立和完善。在社会信用体系建立的过程中,上海、北京、甘肃、镇江等省市率先进行了积极的探索,取得了良好的效果,为地方社会信用体系的完善积累了丰富的经验。

8.4 社会信用体系的全面推进

8.4.1 强化部门协调

2011年10月18日,党的十七届六中全会审议通过了《中共中央关于深化文化体制改革、推动社会主义文化大发展大繁荣若干重大问题的决定》,提出树立和践行社会主义荣辱观,"把诚信建设摆在突出位置,大力推进政务诚信、商务诚信、社会诚信和司法公信建设,抓紧建立健全覆盖全社会的征信系统,加大对失信行为的惩戒力度,在全社会广泛形成守信光荣、失信可耻的氛围"。

10月19日,国务院召开常务会议,部署制定社会信用体系建设规划,提出"十二五"期间要全面推进社会信用体系建设。这是加强社会诚信建设的重大举措,对于优化信用环境、维护正常秩序、促进社会和谐具有积极而长远的意义。

2012年7月17日,在原社会信用体系建设部际联席会议的基础上,国务院对部际联席会议职责和成员单位再次进行调整,明确由国家发展改革委、中国人民银行两家共同牵头,增加中纪委、财政部等单位和部门为成员单位,使成员单位由原来的18个增加为35个[①]。调整联席会议主要职责进行扩充,新增以下内容:推进政务诚信、商务诚信、社会诚信和司法公信建设;推进信用标准和联合征信技术规范的建立;协调推进政府信用信息资源整合和交换,建立健全覆盖全社会的征信系统,推进信用信息的开放和应用;指导地方和行业信用体系建设,推进有条件的地区和重点领域试点先行;协调推进信用文化建设和诚信宣传工作;等等。

社会信用体系部际联席会议的逐步完善,标志着我国社会信用体系建设将从前期部分地区、部分行业单兵突击阶段进入全方位、多领域整体协调推进的加快发展阶段。

8.4.2 推进法制建设

2012年12月26日,国务院第228次常务会议通过了《征信业管理条例》

---

① 2008年,国务院发布《关于同意调整社会信用体系建设部际联席会议职责和成员单位的批复》(国函〔2008〕101号),在原社会信用体系建设部际联席会议的基础上,明确部际联席会议牵头单位为中国人民银行,成员单位新增为18家。联席会议办公室所在地由国务院办公厅改为中国人民银行,职责增加"加强与地方政府的沟通与协调",以强调地方与中央的协调一致。

（以下简称《条例》），并经 2013 年 1 月 21 日中华人民共和国国务院令第 631 号公布，于 2013 年 3 月 15 日开始实施，《条例》对征信机构、征信业务、信用信息数据库的使用、异议投诉与监管都做了明确的规定。《条例》的出台并正式实施是我国征信业发展史上的一个里程碑，它为信用中介机构的发展奠定了制度框架。

根据《条例》，征信业是市场经济中提供信用信息服务的行业。征信机构作为提供信用信息服务的企业，按一定规则合法采集企业、个人的信用信息，加工整理形成企业、个人的信用报告等征信产品，有偿提供给经济活动中的贷款方、赊销方、招标方、出租方、保险方等有合法需求的信息使用者，为其了解交易对方的信用状况提供便利。《条例》对征信机构的市场准入、业务开展、信息采集、查询流程、使用范围、异议处理、信息安全、监督管理等方面进行了详细的规定，对我国社会信用体系的建设具有十分重要的意义。

征信业在促进信用经济发展和社会信用体系建设中发挥着重要的基础性作用。我国征信业从无到有，逐步发展，征信市场初具规模，服务能力逐步增强。但与经济发展和加快社会信用体系建设的要求相比，还比较滞后。主要表现为征信经营活动缺乏统一遵循的制度规范和监管依据，难以获取市场主体信用信息的现象与不当采集和滥用公民、法人信息，侵犯其合法权益的现象并存，影响征信业的健康发展。首先，《条例》的出台，解决了征信业管理无法可依的问题，明确了征信业监督管理部门的职责及其管理对象、措施和手段，确立了征信业务及其相关活动所遵循的规章制度，规范了征信市场秩序。其次，《条例》有利于改善对征信市场的管理，促进形成各类征信机构互为补充、依法经营、公平竞争的征信市场格局，满足社会多层次、全方位、专业化的征信服务需求。再次，征信服务既可为防范信用风险、保障交易安全创造条件，又可使具有良好信用记录的企业和个人以较低的交易成本获得较多的交易机会，而缺乏良好信用记录的企业或个人则相反。因此，《条例》的出台，有利于发挥市场机制的作用，促进信息的提供和使用，约束社会经济主体的信用行为，促进在全社会形成"诚信受益，失信惩戒"的社会环境，为推进社会信用体系建设奠定法制基础。

8.4.3 完善顶层设计

2012 年 12 月 14 日，党的十八大提出"深入开展道德领域突出问题专项教育和治理，加强政务诚信、商务诚信、社会诚信和司法公信建设"。2013 年 11 月 12 日，党的十八届三中全会做出的《关于全面深化改革若干重大问题的决定》中，又提出"建立健全社会征信体系，褒扬诚信，惩戒失信"。2014 年 1

月 15 日国务院常务会议部署加快建设社会信用体系、构筑诚实守信的经济社会环境,会议讨论通过了《社会信用体系建设规划纲要(2014～2020 年)》(以下简称《纲要》),并于 2014 年 6 月 16 日正式印发。

《纲要》提出,我国社会信用体系建设的目标是,"到 2020 年,社会信用基础性法律法规和标准体系基本建立,以信用信息资源共享为基础的覆盖全社会的征信系统基本建成,信用监管体制基本健全,信用服务市场体系比较完善,守信激励和失信惩戒机制全面发挥作用"。《纲要》还明确了我国社会信用体系建设的主要原则是:"政府推动、社会共建;健全法制、规范发展;统筹规划、分步实施;重点突破、强化应用。"并就政务诚信、商务诚信、社会诚信、司法公信四个重点领域的信用体系建设提出了具体要求。

《纲要》明确了与人民群众切身利益和经济社会健康发展密切相关的 34 个方面的具体任务,并提出了三大基础性措施:一是加强诚信教育与诚信文化建设,弘扬诚信文化、树立诚信典型、开展诚信主题活动和重点行业领域诚信问题专项治理,在全社会形成"诚信光荣、失信可耻"的良好风尚;二是加快推进信用信息系统建设和应用,建立自然人、法人和其他组织统一社会信用代码制度,推进行业间信用信息互联互通和地区内信用信息整合应用,形成全国范围内的信用信息交换共享机制;三是完善以奖惩制度为重点的社会信用体系运行机制,健全守信激励和失信惩戒机制,对守信主体实行优先办理、简化程序、"绿色通道"等激励政策,对失信主体采取行政监管性、市场性、行业性、社会性约束和惩戒,建立健全信用法律法规和标准体系,培育和规范信用服务市场,保护信用信息主体权益,强化信用信息安全管理。

《纲要》是我国社会信用体系建设的首部国家级规划,是指导我国社会信用体系建设的纲领性文件,体现了我国社会信用体系建设顶层设计的最新成果。时隔半年,国家发改委、中国人民银行于 2014 年 12 月 16 日印发《社会信用体系建设规划纲要(2014-2020 年)任务分工》和《社会信用体系建设三年重点工作任务(2014-2016)》,对《纲要》精神进行工作分解,共 55 项 84 条,全面落实了相关任务、牵头单位和时间安排。此后,河南、广东、河北、湖北、天津、江苏、贵州、江西、吉林、山西等省市,也纷纷制定地方性信用体系建设规划,我国社会信用体系的建设开始全面展开。因此,《纲要》的颁布,对推动我国社会信用体系的建设具有里程碑式意义。

第 9 章

社会信用体系的数据环境与制度环境

9.1 信用信息的交换与共享

9.1.1 信用信息概述

信用信息是指信用主体(包括企业和消费者个人)在其社会活动中所产生的、与信用行为有关的记录,以及对其信用价值的评价。

1. 信用信息的分类

按照不同的标准,一个信用主体的信用信息可分为不同的类别。

(1)按照信息的来源,可分为公共信用信息、金融信用信息、其他信用信息等

公共信用信息来自政府部门和公共事务组织。金融信用信息来自银行、证券、保险等各类金融机构。其他信用信息包括经济信用信息和社会信用信息,来自包括雇主、房东、商业活动、互联网等各种信息源。

(2)按照信息的客观性,可分为主观信用信息和客观信用信息

主观信用信息主要指信用主体的信用观念和守信的意愿,以及信用中介机构对经济主体信用价值的判断。客观信用信息主要指经济主体的守信或履约能力,包括经营能力、财务状况、收支情况、资本和资产等,还包括经济主体以往的信用记录。

(3)按照信息的性质,可分为基本信用信息、交易信用信息、其他信用信息

基本信用信息指法人或自然人的注册信息、身份识别、职业和居住地址等信息。交易信用信息即法人或自然人在贷款、信用卡使用、赊销赊购、担保、合同履行等经济活动中形成的交易记录。其他信用信息包括法人和自然人在社会活动中的行政处罚、诉讼判决、环境保护、文化娱乐、社会保障、环境保护等与其自身信用状况密切相关的信息。

(4)按照信用主体的类别,可分为企业信用信息、个人信用信息

企业信用信息记录和衡量企业在经营过程中的发展历史、经营状况、财务报表、偿债能力等。企业信用信息还可再分为主体信用和债项信用两大类,债项信用信息还需包括担保、抵押、增级等方面的信息。个人信用信息主要包括资产、收入、支出、职业、教育、债务及偿债历史等。

(5)按照信用信息的采集渠道,可分为政府信息、公开信息、第三方信息、内部信息等

从政府部门获取的信息,来源于行政部门、司法机构、监管机构以及其他公共组织。公开信息是从公开的信息源如报纸、电视新闻、互联网、专业数据库等获取的信息。第三方信息来自信用主体的客户、债权人、行业协会、专业征信机构,以及与信用主体有业务往来的其他法人和自然人。内部信息是针对信用主体进行的访谈、实地考察、资料收集等而获取的信用信息。

对信用信息的交换与共享而言,信息的来源尤为重要,故下文按照信息源的分类,再加以重点分析。

2. 公共信用信息

公共信息,又称公共部门信息(Public Sector Information),是指公民个人或企业等组织在从事社会活动中所产生的各类信息资料,并且一般掌握在政府部门或具有公共事务管理职能的其他组织(公共企事业单位、社会团体等社会组织)手中。公共信用信息是指公共信息中,与自然人或法人的信用价值有关的,又不涉及个人隐私、商业秘密和国家机密的相关部分。公共信用信息是信用信息的重要组成部分,是社会信用体系数据环境的基石(见图 9-1)。

(1)有关企业的公共信用信息

有关企业的公共信用信息,涉及众多的政府部门,包括工商、税务、统计、质检、法院、海关、环保等。工商部门的注册登记信息、税务部门的企业收入与

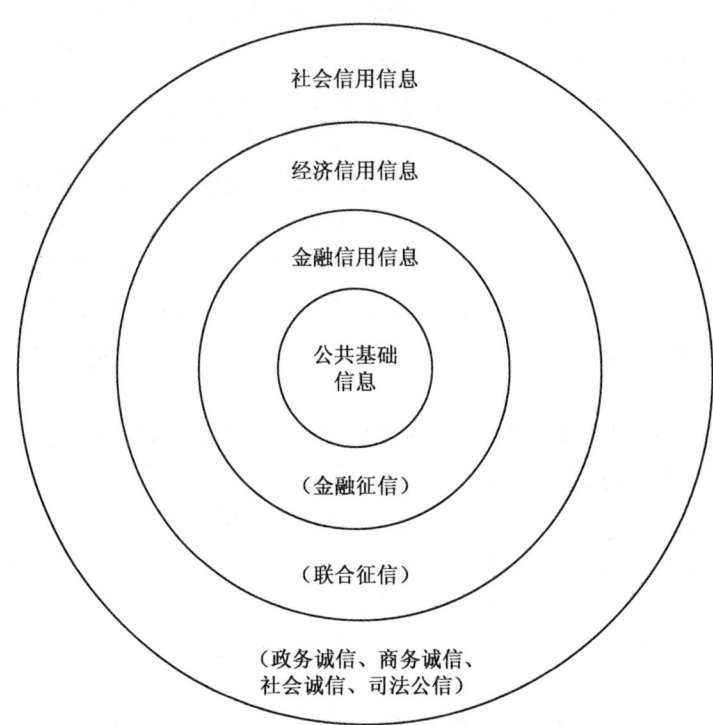

图9—1 社会信用体系的数据环境

纳税资料、统计局的各项统计指标、质检部门的监督信息、法院的诉讼判决信息、海关的货物进出口信息、环保部门的查处信息等,都对企业的信用价值有重要的影响,是企业信用信息不可或缺的重要组成部分。具体见表9—1。

表9—1 政府掌握的企业信用信息

项　目	信用信息来源提示
公司名称、注册登记信息、企业历史	工商局
法人代码、伪劣产品查处、生产许可证	质检局
公司性质、公司股东情况	工商局、商务部、国资委
公司确切办公地址	邮政局、电信局、国资委
分公司、外地办事处	工商局、国资委
主要负责人	工商局、国资委、公安局
营业范围	工商局、统计局、国资委

项　目	信用信息来源提示
员工数	劳动局
税务登记、营业额度	国家税务总局、地方税务局
进出口情况	海关
发展计划	发改委、财政局
经济纠纷	法院
财务报表	工商局、税务局、统计局、财政局、国资委
贷款情况、基本开户行、主要往来行	中国人民银行、工商局
办公用房、车辆	房管局、公安局
董事与股东个人资料	工商局、公安局
公司固定资产	房屋管理局、公安局车辆管理所

资料来源：林钧跃（2007）。

（2）有关个人的公共信用信息

有关个人的公共信用信息，包括公安、民政、社保、工商、税务、法院等部门拥有的个人信息。公安部门拥有户籍管理、家庭信息、车辆登记、交通违章记录等方面的信息。民政和社保部门拥有社会救济、社会保障、公积金及其他社会福利等方面的信息。工商税务部门拥有个体工商营业登记、就业与收入、纳税状况等方面的信息。法院拥有个人民事和刑事诉讼、判决及处罚等方面的信息。公共信用信息相对来说准确性高，是个人信用最基本的信息来源。具体见表9－2。

表9－2　　　　　　　　　政府掌握的个人信用信息

项　目	信用信息来源提示
姓名、性别、出生年月、身份证	公安局
居住地址	公安局、邮政局、电信局
固定电话、移动电话、互联网使用	电信局
房地产	房地产登记中心
金融资产	中国人民银行、银监会、证监会、保监会
收入与纳税	税务局
婚姻状况、家庭状况	公安局、法院
职业与就业、社会保障与福利	劳动和社会保障局

3. 金融信用信息

金融信用信息是从事信贷业务的机构所拥有的与借款人借贷行为相关的信息与资料。金融信用信息数据库是国际通行的能最直接用于判断经济主体信用价值的重要信息来源。金融信用信息包括基本信息、账户信息、借款记录、还款历史、其他记录等。

(1)基本信息

信用主体的基本信息是指标识法人或自然人身份差别的信息,以及与此相关的基本情况。对企业而言,基本信息包括企业的注册登记、股权关系、董事会成员和主要负责人、企业发展历史及财务报表主要事项等。对自然人而言,基本信息包括消费者个人的性别、年龄、职业、住址、婚姻状况、固定资产等方面的记录。

(2)账户信息

信用主体的账户信息是指其在银行开立的主要存贷款账户、信用卡账户,以及相应的资金往来情况、账户开设历史等信息。账户历史越长,越有利于判断借款人的信用状况。

(3)借款记录

借款记录是企业和个人与商业银行等信贷机构当前所签订的借款合同的相关信息,包括借款的规模与时间、借款条件、尚未还清的款项余额等信息。借款记录衡量借款人当前的债务水平。

(4)还款历史

还款历史主要记录企业和个人以往的借款归还情况,客户是否存在历史的逾期还款记录等。还款历史是用来衡量信用主体信用价值的一个重要指标,如果存在逾期偿还的情况,还需要记录逾期的天数、未偿还的金额、逾期还款的次数和逾期发生时距现在的时间长度等。

(5)其他信息

金融信用信息也会涉及信用主体其他方面的信息,如贷款机构或其他第三方对该主体信用信息的查询记录、法律诉讼记录以及债务合同的变更等。此外,证券、保险、担保等其他金融机构记录的相关信息,也能在一定程度上反映经济主体的信用水平,这部分信息也可视为金融信用信息。

4. 其他信用信息

其他信用信息是散见于社会各部门的、记录信用主体经济行为和社会行为的有关信息。其他信用信息一般分为行业信息、社会行为信息、互联网网络行为信息等。其他信用信息一般没有专门的标准,数据采集不够系统和严格,但有时也有利于反映信用主体的信用状况。

（1）相关行业信息

相关行业信息是指行业主管部门、行业协会以及业务往来机构所掌握的有关经济主体的信用方面的信息。行业主管部门所掌握的这部分信息与公共信用信息不同，不涉及行业内部的所有企业和个人，只记录具有不良信用行为的经济主体的相关信息。行业协会和与之有经济往来的企事业单位也是这类信息的重要提供方。这类信息涉及的内容非常广泛，例如关于产品质量的投诉举报、虚假宣传、违反公平竞争、拖欠员工工资、工程质量、违规经营、服务违约、数据造假等。

（2）社会行为信息

社会行为信息是指自然人在行使社会职务涉及的工作中，特别是专业技术人员出现的违背诚信的行为。例如违反职业道德、收受礼金礼券、资质学历造假、有意误导他人等行为。社会行为信息还包括自然人在接受社会公共服务过程中出现的失信行为，例如冒领救济、不实举报、歪曲事实、损害他人名誉等。有时也包括其他款项的付款记录，如电信账单、公共事业缴费等信息，以便对信用主体的整体情况进行辅助的判断。

（3）互联网行为信息

随着互联网和通信技术的快速发展，消费者的网络行为包括访问网站、搜索信息、收发邮件、上传和下载、网络购物、即时通信、聊天、论坛、交友、网络游戏、网络社区等。越来越多的企业也逐步利用互联网进行产品展示、品牌推广、形象宣传、在线销售、售后支持等业务。与此同时，以次充好、刷销量、刷好评、垃圾短信、强制安装捆绑软件、身份盗用、片面报道、发布不实信息、网络诈骗、作弊软件等网络失信行为时有发生。互联网行为信息一方面包括上述失信信息，另一方面，消费者的网络行为特征如支付习惯、商品偏好、搜索关键词、网络语言、社交习惯等均可以在某种程度上通过大数据挖掘来提取其与信用相关的信息。因此，互联网行为信息对于传统的信用信息来说，是一个重要的补充。

9.1.2 信用信息的开放与共享

1. 公共信息的开放
（1）公共信用信息开放的意义

公共信用信息的开放有别于政府信息公开。政府信息公开的目的在于保障公民的知情权，以便作为纳税人的社会公众了解并监督政府的工作，参与公共事务的决策。而公共信用信息的开放则更强调公民对公共数据的使用权，例如欧盟《公共部门信息再利用指引》第 4 条就明确规定，公共部门信息再利用是指"公众出于商业或非商业的目的,而对公共部门持有的文档的利用"(丁治同,2015)。

公共信用信息的开放与共享具有如下意义:

一是能够为社会信用体系建设提供基础的数据支撑。

公共信用信息的特点是政府依据法定职责,利用公共资源和公共权力,在向社会提供公共服务或进行公共管理过程中,生产、创造、保留、收集下来的,与服务或管理对象直接相关的原始数据。这部分数据,属于社会活动最基础的数据元,对信用数据库的建设能起到直接的支撑作用。

二是能够降低社会成本从而激励社会创新。

因为大多数公共信用信息是政府部门在开展公共事务中自动生成或者附带产生的数据资料,其数据收集的边际成本较低。如果由其他社会主体重新收集这类数据,则其所需的代价往往高于政府的成本,影响社会的广泛参与;并且,因为采集和归集这些数据的经费来自纳税人的税款,必然会面临重复投资的问题。而如果能够通过开放和共享公共信用信息,降低构建社会信用体系数据库的社会成本,就便于社会充分发挥对数据的创造性加工能力,挖掘其潜在的利用价值。

三是能够促进多方协作,实现社会共赢。

公共信用信息的开放与共享能够增加政府的透明度和可问责性,有利于改进社会治理模式和改善公共服务水平。对企业和个人,则有利于激发信息经济活力,扩大信息服务就业,从而推动经济增长。对信用活动主体,有助于形成守信受益、失信惩戒的社会信用环境。政府、企业和公众基于信用信息的开放与共享,可以实现多方合作,扩大公众对社会公共事务的参与度(韦柳融,2014),丰富信用服务和产品的供给,增强社会自我服务能力和服务水平,有利于社会信用体系建设的市场化推进。

相关研究表明:欧盟公共部门信息的价值约为680亿欧元,占欧盟国内生产总值的1%;美国公共部门信息价值为7 500亿欧元,接近其国内生产总值的5%;而英国的公共部门信息价值在1 300亿欧元到2 110亿欧元之间,占其国内生产总值的10%~15%。如此巨大的潜在价值,反映出西方国家对公共信息资源开放的重视以及社会对其广泛利用的经济效益(丁治同,2015)。

(2)公共信用信息开放的国际经验

美国依据《1966年信息自由法》,确立以政府数据公开为原则、以不公开为例外;政府数据面前人人平等;政府拒绝提供信息须负举证责任;司法具有重新审定政府数据开放事实的权力的数据开放原则。2009年,奥巴马上任伊始就提出了数据开放计划——《透明和开放的政府》,宗旨是将封闭的政府数据向企业、研究者和公众开放,推动新产品、服务和创业。2013 年,美国政府将"数据开放"确立为所有联邦政府部门必须遵守的基本政策,要求所有新增政府数据必须以电脑文件方式向公众开放,并创建了供公众查询政府信息的统一门户网站www.data.gov,开放了来自农业等 14 个领域 16.4 万多个数据集的数据①,并提供一系列便于使用数据的服务,包括数据可视化和制图工具,以及面向开发人员的应用程序编程接口 API 和面向用户的 APP,为美国公共信息资源的发展利用敞开了大门,并成为国家大数据战略的重要组成部分。

表 9—3　　　　　　　　美国的公共部门公开的数据库　　　　　单位:个

公共部门	数据库	公共部门	数据库	公共部门	数据库
国务院	100	农业部	649	商务部	39 542
国防部	374	教育部	281	能源部	1 139
卫生部	1 647	司法部	3 344	劳动部	365
内政部	30 936	财政部	206	交通部	3 596
档案局	48	社保局	1 127	国土安全部	8 444
环境保护署	3 670	总务管理局	126	航空航天局	31 412
劳动关系局	56	进出口银行	1	文化保护局	3
交通安全局	22	博物馆服务局	46	国家人文基金	6
退伍军人事务部	1 003	联邦选举委员会	4	千禧挑战集团	3
联邦通讯委员会	12	联邦住宅金融局	2	资本规划委员会	4
科学基金会	106	联邦贸易委员会	6	海外私人投资局	3
核管制委员会	34	联邦储备委员会	5	人事管理办公室	186
养老担保公司	8	印第安人搬迁局	4	证券交易委员会	21
小企业局	36	铁路工人退休局	9	国际发展署	176
选举服务局	9	社区服务办	3	选举援助委员会	6
平等就业机会局	91	国际贸易委员会	3	总统办公室	173
住房与城市发展部	173	联邦存款保险公司	3	商品期货委员会	3
消费者金融保护局	2	消费者安全委员会	7	就业与医疗局	3
总统顾问办公室	3	法院与罪犯监督署	1		

---

　　① 具体包括农业、商务、气候、消费、生态、教育、能源、金融、健康、地方政府、制造业、海洋、公共安全、科学研究共 14 个领域。

2010 年,欧洲委员会提出有关开放数据战略的多项法律提案,希望让欧洲企业与市民能自由获取欧盟公共管理部门的所有信息。开放数据战略旨在将公共部门搜集和产生的原始数据通过再利用成为数以万计 ICT 用户依赖的数据材料。这一措施预计每年将会给欧盟经济带来 400 亿欧元的增长(丁治同,2015)。

在亚洲,新加坡的数据开放最为完善,其指导性的开放共享原则在全球具有领先优势,包括数据简易访问原则、可共同创造原则、及时发布原则、可机读格式原则、原始数据原则。目前,新加坡的 data.gov.sg 网站已经汇集了来自 68 个政府部门和机构的 8 600 多个数据集,实现了全国范围内的整合。该网站具有简洁清晰的页面,整个页面仅由菜单栏、数据查询区块和常用数据概览区块组成。数据包括 39 类、8 600 个数据集、111 个应用程序,以及不同机构的地图相关 API、陆路交通管理局的交通相关 API、图书馆相关的数据资料和国家图书馆管理局 Web 服务三类开发者资源。新加坡的数据开放具有多个检索方式,包括通过搜索过滤选项进行查询、按政府机构进行查询,以及通过关键字搜索框搜索查询等(姜涵,2014)。

此外,英国、加拿大、新西兰、西班牙、印度等国家近年来纷纷建立统一的公共信息资源开放共享网站,集中开放可加工的原始数据集已经成为全球的通行做法。发掘公共信息资源再利用的价值已经成为国际性趋势和国家层面大数据战略的重要组成部分。

(3)我国公共信用信息开放的战略选择

根据我国《社会信用体系建设规划纲要(2014—2020 年)》,公共部门的信用信息公开是社会信用体系建设中的重要组成部分。如图 9—2 所示,我国统一的信用信息系统应该:①行业信用信息整合,按行业集中模式,由各行业主管部门推动本行业政务信用信息的集中共享,各地方按照行业统一标准,形成地方行业信用信息库,然后开放共享,实现全国范围各行业信用信息整合。②地方信用信息整合,按地方集中模式,形成分行业的统一政务信用信息共享平台。③金融信用信息的整合,由中国人民银行牵头负责,整合个人信用信息基础数据库和企业信用信息基础数据库,并在一定范围内开放共享。④如果条件许可,可纳入征信机构信用信息,实现公共信用信息与非公共信用信息的共享。

根据以上分析,经整合后的行业信用信息系统与整合后的地方信用信息系统所包含的信息在一定程度上是一致的。分地方、按行业形成公共信用信息数据库,是我国公共信用信息开放的基本元单位。但就顶层设计而言,我国信用信息的共享机制有以下三种模式:

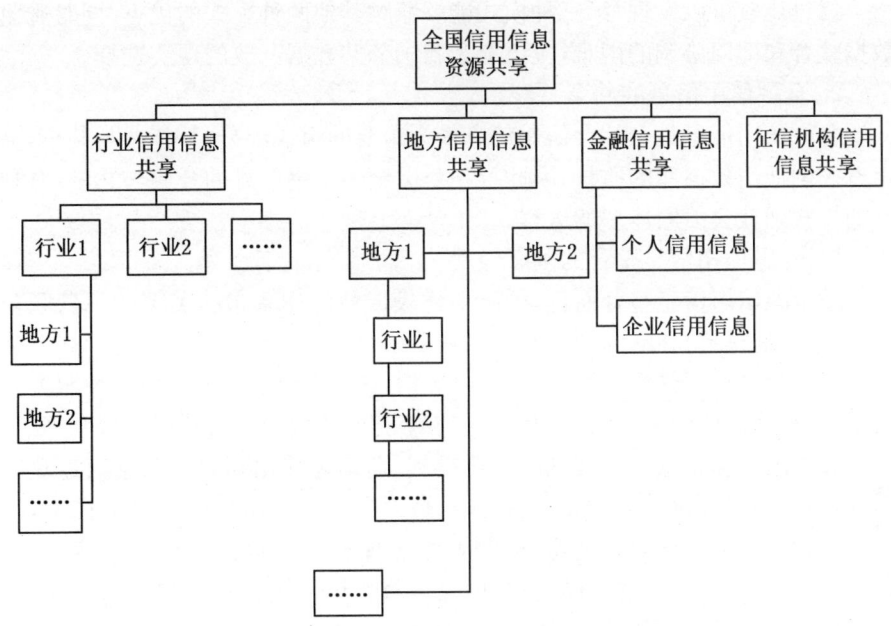

图 9—2　我国信用信息共享路径

　　第一种,由各行业主管单位牵头,制定行业信用信息标准,在各地方建立行业信用信息数据库,再集中为全国范围的行业数据库。这一方案的优点在于垂直领导,可以较快实施;不足之处在于,各行业标准不一,在行业之间的数据共享方面存在一定困难。虽然可由发改委牵头负责,但实际效果并不乐观。

　　第二种,由各地方政府牵头负责,制定地方信用信息标准,由各行业向所在地政府归集相应数据,再统一由地方政府对外发布。这一方案的优点在于地方可以制定统一的数据库标准以适应各个行业,但缺点在于协调各行业存在一定的难度,有时还涉及对原始数据的加工整理,容易导致各地方数据库的信息范围存在较大差异,使得全国范围的数据共享最终流于形式。

　　第三种,可借鉴欧美等发达国家已有的经验,采用部门和地方独立开放的模式,各行业主管部门制定其开放数据的清单,并归集相应数据,在其专门网站上予以开放,同时,地方政府不再归集辖地各行业的公共信用数据,只集中并开放行业数据之外的政府数据。在国家层面,建立统一的公共数据平台,将各公共部门和地方政府的数据平台设为链接,以便统一访问。用户只要登录国家数据开放平台,就可以根据需要,选择相应的公共部门或者地方政府,直接链接至其可供开放的数据库资源。

经过比较可以发现,第三种模式能够兼顾其他两种模式的优点,同时避免数据整合和部门协调的困难,应该成为我国公共数据开放的现实选择。

2. 金融信用信息的共享

金融信用信息是全社会信用信息最为重要的组成部分,其整合与共享,决定着一国征信数据库的质量,因此推动我国金融信用信息的开放与共享,有利于加快我国社会信用体系的进程。

（1）金融信用信息整合的国际经验

就金融信用信息整合而言,国际上比较成熟的体系包括美国的私营联合征信（信用局模式）和欧洲的公共征信体系（中央信贷登记系统）两大模式。美国模式一般由私营机构市场化运营,收集信息的范围更广,并提供增值服务如信用报告、信用评分等。欧洲的中央信贷登记系统属于公共部门,欧盟主要成员国如德国、法国、意大利、西班牙、奥地利、葡萄牙和比利时等国家通过政府出资,由中央银行建立信贷登记系统,组成全国性的金融信用信息数据库,收集的信息主要来自被监管的金融机构,数据库亦向数据提供机构免费开放。一般来说,相比私营的信用局模式,中央信贷登记系统具有强制参与、有限开放、更注重数据保护等特征。

上述两种模式各有利弊,各国一般都根据自己的国情来选择合适的信用体系。通常用来评价信用体系的标准主要有:（1）信用信息的覆盖率,通常由纳入的借款人数量或信贷的规模来衡量;（2）机构参与的程度,即可以交换信息的金融和非金融机构的种类与数量;（3）信用信息的深度,即对每一位借款人收集的信息的种类与数量,以及与信用价值的相关程度。

表 9—4　　　　　　　　世界不同地区的社会信用体系及其覆盖率

地区	公共信贷登记系统		私营信用局	
	覆盖的人口	贷款/GDP	覆盖的人口	贷款/GDP
亚太地区	8.2%	60.5%	17.3%	20.2%
东欧与中亚	13.1%	38.9%	21.3%	35.8%
拉美地区	10.1%	19.5%	31.5%	18.1%
中东与北非	5.3%	53.2%	7.0%	13.2%
OECD 国家	8.0%	157.1%	61.1%	36.6%
南亚	0.8%	46.2%	3.8%	108.4%
非洲	2.7%	16.6%	4.9%	7.9%

资料来源:World Bank, *Global Financial Development Report*,2013.

一国在征信模式选择方面需要考虑很多因素,尤其取决于银行体系的竞争结构。在银行规模差距较大的国家,大银行通常不愿共享其客户信息,特别是正面的信用信息。此时,由政府或监管机构负责金融信用信息的共享是必要的,政府负责信用体系的运行,监督信用信息的交换。对于提供信息的金融机构和监管当局来说,中央信贷登记系统至少可以从三个方面提高经营效率、改善信用环境:第一,金融机构利用信贷登记系统甄别借款人;第二,金融机构利用信贷登记系统掌握贷款组合的风险变化;第三,监管机构使用信贷登记系统,比较不同金融机构的信用风险,监测信用风险的相互关联与传递。

(2)我国金融信用信息的整合与共享

在1992年贷款证制度、2002年银行信贷登记咨询系统三级数据库的实践基础上,中国人民银行于2005年将其升级为全国统一的企业信用信息基础数据库,同时在《银行信贷登记咨询管理办法(试行)》管理框架上,对企业信用信息基础数据库的功能与管理,借款人信用信息报送、查询、使用及异议处理等方面做出明确规定,并于2006年1月和6月正式宣布全国联网运行,提供查询服务。1999年在个人征信上海试点的基础上,中国人民银行于2004年开始组织商业银行启动个人信用信息基础数据库建设工作。2005年,中国人民银行发布了《个人信用信息基础数据库管理暂行办法》(中国人民银行令〔2005〕第3号),并相继出台配套制度,保障了个人信用信息基础数据库的建设和运行,规范了商业银行报送、查询和使用个人信用信息的行为。2006年,企业信用信息基础数据库和个人信用信息基础数据库合称为金融信用信息基础数据库,具体见图9-3。

自2006年以来,金融信用信息基础数据库接入机构不断扩充,收录信息数量快速增长,数据质量稳步提升。金融信用信息基础数据库基本上收录了国内每一个有信用活动的企业和个人,截至2012年12月底,金融信用信息基础数据库已为8.23亿自然人和1 858.8万户企业建立了信用档案,信息规模已居全球企业征信系统前列。金融信用信息基础数据库收录的自然人和企业数量见图9-4。

(3)我国金融信用信息共享的进一步完善

金融信用信息基础数据库的建立,从根本上改变了我国信用信息的数据环境,解决了我国社会信用体系建设的瓶颈问题。但是,从信用信息共享和交换的角度来看,用户的种类和数量依然偏低,仅局限于以银行为主体的部分金融机构,其在更大范围发挥作用的能力受到了限制。具体见图9-5。

此外,由于金融信用信息基础数据库在本质上属于同业征信,其纳入的数据类别还比较窄,仅能部分满足信贷机构对经济主体信用信息查询的需要(见

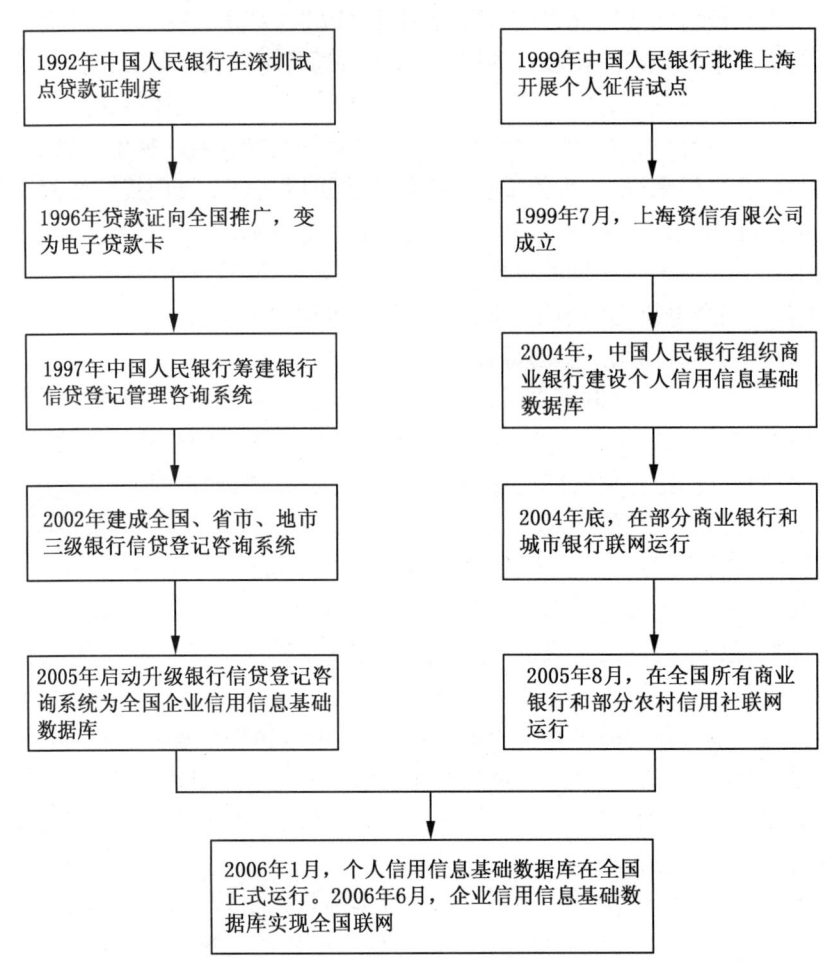

资料来源：中国人民银行（2013）。

图9—3　金融信用信息基础数据库建设历程

图9—6）。

　　以人（户）均查询量来看，2012年入库个人信息人均被查询0.33次，入库企业信息虽逐年增长，但2012年也就5.24次，低于发达国家的查询水平（见图9—7）。因此，金融信用信息数据库的进一步完善，需要提高各类机构参与信息交换和共享的广度，在规范管理的前提下，逐步纳入各类授信机构、非授信金融机构、第三方征信机构等，从而扩大信用信息的覆盖面和参与度，提升信用信息的数据质量，推动我国社会信用体系的现代化进程。

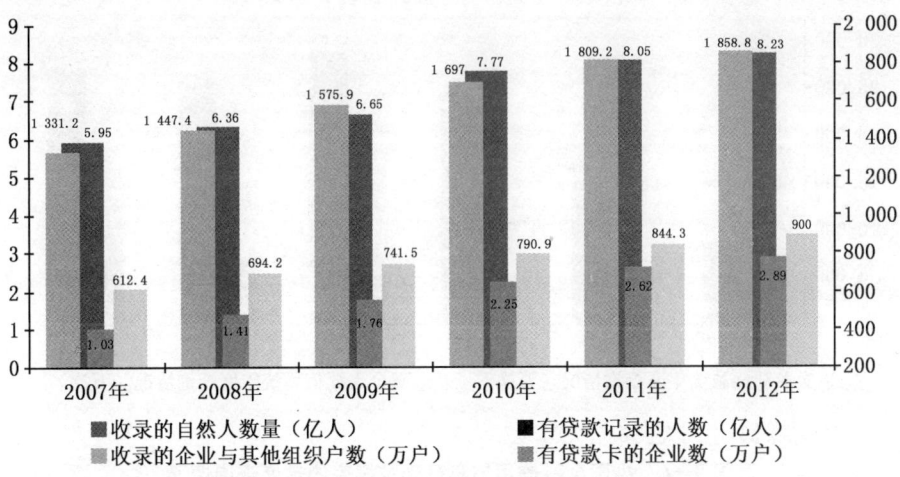

资料来源：中国人民银行(2013)。

图9—4 金融信用基础数据库收录的自然人和企业数量

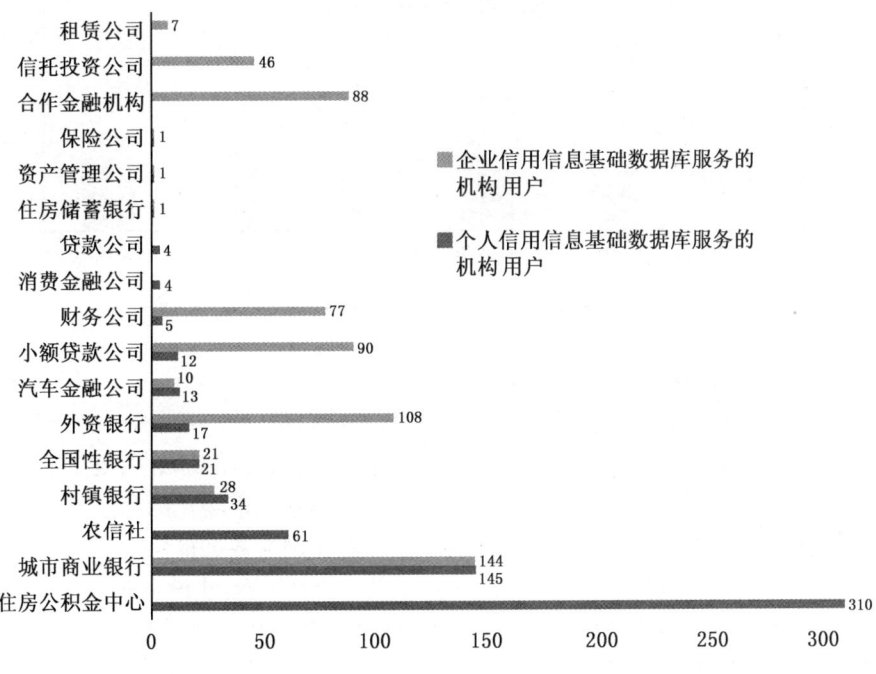

资料来源：中国人民银行(2013)。

图9—5 中国金融信用信息基础数据库服务的机构用户

社会信用体系的数据环境与制度环境

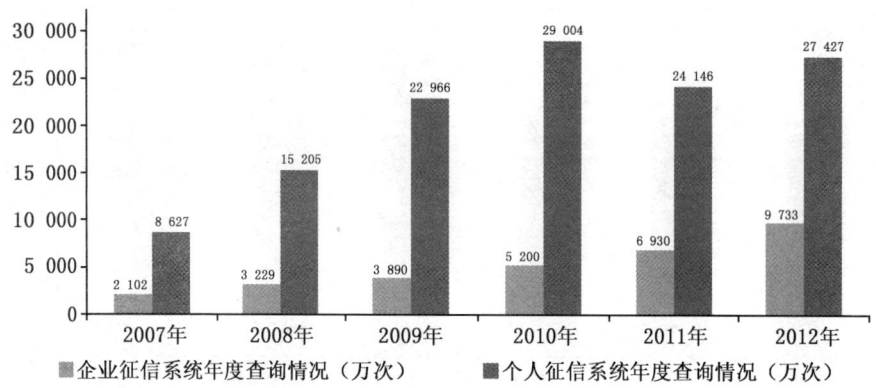

资料来源：中国人民银行（2013）。

图9-6 中国金融信用信息基础数据库的年度查询情况

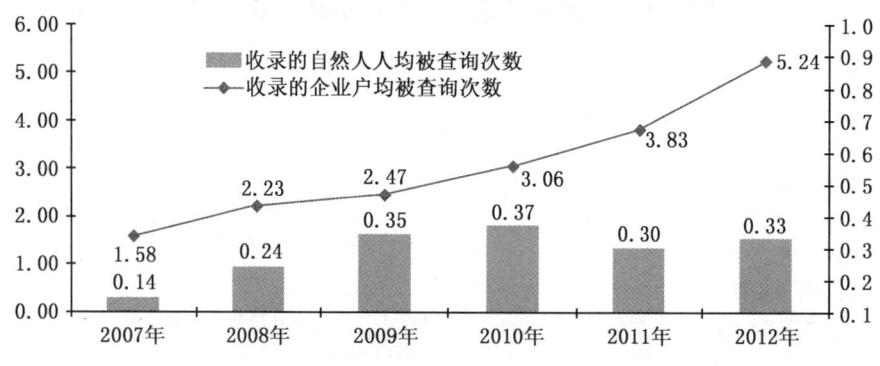

图9-7 中国金融信用信息数据库的人（户）均被查询量

3. 大数据环境与互联网征信

2015年8月31日，国务院印发《大数据发展行动纲要》，明确提出"充分利用社会各方面信息资源，推动公共信用数据与互联网、移动互联网、电子商务等数据的汇聚整合，鼓励互联网企业运用大数据技术建立市场化的第三方信用信息共享平台，使政府主导征信体系的权威性和互联网大数据征信平台的规模效应得到充分发挥，依托全国统一的信用信息共享交换平台，建设企业信用信息公示系统，实现覆盖各级政府、各类别信用主体的基础信用信息共享，初步建成社会信用体系，为经济高效运行提供全面准确的基础信用信息服务"。

（1）大数据的特征

"大数据"始于图像的数字化，后来逐渐包括了可视化数据——视频、照片、指纹印记等;言语数据——声音和语言;社会关系——工作和个人关系;即时的活动——信用卡交易、微博、社区活动、传感器等。与常规数据相比,大数据具有以下特征:一是种类多样,包括所有可以获知的数据,甚至影像数据;二是产生速度更快、数据频率较高,90%的数据产生于近两年以内;三是数据量庞大,比常规数据大数万倍,而且应用场景十分广泛(如图9-8所示)。

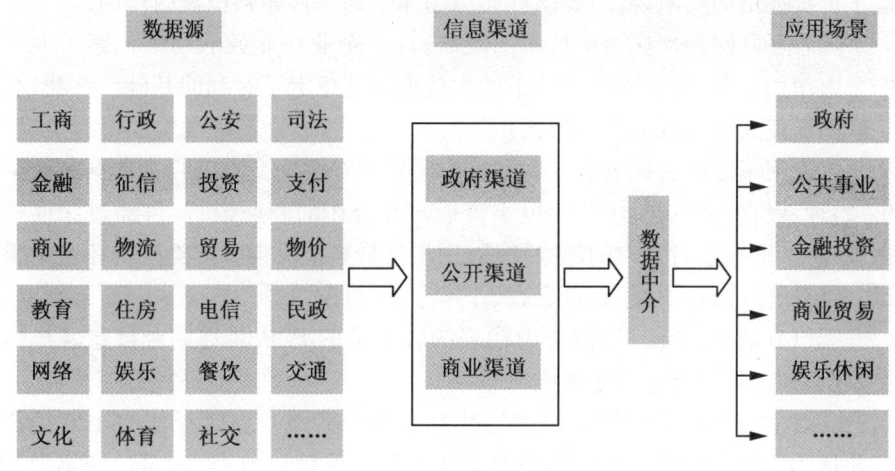

图9-8 大数据的种类与来源

就信用信息而言,通常把信用局和银行搜集的数据叫做常规数据,其他的征信数据如果满足上述特征,就称为大数据征信。在借贷过程中,借贷双方的信用信息是非对称的,当常规数据无法对借款人的信用风险加以衡量时,大数据可以帮助贷方弥补与借方信息的差距。

在信息社会,随着大数据、云计算、物联网、移动互联网等新技术及相关的创新应用不断加快,大数据所产生的信息对于政府治理、社会管理、商业行为具有十分重要的意义。具有商业价值的数据可以帮助企业洞察客户,进行数字化运营、风险管理、精准营销、科学决策,从而鼓励创新并创造价值。我国的数据应用资源也正和土地、劳动力、资本等生产要素一样,成为促进中国经济稳定增长的基本要素。

(2)大数据与互联网征信

2015年1月5日,中国人民银行下发《关于做好个人征信业务准备工作的通知》(以下简称《通知》),要求第一批申请个人征信牌照的8家机构(芝麻信用、腾讯征信、前海征信、鹏元征信、中诚信征信、中智诚征信、拉卡拉信用、北京华道征信)做好个人征信业务的准备工作。这标志着大数据征信在中国正式拉开序幕。

目前,我国互联网、移动互联网用户规模居全球第一,拥有丰富的数据资源和应用市场优势,大数据部分关键技术研发取得突破,涌现出一批互联网创新企业和创新应用。《通知》顺应了金融创新对大数据征信的广泛需求,使得征信的数据源从信贷数据延伸至电商数据、社交数据,并在应用场景方面,突破了传统征信的局限,将对我国社会信用体系的完善起到积极的作用。

随着互联网和现代通信技术的发展,许多企业在业务活动中积累了大量的个人信用信息,为互联网条件下的大数据征信奠定了有利的基础。在我国,互联网征信具体表现为三种形式:

①以阿里巴巴为代表的互联网平台对用户在网上交易的行为数据进行采集、整理、保存、加工,提供给阿里小贷或与其合作的商业银行,再经过深度挖掘和评估,形成了对客户的风险评估,用于信贷审批决策。此类机构还包括腾讯、考拉征信、万达快钱、京东金融、小米金融、百度等。

②以宜信、陆金所、拍拍贷为代表的较大型的P2P网贷平台自建客户信用系统,并用于自身平台业务中。

③以上海资信的网络金融信息共享系统(NFCS)、安融征信的小额信贷行业信用信息共享服务平台(MSP)为代表的同业信息数据库,通过采集P2P平台借贷两端客户的个人基本信息、贷款申请、贷款开立、贷款还款和特殊交易等信息,向加入该数据库的P2P等机构提供查询服务。此类机构还包括中智诚征信、北京华道征信等。开拓互联网征信相关业务的机构及其业务重点如表9—5所示。

表9—5 个人征信与大数据应用

征信机构	隶属机构	合作机构	数据来源	主要产品	应用场景
第一批申请个人征信业务的机构					
芝麻信用	蚂蚁金服	支付宝、淘宝、天猫、蚂蚁花呗、北京银行	电子商务、网购、租车、信用卡还款	信用报告、芝麻信用分、芝麻评级	网购、租车、租房、签证、婚恋、酒店
腾讯征信	腾讯	微信、财付通、QQ产品、浦发银行	信贷、社交、消费、8亿QQ用户数据	征信报告、腾讯信用分、反欺诈产品	贷款、婚恋交友、租车订酒店
前海征信	中国平安集团	平安集团各子公司、银联、陆金所	银行、保险、支付	信用报告、好信度、黑名单	催收、反欺诈、信贷审核
鹏元征信	深圳市	银行、政府部门、事业单位	金融、公共服务、政府部门	信用报告、信用评分、身份认证	身份欺诈、信用卡风险、信贷风险
中诚信征信	中诚信集团	银行、保险、零售、电信	金融、支付	万象分、信用报告	信贷风险
中智诚征信	民营独立	银行、小额贷款公司、P2P	信用卡、消费金融、小额贷款	信用评分、反欺诈	信贷风险
考拉征信	拉卡拉等4家上市公司	零售、银行、有利网、融宝支付等、P2P、滴滴打车	电商、金融、支付、医疗	考拉信用分、考拉商户分	租车租房、住宿旅游、餐饮、金融
北京华道征信	银之杰等4家公司	小额贷款公司、城市商业银行	消费信贷、汽车销售、公共事业	猪猪分、租房信用报告、个人信用报告	个人信用评估

征信机构	隶属机构	合作机构	数据来源	主要产品	应用场景
其他从事个人征信业务的机构					
百度	百度集团	凭安信用	百度集团	百度360信用、百度信誉V	信用认证、电子商务
京东金融	京东集团	保险、基金	电子商务	京东信用评估	京东白条、理财、投资
万达快钱	万达集团	零售、保险、商旅、电商	金融、支付		信用卡、房租房贷
安融征信	民营独立	小额贷款公司	银联支付、消费贷款	MSP征信平台	反欺诈、信息认证、小额信贷
拍拍贷	民营独立		P2P贷款	信用评分	信贷、租车、婚恋
小米金融	民营独立	易方达基金	小米生态1.5亿用户	信用评分	理财、投资
凭安信用	凭安科技	360信用		网站信用评估	投资、电商
上海资信	国有控股	银行、公用事业、移动通讯、370家P2P	金融、消费信贷、小额贷款	金融网络征信、个人征信	金融服务
致诚信用	宜信		400万借款数据、40万风险名单	致诚阿福、信用评分、风险名单	

（3）互联网征信与传统征信的差别

总体上说,互联网征信与传统征信主要区别在于数据来源的不同,前者以互联网数据为主,后者的征信数据主要通过线下渠道获得;但具体而言,互联网征信与传统征信是两种本质上不同的征信方式,可以互为补充而不能完全替代,其差别如表9-6所示,具体表现为以下四个方面:

表9-6　　　　　　　　　　　　互联网征信和传统征信的区别

比较项目	互联网征信	传统征信
数据来源	主要是线上行为数据	线下借贷和履约行为数据
数据类型	主要是交易数据、社交数据等网络数据	信贷数据、公共事业缴费、罚款等数据
数据内涵	体现:人的性格和心理,由此推断履约的可能性	体现:借贷领域的履约可能性
数据格式	主要是大量非结构化数据	结构化数据
信用评价思路	用实时行为反映人相对稳定的性格	用昨天的信用记录来判断今天的信用
覆盖人群	在互联网上留下足够痕迹的人	有信用记录的人(银行借贷、信用卡、公用事业缴费等)
应用场景	生活中各种履约场景	借贷
	特点:碎片化、生活化	特点:金融属性强

资料来源:张健华(2014)。

①征信模式不同。在中国,传统征信本质上属于同业征信,其数据主要来

源于信贷机构并服务于信贷机构。而互联网征信是一种联合征信,数据来源更加广泛而多样,信息主体的各种数据如电子商务交易数据、互联网行为数据、社交数据、支付数据等都可以被征信机构采集,再经过征信机构加工整理和分析后,形成征信产品。

②数据类型不同。传统征信主要采集征信数据,并主要根据信息主体的过往信用历史及其收入和支出来判断未来的信用风险,其准确性存在一定的偏差,而且对于缺乏信用历史而刚进入信贷市场的消费者来说,具有不利的影响。相比之下,脱胎于互联网的信用数据来源更广,种类更丰富,时效性也更强,涵盖了信用卡还款、网购、转账、理财、水电煤缴费、租房信息、社交关系等方面。通过大数据和云计算,互联网征信能多维度勾勒出网络用户的信用状况。而且,互联网征信可以利用的数据更加及时,能实时反映信息主体当下的经济和行为特征,这能够提高预测其未来行为的精确度。

③覆盖人群不同。截至2015年4月底,中国人民银行征信中心收录自然人8.6亿多,其中有信贷记录的约3.5亿人。约占全国总人口的25%,远低于美国征信体系对劳动人口85%的覆盖率。而且,收录的没有信贷记录的自然人中,以身份信息为主,可预测性较低。而互联网征信由于拥有广泛的活跃用户,而且数据采集成本较低,可以覆盖更多传统征信所无法深入的人群,特别是信用记录匮乏的青年人群是互联网上最活跃的群体,从而以互联网征信的方式获取其相关信息比传统征信有明显的优势。

④应用场景不同。互联网征信因为数据的来源与属性不同,可以运用于除借贷以外更广阔的领域,例如租房租车、餐饮酒店、投资理财、婚恋交友、就业创业等,在某种意义上更有利于信用文化的形成和传播。

美国的ZestFinance信用评估公司认为,信贷记录属于强变量,而当强变量缺失的时候,就可以参考多种弱变量(如互联网上的行为轨迹),将这些弱变量组合起来,并运用大数据分析手段,对信息主体进行信用评估。因此,大数据条件下的互联网征信是传统征信的重要补充,在我国当前具有十分广阔的发展前景。

(4)互联网征信面临的障碍

互联网征信在我国刚刚起步,虽然具有以上种种优势,但要真正发挥作用,尚需经历一段漫长的历程,在数据清洗、模型校准、风险管理方面还有相当大的障碍需要克服。

一是信息错误率高,准确度有限。目前,中国的大数据市场还不成熟,很多大数据企业拥有的数据都是片段的、碎片化的,很难形成完整的、具有商业价值的数据。不同来源的数据又缺乏统一的数据规范与标准,数据整合难度较大,而且互联网数据有较高的更新频率,这都给数据精度和识别带来很大的挑战。

二是分析模型的开发有待提高。互联网征信的优势在于其拥有海量的数据,但如何从大量数据中去芜存菁,提取其商业价值,在理论上仍未得到解决。社交网络、电商网站、网贷平台中产生的大量碎片化数据,非结构性特征强,挖掘其中相关性,从而得出稳定的数据联系仍然是各类模型亟待解决的重要问题。目前,不同性质的征信平台分别采用线性回归、机器学习、神经网络等技术(见表9-7),开展了相关应用,但其效果还有待进一步检验。

表9-7　　　　　　　　不同类型的征信平台使用的数据及方法

	电商平台	社交平台	金融保险	支付端	公共服务
	芝麻信用京东金融	腾讯征信	前海征信拍拍贷	考拉征信、华道征信	中诚信征信、鹏元征信、中智诚征信
信息来源	电商数据、公共服务、用户提交等	社交数据、电商数据、游戏数据、外部数据	母公司及银联的金融数据、公众平台数据	个人用户、线下商户	电商平台数据、与各行业部门合作所得数据
数据类型	基本信息、信贷信息、消费信息、公共信息	身份属性、充值信息、消费记录、社交影响、信用记录	借款信息、贷款信息、车辆违章	基本信息、金融信用、电商消费、生活缴费及互联网行为数据	身份属性、信用记录、履约能力、行为特征、社交影响
分析模型	类似于银行的违约概率模型,以线性回归和逻辑回归为主	机器学习与数据挖掘技术	银行及保险信用算法,较传统而通用	较多地考虑互联网上的行为数据,具体算法未知	借鉴企业、债券及公共项目评级方法
服务输出	平台内部使用、租房租车、婚恋等	银行、消费金融公司、汽车金融公司、小贷公司、P2P等	金融机构,同时面向个人	个人用户、加盟的中小企业、自有信贷业务	针对企业,集中于电子商务、移动通信、银行保险、能源使用商等
收益渠道	暂不收费,未来数据查询收费或与查询量和数据贡献度挂钩	向申请试用数据的机构收费	往往不以营利为目的	向申请使用数据的机构收费	通过提供信用报告和个人信用信息认证收费

资料来源:唐方方(2015)。

三是数据采集的法律依据尚不充分。我国《征信业管理条例》明确规定，"采集个人信息应当经信息主体本人同意，未经本人同意不得采集"。如果按照条例要求，让信息主体本人同意采集其相关大数据信息，存在较大的难度。目前，许多互联网征信机构主要以其平台内部的数据为主，还处于内测过程之中，一旦开始与外部进行数据交换与共享，或者正式投入使用，将可能受到法律方面的质疑。

此外，互联网征信的作用虽然是积极的，但也是有限的。征信最直接的目的是预测信用风险，如果坏账是由宏观经济波动所引起，那么通过大数据准确预测这类信用风险就是不可行的。经济好的时候，要预测哪年会发生经济危机、哪些人会失去工作、失去工作中的哪些人会赖账，这也是不可能的。互联网征信能够适当减少经济社会环境中的信息不对称，对传统征信来说，是一个有益的补充，但并不能高估其作用。

9.1.3 信用信息的保护与管理

与信用信息开放与共享相对的一个重要方面，涉及企业的商业机密和个人的隐私。关于商业机密，各国都有比较一致的保护条例，商业机密保护的主要责任在企业一方，就征信而言，只要征信机构不是非法获取的，该信用信息即便涉及商业机密，失密的责任就主要由被征信的企业来承担。但在个人征信领域，由于个人相对于征信机构更加弱势，能够采取的保护措施比较有限，所以对于个人信息的保护，一般成为国家在信用体系建设中重点考虑的一个领域。

1. 个人信息保护的法理依据

在个人征信过程中，第三方征信机构将分散在商业银行和有关方面的个人信用信息集中到数据库中，形成个人信用报告或其他征信产品，为金融、商业等部门了解个人信用信誉状况提供服务。根据是否涉及个人隐私，个人信息可以分为基本个人信息、敏感个人信息和琐碎个人信息。敏感个人信息是涉及个人隐私的信息，是法律应当着重保护的对象。如果在征信过程中不注重对隐私权的保护，不仅会对信息主体造成名誉和精神上的损失，而且往往造成一定的经济损失，甚至是引发关于社会道德问题的争论。因此，在法律制度比较完善的欧美国家，社会普遍比较关注对个人隐私权的保护。

最早关于隐私保护的理论称为独处权理论。1928年，美国的布兰代斯在Olmstead v. United States案中认为，隐私权是一项基本权利，而不仅仅是侵权法上的权利。在布兰代斯的时代，隐私权更多被认为是独处权，即使得个人能保留独处而不受外界侵扰的权利,这是一种消极的权利。现代的隐私权理论则更加积极,更关注个人对其信息的控制权。按照该理论,"所谓隐私权,乃是指个人自由地决定在何时、用何种方式、以何种程度向他人传递与自己有关的信息的权利主张"。不论是传统的隐私权还是现代的隐私权,其最终落脚点还是保护个人信息不受侵害。

2. 欧美国家在征信活动中对隐私权的保护

在美国,《公平信用报告法》和《金融服务现代化法》是规范美国个人征信体系最重要的两部法律。在《公平信用报告法》中规定了征信机构对被报告的消费者的一系列义务,包括:(1)征信机构只能对符合特定条件的个人信息使用者提供消费者报告,如银行、雇主等,但必须征得信息主体的同意;(2)规定了征信机构禁止向信用报告使用者提供的信息种类,如信仰、医疗等;(3)征信机构的管理人员或职员未经授权而泄露消费者信用档案中的信息,可单处或并处 2 年以下的监禁或罚金;等等。在《金融服务现代化法》中规定了金融机构对客户非公开个人信息的保密义务,如果出于信贷的目的,金融机构可向征信机构提供消费者的非公开个人信息,也可以从征信机构获得消费者的非公开个人信息,但是,金融机构应对消费者的非公开信息予以保密。同时规定,在金融机构与客户建立信用关系之初或在保持客户关系期间,应至少每年一次向消费者提供有关本金融机构的隐私政策和做法。

英国是最早对个人信息立法保护的国家,1894 年即颁布《数据资料保护法》。而欧洲大陆国家则主要遵循欧盟制定的《个人数据保护指令》。该指令并不是一部专门针对个人征信隐私权的法律,但是信用征信也作为该指令的规范对象之一,其适用范围也包括个人信用信息的征集活动,个人信用征信机构的权利和义务与一般的数据管理者没有区别。根据该指令,信息主体具有接触权、更正权和反对权,即信息主体可以要求征信机构提供所保存的本人信息,说明其来源和用途;也可以要求征信机构更正、删除或封存不准确或不完整的个人数据;此外,信息主体还有权反对对其数据进行加工和处理。该指令还要求数据管理者有如下义务:保证数据质量,确保数据的准确与及时;收集处理数据的过程必须与目的相关,不得超出该范围;个人数据的处理必须经数据主体明确同意;敏感信息如种族、宗教信仰、健康信息等禁止征集;等等。

可以认为,美国的法律规定更大程度上倾向于当事人双方的权利义务对等。而在欧洲,对于信息主体更多强调权利,对征信机构以及其他数据控制者则更多强调义务。这种差别除了因为法律体系不同之外,也因为征信体系而存在差异。美国的征信体系主要是市场化的,建立的是商业性的以营利为目的的征信局,征信的双方是对等的合同关系。欧洲国家一般是实行公共征信模式,即依靠政府和公共机构的力量,对个人进行征信。因此,美国的法律主要是约束商业双方的利益,而欧洲的法律尽可能约束政府机构的行为,并且实行专项监管机制。此外,欧洲将隐私的问题上升到人格尊重的层面,主要是因为欧洲拥有悠久的文化传统,个人主义在欧洲的流行使得尊重个人人格成为欧洲的一个显著特点。特别是由于第二次世界大战中对于人性的摧残使得战后的欧洲更加重视人格保护。美国虽然也重视保护隐私,但绝没有上升到人格的保护层面。因此,欧洲的保护要比美国更加严格。

3. 我国个人信用信息的保护

与欧美国家相比,我国对个人数据的保护在立法上相对比较滞后,没有专门的个人数据保护法,对个人数据保护散落在《宪法》《民法通则》《刑法》《侵权责任法》《消费者权益保护法》等法律中;也没有专门的消费者信息保护机构,相关职能分散到消费者保护协会、中国人民银行的金融消费权益保护局、银监会、证监会、保监会等监管部门的类似机构以及地方性的消费者保护委员会。因此,长期以来,有关消费者信息的盗用、滥用以及非法用于商业用途的情况比较严重,轻则干扰消费者的正常生活,重则引发身份盗用,影响消费者的财产安全。

在大数据应用的带动下,征信行业的信息采集、风险评估、应用场景都在发生巨大变化,个人信息的保护所面临的形势尤为严重。而互联网的普及及广泛应用,使得个人信息在互联网上被大量生成、记录和传播,商业机构可以通过网络低成本地收集用户的消费信息、社交信息、生活习惯等,个人数据的范围不断扩大,敏感性与非敏感性数据的界限日益模糊。虽然针对互联网服务我国也出台了《互联网信息服务管理办法》《关于加强网络信息保护的决定》等规章制度,但约束力十分有限,一些网络社交平台或电商平台在用户不知情的情况下采集和使用用户数据,或提供给第三方征信机构;又如,一些金融机构通过互联网信息,利用借款人的关系人信息对客户进行账款催收;再如,一些互联网金融平台自身建立"黑名单"和"不良信息数据库",并忽视履行告知信息主体本人的义务,违反了《征信业管理条例》第十五条"信息提供者向征信机构提供个人不良信息,应当事先告知信息主体本人"的规定。

因此,在我国加速完善社会信用体系的进程中,尤为需要对消费者的信息保护加以重视。一是需要尽快加强立法,出台类似《个人数据保护法》等专门的法律法规,加强信息保护领域的法制建设;二是加大征信市场的监管力度,严厉打击假借"征信"之名进行的非法信息采集活动;三是明确互联网金融征信的数据采集方式、范围和使用原则,建立互联网金融企业信息采集、使用授权和个人不良信息告知制度,避免信息过度采集、不当使用及未经授权提供给第三方。

4. 信用信息安全管理

个人征信机构收集、存储和传送超过数以亿计的消费者文件,这些数据通常可在公共或专用网络的安全传输中获得。尽管征信机构采取了大量安全措施保证物理安全、技术控制、合同预防来识别、检测和防止未经授权的使用,但征信数据被损坏、泄露、篡改、攻击的情况时有发生。全球第一大个人征信机构益博睿也把电子渠道的攻击和数据安全列为首要的挑战。

世界银行联合多个国家的征信专家制定的《征信通则》的原则二规定:征信系统必须有严格的安全和可靠性标准。保证数据安全是征信机构和其合作伙伴数据提供商的工作重点,因为它们管理着极为隐私的个人信息。安全系统保护着个人数据和信用报告,并借此保证了征信机构的可靠性和社会声誉。保证数据安全是征信机构一直要承担的义务,需要对数据安全措施进行定期检查和更新,确保能有效应对任何新出现的数据安全问题和隐患。中国人民银行 2014 年也颁布了《征信机构信息安全规范》(以下简称《安全规范》)作为金融行业标准,重点规范征信机构的信息安全,适用范围为从事个人或企业征信业务的征信机构。《安全规范》要求征信机构应当按照法律法规和中国人民银行的规定对个人征信系统进行信息系统安全等保护;《安全规范》还对征信机构的安全管理、安全技术和业务运作三个方面提出了具体要求,为征信机构建设征信系统、保障征信信息安全提供了指引。

在互联网征信的场景下,信息安全风险更加严峻。这主要表现在:一是通过互联网采集、传输和提供网络征信服务,容易受到网络黑客和病毒的攻击,一旦出现信用信息被非法访问、截取和篡改,信息系统遭到不可逆的破坏性影响,将对个人隐私和客户权益保护构成重要威胁,而且网络风险的扩散性和破坏性更大。二是很多互联网金融平台本身并不具备技术优势,一般将数据库防护网建设外包给其他技术公司,从而存在外包公司人员泄露信用信息的风险。三是商业化的个人征信机构才刚刚起步,对信息安全体系建设和风险防控的经验相对不足,应急管理能力亟待加强。

因此,根据我国目前的信用信息环境,应大力推进身份认证、网站认证、电子签名及数字证书等安全认证,落实信息安全等级保护制度;敦促互联网征信机构加快数据库系统建设,加强数据安全防范,同时完善内控制度,防止内外勾结导致的信息数据泄露。此外,还应加强信息主体权益的保护,强化部门间合作,建立多渠道的个人信息保障机制,受理并及时处理信息主体的投诉,完善异议处理和侵权责任追究制度。

9.2 社会信用体系的制度环境

近年来,我国社会信用体系建设的问题已经引起了各界的高度关注,特别是党的十八大提出"加强政务诚信、商务诚信、社会诚信和司法公信建设",十八届三中全会又强调"建立健全社会征信体系,褒扬诚信,惩戒失信"。2014年,国务院颁布《社会信用体系建设规划纲要(2014—2020年)》,成为我国社会信用体系建设的总纲领,此后,社会信用体系建设加速推进,国务院、各部委密集出台了多项政策措施,形成了良好的制度环境。

9.2.1 社会信用体系建设的整体推进

1. 社会信用体系建设的舆论引导

2003年,中央文明办等发布《关于联合开展"共铸诚信"活动的通知》,该通知要求各地、各部门认真贯彻《公民道德建设实施纲要》,坚持依法治国和以德治国相结合的方针,加强诚信教育,完善诚信机制,解决突出问题,推广先进经验,使人民群众切实感受到全社会加强诚信建设的新进展,在全社会倡导和弘扬诚实守信的良好风尚,促进社会主义市场经济健康发展。加强政务诚信建设,以党政机关的诚信服务带动全社会的诚信建设;加强商务诚信建设,努力健全完善健康公平有序的市场经济环境和秩序;加强社会诚信建设,着力形成讲诚信的良好人际关系和社会风气。

2003年9月28日,全国整规办印发《关于开展社会诚信宣传教育的工作意见》,认为社会诚信意识事关国家安危、民族兴衰和现代化事业成败,当前我国亟须以诚实守信为重点,大力倡导"爱国守法,明礼诚信,团结友善,勤俭自强,敬业奉献"的基本道德规范,为社会信用体系建设和市场经济秩序的根本好转营造良好的社会氛围,保障和促进全面建设小康社会宏伟目标的实现。具体要通过对全社会的诚信宣传教育,普及信用知识,增强生产经营者的诚信意识和守法意识,增强企业、消费者的信用风险防范意识和自我保护能力,努力建设与社会主义市场经济相适应的信用体系,形成全民自觉遵纪守法、诚实守信的良好社会风尚和市场经济秩序。

2006年7月19日,中央整规办联合中宣部等发布《关于深入开展"诚信兴商"活动的意见》(以下简称《意见》),在经济领域大力倡导"以诚实守信为荣,以见利忘义为耻"的新风尚。《意见》指出,在"百城万店无假货""共铸诚信""价格诚信""诚信纳税""守合同,重信用""质量诚信""诚信单位"等多种多样的诚信创建活动的基础上,进一步提高企业、事业单位和个体工商户的诚信意识和信用水平,普遍建立以诚信守法经营为重点的职业道德规范和自律机制。《意见》要求通过组织研讨班、培训班、参观考察、理论学习和案例研讨等多种形式,经常性地开展对企业员工的培训教育工作。充分发挥报刊、广播、电视和互联网等各种新闻媒体的积极作用,宣传正面典型,曝光反面事例,弘扬诚信守法经营的企业文化,营造"诚信兴商"的舆论氛围。同时,积极推广建立信用案、实行信用等级分类管理、开展信用状况公示、建立电子监管和信息共享机制等各项信用管理办法,使"诚信兴商"活动与信用制度建设互相促进。

2. 社会信用体系建设的制度创新

2007 年 3 月 23 日,国务院颁布《关于建设社会信用体系的若干意见》,明确提出社会信用体系建设的指导思想、目标和基本原则,力图最终形成体系完整、分工明确、运行高效、监管有力的社会信用体系基本框架和运行机制。该意见要求各部门加大组织协调力度,促进信用信息共享,分行业完善信用记录,实行内部信用分类管理,健全负面信息披露制度和守信激励制度,提高公共服务和市场监管水平。该意见还要求金融部门加快建立金融统一征信平台,鼓励信用产品使用,支持信用服务市场发展,并通过完善立法,妥善处理好信息公开与依法保护个人隐私、商业秘密和国家信息安全的关系,切实保护当事人的合法权益。

2007 年 4 月 18 日,为推动社会信用体系建设加快进行,国务院牵头组织 14 个部委建立国务院社会信用体系建设部际联席会议制度[①]。部际联席会议负责统筹协调社会信用体系建设工作,研究拟订重大政策措施;协调解决推进社会信用体系建设工作中的重大问题;指导、督促、检查有关政策措施的落实。

2014 年 6 月 4 日,国务院发布《关于促进市场公平竞争维护市场正常秩序的若干意见》,明确提出:(1)加快市场主体信用信息平台建设。完善市场主体信用信息记录,建立信用信息档案和交换共享机制。(2)建立健全守信激励和失信惩戒机制。将市场主体的信用信息作为实施行政管理的重要参考。根据市场主体信用状况实行分类分级、动态监管,建立健全经营异常名录制度,对违背市场竞争原则和侵犯消费者、劳动者合法权益的市场主体建立"黑名

---

① 2012 年 7 月 17 日,国务院再次发文,新增中纪委、中宣部等 17 家单位为部际联席会议成员单位,部际联席会议由发改委和中国人民银行共同牵头。

单"制度。(3)积极促进信用信息的社会运用。在保护涉及公共安全、商业秘密和个人隐私等信息的基础上,依法公开在行政管理中掌握的信用信息。拓宽信用信息查询渠道,为公众查询市场主体基础信用信息和违法违规信息提供便捷高效的服务。

2014年6月14日,国务院印发《社会信用体系建设规划纲要(2014—2020年)》(以下简称《纲要》)。《纲要》指出,加快社会信用体系建设是全面落实科学发展观、构建社会主义和谐社会的重要基础,是完善社会主义市场经济体制、加强和创新社会治理的重要手段,对增强社会成员诚信意识,营造优良信用环境,提升国家整体竞争力,促进社会发展和文明进步具有重要意义。《纲要》就诚信建设重点领域、诚信文化与教育、信用信息系统及保障支撑体系进行了全面规划,构成我国社会信用体系建设的顶层设计。此后,各省、市、自治区政府纷纷制定地方性的信用体系建设规划,我国社会信用体系建设步入加速推进的阶段。2014年12月16日,为加快推进社会信用体系建设,社会信用体系建设部际联席会议制定《社会信用体系建设规划纲要(2014—2020年)任务分工》和《社会信用体系建设三年重点工作任务(2014—2016)》,对《纲要》规定的任务,加以具体落实。《任务分工》将我国社会信用体系建设分为84项具体工作,明确了负责和牵头单位。《三年重点工作》又提出截至2016年,84项具体工作需完成的工作内容。

《纲要》的发布,对我国社会各项事业的发展产生了深远的影响,政府各项政策的出台,在相关内容方面均以《纲要》为参考依据。例如,2014年8月7日,国务院发布《企业信息公示暂行条例》,其中第一条就明确提出制定该条例的目的是"促进企业诚信自律,强化企业信用约束"。2015年6月24日,国务院发布《关于运用大数据加强对市场主体服务和监管的若干意见》,提出以国家统一的信用信息共享交换平台为基础,运用大数据推动社会信用体系建设,"建立跨地区、多部门的信用联动奖惩机制,构建公平诚信的市场环境"。该意见共36条,其中直接与信用体系相关的内容超过10条,特别对于相关重点内容还明确了时间进度(如表9—8所示)。2015年8月31日,国务院又出台《促进大数据发展行动纲要》,再次强调推动信用信息共享机制和信用信息系统建设,建立信用信息共享交换机制,鼓励互联网企业运用大数据技术建立市场化的第三方信用信息共享平台,使政府主导征信体系的权威性和互联网大数据征信平台的规模效应得到充分发挥,依托全统一的信用信息共享交换平台,建设企业信用信息公示系统,实现覆盖各级政府、各类别信用主体的基础信用信息共享,初步建成社会信用体系,为经济高效运行提供全面准确的基础信用信息服务。

**

表 9—8　　　　　　　　　　信用相关内容分解

序号	工作任务	负责单位	时间进度
1	加快建立公民、法人和其他组织统一社会信用代码制度	发改委、中央编办、公安部、民政部、中国人民银行、税务总局、工商总局、质检总局	2015 年 12 月底前出台并实施
2	研究制定在财政资金补助、政府采购、政府购买服务、政府投资工程建设招投标过程中使用信用信息和信用报告的政策措施	财政部、发改委	2015 年 12 月底前出台并实施
3	在办理行政许可等环节全面建立市场主体准入前信用承诺制度。信用承诺向社会公开,并纳入市场主体信用记录	各行业主管部门	2015 年广泛开展试点,2017 年 12 月底前完成
4	加快建设地方信用信息共享交换平台、部门和行业信用信息系统,通过国家统一的信用信息共享交换平台实现互联共享	各省级人民政府,各有关部门	2016 年 12 月底前完成
5	建立健全失信联合惩戒机制,将使用信用信息和信用报告嵌入行政管理和公共服务的各领域、各环节,作为必要条件或重要参考依据。在各领域建立跨部门联动响应和失信约束机制。建立各行业"黑名单"制度和市场退出机制。推动将申请人良好的信用状况作为各类行政许可的必备条件	各有关部门,各省级人民政府	2015 年 12 月底前取得阶段性成果
6	加强对电子商务平台的监督管理,加强电子商务信息采集和分析,指导开展电子商务网站可信认证服务,推广应用网站可信标识,推进电子商务可信交易环境建设。健全权益保护和争议调解机制	工商总局、商务部、网信办、工业和信息化部	持续实施
7	加快实施经营异常名录制度和严重违法失信企业名单制度。建设国家、企业信用信息公示系统,依法对企业注册登记、行政许可、行政处罚等基本信用信息以及企业年度报告、经营异常名录和严重违法失信企业名单进行公示,并与国家统一的信用信息共享交换平台实现有机对接和信息共享	工商总局、其他有关部门,各省级人民政府	持续实施

序号	工作任务	负责单位	时间进度
8	支持探索开展社会化的信用信息公示服务。建设"信用中国"网站,归集整合各地区、各部门掌握的应向社会公开的信用信息,实现信用信息一站式查询,方便社会了解市场主体信用状况。各级政府及其部门网站要与"信用中国"网站链接,并将本单位政务公开信息和相关市场主体违法违规信息在"信用中国"网站公开	发改委、中国人民银行、其他有关部门,地方各级人民政府	2015 年 12 月底前完成
9	加强对市场主体相关信息的记录,形成信用档案。对严重违法失信的市场主体,按照有关规定列入"黑名单",并将相关信息纳入企业信用信息公示系统和国家统一的信用信息共享交换平台	各有关部门	2015 年 12 月底前实施
10	引导征信机构根据市场需求,大力加强信用服务产品创新,进一步扩大信用报告在行政管理和公共服务及银行、证券、保险等领域的应用	发改委、中国人民银行、银监会、证监会、保监会	2017 年 12 月底前取得阶段性成果
11	推动出台相关法规,对政府部门在行政管理、公共服务中使用信用信息和信用报告做出规定,为联合惩戒市场主体违法失信行为提供依据	发改委、中国人民银行、法制办	2017 年 12 月底前出台(涉及法律、行政法规的,按照立法程序推进)

9.2.2　社会信用体系建设的行业布局

事实上,在全国性的信用体系建设规划纲要出台之前,我国各行业在相关部委的指导下,也纷纷展开了相关领域信用体系建设的探索,这些探索,涉及我国社会经济生活的方方面面,为全国性的社会信用体系建设积累了宝贵的经验。以下各部门的有益探索,虽不能完全反映我国行业信用建设的全貌,但就重点领域的信用体系建设来说,具有一定的代表性。

1. 商事行政领域

2007 年 7 月 5 日,为推进商务领域信用体系建设,规范商务领域信用信息归集和公布工作,实现信用信息的公开和共享,促进市场主体依法诚信经营,商务部印发《商务领域信用信息管理办法》。明确规定商务领域信用信息由市场主体基本信息、行政许可资质信息和违法违规信息构成,违法违规信息向社会公开的期限为 3 年。

2013 年 7 月 5 日,商务部等 9 部门①印发《对外投资合作和对外贸易领域不良信用记录试行办法》,规定对外贸易不良信用记录是指对从事对外贸易经营活动的法人、其他组织或者个人有关违法违规行为信息的收集、整理、发布、保存和维护。要求除国内各部门积极配合外,各驻外使(领)馆建立驻在国对外投资合作和对外贸易不良信用记录收集和发布机制。

2014 年 4 月,国家工商总局起草了《企业信用信息公示条例(草案)》,并上报国务院。2014 年 8 月 7 日,国务院正式颁布《企业信用信息公示条例》。明确工商行政管理部门组织企业信用信息公示系统的建设,推进、监督企业信息公示工作。工商行政管理部门公示的企业信息包括注册登记、备案信息;动产抵押登记信息;股权出质登记信息;行政处罚信息等。该条例还规定企业应当于每年 1 月 1 日至 6 月 30 日,通过全国企业信用信息公示系统(网址:http://gsxt.saic.gov.cn)向工商行政管理部门报送上一年度报告,并向社会公示。截至 2015 年 10 月,全国工商部门公示了 2 154.51 万户企业的登记备案信息,1 219.03 万户和 1 482.49 万户企业分别公示了 2013 年度、2014 年度报告信息,313.58 万户企业因未履行公示义务被列入经营异常名录,其中 5.86 万户企业因被有关部门或金融机构联动响应实施限制后,又通过系统履行了公示义务。此外,公示即时信息的企业达 297.17 万户,企业共公示即时信息 627.25 万条。企业信用信息公示系统累计访问量 37.22 亿人次,累计查询量 16.53 亿人次。

2014 年 12 月 17 日,国家工商行政管理总局发布《关于"守合同重信用"企业公示工作的若干意见》,国家工商总局集中公示"守重"企业名单,明示企业的连续公示时间,并在企业承诺同意的前提下对其过去两年的相关合同信用记录进行公示。国家工商总局同时颁发"守合同重信用"企业信用标准体系,按品牌社会影响力、合同信用管理、合同行为规范、合同履约状况、经营效益、社会信誉六个方面建立企业信用评价标准。

2015 年 5 月 6 日,李克强总理主持召开国务院常务会议,会议提出加快推进商事登记便利化,实现"三证合一""一照一码",开展企业简易注销登记试点,建设企业信用信息公示"全国一张网"。2015 年 6 月,国务院办公厅印发《关于加快推进"三证合一"登记制度改革的意见》,将企业登记时分别由工商部门核发营业执照、质监部门核发组织机构代码证、税务部门核发税务登记

---

① 其他部门还包括外交部、公安部、住房和城乡建设部、海关总署、税务总局、工商总局、质检总局、外汇局。

证,改为一次申请,由工商部门核发加载统一社会信用代码的营业执照的登记制度。"一照一码"是"三证合一"登记制度改革的升级,是推动信用体系建设的有效途径,也是构建社会信用体系的必由之路。通过"一窗受理、一表申请、核发一照、加载一码",可以真正实现互联互通、信息共享,提高准入登记效能,减少行政审批成本,优化企业登记手续,推动企业基础信息和相关信用信息在政府部门间广泛共享和有效应用,进一步整合与优化部门之间的商事登记资源,提高行政效率。"一照一码"登记制度有利于降低交易成本,健全社会诚信体系,增强商事主体身份识别的唯一性、通用性,提升交易行为的透明度,加大失信违约的成本代价,提高守信诚信的社会收益。"一照一码"登记制度有利于加强政府部门间的协同配合,消除监管盲区,铸造监管合力,将各部门与企业相关的信用信息有效整合,激活分散于各部门间的登记、监管信息,互联互通、信息共享,即时多部门联动约束有不良信息记录的企业,构建动态优化的信用监管格局。

此外,针对我国侵犯知识产权和制售假冒伪劣商品十分猖獗的现状,国务院办公厅成立了全国打击侵犯知识产权和制售假冒伪劣商品工作领导小组。领导小组现任组长由国务院副总理汪洋兼任,包括 30 个成员单位,领导小组办公室设在商务部,承担领导小组日常工作,在其指导下建立的"中国打击侵权假冒工作网",是展示中国政府打击侵犯知识产权和制售假冒伪劣商品工作的重要门户网站(网址为 http://www.ipraction.gov.cn),由领导小组办公室和各成员单位共同管理,具体见图 9—9。

2. 食品与质量安全领域

2004 年 4 月 7 日,国家食品药品监督管理总局等 8 个部门①联合下发《关于加快食品安全信用体系建设的若干指导意见》(以下简称《意见》),对食品安全信用体系建设提出总体设想,包括管理体制、信用标准、信用信息征集、食品安全信用评价、食品安全信用披露及奖惩体系。《意见》指出,食品安全信用信息来源于政府、行业和社会三个方面,政府信息主要是食品安全监管部门的基础监管信息;行业信息包括行业协会的评价等;社会信息包括新闻媒体舆论监督信息、信用调查机构的调查报告、认证机构的认证情况、消费者的投诉情况等。食品安全信用信息应当包括一定时期食品安全的静态信息和动态信息。《意见》要求食品生产经营企业及相关单位应该做好食品安全信息记录,保证信息真实全面,并依法公开其信用信息,促进信用信息的资源共享。政府各监

---

① 其他还包括公安部、商务部、农业部、卫生部、国家工商行政管理总局、国家质量监督检验检疫总局、海关总署。

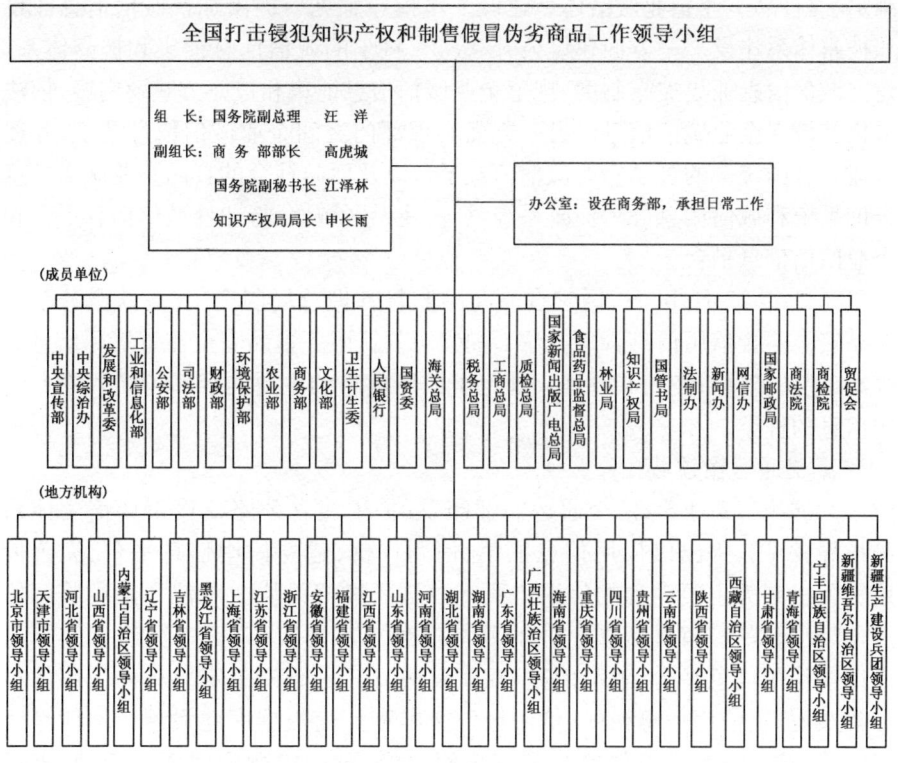

图9—9　全国打击侵犯知识产权和制售假冒伪劣商品工作领导小组组成

管部门,应当依法全面、充分、及时、无偿地向社会公开其有关食品安全的政策、法律、标准等社会公用信息资源。

　　2008年5月8日,国家质量监督检验检疫总局发布《关于建立产品质量信用记录专栏的通知》,要求在各级质检部门网站上,全部建立产品质量信用记录专栏,形成系统的、联动的、实时的产品质量信用记录网,有效发挥质检部门服务社会的作用。专栏内容包括本单位管理范围内的行政许可、良好信息、不良信息等内容,具体可以参照总局产品质量信用记录专栏(http://zlxy.aq-siq.gov.cn)。凡是已经对外公开的产品质量信用记录相关信息,必须纳入专栏。对于涉及国家秘密、商业秘密和其他不宜公开的信息,不得纳入专栏。专栏内容应当分别以良好记录、不良记录、提示信息等类别进行展示。

　　2009年12月18日,工业和信息化部会同发改委等10家政府部门[①]共同

---

　　①　此外,还包括监察部、农业部、商务部、卫生部、中国人民银行、工商总局、质检总局、食品药品监管总局。

制定了《食品工业企业诚信体系建设工作指导意见》,提出加快诚信信息征集和披露体系建设。一方面建设公开、公正、科学的诚信信息征集和披露体系,建立诚信信息征集披露制度,规范企业诚信信息征集和披露方式及内容,依法采集及披露企业诚信信息。另一方面实现部门之间企业诚信信息共享,并逐步建立全国统一的食品企业诚信信息平台以及面向社会的食品企业诚信信息查询系统和诚信信息公示披露系统,加快建设区域性、行业性诚信信息平台和企业诚信信息平台。

2011年12月14日,国家食品药品监督管理总局制定了《餐饮服务单位食品安全监管信用信息管理办法》,加强对餐饮服务食品安全监管信用信息的收集、记录、整理、使用和管理。规定了信用信息的主要内容和可纳入不良信用信息的种类。

3. 交通运输领域

2006年12月5日,交通运输部印发《关于建立公路建设市场信用体系的指导意见》,提出以信用信息征集、信用评价、建立信用信息平台、完善信用奖惩机制为主要内容的信用体系。一是征集相关从业单位和人员奖惩信息,以及部审查、审批资质企业的基本信息。二是按部、省二级建立公路建设市场信用信息平台,各有侧重,互联互通。三是研究制定统一的信用信息分类及编码、信用信息格式、信用报告文本和征信数据库建设规范。四是完善监管,对守法诚信单位要给予宣传和表彰,对违约行为要依法查处,重点监管。

2009年11月27日,交通运输部颁布《公路建设市场信用信息管理办法(试行)》,对公路建设市场信用信息的内容、管理、征集、发布等进行规范,同时明确我国公路建设市场信用信息管理系统按照部、省两级建立。2010年6月4日,交通运输部下发《关于运行全国公路建设市场信用信息管理系统的通知》,建立全国公路建设市场信用信息管理系统,省级交通运输管理部门和从业单位均可申请登录系统进行信息录入和更新,2010年6月10日,交通运输部组织开发的全国公路建设市场信用信息管理系统(简称部级平台)正式运行。设计、施工、监理和试验检测等从业企业的信用评价实现全国标准统一和信息共享。截至2011年3月31日,各省交通运输主管部门均建成与部级平台互联互通的省级公路建设市场信用信息管理系统。

2015年5月12日,交通运输部下发《关于加强交通运输行业信用体系建设的若干意见》,提出完善信用制度标准体系、加快信用信息系统建设、完善信用评价监管制度、推进信用信息应用、加强信用信息安全管理等方面构建交通运输企业信用体系。

4. 建筑开发领域

2002 年 6 月 4 日,建设部下发《关于加快建立建筑市场有关企业和专业技术人员信用档案的通知》,要求对于建设单位和工程勘察、设计、施工、监理、招标代理、造价咨询等企业,以及注册建筑师、结构工程师、监理工程师、造价工程师和建筑业企业项目经理等专业技术人员(以下简称企业和专业技术人员)的业绩、建筑市场违法违规行为、工程质量安全事故及其他不良记录等建立信用档案。地方建设行政主管部门按照建设部信息中心提供的数据接口,向中国工程建设信息网(网址为 http://www.zggcjsxxw.com)备案,有关企业和技术人员因违反诚信经营而遭受处罚的信息,由中国工程建设信息网予以披露,并作为不良信用记录进入其信用档案。

2003 年 7 月 24 日,建设部又下发《关于进一步推动和完善房地产信用档案系统建设的通知》,对各地房地产信用档案系统进行梳理,要求扩大房地产信用档案系统的覆盖面,尽快纳入所有房地产企业和执(从)业人员信用信息,同时开通全部地级以上城市的房地产信用档案系统。在信息收集方面,该通知指出要充分发挥行业协会、中介机构和社会公众的作用,拓展信息征集渠道,保证房地产信用档案系统信息的全面、准确。统一系统数据平台,保证信息传递畅通、资源共享,将信用档案系统建设与企业资质管理结合起来,把是否如实提供信用信息作为企业资质年检、晋级审批和专业人员执(从)业资格注册的条件。

2005 年 8 月 12 日,建设部颁布《关于加快推进建筑市场信用体系建设工作的意见》(简称《意见》),根据建筑市场监管工作的形势和要求,推进政府对市场主体的守法诚信评价。《意见》提出建筑市场信用体系建设要实现四个统一:一是统一的诚信信息平台,在试点经验的基础上,逐步推动其他区域诚信信息平台的建设;待条件成熟时,研究逐步将区域间的诚信信息平台实现互联,以点带面、稳步推进,逐步实现全国联网,构建全国性的建筑市场诚信信息平台。二是统一的诚信评价标准,根据整顿和规范建筑市场秩序的实际需要,制定发布建筑市场责任主体行为诚信标准。三是统一的诚信法规体系,根据国家有关诚信法律法规,制定与建筑市场诚信体系相配套的部门规章和规范性文件,使诚信体系的建设和运行实现制度化、规范化。四是统一的诚信奖惩机制,将诚信建设与招标投标、资质监管、市场稽查、评优评奖等相结合,对于一般失信行为,对相关单位和人员进行诚信法制教育;对严重失信行为,采取行政、经济、法律和社会舆论等综合惩治措施,使建筑市场形成诚实光荣和守信受益的良好环境。

2007 年 1 月 12 日,建设部颁布《建筑市场诚信行为信息管理办法》,明确由建设部负责制定全国统一的建筑市场各方主体的诚信标准;负责指导建立建筑市场各方主体的信用档案;负责建立和完善全国联网的统一的建筑市场信用管理信息平台;负责对外发布全国建筑市场各方主体诚信行为记录信息;负责指导对建筑市场各方主体的信用评价工作。同时,对诚信行为记录实行公布制度,其中,不良行为记录信息的公布时间为行政处罚决定做出后7日内,公布期限一般为6个月至3年;良好行为记录信息公布期限一般为3年;建筑市场监管信息系统中的企业、人员和项目形成信用档案,内部长期保留。截至目前,全国建筑市场监管与诚信信息发布平台总访问量已达300万次,除可免费查询建筑企业与从业人员的资质等信息外,还对相关企业和个人的失信行为予以公开披露,对提高建筑市场诚信行为起到了良好的作用。

5. 民政与劳动保障领域

2003年9月30日,原劳动和社会保障部颁布《关于推行企业劳动保障诚信制度的指导意见》,通过对各类企业遵守劳动保障法律法规的情况实施监督检查,建立企业劳动保障诚信制度。劳动保障诚信主要内容涉及企业依法招聘劳动者、签订劳动合同、遵守工作时间和休息休假、执行工资支付和最低工资标准、履行社会保险登记申报和缴费义务、实施女职工和未成年工特殊保护、建立企业劳动保障管理规章制度等执行劳动保障法律法规的情况。

2005年2月4日,民政部下发《关于深入开展民办非企业单位自律与诚信建设活动的通知》,提出建立公开、透明的信息披露制度,将年度工作报告在登记管理机关指定的网站或媒体上公布,接受社会的查询、监督。全面推行服务承诺制,树立民办非企业单位的公益形象,借助社会舆论监督机制,强化民办非企业单位社会责任。2006年1月4日,民政部再次下发《关于进一步深入开展民办非企业单位自律与诚信建设活动的通知》,将信息披露制度扩展到在地市级登记管理机关登记的民办非企业单位,明确在服务内容、服务方式、服务责任及收费标准等方面做出的公开承诺,增强透明度,并接受社会舆论监督,诚信经营,提高服务质量。

2012年8月23日,人力资源和社会保障部下发《关于加强人力资源服务机构诚信体系建设的通知》,明确有计划、分步骤建立健全各项诚信制度。一是将诚信教育纳入从业人员日常培训内容,建立和实施从业人员上岗前诚信教育制度,签署诚信服务承诺书,引导从业人员树立诚信服务意识,提高诚信服务水平。二是建立诚信信息采集机制,依法采集服务机构诚信信息,完善诚信评估制度和标准,健全评估工作机制,逐步建立诚信评估体系。三是诚信激励和惩罚措施,推进诚信奖惩机制建设,在政府采购、资金扶持、媒体宣传等方面参考使用服务机构诚信信息及评估结果,对诚信服务机构给予重点支持和优先安排。

6. 金融领域及联合惩戒

中国保监会于 2007 年印发《保险营销员诚信记录管理办法》,对保险营销员的诚信记录(包括保险营销员表彰奖励记录、保险营销员违法违规记录和保险营销员的投诉记录)进行登记,并在中国保监会指定网站"保险中介监管信息系统"(网址为 http://iir.circ.gov.cn)统一披露保险营销员的"保险代理从业人员资格证书""保险营销员展业证"登记信息和诚信记录信息。2011 年 5 月 11 日,中国保监会再次发布《关于调整保险营销员诚信记录登记事项的通知》,将投诉记录不再纳入诚信记录。2015 年 1 月 29 日,中国保监会、国家发改委印发《中国保险业信用体系建设规划(2015—2020 年)》,计划到 2020 年,建立健全保险业信用制度和标准体系,完善保险业信用记录建设,建立保险业信用信息数据库,推进信用信息交换与共享。

2015 年 9 月 14 日,国家发改委下发《关于印发〈失信企业协同监管和联合惩戒合作备忘录〉的通知》,由国家发改委和国家工商管理总局牵头,针对失信企业开展部门信息共享、协同监管和联合惩戒达成一致意见,主要内容包括:(1)由工商行政管理部门对行业主管部门做出行政处罚和失信评价的当事人采取市场准入和任职资格的限制,责令当事人限期变更、注销登记或吊销执照。(2)工商管理行政部门向各部门提供企业登记、监管、行政处罚信息,为其准入审批和行业监管提供依据。(3)各部门对失信企业采取联合惩戒措施,实现"一处失信,处处受限"的目标。

9.2.3 信用等级分类管理

在行业信用体系建设过程中,除了信用信息归集、信用档案建设以及信用信息共享外,各行业主管部门都在信用等级分类管理方面进行了初步的探索,积累了有益的经验,为以后进一步加强信用管理奠定了基础。

1. 食品与药品的信用等级分类管理

2004 年 4 月 7 日,国家食品药品监督管理总局等 8 个部委联合下发《关于加快食品安全信用体系建设的若干指导意见》,对食品安全信用体系建设提出总体设想,包括管理体制、信用标准、信用信息征集、食品安全信用评价、食品安全信用披露及奖惩体系,将食品安全信用等级分为 A、B、C、D 四级,根据信用等级状况,对食品生产经营企业实行分类监管。对长期守法诚信企业要给予宣传、支持和表彰,如在年检、抽检、报关等方面给予便利,建立长效保护和激励机制。对严重违反食品安全管理制度、制假售假等严重失信的企业,实行重点监管,可采用信用提示、警示、公示、取消市场准入、限期召回商品及其他行政处罚方式进行惩戒;构成犯罪的,依法追究其刑事责任。

2004 年 9 月 13 日,国家食品药品监督管理总局下发《药品安全信用分类管理暂行规定》,将药品、医疗器械生产、经营和研制单位作为信用主体,建立其信用信息档案,划分信用等级,并按照信用等级给予相应的奖惩。信用等级分为守信、警示、失信、严重失信四级。对被认定为守信等级的,给予政策支持;对被认定为警示、失信或者严重失信等级的,采取防范、提示、加强日常和专项监管等措施予以惩戒,情节严重的,将予以停产停业、取消批准文号等处罚措施。

2. 产品质量的信用等级分类管理

2006 年 10 月 24 日,国家质量监督检验检疫总局出台《关于加强企业质量信用监管工作的意见》,企业质量信用监管指标主要由质量、标准、计量、认证、出口检验方面的指标构成。根据企业质量信用指标反映的不同情况,将企业质量信用等级分为 A、B、C、D 四级,分别代表守信、基本守信、失信、严重失信四级信用程度,并对每一类加以详细规定。根据企业质量信用等级,同时参照银行、税务、工商、海关等部门反映的企业信用状况,在相关监管措施中出台分类监管规定,按照鼓励诚信、扶优限劣的原则,对企业实行分类监管。对守信企业、基本守信企业以激励与帮扶为主,对失信企业、严重失信企业建立惩戒与淘汰机制。

2013 年 7 月 16 日,国家质量监督检验检疫总局又颁布《出入境检验检疫企业信用管理办法》,对企业信用信息进行采集。企业信用信息包括企业基本信息、企业守法信息、企业质量管理能力信息、产品质量信息、检验检疫监管信息、社会对企业信用评价信息以及其他相关信息。并将企业信用等级分为 AA、A、B、C、D 五级,检验检疫机构按"守信便利,失信惩戒"的原则,将企业信用等级作为开展检验检疫监督管理工作的基础,对不同信用等级的企业分别实施相应的检验检疫监管措施。

3. 工商企业的信用等级分类管理

2003 年 10 月 31 日,国家工商行政管理总局颁发《关于对企业实行信用分类监管的意见》,由市场准入、经营行为和市场退出三方面的信用指标构成企业信用监管指标体系。市场准入的核心在于企业是否符合法定条件,提交的申请材料是否真实、合法、有效。经营行为的核心在于企业是否守法经营,在交易活动中是否遵循诚实信用原则。市场退出的核心在于企业退出市场是否依法进行清算。根据这一指标体系,将企业信用标准分为守信、警示、失信和严重失信 4 级。A 级为守信企业,用绿牌表示,重点加以扶持;B 级为警示企业,用蓝牌表示,在日常工作中予以提示;C 级为失信企业,用黄牌表示,作为重点监控对象;D级为严重失信企业,用黑牌表示,予以淘汰,或责令关闭,或吊销营业执照,并加强延后监管工作。

在此基础上,2011年9月21日,国家工商行政管理总局又颁布《关于进一步加强企业信用分类监管的意见》,进一步完善了充实信用分类监管标准,拓展应用范围。充分利用企业信用分类监管的提示、警示、检测、监测、限制、处罚、监控、申投诉、举报等信息,建立与完善企业信用激励和信用约束机制,加大对信用良好企业的激励力度,让守法诚信的企业时时得到便利,加大对信用不良企业的约束力度,使违法失信的企业处处受到限制。同时提升应用水平,积极探索依托企业信用分类监管平台,建立实用数据分析模型,分析辖区市场主体总体质量和经济秩序状况,为加强监管执法提供预见性参考,为政府决策、部门监管、行业自律、企业投资提供高质量的信息服务。

2006年12月30日,国家工商行政管理总局印发《个体工商户信用分类监管指导意见》,根据其市场准入、经营行为、市场退出等指标认定个体工商户信用状况。具体划分为守信、警示、失信和严重失信四类,分别用A、B、C、D四级信用度表示。对不同信用等级的个体工商户,按照激励守信、惩治失信的要求,充分运用工商行政管理职能和手段,有针对性地实施分类监管。对A级个体工商户,实行激励机制,提供便捷服务。对B级个体工商户,实行预警机制,定期巡查,进行警告或约谈,在办理变更登记和验照时,进行针对性的审查。对C级个体工商户,实行惩戒机制,强化日常监管,增加巡查次数,在办理变更登记和验照时,进行重点审查。对D级个体工商户,实行惩戒淘汰机制,重点检查工商行政管理机关的行政处罚是否执行到位,违法经营行为是否改正,在变更登记和验照时,加强全面审查,对依法吊销营业执照的个体工商户,要加强后延监管,检查有否继续从事经营活动,以及是否办理注销登记。

4. 纳税信用等级分类监管

2003年7月17日,国家税务总局印发《纳税信用等级评定管理试行办法》,纳税信用等级的评定内容为纳税人遵守税收法律、行政法规以及接受税务机关依据税收法律、行政法规的规定进行管理的情况。具体指标为:税务登记情况,纳税申报情况,账簿、凭证管理情况,税款缴纳情况,违反税收法律、行政法规行为处理情况。纳税信用等级评定按照第四条的评定内容分指标计分,设置A、B、C、D四级。主管税务机关根据纳税人的不同等级实施分类管理,以鼓励依法诚信纳税,提高纳税遵从度。

2014年7月7日,国家税务总局发布《纳税信用管理办法(试行)》,税务机关每年4月确定上一年度纳税信用评价结果,并为纳税人提供自我查询服务。主动公开A级纳税人名单及相关信息;根据社会信用体系建设需要,以及与相关部门信用信息共建共享合作备忘录、协议等规定，逐步开放 B、C、D 级纳税人名单及相关信息；税务机关按照守信激励、失信惩戒的原则，对不同信用级别的纳税人实施分类服务和管理。

5. 交通运输信用等级分类监管

2006 年 6 月 23 日，交通运输部印发《道路运输企业质量信誉考核办法（试行）》，由市级道路运输管理机构对道路旅客运输企业、道路货物运输企业进行质量信誉考核。道路运输企业质量信誉等级分为优良、合格、基本合格和不合格，分别用 AAA 级、AA 级、A 级和 B 级表示。道路运输企业质量信誉考核指标包括运输安全、经营行为、服务质量、社会责任、企业管理五大类。鼓励道路运输管理部门在企业申请道路客运班线经营权或期满申请连续运营时，参考企业的客运质量信誉考核结果。对班线经营期限内有两年以上为 B 级或三年以上为 A 级的，许可机关应当收回其 30％以上的到期的道路客运班线经营权。鼓励货源单位在选定货物承运单位时优先选择货运质量信誉等级高的道路货运企业。

2006 年 12 月 25 日，交通运输部印发《机动车维修企业质量信誉考核办法（试行）》，考核周期内对机动车维修企业的从业人员素质、安全生产、维修质量、服务质量、环境保护、遵章守纪和企业管理等方面进行的综合评价。机动车维修企业质量信誉等级分为优良、合格、基本合格和不合格，分别用 AAA 级、AA 级、A 级和 B 级表示。机动车维修企业质量信誉考核指标包括从业人员素质、安全生产、维修质量、服务质量、遵章守纪、环境保护、企业管理七大类。道路运输管理机构可以根据机动车维修企业质量信誉等级的高低，对企业采取推荐参加政府采购招投标、重大事故车维修、加入全国机动车维修救援网络等激励措施。

2015 年 5 月 12 日，交通运输部下发《关于加强交通运输行业信用体系建设的若干意见》，除完善信用标准体系、加快信用信息系统建设外，还提出建立行业统一的信用等级，按照五级（AA、A、B、C、D，分别对应好、较好、一般、较差、差）确定信用等级，并作为奖惩的重要依据。加强对守信主体的奖励和激励，实行优先办理、简化程序等"绿色通道"支持激励措施。鼓励和支持有关单位在采购交通运输服务、招标投标、人员招聘等方面，优先选择信用良好的企业和人员。加强对失信主体的约束和惩戒，强化行政监管性约束和惩戒，健全失信惩戒制度，建立行业黑名单制度和市场退出机制。推动形成市场性约束和惩戒，使失信者在市场上受到制约。推动形成行业性约束和惩戒，通过行业协会制定行业自律规则并监督会员遵守。逐步建立跨地区、跨行业的信用奖惩联动机制，完善失信行为通报和公开曝光制度。

此外,对于行业监管,2006 年 4 月 24 日,全国整顿和规范市场经济秩序领导小组办公室(简称"整规办")及国务院国有资产监督管理委员会行业协会联系办公室联合发布《行业信用评价试点工作实施办法》。2006 年 7 月 15 日,整规办、发改委再次联合发文——《关于加强行业信用评价试点管理工作的通知》,一是统一信用等级标准,企业信用等级统一划分为 AAA、AA、A、B、C 三等五级。各商会协会可根据行业特点和评定工作的需要,将 B、C 两等扩展为 BBB、BB、B、CCC、CC、C 六级,还可对每个信用级别用"＋""－"进行微调,表示略高或略低于本等级。其中 AAA 级表示企业信用等级很好;AA 级表示企业信用等级好;A 级表示企业信用等级较好;B 级表示企业信用等级一般;C 级表示企业信用等级较差。二是统一行业信用评价的名称、证书和标牌。评价工作统一定名为"企业信用等级评价",评价单位为各商会协会。信用等级的证书和标牌由全国整规办和国资委统一设计样式、统一编号,由各商会协会自行制作。三是统一有效期限。评价结果有效期限统一定为三年。企业申请上一级信用等级的,不受有效期限制。商会协会可在有效期内对企业每年进行一次复查。复查应采用简单有效的方法,不给企业增加负担。复查合格者继续享有原信用等级,不合格者要相应下调,并在一定范围内公布。有效期满后企业须重新申请参加信用评价。

9.2.4　专项信用体系建设

1. 农村信用体系建设

我国农村信用环境比较薄弱,农村社会信用体系长期以来一直受到高度重视,是国家社会信用体系建设的重要组成部分。特别是乡镇企业存在有约不遵、拖欠货款、逃废债务、偷漏税收,甚至造假仿冒、恶意欺诈的问题,因此,我国农村社会信用体系建设最初从乡镇企业开始,为引导乡镇企业加强信用管理,提高信用水平,2002 年 10 月 18 日,农业部印发《关于加强乡镇企业信用管理工作的意见》,力图界定和规范乡镇企业的信用行为和信用活动,制定为乡镇企业信用服务中介机构的业务范围和经营规则,完善乡镇企业信用风险防范、监督管理和责任追究的相关措施,逐步形成全国统一的乡镇企业基本信用制度。具体以加强企业信用管理和改善企业信用环境为重点,从东部发达地区、重点行业和大中型企业起步,分步推进,逐步实现乡镇企业信用管理工作的科学化、制度化、规范化和信息化。目标是到 2010 年,逐步建立起乡镇企业的基本信用制度、乡镇企业信用信息征集与评价体系、乡镇企业信用担保体系和乡镇企业信用服务与监管体系(即"一个制度和三个体系")。

该意见对乡镇企业如何培育良好信用形象加以明确规定,在加强内部信用管理方面,提出大力推行"3＋1"科学信用管理模式,使企业信用管理逐步走向科学化、制度化、规范化和信息化。在加强乡镇企业信用服务体系方面,提出建立乡镇企业信用信息征集与评价体系、乡镇企业信用担保体系和乡镇企业信用信息查询系统,从而完善乡镇企业的信用记录、信用征集、信用评价、信用公示、信用担保、信用信息咨询等社会化信用服务体系。在建立健全乡镇企业信用激励和约束机制方面,把诚信作为对乡镇企业扶持的重要依据,对信用优秀的乡镇企业在工商、财政、税务、金融服务、信用担保、发行债券、股票上市、进出口等方面给予相应的鼓励与支持。建立信用责任追究制度,对不讲信用、不讲商业道德、破坏市场经济秩序的企业和经营者,要依法制裁,公开曝光。

2004 年 4 月 11 日,农业部颁布《关于开展创建全国诚信守法乡镇企业活动的通知》,对重合同守信用、严格执行国家财务制度、加强质量管理和重视环境保护、依法纳税等诚信守法的乡镇企业授予"全国诚信守法乡镇企业"的称号,引导乡镇企业增强信用意识,加强信用管理,弘扬诚信守法风气,树立良好的企业形象。2006 年 8 月 21 日,农业部印发《乡镇企业内部信用管理规范》,再次引导乡镇企业加强内部信用管理,提高企业信用水平,完善企业内部信用管理体制、组织机构、职责分工、相关信用业务流程管理方式、规章制度及相关技术规范。其中特别提出企业应当建立独立的信用管理部门或设置信用监理,有效地协调企业的销售目标和财务目标,在企业内部形成一个科学的风险制约机制,防止盲目决策产生的信用风险。此外,还对企业的合同信用管理、资金与财务信用管理、产品与服务信用管理、劳动信用管理、环保信用管理等十个方面提出了规范性要求,鼓励企业根据规范精神,结合自身实际,制定具体管理办法。经过多年的建设,乡镇企业信用意识逐渐增强,信用状况明显改善,涌现出一大批"以诚立企、以信兴企"的企业和一批全国知名的乡镇企业家,创造了一批全国驰名商标和名牌产品。

2014 年 12 月 24 日,农业部印发《关于加快推进农产品质量安全信用体系建设的指导意见》,提出以信息系统建设和信息记录共享为基础,以农业投入品生产经营企业、农产品生产企业、农民合作社、种养殖大户为重点,以建立守信激励和失信惩戒机制为核心,强化生产经营主体诚信自律,营造诚信守法的良好社会氛围,全面提升农产品质量安全诚信意识和信用水平。目标是到2020 年,农产品质量安全信用体系基本建成,重点生产经营主体的信用信息基本实现全覆盖,守信激励和失信惩戒机制有力有效,信用体系在保障农产品质量安全方面发挥重要的基础性作用,农产品质量安全水平明显提升,消费者对农产品质量安全的满意度大幅提高。该意见明确了农产品质量安全信用体系建设的重点是农业投入品(如种子、农药、肥料、兽药、饲料等生产经营单位)和农产品两个领域,提出农产品质量安全信用体系的主要任务是完善、整合农产品质量安全信用信息,加快构建信用信息共享机制,强化企业和行业的诚信责任,鼓励和指导第三方征信机构、行业协会依法开展征信工作。具体措施是加强制度建设、建立信用信息披露机制、健全守信激励机制、完善失信惩戒机制、建立诚信监督机制。

2. 中小企业信用体系建设

中小企业是促进我国经济发展、科技创新和增加就业的重要力量。为引导中小企业增强信用观念,提高中小企业的整体素质和综合竞争力,改善中小企业信用状况,创造良好的信用环境,2001年4月26日,原国家经贸委、国家工商总局等十部委①联合下发了《关于加强中小企业信用管理工作的若干意见》,这标志着我国以中小企业为主体的社会信用体系建设开始启动。该意见提出要培育中小企业良好信用,帮助中小企业加强财务管理,确保会计资料正式完整;推动中小企业加强质量管理,改善售后服务,严禁生产和销售假冒伪劣产品。该意见还指出,要推进中小企业建立和完善企业信用制度,实施中小企业信用工程,探索信用评价体系,制定信用评价标准。具体包括:(1)指导中小企业建立信用管理制度和加强信用管理,健全会计制度、加强财务管理、严格质量管理、信守合同、依法足额纳税;(2)完善社会信用制度,制定信用服务中介机构的相关执业规范,创造有利于中介机构公平竞争的市场环境,重视发挥中介机构在提升中小企业信用中的作用;(3)制定中小企业和中介机构信用评价标准,结合全国中小企业信用担保体系建设工作,开展对担保机构和中小企业的信用评价;(4)实施信用工程,在充分发挥银行信贷登记咨询系统、中小企业信用担保体系和工商登记年检系统等现有信用体系作用的基础上,探索建立部门间联合的信用信息征集与信用评价体系,培育以中小企业为主要服务对象的社会化信用体系。

信用担保是中小企业信用体系建设的重要组成部分。自2001年起,国家税务总局就对中小企业信用担保机构予以免征所得税的优惠。2005年7月10日,发改委发布《关于跨省区或规模较大的中小企业信用担保机构设立与变更有关事项的通知》,明确注册资本在1亿元以上,在两个或两个以上省区开展担保与再担保业务的中小企业信用担保机构由发改委统一审批许可,并规定了相应的条件。2006年11月23日,国务院下发《关于加强中小企业信用担保体系建设的意见》(国办发〔2006〕90号),提出建立健全中小企业信用担保机构的风险补偿机制,鼓励社会各方增加资本投入;完善担保机构税收优惠等支持政策,促进担保机构可持续发展;推动担保机构与金融机构的互利合作,为担保机构开展业务创造有利条件,为中小企业多样化融资需求提供产品和服务。2009年3月19日,工信部和国家税务总局联合发布《关于加强中小企业信用担保机构免征营业税有关问题的通知》,明确了信用担保机构的免税条件、免税程序和免税政策期限。

中小企业融资难问题一直是中小企业信用体系建设的重点,2004年,发改委联合国家开发银行发布《关于合作开展中小企业贷款和信用担保体系建设工作的通知》,目的是促进中小企业发展,扩大城乡就业,发挥中小企业在国民经济和社会发展中的重要作用。除大力推进信用担保体系建设外,该通知还希望发挥开发性金融机构的融资优势,探索中小企业贷款的新模式,尤其是贯彻贷款保本微利的原则,利率水平按照中国人民银行公布的同期贷款利率,不进行上浮。2007年3月15日,发改委和国家开发银行再次发布《关于深化中小企业贷款与信用担保体系建设工作的指导意见》,为推动解决中小企业融资难担保难的问题,支持和指导中小企业发展,在前述政策的基础上,一是合作开展融资平台建设,内容包括组织推动工作平台、贷款平台、担保平台,并在全国建立省、市、县三级融资平台;二是合作推进中小企业信用担保体系建设,包括开发银行贷款支持建立省级担保机构、国家层面的再担保机构等;三是合作推进中小企业信用制度建设,加强中小企业信用信息征集与信用等级评价工作,逐步建立以信用登记、信用征集、信用评级和信用发布为主要内容的信用制度。

此外、财政部、科技部等部委也就中小企业信用体系建设相关问题发布专门意见,从不同角度不断完善中小企业信用体系。例如,2006年12月7日,财政部下发《关于进一步支持出口信用保险为高新技术企业提供服务的通知》,鼓励充分发挥出口信用保险对推动高新技术企业出口的作用,加强保险新产品的开发,完善业务种类,优先为高新技术企业出口提供保险保障,强化海外风险信息的收集和分析工作,发挥出口信用保险机构的信息资源优势和商账追收经验,为高新技术企业提供信息咨询、商账管理等全方位服务。

参考文献

[1]Emery, G.W. (1984), "A pure financial explanation for trade credit", *Journal of Financial and Quantitative Analysis*, 19:271—85.

[2]Ferris, J.S.(1981), "A Transactions Theory of Trade Credit Use", *Quarterly Journal of Economics*, 96, May: 243—70.

[3] Schwartz and Qhitcomb(1979), "The trade credit decision", In *Handbook of Financial economics*, ed. J.L. Bicksler, Amesterdam: North Hollland, 257—273.

[4]安贺新.我国社会信用制度建设研究[M].北京:中国财政经济出版社, 2005.

[5]贺琦.短期信用的集中[J].中国金融,1951(4).

[6]白寿韶,蒋人杰,吴炜棠,闵忠才.谈谈消费信用[J].上海金融研究, 1982(2).

[7]刘舒年,王亚松.进一步拓展出口信用保险[J]. 国际贸易,1992(11).

[8]胡启立,经叔平,林毅夫.加快建立全国统一的社会信用体系[J].港口经济,2002(3).

[9]常明明.绩效与不足:建国初期农村信用合作社的借贷活动的历史考察——以鄂湘赣三省为中心[J]. 中国农史,2006(3).

[10]赵学军.略论二十世纪五十年代中国的商业信用[J]. 当代中国史研究,2006(3).

[11]林钧跃.论我国个人征信行业发展的模式[J]. 经济社会体制比较, 2003(6).

[12]李晓红,周文.社会信用环境的两维度模型:对转轨国家社会信用环境的解释[J]. 经济问题探索,2008(8).

[13]喻瑞祥.社会主义货币信用学[M].北京:中国财政经济出版社,1980.

[14]梅因.古代法[M].北京:商务印书馆,1959.

[15]威克塞尔.利息与价格[M].北京:商务印书馆,1993.

[16]约翰·穆勒.政治经济学原理[M].北京:商务印书馆,1997.

[17]丁治同.从国外公共信息开放模式看我国社会信用体系建设顶层设计[J].中国征信,2015(7).

[18]姜涵.公共信息资源开放共享的国外经验及启示[J].电信研究,2014(4).

[19]林钧跃.征信技术基础[M].北京:中国人民大学出版社,2007.

[20]唐方方.中国互联网个人征信机构差异分析与合作模式探讨[J].清华金融评论,2015(9).

[21]韦柳融.公共信息资源开放共享该如何推进?[J].中国信息产业,2014(8).

[22]张健华.我国互联网征信发展与监管研究[J].中国金融40人论坛,2014(12).

[23]中国人民银行.中国征信业发展报告(2003-2013)[R].2013-12.

第四篇

中国信用体系建设的地方经验

第 10 章

长三角地区信用体系建设

长三角地区是中国经济较为发达的地区,其信用体系建设在全国各地区中是较早开始的,也形成了较全面的信用体系框架。本章以上海市、浙江省、江苏省为例分析该地区的信用体系建设。

10.1 长三角地区信用体系建设概况

长三角地区较早揭开了信用体系建设的序幕,走在全国各地区的前列。

1999 年,上海率先开展个人信用联合征信试点工作,长三角地区的信用体系建设开始起步。作为全国最早开展诚信体系建设的城市,上海市社会信用体系建设以个人征信服务为起点,通过第三方征信机构建设互为补充的企业和个人联合征信系统,并与各行业管理信息系统进行互联互通和信息共享,初步形成了公共信用信息归集和更新维护机制以及社会化发布、公示机制,共同构成一个完整的社会信用体系的信息基础平台。

2002 年开始,浙江省信用体系建设以"信用浙江"战略为指导,从信用立法机制入手,结合社会各部门的需要,围绕社会信用活动制定相关法律法规,为体制发展建立扎实的法律基础。该省以企业信用建设为工作切入点和突破口,大力发展信用信息平台建设,成立了国内领先的企业和个人信用信息平台。江苏省信用体系建设以"一网三库"为依托,搭建了信用信息系统平台,实现了信息资源共享。江苏省通过省市联合招标、特许经营的方式,引导信用中介机构发展,目前已经取得成效。

同时,长三角地区各省市在信用体系建设过程中也不断地加强交流,共同推进。

2004 年 7 月 14 日,经过多次协商,江苏、浙江、上海两省一市政府联合签署了《信用体系建设合作备忘录》,共同建立区域性信用体系,推进信用信息资源共享。

在"十一五"时期(2006~2010 年),长三角地区健全了区域社会信用体系专题组例会制度,建成了"信用长三角"网络共享平台,联合举办了"信用长三角"高层研讨会,组织开展江、浙、沪、皖四地信用服务机构备案互认工作,共同推动区域信用一体化进程。浙江省也与深圳市实现企业信用信息网上互查,迈出了区域信用合作联动的新步伐。中国人民银行上海总部、南京分行、杭州中心支行拟定了《推进长三角征信服务一体化建设实施方案》,连续 3 年召开"长三角信用评级一体化联合评审会",有效推进了长三角征信服务一体化建设。

2010 年 6 月 28 日至 30 日,长三角区域信用体系专题组第十一次例会在上海召开,安徽省第一次参加例会,正式加入长三角区域信用合作。同年 11 月,《长三角区域社会信用体系建设中长期发展规划纲要(2010-2020)》出台。

2012 年 10 月,沪、江、浙、皖信用办联合召开"信用长三角"第三届高层研讨会,三省一市的信用主管部门共同签署了《长三角地区信用服务机构备案互认协议书》。

2014 年 12 月 29 日,长三角区域信用联动奖惩机制建设试点工作启动会在上海召开。长三角区域信用联动奖惩机制建设的试点工作选择对长三角各省市经济社会发展都有一定影响,以具有区域经济特征的旅游和环保领域为切入点,以建立切实可行的区域性信用联动奖惩机制作为试点工作目标,并建议三省一市按照"标准统一、信息共享、有序推进"的原则协同开展。

10.2 上海市信用体系建设

10.2.1 上海市信用体系建设的基本历程

上海市作为全国最早开展诚信体系建设的城市,历经三个阶段,初步构建了社会诚信体系的基本框架,并逐步向社会经济生活的各个领域延伸和扩展,推动社会诚信体系建设深入发展。

1. 起步阶段:初步形成"两大系统、联合征信、普遍服务"的格局

1999 年,国家领导人在政协委员童石军的提案上批示:在上海试点,从而启动了建立社会征信体系的工作,率先开展个人信用联合征信试点。

2000 年初,上海市信息办和中国人民银行上海分行联合印发了国内第一部关于个人信用联合征信的政策性管理办法——《上海市个人信用联合征信试点办法》;同年 6 月,汇集了 15 家中资商业银行、110 万人个人信用信息的上海市个人信用联合征信系统建成开通,并出具了我国大陆第一份个人信用报告。

2000 年 7 月,我国首家个人征信机构——上海资信有限公司成立,经营个人信用征信业务,从而推动上海个人信用联合征信服务系统的建立。截至 2001 年 8 月底,上海资信有限公司已汇集 120 万张准贷记卡、50 万笔个人贷款和 240 万移动通信入网用户的个人信用信息,在全市开通近 300 个查询终端,共接受查询 16 万笔,出具信用报告 9.3 万份,日均查询量 900 次,查得率为 80%。

之后 5 年,上海社会诚信体系建设得到了社会各界的高度重视,2002 年上海市企业联合征信数据库系统建成开通;2003 年社会诚信体系建设列入市委、市政府年度重点工作;2005 年上海市信用服务行业协会和上海市征信管理办公室正式成立,同时启动了"诚信活动周"等活动。

2. 拓展阶段:行业信用制度建设和社会诚信创建活动取得明显进展

2006 年,上海市通过举办"信用长三角"高层研讨会(上海),开通了"信用长三角"网络共享平台和"上海诚信网",并发布《关于加强中小企业信用制度建设的实施意见》。2007 年,通过上海市发布的《上海市社会诚信体系建设三年行动计划(2006－2008 年)》和国务院发布的《国务院办公厅关于社会信用体系建设的若干意见》(国办发〔2007〕17 号),明确了上海市各个行业信用制度建设的目标和方向。同年 9 月和 12 月,上海市分别举办了"诚信兴商宣传月"开幕式暨高层论坛和"加强政府诚信,推动政府自身建设"经验交流会,并发布了《上海市征信机构备案规定》。

2008 年初,"信用长三角"联动建设工作启动,中国人民银行、上海市人民政府、江苏省人民政府、浙江省人民政府签署《"信用长三角"合作备忘录》。随后,中国人民银行征信中心在上海揭牌。同年 10 月,在"信用长三角"第二届高层研讨会上,三地信用管理部门共同签署《长三角地区信用服务机构备案互认协议书》。

3. 深化试点阶段：推动建立覆盖社会经济生活全方位的社会诚信体系

2009 年，上海市先后出版《上海社会信用制度汇编》和《上海信用服务行业发展报告（2008）》；同年 6 月，《上海市经济适用住房管理试行办法》监督管理条款中嵌入了虚假申请的个人和出具虚假证明主体的不良信用记录纳入上海市个人和企业信用联合征信系统的制度安排；同年 8 月，正式实施的《上海市推进国际金融中心建设条例》将"信用环境建设"单列为第五章。

2010 年 1 月，上海市发布《上海市推进工程建设领域项目信息公开和诚信体系建设工作实施方案》；2011 年 4 月，《上海市促进中小企业发展条例》规定市和区、县人民政府应当推动中小企业诚信建设。

2012 年，上海市委、市政府印发了《关于进一步加强上海市社会信用体系建设的意见》和《三年行动计划》，作为新一轮社会信用体系建设的重要顶层设计。在政府掌握的信用信息公开方面，上海市对行政和司法部门公开企业信用信息的现状进行了梳理汇总，编制发布了《上海市行政和司法部门企业信用信息公开目录（2012 版）》，涉及 27 个部门的 171 类近 700 个数据项，方便社会主体进行查询。

2013 年 4 月，上海市颁布实施《上海市企业失信信息查询和使用办法》；同年 6 月，上海市公共信用信息服务平台面向政府部门开通试运行。

2014 年，在市政府的倡导和支持下，成立了上海市信用服务产业创新联盟。新联盟集结与信用服务相关的"产学研用资"等各方力量，结合信用大数据应用创新、互联网信用服务产品创新、行业信用风险测评机制创新、信用消费模式创新等专题，着力促进信用服务产业企业加强合作、创新提升，并得到众多信用服务机构、行业协会、产业园区、高校、科研院所及大数据、P2P 等领域创新型企业的响应和参与。

2014 年 8 月 26 日，上海市征信办发布《关于开展"三个清单"（数据清单、应用清单、行为清单）编制工作的通知》，初步形成了信用信息分类管理的雏形。

2014 年以来，上海市进一步加大推动公共信用信息和各类信用产品查询使用的力度。自贸试验区、市级部门、区县、市场主体等，围绕服务自贸试验区制度创新、服务政府管理方式转变、服务城市管理、服务社会治理、优化公共服务、服务经济建设和产业发展等多个方面，已经开展或拟开展 547 项应用。2014 年下半年，上海市开始着手制定上海市信用体系建设"十三五"规划。

2015 年，上海市政府办公厅印发《上海市政府部门公示企业信息管理办法》，进一步推动企业信息公示。上海自贸试验区信用信息综合查询平台正式开通，成为全市唯一可同时开展公共信用信息查询和金融信用信息查询的服务窗口。信用管理正在自贸试验区货物通关、贸易管理、金融业务、资质认定和财政资金使用等领域发挥积极作用。2015 年 5 月,上海市人大启动社会信用体系建设重点立法调研项目,地方信用立法研究工作加快推进。

10.2.2　上海市信用体系建设的现状

上海市信用建设起步早,出台了一系列社会信用建设制度,建立了个人、企业信用数据库,有效地开展了信用服务,社会信用建设成果显著。2014 年 4 月 30 日,《上海市公共信用信息目录(2014 版)》正式发布,企业联合征信数据库采集了上海市工商局、技术监督局、统计局、国资委、海关、中国人民银行上海市分行等政府部门、金融机构和社会团体掌握的各类企业信用信息,企业联合征信系统共采集 147 万家企事业单位和社会团体的信息,并实现了 48 大类企业信用数据的网上自动采集工作。截至 2014 年底,共有 99 家信用服务机构确认向市信用平台提供数据,涉及信息事项共计 3 441 项,其中法人 2 770 项、自然人 671 项,覆盖 138 万法人和 2 400 万自然人,已有 62 个部门开通 587 个账户。

上海市信用服务业稳步发展,个人征信服务呈良性发展局面,服务体系比较成熟。上海是国内信用服务机构集聚度最高的地区。目前,上海市有备案信用服务机构 86 家,业务覆盖企业征信、个人征信、信用评级、企业信用管理等领域。2013 年,行业总营业收入 8.32 亿元,同比增长近 7%,整体继续保持增长势头;业内机构出具企业信用报告约 46.6 万份,涉及应收账款管理金额 45.62 亿元,涉及主体评级对象贷款余额 6.46 万亿元。[①]

上海市在信用体系建设方面取得成就的同时,还存在许多问题,例如信用管理制度不健全等。上海市在国内较早探索建立了信用体系,在制度建设方面出台了《上海市个人信用征信管理试行办法》《上海市政府信息公开规定》等文件,但在企业信用监管、信用市场监管等方面仍然缺乏有效的规章制度。

10.2.3　上海市信用体系建设的特点与经验

上海市社会信用体系建设以个人征信服务为起点、以第三方征信机构为链接,建设互为补充的企业和个人联合征信系统,并与各行业管理信息系统进行互联互通和信息共享,初步形成了公共信用信息归集和更新维护机制以及社会化发布、公示机制,共同构成一个完整的社会信用体系的信息基础平台。通过实行特许经营、商业运作、专业服务,基本建成适应于现阶段经济发

---

① 李耀新,关于上海市社会信用体系建设工作情况向上海市人大常委会报告。

展的社会信用体系主要框架和运行机制,被称为"上海模式"。其具有以下四个特点:

1. 政务公开标准化

在诚信体系建设中,上海市委、市政府思想统一、认识清晰,持续不断地推进社会诚信体系建设("政府推动"发挥了决定性作用),加强社会诚信体系基础建设,授权第三方征信机构独立开展征信业务,建设数据库,安排征信服务流程,设计评分模型和开发信用产品等。在征信机构与信息提供方和使用方的组织架构上,以个人信用信息数据中心理事会的形式,通过契约将各成员单位组成利益共同体,明确各自的权利和义务;加强对各成员的协调和监督,规范信用信息提供方和使用方以及征信机构的运作程序等;加强以信用制度为核心的地方信用法规建设,建立健全信用法规体系;加强领导、统一协调,形成全面推进社会诚信体系建设的工作机制和合力。上海市政府通过立法,规定政府部门对社会公开职能范围内应该公开的政务信息,以供征信中介机构免费查询、获取有关企业和个人的信用信息,探索建立个人信用联合征信业务的政策和法律法规框架。

2. 市场化运作

上海市重视培育信用市场需求,扶持社会信用中介机构发展。企业、个人信用基础数据库建设和征信服务,均采取公司经营、商业运作、专业服务的方式,政府不直接投资建设,不介入征信服务,由上海资信有限公司承担上海信用体系数据平台建设任务;充分发挥社会组织的作用,对社会组织的信用体系建设加强指导和支持;组建上海信用协会,为政府部门、金融机构、社会组织、企事业单位、新闻媒体、科研院所、专家学者和信用服务机构搭建合作交流平台,指导、支持各类诚信创建活动的开展;推动社会组织增强信用管理能力,加强诚信品牌建设,不断提高公信力;积极发挥资金引导作用,充分发挥市、区(县)两级财政资金的引导作用,积极支持信用信息公共服务平台建设、信用标准体系建设、信用产品创新研发与推广使用、信用服务机构培育等;鼓励民间资本、社会法人资本、风险投资资本进入信用服务市场,形成多元化的投融资机制。

3. 以政府主导开始

上海市社会信用体系建设一开始具有强烈的行政色彩。中国人民银行授予上海资信有限公司相应的业务资质,曾于 1999 年专门下发文件,要求上海市 15 家中资银行把个人消费信贷资料交给该公司,不仅政策支持,更有财政借贷扶助。在联合征信项目建设过程中,市政府用财政借款的方式向项目提供5 000万元、为期 5 年的无息贷款,以支持该公司业务的开展。此外,个人征信试点多次得到了中央领导的批示。政府强化组织推进机制,完善市、区(县)两级联席会议的统筹规划、协调推进、考核评估机制。联席会议各成员单位将信用体系建设纳入日常管理工作,明确分管领导、责任部门和联络员。强化征信管理部门的指导、协调、考核和监督职能。市、区(县)考核管理部门将联席会议及其办公室对成员单位的信用体系建设考核情况纳入考核范围。

4. 分步实施

以个人信用征集为起点,整合社会各方资源,在操作上采取先个人后企业、先同业后联合的办法,逐步建立一个覆盖全社会的信用信息网络;切实推进计划实施,搞好项目衔接与落实工作,细化分解目标、任务和举措,明确推进落实责任;探索建立科学、易操作的工作评价统计指标体系,对执行情况建立完善跟踪评估制度,增强评估的科学性,并根据需要适时进行必要的调整。

10.2.4 上海市信用体系建设存在的问题及发展对策

1. 存在的问题

(1)缺乏统一规划和标准

信用体系建设的重要性人所共知,但是,在实际建设过程中尚缺乏统一的标准,信用体系应该依据什么样的准则和规范,仁者见仁,智者见智,主要有两个方面:

一是如何与相关上位法配套制定地方规章。上海市政府认为,作为地方政府难以独立建设完整的信用法规、管理和运行体系。特别是国家机密、商业秘密和个人隐私尚无明确界定,《民法通则》没有完全解决好个人消费者合法权益保护问题,信用信息的公开披露还存在着法律障碍。

二是如何与更大系统的标准建设相衔接。由于国家没有统一推广信用体系建设,地方征信实践先行,存在着与国家的信用信息标准不一致和数据接口问题,在实现区域乃至全国联网时,往往出现系统衔接上的困难。

(2)各级各类信息的甄别和共享存在困难

由于行政职能的划分,各个行业之间存在一定的障碍,不同行业和部门在采集信息、共享和应用工作中无法保持同样的步调,各类信息系统建设各自为政,信息共享和互动存在着障碍,导致跨行业、跨区域、跨部门的信息无法高效共享。这也制约了联合征信系统的建立和完善,使信用信息征集和共享机制难以真正形成。

(3)信用体系建设的推进机制有待完善

上海市社会信用体系建设联席会议制度统筹协调和推进工作的能力有待加强。联席会议的管理体制与国家部级联席会议体制需要进一步衔接;联席会议缺乏固定的会议制度,各成员单位定期信息交流机制还未形成;各成员单位的信用体系建设考核尚未纳入绩效考核体系。

（4）信用市场规范有待进一步提高

上海市在国内较早探索建立了信用体系,在制度建设方面出台了《上海市个人信用征信管理试行办法》《上海市政府信息公开规定》等文件,形成了120多项信用制度规范,但大多数层级较低且内容较为原则,缺乏基础性、标准性的、普遍适用的信用法律法规支撑。

（5）信用服务市场有待进一步推进

上海信用建设行业规则不完善,没有建立起规范的运营机制,专业人员素质较低,征信队伍建设亟待加强,这不仅造成评估机构之间评估结果不相同和公司信用级别上的混乱,而且也影响了资信评估的社会公信力,进而对整个社会信用都产生了一定的负面影响,导致信用中介机构发展非常缓慢。

2. 发展对策

（1）充分发挥覆盖全社会的征信平台与征信网络的功能

一是在落实好政务信息公开的基础上,依托全国集中统一的金融业征信平台实现金融类信用信息和非公开政务信用信息跨区域、跨行业的、全国范围内的高效共享。

二是以上海诚信网为平台,整合人行征信系统与上海市公共信用信息平台系统这两大系统,进一步探索两大系统的联动机制,实现互联互通,逐步形成覆盖本市全部信用主体、所有信用信息类别、所有区域的信用信息网络。

（2）加快制定信用法律法规

在与全国性信用法律法规做好衔接配套的前提下,抓紧制定信息征集、使用和发布,信息主体权益保护等方面的法律与规章。

（3）发挥政府与市场在信用体系建设中的功能

信用建设必须要有政府的大力推动,尤其在信用建设初期,政府的组织协调、引导和支持作用至关重要。但在社会信用体系的建设过程中,也必须尊重市场主体的地位,吸引社会各种主体和组织参与,因此要正确厘清政府和市场在社会信用体系建设中的功能边界。在信息归集与共享领域、法律规范领域、奖惩机制领域,政府应主导;对于市场利益的追逐会使得市场主体重视声誉、采取诚信行为的领域,政府应该尊重市场主体的利益,采取不干预的态度;对于市场失灵或者具有较大的社会外部影响的领域,政府应该通过法律和监管等加以约束。

（4）发展信用服务市场,构建和谐的信用环境

上海市政府经过长达十几年的信用体系建设,出台并实施了很多相关法

律法规,在规范信用管理方面也取得了一些成效,但是在实际运行过程中,还存在着一些法规的盲点和问题,只有继续坚持规范和创新发展的原则,稳中求进,才能促进信用服务行业的健康发展。政府和地方部门可以充分利用金融行业的带动作用,以及信贷、税收、销售服务、合同等方面的信用记录,争取构造和谐的信用环境,充分利用社会资源,建设更加完善的信用服务市场。

(5)加强诚信教育宣传,营造诚实守信的社会风尚

一是突破行业内、部门内举行信用宣传的惯例,通过多部门联合集中举办"诚信宣传月"等主题宣传活动,建立稳定的诚信宣传合作机制。

二是推动诚信教育和培训工作,加强对各级各类工作人员的培训和教育,并且在高等院校、中小学基础教育中开设以诚信为主题的教育内容;加强征信从业人员岗位培训和认证,培养信用市场所需要的信用专业人才。

三是加强信用研究,针对信用信息共享和应用、信用服务市场培育和规范等问题,组织专家进行研究和论证,解决区域信用体系建设与完善中出现的难点和"瓶颈"问题。

10.3　浙江省信用体系建设

10.3.1　浙江省信用体系建设的基本历程

浙江省信用体系建设主要可以分为以下三个阶段:

1. 起步阶段:初步确立浙江省信用体系建设的战略决策和发展方向

2002年,浙江省政府在省第十一次党代会上提出"必须把建设'信用浙江'作为完善社会主义市场经济体制和改善发展环境的重点来抓",形成了建设"信用浙江"的战略决策,确定了率先建立健全社会信用体系的总体目标,以及在全国率先建立运行数据容量最大、覆盖面最广、内容最全面的企业征信数据库的任务目标。之后成立的"浙江省建设'信用浙江'工作领导小组"由常务副省长任组长,两位副省长任副组长,领导小组办公室设在计委。同时,构筑政府、企业、个人三大信用主体,其中政府信用是表率,企业信用是重点,个人信用是基础,工作切入点和突破口是企业信用建设。

2005年,浙江省出台政府规章《浙江省企业信用信息征集和发布管理办法》,并配套出台了信用信息查询、信用服务机构管理等近十项规范性文件,不断推进信用规划、信用体系立法建设。

2006年,根据发展与改革委员会和中国人民银行的有关工作部署,中国人民银行杭州中心支行和浙江省中小企业局研究决定,于2006年下半年在全

省开展信用担保机构信用评级试点。

2. 强化阶段:着重发展信用体系立法建设

2007 年,浙江省提出社会信用体系建设"十一五"规划(2006～2010 年),提出信用体系建设实施的总体目标是:通过"建设两个平台、培育三大主体、构建五大体系",努力提升浙江省社会信用水平,使"诚实、守信"成为全省人民自觉的价值取向和行为规范。其中,两个平台是指企业和个人两大联合征信数据平台,三大主体是指政府、企业和个人三大信用主体,五大体系是指信用政策法规体系、信用服务体系、信用文化体系、信用监管与奖惩体系、区域信用联动体系五大体系。同年,省政府还出台了《浙江省信用服务机构管理暂行办法》《浙江省企业信用信息查询办法》《浙江省人民政府办公厅关于加强中小企业信用担保体系建设的若干意见》等多项管理办法,继续完善信用体系的立法建设。

2008 年,浙江省出台了《浙江省中小企业信用担保机构备案管理暂行办法》《浙江省中小企业信用担保机构信用评级管理暂行办法》《浙江省政府信息公开暂行办法》《关于加强浙江省农村信用体系建设工作的指导意见》等多份规范性文件。

3. 深化阶段:浙江省信用信息平台与服务机制的完善

2010 年,通过"十一五"建设,浙江省社会信用体系建设已取得明显成效,三大主体信用水平明显提升。浙江省经济信用化程度达到 2.17,比 2006 年初增加 0.59。政府行政公信力提高,政务信息公开力度加大,政策透明度、可预见性和连续性增强,政府信用形象得到明显改善。全省企业信用意识进一步增强,信用管理制度逐步健全,信用交易迅速发展,在国内外树立了具有一定影响力的"诚信浙商"形象。个人信用素质继续增强,个人信用记录逐渐得到关注,个人信用报告在信贷、信用卡、保险等领域普遍应用,"守信光荣、失信可耻"的社会氛围基本形成。

浙江省在信用水平逐渐提升、法律机制逐渐完善的基础上,建设公共联合征信平台(即"信用浙江"网 www.zjcredit.gov.cn)。中国人民银行及工商、质监、交通、食药监管等部门建立了行业信用监管数据库。

为完善信用体系上下游建设,浙江省在"十一五"时期组织开展信用服务机构备案工作。备案的信用服务机构达 30 家,业务范围涉及商业征信、信用评级、信用管理等,浙江省已发展成为国内信用服务市场的重要组成部分。浙江省率先在省重点建设工程项目招投标领域使用信用报告制度,向信用服务机构开放企业公共联合征信平台,在"信用浙江"网公示第三方企业信用报告,取得了良好的成效。

2011 年,浙江省在以往政策取得成就的基础上和新的时代背景下提出了

"十二五"规划,以党的十七届六中全会和国务院常务会议精神为依据,围绕实现全省"八八战略"和"创业富民、创新强省"总战略,加快信用法制建设,健全信息征集和应用机制,推进行业、部门和地方信用建设,培养社会诚信意识,大力营造依法、公平、公正、诚信的市场环境,形成符合现代市场经济发展要求、具有浙江特色且与国际接轨、比较成熟的社会信用体系。"十二五"规划的总体目标是建立和完善与浙江省经济社会发展水平相适应的社会信用体系建设框架和运行机制,在全社会广泛形成"守信光荣、失信可耻"的氛围,再创浙江体制机制新优势,保持浙江省社会信用体系建设继续走在全国前列,具体体现在以下几个方面:信用信息实现全面融合、应用领域实现新突破、信用服务市场规范发展、区域信用联动体系持续深化、全社会诚信意识明显提升。

2012 年,浙江省政府公布并实施《浙江省政府信息公开暂行办法》(浙政令〔2012〕302 号),主要对浙江省行政区域内各级人民政府和县级以上人民政府工作部门公开政府信息的活动做出了明确规定。2014 年,颁布《浙江省企业信用联合奖惩实施办法(试行)的通知》(浙政办函〔2014〕61 号),主要就实施主体、荣誉和失信信息的范围以及具体的奖惩措施等方面做出了明确规定。

全新改版的浙江省公共信用信息服务平台门户网站(即"信用浙江"网)于2014 年 4 月 1 日起投入运行。新版门户网站采用了"主网站+子网站"的网站群模式,其中主网站提供全省公共信用信息的综合服务,集中展示了各行政机关和设区市等的地方政府提供的信用信息;子网站则围绕信用建设重点领域开设了"工程建设""小微企业"等信用专题网站。除此之外,新版网站系统还配套开发了应用客户终端和移动应用程序,进一步拓展了信用信息应用的范围和方式,为社会提供便捷的信用信息综合服务。

2014 年,浙江省研究制定了《浙江省企业信用联合奖惩实施办法(试行)》,于 7 月 2 日以浙江省政府办公厅名义正式印发实施。

2015 年 1 月,浙江省发改委、浙江省信用办制定印发了《浙江省失信黑名单制度建设工作方案》,在全省部署建立"行业认定、统一发布、信息共享、联合惩戒"的失信黑名单制度,该方案得到了各行业主管部门的大力支持。同时浙江省发改委也确立了下一步的计划,就是要加快建立和完善失信黑名单制度,努力使这项工作步入规范化、常态化、长效化轨道。

2015 年 6 月 1 日,浙江省企业信用报告选位系统正式上线运行。利用该系统,投标企业只需实名登录"信用浙江"网企业信用报告选位系统,由系统自动随机选择一家信用服务机构制作企业信用报告即可。同时,信用服务机构也将通过该系统上传企业信用报告,经省信用中心格式检查后,在"信用浙江"网公示。该系统对企业信用报告编制程序进行了细化,以便投标企业及时掌据进展情况。这一系统将招标流程彻底信息化,不仅便于信息利用和业务管理,同时还大幅提高了工作效率,省去了繁琐又低效的纸质化流程。

10.3.2 浙江省信用体系建设的现状

浙江省信用体系经过近十年的大力发展建设,取得了傲人的成果,其中最为突出的就是信用平台的建设和法制法规的完善。

1. 信用平台的建设

浙江省政府推动建设信用数据库:建设全省统一的企业和个人两大信用基础数据库,建立企业和个人两大联合征信数据平台。

企业联合征信数据平台是指由政府牵头,遵循联建共享的原则,以政府监管、融资避险和市场规范为应用方向,依法征集政府职能部门、金融机构和社会有关领域的企业信用信息,形成统一的企业公共征信数据库,平台内所有企业均有"A、B、C、D"综合信誉度提示标注。

个人联合征信数据平台是指由政府推动,收集、整理和分析个人的正面和负面信用信息资源的数据库,主要是指公民的信用消费、职业经历和评价、公用事业缴费信息、纳税信息、社会保障、欠账赖账、破产及司法记录等信息,建立个人信用档案,形成公共的个人信用信息数据库。

截至 2014 年 7 月,"信用浙江"网访问量累计达到13 331.4万次,企业信用信息查询次数累计达到7 129.4万次。入库企业 243.2 万家(其中在册企业143.2 万家,注销企业 100 万家),基本涵盖了全省所有工商注册的企业;政府机关、事业单位、社会组织 5.8 万家,户籍人口4 690万人。[①] 企业信息涵盖了企业年检信息、商标信息和注销信息、药品生产许可证信息和药品经营许可证信息、国税纳税信息、国税纳税稽查信息、国税欠缴税信息、企业非正常用户认定信息、专利信息、海关监管信息及信用评级报告。个人信息方面,法院未履行生效裁判失信信息、道路交通事故信息、人事考试违纪信息、欠缴税信息以及证券、银行、保险等从业人员失信信息等,都有记录,并可查询。

"信用浙江"还与"浙江政务服务网"实现对接,进行跨平台信息查询,从而实现了跨部门的信息共享。

2. 法制法规的完善

(1)加强信用监管与奖惩体系建设

在"十一五"期间,浙江省信用政策法规体系逐步完善,信用信息披露机

---

① "2014 年 7 月份省企业信用信息系统运行情况",2014 年第 24 期(总第 223 期),信用浙江网,http://www.zjcredit.gov.cn/xyzj2015/previewerlet.do? id=122135。

制、信用奖惩机制不断健全,实施了《浙江省企业信用信息查询办法》《浙江省信用服务机构管理暂行办法》等近十项规章制度。地方信用立法已被省人大列入五年立法规划。此外,人民银行杭州中心支行也出台了《浙江省中小企业信用担保机构信用评级管理暂行办法》《关于加强浙江省农村信用体系建设工作的指导意见》等。法院、政府部门结合各自的职责,以案件执行、产品质量、纳税、信贷、劳动用工等为重点,严厉查处各类失信行为,信用联建共享机制和社会信用联防体系也已初步形成。

(2)促进信用平台服务体系的法制建设

2012年,浙江省政府公布并实施《浙江省政府信息公开暂行办法》(以下简称《办法》),正式将信息公示规范化。《办法》规定了行政区域内各级人民政府和县级以上人民政府工作部门(以下统称行政机关)公开政府信息活动的原则、范围等一系列内容。《办法》明确强调了要大力发展和健全政府信息公开制度,这解决了信用信息征集的一大"瓶颈",即行政机关出于自身目的不愿意公开业务活动和已有的信息资源。这为后来"信用浙江"的快速发展奠定了良好的法律基础,也起到了很大的带头作用。

10.3.3 浙江省信用体系建设的特点与经验

1. 选择企业信用为突破口

根据浙江省中小企业众多、信用需求迫切的实际情况,省政府明确浙江省社会信用体系建设从建立企业信用信息披露机制入手的工作思路,通过实施企业信用发布查询系统这一基础性、先导性工程,带动浙江省社会信用体系的全面建设。

2. 政府推动建设信用数据库

省政府明确由省发改委承担组织协调全省信用体系建设工作职能,并成立事业单位,负责整合和征集各政府部门掌握和分散在社会各领域的企业信用信息,形成综合性和专项性并重、全省统一综合的信用基本数据库,作为公共产品为社会提供服务。

3. 信用法规建设先行

吸取国际经验,在信用建设实践的基础上,浙江省努力推进法制建设,2005年出台了《浙江省企业信用信息征集和发布管理办法》,确保企业信用建设工作有法可依,使浙江信用建设从政府推动向依法推动转变,同时为进一步推进社会信用体系建设奠定坚实的法制基础。2007～2012年,浙江省分别针对信用服务机构监督管理、企业信用信息查询、中小企业信用担保体系建设、政府信息公开、农村信用体系建设等重要方面进行了规划,并出台多份相关的规范性文件。

4. 正确把握政府的定位

政府承担整合信用信息资源、引导信用需求、制定规章制度、监管信用市场和培育发展信用服务机构等职责,明确由各类信用服务机构按照市场化的要求提供信用信息的增值服务,政府不得组织或者变相组织企业信用评比活动。

5. 按层次落实规划任务

浙江省发改委(信用办)注重将规划任务分解,每年印发信用工作要点,确保规划目标落到实处。浙江省的两个五年信用规划编制工作,在 2012 年被中国法学会评为"全国诚信建设制度创新十大最佳事例",并在人民大会堂作专题交流,国务院法制办领导在点评中给予充分的肯定。

6. 大力发展信用平台,拓宽信用信息应用领域

浙江省公共信用信息平台建设全国领先。平台内所有企业均有"A、B、C、D"综合信誉度提示标注。平台还建立了"信用立方"子平台,研发了信用预警功能和数据挖掘功能。从国家和兄弟省市建设的省级综合性公共信用信息平台来看,浙江省公共信用信息平台数据容量最大、功能最多、覆盖面最广,全国领先。

10.3.4 浙江省信用体系建设存在的问题及发展对策

1. 存在较大的区域局限性

浙江省的信用体系建设已取得不错的成果,但存在一个较大的问题是与其他地方的合作较少,尤其在现在国际化的背景下,不仅国家间贸易不断增长,各省市间的贸易往来也十分常见。信用信息的整合和应用如果不能覆盖整个交易链,作用也是非常有限的,既不能起到为企业声誉带来保障的作用,也无法很好地规避交易风险。

"信用浙江"网站虽然也提供国内其他省市信用信息查询以及国际信用信息查询,但只是直接引用单条的新闻或时间,没有进行合适的分类整合,也没有完善信息的维度和广度,这使得信息在平常的社会行为中作用非常有限。

在此情况下,浙江省应促进和加强各省市间的合作,引入中央的适度干涉,带头加快促进全国信用体系的建设,利用自身在信用信息整合和信用平台建设的先进经验,指导其他省市加快信用信息数据化的进程。

2. 地方与中央的标准不统一

浙江省在信用评级方面已经形成自己的体系,这个体系在省内对企业进行评价和评比是有效的,但是一旦跨区域后,没有统一的评价标准,信用评级就失去了意义。而如今,行业分工愈加深化,行业间竞争力不断加大,没有一

个统一的、合理的且合适的评价标准,显然是信用体系建设的一大问题。

3. 诚信宣传教育的合作机制尚未成型

要不断推进社会信用体系的建设,就需要完善以文化为宣传的推动作用。浙江省信用体系的建设一向注重文化宣传,也在诚信宣传教育方面做了很多努力,但是,这些宣传大多在同行业或部门之间开展,跨行业、跨部门之间的联合宣传活动较少,并且宣传活动缺乏稳定的合作机制,使得宣传覆盖的面较窄、影响力较小,无法取得显著的成效,导致信用宣传教育的长效机制不够完善。

未来应在跨行业合作方面加以努力,集中各行业的优势,从行业内宣传扩展到行业间宣传,可以建立行业合作平台,既有利于行业间的交流,也可以利用不同行业的特点来提高效率。

10.4　江苏省信用体系建设

10.4.1　江苏省信用体系建设的基本历程

江苏省信用体系建设始于 2004 年,以建设"诚信江苏"为契机,全面启动社会信用体系建设。历经十多年的先行先试,取得了积极的进展,形成了良好的基础,主要体现在以下几个方面:

1. 组织推进机制不断强化

江苏省委、省政府高度重视社会信用体系建设,自 2004 年起,先后成立了省社会信用体系建设领导小组及办公室、省公共信用信息中心;2007 年,出台了《关于加快推进诚信江苏建设的意见》。各省辖市及部分县(市、区)信用管理机构在新一轮政府机构改革中得到了加强。

2. 信用管理制度逐步建立

自 2007 年起,江苏省政府先后出台了企业和个人征信管理办法、社会法人和自然人失信惩戒办法、行政管理中实施信用承诺、信用报告和信用审查等信用管理办法,有力地推动了社会信用体系建设。

3. 信息系统建设扎实推进

该省突出系统支撑,规划建设"一网三库一平台",诚信江苏网站开通运行,省社会法人信用基础数据库、金融信用信息基础数据库和信用信息服务平台分别建成运行。截至 2014 年底,江苏省已实现 40 家省级部门和 13 个省辖市共计 1.67 亿条信用信息的归集和处理[①];全省自然人信用基础数据库于

---

① 《江苏省社会信用体系建设规划纲要(2015—2020 年)》。

2015年底基本建成。

4. 信用信息应用稳步扩大

信用审查、信用承诺和信用报告在区域和行业逐步得到应用,信用信息共享领域逐步拓宽、社会化应用稳步推进。10个省级示范部门和4个县级试点地区信用信息应用取得初步成效。

5. 信用载体建设不断加强

实施企业信用管理"百企示范、万企贯标"工程,提升了企业的经营管理水平和风险防范能力。

10.4.2 信用体系建设的现状

江苏省信息系统建设稳步推进,突出系统支撑,规划建设"一网三库一平台"。随着江苏省社会法人信用基础数据库和服务平台建成运行,信用数据质量不断提高。省辖市和县级试点地区也在加紧建设社会法人或自然人信用基础数据库,金融信用信息基础数据库已经开始发挥较好的作用。

信用信息应用不断扩大。随着信用审查、信用承诺和信用报告在区域和行业逐步得到应用,信用信息共享领域逐步拓宽、社会化应用稳步推进。同时,江苏省各地、各部门组织开展了丰富多彩的诚信主题教育实践和宣传活动,建立了"红黑名单"公示制度,守信激励和失信惩戒机制逐步建立。

信用载体建设不断加强。一方面,企业启动信用管理"百企示范、万企贯标"工程,提升防范风险能力,增强了企业综合竞争力。另一方面,信用管理人才队伍建设得到加强,全省备案信用服务机构不断发展,并通过信用长三角合作,使得江苏省已经成为国内区域社会信用体系合作发展的先行区之一。

10.4.3 江苏省信用体系建设的特点与经验

江苏省信用体系建设实践的特点与经验表现在以下四个方面:

1. 设置专门的信用管理部门,实行政府部门联动监管机制

江苏省于信用体系建设之初就成立了由常务副省长任组长,党委、政府等24个部门负责人参与的工作领导小组,并率先成立了独立建制的省信用办,加强政府各部门信用体制建设的交流与合作。在此基础上,江苏省围绕征信活动、信用交易等方面的监管需求,逐步建立起政府各部门联动监管机制。

2. 以点及面,推进各市信用建设试点,促进区域信用创新发展

早在2004年,南京和苏州就被列为江苏省信用服务体系试点城市。因此,在信用体系建设方面南京和苏州是走在全省前列的。南京市以政府公共基础数据交换平台为依托,扩建市公共信用信息平台,率先出台了《政府部门

在公共管理中使用信用产品的暂行办法》；苏州市企业信用系统整合了工商、税务等 26 个部门的企业信用信息，"诚信苏州"网站月访问量过万。

目前，江苏省各地都已成立了领导小组，出台了工作意见，明确了发展目标，制定了信息归集办法，开展了各具特色的诚信创建活动。无锡、常州、扬州、泰州等有条件的地区稳步推进信用体系建设，创新发展，力求突破，逐步形成了区域信用竞相发展的良好态势。

3. 以省市联合招标、特许经营方式，引导信用中介机构发展

按照"完善法规、市场运作、规范经营、专业服务"的要求，2005 年江苏省采取省市联合招标，以特许经营的方式批准了两家企业开展以个人征信为主的区域性第三方征信业务。省信用办加强对两个特许征信企业的业务指导，引导其开拓市场，抓好基础，优化服务。与此同时，大力推进中小企业信用评价试点工作，建立区域性中小企业信用信息数据库，开展企业信用信息征集和信用等级评价工作。

4. 以各行业信用为抓手，扎实推进行业信用基础建设

江苏省交通厅建立了交通工程建设单位信用档案制度；劳动保障厅积极推行企业劳动保障诚信制度；国税局对纳税企业进行分类管理；药监局实行药品安全信用分类管理；人民银行南京分行加快建设企业和个人信贷征信体系；南京海关建立企业"红黑名单"制度，启动区域诚信管理试点工作。物价、质监、建设、环保、旅游、外贸、卫生等部门也分别开展了信用建设工作。

10.4.4 江苏省信用体系建设存在的问题及发展对策

1. 江苏省信用体系建设存在的问题

(1)信用管理制度不健全

江苏省虽然出台了《关于加快推进社会信用体系建设的意见》《江苏省公共信用信息归集和使用暂行办法》等政府规章和规范性文件，但许多实施细则和具体的操作办法仍然没有出台，缺乏强有力的指导和约束各部门信用建设的实用规则。

(2)信用数据资源分割较为严重

完整、准确的信用信息数据库是社会信用体系建设的核心，是保证信用信息平台正常运转的基础。江苏省在努力整合信用信息、构建相关数据库方面虽然取得了一定的成效，但从总体上看信用资源分割状态仍未得到解决。

(3)信用信息不能得到及时更新

征信服务系统在信息库建设之初通过政府行政力量，各有关部门都无偿提供了所拥有的企业信用信息，但由于缺少制度保障，大部分信用信息不能得到及时更

新,这大大降低了信息质量,直接制约了信用信息的使用和相关业务的开展。

(4)信用信息应用领域较窄

集中大量资源生产出的信用信息得不到充分使用,这是目前信用体系建设面临的严峻事实。造成这种状况的原因是多方面的,对个人信用信息而言,一方面在于国内企业和个人还不熟悉个人征信业务;另一方面,个人信用信息的来源比较窄,个人信用报告的可用性比较差。因此,银行等金融机构对信用报告使用的积极性不高。

企业信用信息查询内容与资格受到严格限制更是造成查询量小、用途有限的原因,使信用信息远远起不到应有的作用。

(5)信用市场亟待规范

行业规则不完善,没有建立起规范的运营机制;专业人员素质较低,征信队伍建设亟待加强;信用评级机构评价标准不统一,方法各不相同,造成评估机构之间评估结果也不相同,不仅造成公司信用级别上的混乱,而且也影响了资信评估的社会公信力,进而对整个社会信用都产生一定的负面影响。

2. 发展对策

(1)贯彻国家规划纲要要求

根据《江苏省社会信用体系建设规划纲要(2015—2020年)》的指导思想、基本原则、主要措施和支撑体系等方面,既注重贯彻国家要求,又紧密结合江苏实际,加强与国家规划纲要的深入衔接,同时与中央和省文明委出台的推进诚信建设制度化的意见有机对接。

(2)积极向国家呼吁,加快信用立法进程,并提请省人大、省政府尽早启动地方立法工作

在人大立法条件尚不成熟的情况下,政府可先出台信用管理规章,先行先试,不断提升信用建设制度化、规范化水平。

(3)加大组织推进力度,加快建立覆盖全社会的信用信息系统

按照数据目录、主体标识、建设规范"三统一"要求,统一规范建设全省公共信用信息系统;建立和完善省级"一网三库一平台"大集中共享交换的平台;加快省级部门和省辖市信用信息系统建设,上下要联动,横向要互动;制定省级信用信息子系统和应用服务终端的接入标准,加强各地各部门信用信息的应用,以应用促进系统建设的完善,以应用促进信息归集质量的提高,以应用促进信用市场的培育。

第 11 章

其他代表性省市的信用
体系建设

除了长三角地区之外,全国许多省市也都积极推进了信用体系建设。本
章主要以北京市、天津市、重庆市、云南省、湖北省为代表分析其信用体系建设
情况。

11.1　北京市信用体系建设

11.1.1　北京市信用体系建设的基本历程

北京市信用体系建设从 1998 年的个人征信业务起步,整个过程可以分为
五个阶段,见图 11—1。

1. 起步与试点阶段

1998 年,北京市商业银行开始研究个人消费信贷产品,并与华夏国际信
用有限公司合作开展大额耐用消费品消费信贷业务,开始了中国个人征信业
务服务于金融业的尝试,这标志着个人征信业务在中国的起步。

2001 年,北京市政府研究室加快建立个人信用信息系统的可行性研究。

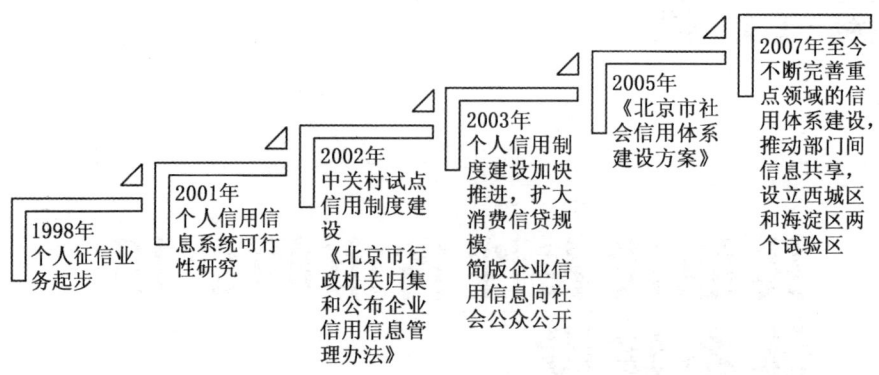

图 11－1　北京市信用体系建设历程

2002 年,北京市在中关村开展信用制度试点。其基本模式是:园区政府协调组织有关部门,并负责归集区内企业信用信息,按照自动公开和资源公开数据分类提供给指定合作单位,由合作单位按照市场原则开展资信评级和征信工作。对于诚实守信的企业,有关部门将在信用担保、贷款贴息等方面优先给予扶持;对严重失信的企业,将依法披露其劣迹。

同年 10 月 1 日起,北京开始实行《北京市行政机关归集和公布企业信用信息管理办法》。北京开始用信息化推动信用制度的建设,加快建立企业信用档案,将对企业的行政处罚、消费者投诉及其他记录进行整合,以工商行政管理机关企业经济户口管理系统为基础,建立企业信用信息管理平台,实现各部门间信用信息系统有关数据的互联互通。该办法规定,企业信用管理系统分为四个部分:身份信息系统、提示信息系统、警示信息系统和良好信息系统。此办法是我国第一部关于企业信用信息管理方面的地方政府规章,也标志着北京市企业信用体系建设正式起步。

2. 推进阶段

2003 年,北京市开始推进个人信用制度建设,扩大消费信贷规模。2003年 1 月 1 日,北京市历史上第一份住房贷款《个人信用评估报告》正式出台,公积金购房贷款申请人需先提交《个人信用评估报告》,AAA 级贷款者可享受上浮贷款额度及担保服务费优惠。

2003 年 6 月,北京市企业信用信息系统向社会公众提供网络查询服务。但查询内容相对简单,只能提供企业基本信息。

2005 年,北京市政府办公厅出台《北京市社会信用体系建设方案》,确定了社会信用体系建设的指导思想、基本原则、目标、实施步骤、工作重点、工作措施等内容。北京市进一步完善企业信用服务体系建设,充分发挥联席会议作用,落实企业信用信息工作部门责任制,进行完整的信用数据归集,加快企业信用信息系统软件升级改造步伐及数据交换的时效性,提高企业信用信息的利用率,培育良好的市场信用环境。

3. 加快与完善阶段

2007 年 11 月,北京市印发了《2008 年－2010 年北京市社会信用体系建设重点任务》,加快了社会信用体系建设。

在企业信用体系建设方面,北京市进一步完善行业信用记录,推动解决住房、医疗、食品药品安全、社会保障等关乎民生的重大问题,推进中关村科技园区企业信用体系建设试点工作。

在个人信用体系建设方面,北京市做到如下三个方面:第一,积极支持人民银行建设企业和个人信息数据库,为金融机构、政府部门、企业和个人提供方便、快捷、高效的征信服务,以完善信贷征信系统建设;第二,制定和实施个人信用信息采集、使用管理办法和个人信用体系建设方案,以人民银行个人信用基础信息和相关政务信息为支撑,促进银行与公安、社会保障、民政、税务、住房公积金管理等部门共享交换个人信用信息,依法整合金融机构、公共服务机构等有关单位的个人信用信息;第三,着手在国有企业以及会计师、律师、认证评估师、最低生活保障金和社会保障金申领者等范围内,建立个人信用管理制度和机制,推广使用个人信用产品。

在政务诚信建设方面,北京市进一步打造诚信政府,推进政府信息公开和办事公开工作。

在信用体系建设机制方面,北京市加强中小企业信用担保体系建设;促进信用产品的使用,培育信用服务市场;加快信息基础设施建设,推进建立信用信息共享交换机制,建设和完善法人、个人、空间地理等基础信息数据库、专业数据库,充分依托电子政务网络和政府信息共享交换平台,积极探索建立政府、公安、人民银行之间的企业信用信息共享交换机制,逐步实现信用信息共享交换;加强社会信用体系法制建设;建立完善守信受益机制,对于信用记录良好的企业或个人,政府有关部门在市场监管、税费缴纳等方面给予政策性鼓励,金融、商业和社会服务机构可在授信额度、付款方式等金融服务和有关社会服务方面给予优惠或便利;建立完善失信惩戒机制,将道路交通安全严重违法行为的书面处罚记录、交通违法者逾期缴纳罚款记录及交通事故肇事逃逸信息、欠税信息,以及养路费、社会保障金欠缴等信息纳入信贷征信系统,建立长效约束机制,对于恶意拖欠和逃废银行债务、偷逃税和骗税、商业欺诈、制假售假、非法集资等失信或者违法行为,要通过工商、税务等部门加大执法监督力度,采取行政惩戒、司法惩戒等手段,以及通过信用信息广泛传播形成市场性惩戒、社会性惩戒,形成失信者"一处失信,寸步难行"的失信联防机制。

2009 年,北京市继续推进企业信用信息系统建设,促进部门间信息共享,做好标准化工作,全面加强商品质量监管。

2010 年,北京市加快完善企业信用信息系统,加强流通领域商品质量监管,坚决打击流通领域销售假冒伪劣商品等违法行为。

2011 年 11 月 23 日,信用北京网开通。同日,西城区和海淀区被设为"北京市中小企业信用体系建设试验区"。

2012 年 6 月 11 日,北京市制定了《"十二五"时期北京市社会信用体系建设重点任务》,力争到"十二五"期末,信用政策法规体系进一步完善,信用信息基础设施建立健全并得到有效整合和利用,守信激励和失信惩戒联动机制基本建立,信用管理应用全面推进,信用交易与信用消费适度扩大,信用服务业健康快速发展,市场经济秩序进一步规范,社会信用环境明显改善。

2012 年 12 月 18 日,北京市政府出台了《关于进一步加强企业信用监管推进企业信用体系建设的意见》。该意见提出了加强组织协调、工作考核、资金保障等一系列保障措施,要求建设体系完整、职责明确、运行规范、监管有力、公开透明的企业信用体系基本框架和运行机制,并提出将企业信用信息网建设成为全市统一的信用监管和综合服务平台。

2013 年 4 月 10 日,《2013 年北京市社会信用体系建设重点任务》发布,北京支持区县开展社会信用体系建设工作,深入开展工程建设、食品、商务等重点行业和领域信用体系建设,继续开展社区信用体系建设等。

2013 年年底,北京市企业信用信息网顺利完成升级改造,向社会公众提供更为全面、准确、及时的信息,包括信息归集、信用查询、信用公示、比对应用、信息统计、政策法规等。

2014 年 5 月 20 日,《2014 年北京市社会信用体系建设重点任务》发布,要求大力推进信用信息共享、归集和应用工作,加强政务诚信建设,加强商务诚信建设,加强社会诚信建设,加强司法公信建设,进一步促进信用服务市场发展,加强组织领导和监督检查。

11.1.2 北京市信用体系建设的现状

北京市企业信用体系建设成果颇丰,自 2011 年起,北京市连续 3 年在 35 个大城市(直辖市、省会城市、计划单列市)中国城市商业信用环境指数评价(CEI 综合评价)中排名第一。北京市信用体系建设取得的成就主要表现为以下几个方面:

1. 突破了"信息孤岛"，初步完成信用信息基础设施建设

北京市致力于打造"一网二平台三系统"的信用信息系统，一网即"信用北京网"，二平台即政府政务信息资源共享交换平台和人民银行征信中心平台，三系统即企业信用信息系统、个人信用信息系统、人民银行征信系统。北京借助"信用北京网"和北京市企业信用信息网，推进金融业统一征信平台建设。北京以"经济户籍数据库"为基础，建设了跨部门信息共享平台和企业信用信息公示平台，实现部门之间的信息共享和互联互通。截至 2014 年 6 月中旬，北京市工商局信息机房收集了全市 55 家行政部门传送的 3 605.31 万条企业信息，并通过北京市企业信用信息网对外公示。确立与市场监管密切相关的 28 个企业信用信息重点归集单位，明确了基础信息、许可资质等 391 项信息归集项目。在企业信用、无照经营查处、商品服务质量以及任期限制"黑名单"中，融合了 36 家行政执法单位以及 2 个中央直属部门提供的 32.16 万条行政处罚信息，全面、系统、客观地反映了企业的综合信用水平。①

2. 构筑"好人机制"

以 2012 年为例，北京市企业信用信息网向其他行政部门提供信息 228.9 万条。其中，北京市人力资源和社会保障局将 155.97 万条企业、个体登记基本信息嵌入社保登记系统，加大了对未参保企业的监管力度。②

3. 建立了失信惩戒机制，设立了失信行为"黑名单"

在市场准入方面，北京利用市高级人民法院提供的 35.8 万条刑事司法裁判信息，建立了犯罪人员任职限制数据库③；在企业融资方面，北京的银行信贷员在提供企业贷款前会登录企业信用信息网，核实企业提交的数据是否属实，考量经营状况，如果企业长期存在不良记录，则无法获得银行贷款；在企业的长期发展方面，如果企业信用记录不良，会遭到行业协会评优评先的排除，消费者和客户也会对其"敬而远之"。可见，失信惩戒机制的成立能对失信行为起到一定的制约、威慑、惩罚作用。

4. 致力于开展诚信教育工作，力图提高全社会的诚信意识

北京市的诚信教育体现在三个维度上：首先，开展对公务员、医务人员、教育工作者、新闻工作者、社会工作者以及律师、会计师、税务师、评估人员等公

---

① 北京工商总局，"抓住信用监管的关键——北京市工商局建设企业信用信息公示平台综述"，http://www.saic.gov.cn，2014 年 7 月 10 日。

② 北京工商总局，"抓住信用监管的关键——北京市工商局建设企业信用信息公示平台综述"，http://www.saic.gov.cn，2014 年 7 月 10 日。

③ 北京工商总局，"抓住信用监管的关键——北京市工商局建设企业信用信息公示平台综述"，http://www.saic.gov.cn，2014 年 7 月 10 日。

共服务人员的诚信教育。其次,将诚信教育覆盖到基础教育、高等教育、职业技术教育、成人教育等各领域。例如,北京市以大学生为切入点,开展"诚信中国节之诚信助学行动暨首都大学生诚信楷模评选"活动,引起了一定的社会反响。再次,鼓励和引导企业加强员工的职业道德教育,培育企业诚信文化,强化员工诚信意识,引导员工诚信执业。诚信教育工作在这三个维度上齐头并进,有利于掀起诚实守信的社会风气。

5. 建立了信用体系建设试验区,积累了宝贵经验

首先,北京市推进中关村国家自主创新示范区中小企业信用体系建设。截至 2010 年年底,试点银行累计为 102 家信用良好的企业提供了 140 笔 43 亿元的信用贷款,有效地缓解了中小企业融资难题。① 其次,北京市开展"支持北京生物医药产业跨越发展的金融激励计划",运用"征信＋信贷"模式,积极推动北京市生物医药产业跨越式发展。再次,在 2011 年,北京市授予海淀区和西城区"北京市首批中小企业信用体系建设试验区",进行信用体系建设的积极探索。海淀区以"海帆计划"企业为重点,拓展中小企业融资渠道。2015 年,海淀国税审议通过了《北京市海淀区国家税务局纳税信用管理实施办法(试行)》。该办法将纳税人评定为四个信用等级,连续三年获 A 级信用的,获得"绿色通道"或有专门人员帮助其办理涉税事项;对于"黑榜"企业,税务机关将通报相关部门,建议在经营、投融资、取得政府供应土地、进出口、生产许可资质审核等方面予以限制或禁止。北京市西城区推进马连道和什刹海等商业区信用体系建设,加强与金融机构的合作,缓解中小企业融资难题。

6. 农村信用体系建设工作取得一定进展

2007 年,北京开始推进以信用户、信用村、信用镇(乡)为内容的农村"三信"工程建设,不断增强镇、村和农户的信用意识。截至 2010 年年底,全市共评出信用户 8.6 万户、信用村 338 个、信用镇 17 个。在集成北京农村商业银行、邮政储蓄北京分行已贷款农户档案的基础上,北京搭建农户信用信息平台。区县农委负责农户潜在有效金融需求的采集和遴选,将相关数据纳入系统,保险公司将农户农业保险信息纳入系统。金融机构按照自身的信用评价指标体系,从信息平台中提取自己需要的数据,进行信用评价并决定是否放款。担保公司根据自身担保业务的需要,决定是否对贷款进行担保。北京农村商业银行为 5 万多农户建立了信用档案,累计发放信用贷款 13 亿元。②

---

① 金融时报,"北京社会信用体系日趋完善",http://www.ceccredit.org.cn,2011 年 7 月 29 日。
② 金融时报,"北京社会信用体系日趋完善",http://www.ceccredit.org.cn,2011 年 7 月 29 日。

7. 建立了个人信用信息共享机制

个人信用体系建设方面,北京市以个人住房公积金管理中心为主体,采取交换中心的模式,整合金融机构、公共服务机构等有关单位的个人信用信息,初步建立了个人信用基础信息共享机制。

11.1.3 北京市信用体系建设的特点和经验

综观北京市信用体系建设过程,以下几点十分重要:

1. 北京市信用体系建设有较为完备的组织领导

北京市施行社会信用体系建设联席会议制度,并充分发挥其统筹协调作用,以加强对全市社会信用体系建设工作的指导、督促和检查。在组织领导牵头和推动下,各有关部门、各区县政府共同努力,把社会信用体系建设纳入重要工作日程,建立协调机制,制定工作方案,出台相关政策,积极在社会信用体系建设创新示范领域先行先试。

2. 北京市大力推进信用信息共享、归集和应用工作

北京市推进信贷、纳税、食品安全、建设、招标投标、土地管理、科研诚信等重点行业和领域的信用体系建设,完善信用信息采集,推进信用信息共享,提高监管水平。因此,北京市逐步建立起一个较为详尽的信用信息数据库,并在此基础上不断完善。

3. 北京市多方面协同合作,加强政务诚信、商务诚信、社会诚信、司法公信建设

这涉及市工商局、市食品药品监管局、市经信委、市质监局、市安全监管局、市商务委、市国税局、市国土局、市科委、市水务局、市民政局、北京海关、北京出入境检验检疫局等各个部门,各部门间信息互通共享,联合建立起信用的"红黑榜",让失信行为无处遁逃,一处失信,处处受限。

4. 北京市奖惩机制运作良好

北京市经信委、人民银行营业管理部、市商务委、市工商局、市金融局、市地税局等部门为守信企业和个人提供办理审批事项"绿色通道",信用优良企业和个人在信贷、工商注册、纳税服务等方面可以获得相应的奖励。与此同时,失信的行为也将被处罚,严重失信行为将被给予不良信用信息的联合公示、限制信贷、限制市场准入等惩戒,并会形成失信者"一处失信,处处被动"的行政联合惩戒机制。

5. 北京市促进信用服务市场不断发展

北京市推进信用信息和信用产品的应用,培育信用服务市场,加大对信用服务机构的监督力度。与此同时,北京市在高校开设信用管理专业,培育后备人才,推进信用管理人才队伍建设。

6. 北京市推进区域信用体系建设试点工作

北京市推进中关村科技园区企业信用体系建设试点工作,并授予西城区和海淀区"北京市首批中小企业信用体系建设试验区",还开展农村信用体系建设试点工作,开展社区信用体系建设。这一系列区域试点工作为北京市全面开展信用体系建设积累了宝贵的经验和教训。

7. 北京市在农村信用体系建设方面初见成效

北京市推进以信用户、信用村、信用镇(乡)为内容的农村"三信"工程建设,不断增强镇、村和农户的信用意识;并集成北京农村商业银行、邮政储蓄北京分行已贷款农户档案,搭建农户信用信息平台。

11.1.4 北京市信用体系建设存在的问题及发展对策

1. 存在的问题

北京市信用体系建设走在全国前列,但仍有诸多不足。

第一,北京市企业信用体系建设和个人信用体系建设发展不均衡。企业信用体系建设的进程稳步推进,而个人信用体系建设的进程缓慢。现在北京市已有较为详实、对外公布的企业信用信息平台,信息为多部门共享,搭建起守信受益机制和失信惩戒机制。反观个人信用体系建设,1998 年,个人征信起步;2001 年,北京市着手个人信用体系建设的可行性研究。个人信用基础信息共享机制初步建立,但没有一个时间表或工作计划,何时、如何逐步推进个人信用体系建设都有待解决。可见,在个人信用体系建设方面开始研究早、起步早,但发展速度慢。

第二,根据《2012 年中国城市商业信用环境蓝皮书》的分析,市场上披露的北京企业失信行为较多。一方面表明政府对失信违规行为打击面广,另一方面说明市场上确实存在许多失信违规问题,商业信用环境有待进一步优化和提高。

第三,北京市缺乏企业个体失信行为修复机制。企业一旦有重大违规记录,则陷入万劫不复的境地,这有损企业整改的积极性。

第四,尽管北京市农村信用体系建设有所推进,但其推进程度远不及企业信用体系建设与个人信用体系建设。

2. 发展对策

为了更好地推进北京市信用体系建设,笔者建议在以下四个方面可以进一步加强:

第一,北京市个人信用体系建设可以借鉴企业信用体系建设的一些经验,例如进行区域试点,将成功经验逐步推广;促进部门间的合作,由中国人民银行牵头,各部门配合征信。此外,考虑到个人征信的繁杂与多面性,除了与政府部门、公共服务提供部门如水电部门合作外,还可以与一些民间平台合作,例如把电商平台、支付平台的商家与买家交易记录纳入征信范畴。

第二,要研究北京企业失信违规行为背后的动因,例如,是不是监管力度不够、被查概率小、违约成本不高、违约后果不够严重,以对症下药。

第三,建立起企业个体失信行为修复机制,给予失信企业恢复信用的机会。可以由企业主动提出信用修复申请和计划,按计划进行企业内部整改;建立和完善企业信用管理规章制度;企业信用数据库在信用修复期内详细记载其诚信守法经营情况;在经过相关机构和部门的评估考核后,提前解除限制,向社会公示恢复信用。

第四,北京市可考虑为农村社会成员建立信用档案,形成高效、规范的信用信息采集、更新、管理和开放应用机制;引导信用服务机构提供专业化的信用产品,使农户、农村小微企业以良好的信用记录得到实惠;引导农户、农村企业诚信经营。北京市也可借鉴企业信用制度建设的试点策略,在个别村、镇展开试点,总结经验教训后在其余地区逐步推广。

11.2　天津市信用体系建设

天津市社会信用体系建设按照"边建设边应用,以应用促建设"的工作思路,秉承"政府推动,社会共建"的基本原则,不断推进政务诚信、商务诚信、社会诚信和司法公信等重点领域的建设。

11.2.1　天津市信用体系建设的基本历程

天津市社会信用体系建设经过十余年的循序渐进、摸索前行,取得了积极进展。

2003 年,天津市政府颁布《天津市社会信用体系建设工作方案》,正式拉开了建设工作的序幕。鉴于当时天津市的实际情况,以企业信用建设作为起点,逐步扩展建设领域,力争在两年时间内初步建成具有天津特色的社会信用体系。2003 年 4 月至 2004 年 6 月是企业征信系统基本建立阶段。2004 年 6 月至 2004 年 12 月是个人信用信息系统初步建设阶段。与此同时,不断加快扶持信用中介服务市场的成长。

天津市始终以"服务型政府"作为出发点,积极依托电子政务专网,于2007 年建成了由 15 家政府部门共享的全市统一的企业信用信息交换平台,中国人民银行企业信用信息数据库基本建成。截至 2009 年底,中国人民银行企业与个人征信系统已分别为近 7.2 万户贷款企业和 855 万个自然人建立了信用档案。

2010 年,《关于印发〈天津市中小企业试验区建设实施方案〉的通知》标志着滨海高新技术产业开发区作为中小企业信用体系试验区,将正式开展中国人民银行信用体系建设试点工作。

2011 年,天津市大力推动基层社会信用建设工作,改善地方信用环境,农村信用体系建设初见成效。"农村金融服务站"项目于 2013 年正式启动,服务站数量已达 800 余家,有效地改善了农村金融生态环境,提升了农村金融服务水平。

2014 年,除了不断推动信用信息系统的完善升级和信用服务市场的日益成熟之外,天津市将信用体系建设的试点经验加以推广,加速推进农民专业合作社和保税区小微企业的信用体系建设工作。

在接下来的 5 年中,天津市社会信用体系建设工作将继续促进"信用天津"的建设,力争于 2020 年实现阶段性目标。

11.2.2 天津市信用体系建设的现状

1. 组织架构层次明晰,制度建设不断完善

2013 年 6 月,天津市成立了社会信用体系建设领导小组,主要由市发改委、人行天津分行、市工信委、市金融局等 27 家市级部门和单位组成。社会信用体系建设工作由领导小组统筹规划、战略部署,统一的领导和周密的安排为协调建设工作的有序开展提供了组织保障。

制度和法规约束的缺乏将滋生失信行为和侥幸心理的产生,为实现社会信用体系建设工作有法可依、有据可循,天津市不断完善现有制度体系,制度建设不断落实到每一个环节。天津市政府已经先后出台了《天津市人民政府办公厅关于印发天津市企业信用征信数据库管理暂行办法的通知》《天津市人民政府关于印发天津市市场主体信用信息公示管理暂行办法的通知》等一系列法规制度,为建设工作提供了基本的制度保障。

2. 信用信息平台建设实现新突破

天津市从 2003 年开始着力建设企业和个人信用信息系统,不断拓宽信息来源和覆盖范围,提升信息质量和准确性。2014 年底,已有 23 万户企业和 950 万自然人的信用信息收录至信用信息数据库。

2014 年 10 月 1 日,天津市率先在全国范围内开通了市场主体信用信息公示系统,该系统将实现信用信息在行政机关和公开市场之间的开放共享、互联互

通。政府部门可以及时反馈监管成果,社会公众也可以实时查询所需信息。

全市统一的信用信息共享交换平台建设进程也在同步推进中,主要囊括重点行业、政府机构以及个人的基本信用信息,实现系统市场化运作。统一的信息交换平台将深化"一处失信,处处受限"的监管理念。

3. 重点行业和区域试点工作初见成效

天津滨海高新区作为我国金融创新的重要试验田之一,也是中国人民银行开展信用体系建设工作的重要试点领域之一。目前已实现"一个平台管信用"的重大突破,公共信用信息平台正式投入使用。同时还重点开展中小企业信用体系建设,缓解信息不对称、融资难等问题。截至2015年4月底,已落实中小微企业1 800余笔,贷款总额近500亿元。

天津市还在交通运输、食品安全、税务等行业推动信用体系建设工作,结合行业特色和社会要求,积极开展信用评级、信用监管、征信建档等多项工作。为改善基层信用环境,农民专业合作社信用体系建设也不断取得新进展。

11.2.3 天津市信用体系建设的特点与经验

1. 有效整合多方资源,深化行政管理体制改革

相较于其他省市各行各业信用体系建设相对分离的局面,天津市通过高效的机构合并、职能整合、资源共享,不仅创新了信用体系建设举措,也极大地提升了建设工作的效率。

天津市市场主体信用信息公示系统现已正式上市。该系统归集了包含市发改委、市工信委、中国人民银行天津分行在内的47家政府机构市场主体的信用信息,按照登记、备案、行政许可、行政处罚、业绩和其他六大类别进行归集整理。信息数据通过整合管理,避免了冗余重复。政府部门间实现信息共享,失信主体将寸步难行。各类市场主体也可以主动公示信用信息,坚持诚信经营、守信运作,积累良好信誉。该系统将成为市场主体和社会公众间有效沟通的公开窗口。

此外,由原工商局、食药监局、质监局三个部门整合成立了天津市市场和质量监督管理委员会,是大市场大部门监管体制的一次创新,也是政府职能和社会服务的有机统一。这将为企业信用信息的整合、管理、使用提供完善的组织保障。

2. 把握政策优势,重点领域先试先行

天津滨海新区作为国务院批准的第一个国家综合改革创新区,同时也是环渤海经济圈的中心区域,依托其国家级新区的特殊身份和遥遥领先的政策优势,成为信用体系建设试点工作的首选区域。

在组织架构上,天津滨海新区建立了社会信用体系建设工作联席会议制度,包含了 36 个相关的政府部门,着力推动"诚信滨海"的建设工作。为扶持中小企业的发展壮大,缓解融资难题,中国人民银行天津分行选取了滨海高新技术开发区作为中小企业信用体系试验区。滨海高新区与 8 家试点商业银行签订协议,以第三方信用评估机构给出的信用等级为基础提供企业信用贷款。试验区内还不断创新守信激励机制,缓解银企信息不对称的现实问题,不断改善中小微企业的投融资环境,充分发挥试验区的示范效应,带动全市中小企业信用体系建设。

3. 重视基层信用体系建设,完善农村金融体系

作为现代社会信用体系建设的重要分支,加快推进农村信用体系建设也是天津市目前的重点任务之一。天津市选取了 32 个县(市)作为农村信用体系试验区,首先从基层的信用环境现状出发,加强信用文化的宣传与推广,普及诚信教育,不断提升农村信用主体的守信意识。其次,持续完善农民专业合作社的信用体系建设,包括信用信息征集并建档、合作社信用评级、引导合作社合规经营以及加强合作社与金融机构的合作等措施。

农村信用体系与"三农"金融服务的有机结合,不仅将改善农村信用环境和金融生态环境,还将带动基层经济转型、农民增收,对于农村经济发展具有重大意义。

11.2.4 天津市信用体系建设存在的问题及发展对策

1. 诚信文化普及程度仍待提高,信用管理专业人才缺乏,应全面推进诚信教育和信用文化建设

目前,天津市社会诚信缺失问题仍旧普遍存在。社会公众和市场主体守信意识不强,诚信概念薄弱,对诚信建设和信用文化宣传教育活动的重视程度不高,全社会尚未形成良好的诚实守信环境。此外,信用管理缺乏专业的学科建设,理论研究尚处于起步阶段,信用管理专业人才缺口明显。

天津市应大力弘扬诚信文化,加大诚信文化的普及力度,加强诚信建设宣传手段,将诚实守信贯穿于公民道德建设之中,利用各类媒介开展别具特色的宣传教育活动。同时对于诚信缺失突出的行业领域,开展重点专项整治,让诚实守信成为社会公民的道德准绳和行为准则之一。

天津市还应鼓励高校开设信用管理或相关专业,培养高素质信用管理人才,设立专项学科基金支持信用管理学科建设和理论及应用研究。同时,不断提高现有从业人员的整体水平,建立专业团队,积极投身信用文化建设。

2. 信用立法进程缓慢,守信激励和失信惩戒机制尚未形成,应不断完善

信用体系保障机制,健全信用法规制度建设

天津市在信用体系制度建设上已经取得了很大进展,但奖惩机制尚未落到实处,对失信主体的约束和惩戒力度还有待提升。信用立法进程还停留在前期调研和研究工作上,暂未正式启动。

构建完善的守信激励和失信惩戒机制是天津市目前信用体制建设的重要目标之一。对于守信主体应加强奖励和表彰,并给予投融资申请、公共服务等方面的政策优惠。鼓励守信行为,积极推进守信模范主体的示范效应。对于失信主体应严格约束和惩戒,加大对失信行为的披露并建立责任追究、行业黑名单和市场退出等保障机制。完善市场主体的信用信息数据库建设,实现多部门、跨区域的联合奖惩机制,深化"一处失信,处处受限"的监管理念。

同时加快信用立法的步伐,健全信用法规制度建设,结合天津现有信用体系建设水平,形成层次明晰的信用法制框架,维护信用市场稳定。

3. 信用服务市场尚未成熟,有效需求低于预期,应大力扶持信用服务机构的发展壮大,规范信用服务市场的合规运营

天津市现有联合信用管理有限公司为代表的数家信用服务机构,但总体数量相对有限,并且存在公信力不足、业务范围狭小、服务不正规等问题,信用服务市场整体水平有待提升。同时,市场有效需求不足,征信系统查询数量以及信用报告使用量都远低于预期。

信用服务市场的监管体制需要不断完善。信用服务机构及从业人员信用信息备案建档,明确信用服务机构的市场准入与退出机制,制定信用服务市场的监督管理办法,切实规范机构行为。政府还应大力扶持本市信用服务机构的成长壮大,推进信用服务业务创新发展。

11.3　重庆市信用体系建设

11.3.1　重庆市信用体系建设的基本历程

1. 起步阶段:2003~2005 年

重庆市于 2003 年启动社会信用体系建设,同年 8 月 28 日发布的《关于印发重庆市社会信用体系建设方案的通知》中明确提出将逐步实现"一个保障、两个平台、三大体系"的社会信用体系框架。具体而言,即以健全的法律法规为保障,基于信用信息基础平台和信用监管平台,切实强化政府信用,显著提升企业信用,初步建立以个人信用为目标的基本框架。

2004 年 2 月,重庆企业信用网的正式开通,标志着率先启动的企业信用

体系建设进入实质性阶段。同年,重庆市企业信用信息联合征信系统和个人信用信息资源整合工作也稳步推进。

2. 摸索前行阶段:2006～2012 年

2006 年,重庆市政府投资 1 100 万余元开发建成重庆市企业联合征信系统一期。2006～2007 年,重庆市信用体系建设率先在征信管理系统内实行政务公开试点服务。以点带面推进工作,选取社会公众与企业涉及都较多的征信管理业务进行政府信息公开试点。全市社会信用体系进一步完善并在信息查询、城市管理和经济发展等方面发挥作用。

直至 2008 年中,重庆市企业联合征信系统共征集整合各类市场主体信用信息 811.89 万条,数据平均准确率稳定在 99％以上。企业信用缺失的突出问题得到大力整治,城市信用水平明显提高。

个人信用体系也不断落实扩充。截至 2011 年中,个人征信系统共收录重庆市 1 700 万余名自然人信息。个人征信记录不仅便利了市民获得金融服务,而且也将延伸到求职应聘等社会活动领域。

3. 平稳发展阶段:2013～2015 年

为进一步加快推进全市企业信用体系建设,重庆市人民政府办公厅于2013 年 2 月 6 日下发了《重庆市企业信用体系建设工作实施方案(2013～2015 年)》,提出了未来三年的主要目标及任务。具体目标指出,至 2015 年底完成重庆市企业信用信息联合征信二期工程建设,将实现全市 20 多个重点行业信用信息全覆盖;培育初步成熟的信用中介服务市场;制定完善的信用法规及规范标准;初步建立激励惩戒机制;等等。同时,重庆市也成为"互联网个人信用信息服务平台"试点城市之一。

重庆市信用体系建设经过十余年的积累前行,现已初步形成以联合征信信息系统为主、相关部门行业信用信息为辅的信用信息征集系统。全市统一的公共信用信息共享平台也有望在年底建立。信用信息覆盖率不断提高,社会信用环境也不断改善。

11.3.2 重庆市信用体系建设的现状

1. 政府信用

重庆市政府始终按照"创建服务型政府,打造诚信重庆"的战略部署有序开展政府信用建设工作。从政府决策、执行、监督、服务信用建设四个目标环节入手,采取多种措施和手段逐步推动政府信用建设。

为切实提高政府公信力,保障公众知情权、监督权,同时降低政务处理成本,重庆市政府积极推行政府信息公开化和电子政务。建立行政权力清单,开展行政权力公开和清理工作。财政资金信息和公共资源配置信息不断细化。建立基于云计算、大数据打造一体化的电子政府云平台也已经提上日程,将为政府信息公开化提供更广阔的平台。此外,重庆市城乡建委等10余个市级部门还分别建立了各自领域的信用信息数据库。

政府还配合有关部门开展公务员信用教育、清理政府债务、规范政府担保和招标行为、完善政府采购制度等重要工作。同时联合监管部门针对部分信用缺失企业偷税漏税、逃避债务等行为进行了治理。

2. 企业信用

重庆市目前发布《企业信息公示暂行条例》,要求全市所有企业将企业登记许可、企业经营状况、重大变更以及行政处罚等不良信息严格公示在企业信用信息公示系统上。自2014年10月起,实行企业年报公示制度,首月提交年报的市场主体数量已达64 749户。

同时,重庆市继续开展企业信用信息联合征信系统二期工程建设,构建市级区县"两横一纵"的联合征信网络架构。截至2014年底,已征集企业信用信息超过5 000万条,被广泛应用于招投标活动、政府采购、资质认证、财政补贴等政府管理活动中。"政府管理、社会监督、企业自律"三位一体的社会管理格局得以形成,为重庆市企业发展树立了良好的秩序环境。

《重庆市企业信用信息管理办法》的起草论证工作成为2015年的重点工作之一。

3. 个人信用

作为中国人民银行征信中心搭建的"互联网个人信用信息服务平台"的三个试点省(市)之一,重庆市于2013年3月起提供个人信用信息查询服务。为更大程度地发挥个人信用信息的作用,重庆市目前提供三种有效查询渠道,包括互联网查询、7个自助查询代理点、中国人民银行分支机构柜台查询。

截至2014年11月底,重庆市征信系统已累计收录1 661万名自然人信息,重庆市民通过互联网查询个人信用报告19万次,通过柜台查询31.2万次。显然,市民的信用意识不断提升。个人信用报告也已然成为一张"经济身份证",在贷款、投资、求职等多个生活领域扮演着重要的角色。

11.3.3 重庆市信用体系建设的特点与经验

1. 体系架构明确,各部门分工协作

重庆市社会信用体系建设分为政府信用、企业信用、个人信用三大子体系,由市信用办牵头,再分别由办公厅、市工商局和中国人民银行重庆市分行分管,形成了"三位一体"的工作格局。各主管部门将《重庆市社会信用体系建

设方案》中的内容细化并付诸实践。分工明确、责权统一,使得重庆市信用体系建设有条不紊地持续落实中。

2. 政府大力支持,注重平台建设

重庆市政府早在2002年将打造"诚信重庆"纳入施政纲领,信用体系建设也作为近年来的重要任务狠抓落实。无论是政策支持还是财政支出方面,重庆市政府都做出了重要表率。为切实推进政府信息公开化,市政府大力推行电子政务,设立信用专栏。此外,市政府还着力搭建网络平台,通过重庆市企业联合征信系统和个人征信系统实现信息共享。目前,企业联合征信系统已经进入二期工程,区县中小企业信用平台也在逐步扩容,企业投融资得到更为有力的保障。

3. 创新信用体系应用领域,防范信用风险

征信系统的推出极大地方便了政府职能部门、企事业单位查询企业和个人的信用信息,有效地防范了部分信用风险的发生。重庆市工商部门率先将企业信用信息运用到招投标环节,将"诚信分"作为评标的重要指标之一,打破了以往招投标唯价格和技术是图的成规,将企业诚信纳入考量。从2010年试点至今,"投标企业信用查询、中标企业信用查询、企业信用评价"三项制度逐步形成。除招投标之外,重庆市政府还将企业和个人的信用信息运用于资质认定、财政补贴等领域,将信用体系建设与其他社会活动密切联系起来。

11.3.4 重庆市信用体系建设存在的问题及发展对策

1. 信用法制建设尚且薄弱,信用立法环境亟待建立

虽然重庆市政府已经出台相关制度法规用以保障信用体系建设有序落实,但覆盖面十分有限,只涉及部分行业,并且法律条例较为零散,缺乏针对性和专业性。目前,重庆市尚未颁布《重庆市政府信用管理办法》,立法主体、执法主体和执法对象的一致性使得该法始终未能落实。重庆市企业信用的管理条例只涉及房地产、建筑等主要产业,中小企业信用建设相对于大企业发展不平衡。《重庆市企业信用管理办法》也尚在起草阶段。企业信用体系建设尚未得到健全的法制保障,奖惩机制也有待进一步完善。

因此,重庆市应加快建立适用于本市的信用法律法规,逐步完善守信激励和失信惩戒机制,使得一切信用行为都有法可依、无信不立。同时,鼓励组织行业自律协会制定行业信用标准,与有关部门共同维护全市信用环境的稳定。

2. 信用体系建设存在区域性失衡和结构性失衡问题,政府应鼓励平衡发展

重庆市信用体系建设总体建设稳健,但是仍存在部分失衡问题。其一是区域性失衡问题。渝北区、渝中区、巴南区在政府信用建设方面表现突出,巴南区

还建立了重庆市首家政府信用网站——"诚信巴南"。其二是结构性失衡问题。在企业信用体系建设中,重庆市房地产、水利工程和食品行业的信用体系建设已经较为成熟,而其他行业则相对落后,尚未建成信用评价及监管体系。

针对信用体系建设失衡问题,重庆市政府应大力支持各区域以及各行业的信用建设,给予重要的政策扶持和财政补贴,鼓励全市范围内信用体系建设多栖均衡发展。另外,相对成熟的信用体系建设经验可以为其他区域及行业借鉴吸纳,协同并进。

3. 信用服务机构数量稀缺,配套基础信用设施建设亟须跟进

目前重庆市信用体系中尚且缺乏大型的信用调查机构以及信用评级机构,重庆市首家法人信用评级机构于 2013 年才落成。一个成熟、完善的信用体系离不开信用中介以及信用服务机构,只有通过信用主体和信用市场,才能紧密联系起来。信用体系的建立除了依靠行政手段之外,还应充分发挥市场内部的评价调查、监督管理作用。

当下,重庆市信用体系建设的政策环境已经相对成熟,配套信用设施建设也需逐步完善。一方面,可以进一步开放征信信息和信用数据库,支持信用服务机构的衍生;另一方面,细化信用服务机构,建立专门从事信用征信、信用调查、信用评级、信用担保等机构,落实信用市场内部的各个环节。

11.4　云南省信用体系建设

11.4.1　云南省信用体系建设的基本历程

云南省按照党中央、国务院对于社会信用体系建设工作的重要部署,再结合本省的经济社会发展现状,积极探索建立具有云南特色的社会信用体系。

自 2005 年起,云南省致力于建立以政府信用、企业信用和个人信用为主要构成的社会信用体系。在初步建设阶段,按先政府主导再市场化运作的进程展开。建设任务主要包括建立基本信用法规和信用制度、建立诚信服务型政府、按规模由大到小对企业进行征信、搭建个人信用信息系统基础等。

2009 年,云南省政府正式发布《关于加快推进全省社会信用体系建设的意见》,其中明确提出将在未来 5 年内初步建成云南省社会信用体系基本框架。除了继续完善此前三大体系的建设工作之外,云南省于同年建立联席会议制度,推动信用信息平台建设以及重点行业信用体系建设等。

现阶段,云南省按照国家对 2014～2020 年社会信用体系建设的统一规划,也制定了该省的建设方案。方案中提出,至 2020 年,云南省将建立统一的社会

信用代码和信用信息平台,实现信用信息共享。政务诚信、商务诚信、社会诚信、司法公信仍将作为重点推进的四大领域,平台建设和法制建设齐头并进。

云南省社会信用体系建设将以昆明为中心,力争其整体信用水平在西南地区位于前列,不仅将实现覆盖全省范围的信用环境,更将有效地助推云南省的经济转变发展方式,推动经济稳健增长。

11.4.2 云南省信用体系建设的现状

1. 以政府诚信为基石,政务信息公开披露制度不断落实

政府诚信是社会诚信的重要前提,云南省政府以政府诚信建设为基石开展社会信用体系建设。由政府主导开展征信工作和信用市场制度建立工作,并执行和监督信用体系建设的进程,推动其他领域的信用体系建设。云南省政府目前已陆续建立了以电子政务为基础的政府信用信息系统,实现政务信息化、信息公开化、资源共享化。社会公民均可通过云南省政府信息公开网站进行查询。同时还不断推进政府信用责任制,建立各相关部门的联席会议制度以统筹建设工作。在政府诚信建设的稳固基础上,社会信用体系工作有条不紊地展开。

2. 以商务诚信为重点,加快开展各行业信用体系建设

各行各业不仅是社会经济增长的生力军,也是信用体系建设的核心领域。目前,各行业都不断普及诚信经营的理念,加强守信自律的意识,还在政府的积极引导下建立了企业信用信息数据库。2014年2月,云南企业信用网和企业信用信息公共服务平台已经正式对外开通,但还需要不断健全完善。其中,小微企业信用体系信用评级也于2014年8月启动。此外,云南省还不断推进农村信用体系建设试点,改善农村信用环境和投融资条件。

3. 以社会诚信为背景,助推诚实守信社会氛围的形成

为促使全社会形成"守信为荣,失信为耻"的信用环境,云南省加大了对诚信建设的宣传推广工作,尤其是在食品药品、医疗卫生、教育、社会保障等领域,通过加强对领导阶层和从业人员的诚信教育,建立行业信用信息平台以及出台相关法规加以监督约束,推进诚实守信理念的普及。

4. 以司法公信为保障,持续完善信用立法

司法公信建设是社会信用体系建设的重要保障,使得一切的信用行为都有法可依。云南省为提升司法公信力,推进司法改革,于2014年7月开通了"一网三平台",即司法信息网和审判流程公开平台、裁判文书公开平台、执行信息公开平台。在信用立法方面,云南省目前已经出台关于信用信息征集等管理办法,但在守信激励和失信惩戒机制上仍有缺失。

11.4.3 云南省信用体系建设的特点与经验

1. 扎实推进农村信用体系建设,充分结合地方特色

由于地理环境、经济基础、文化习俗等条件限制,云南省整体城镇化水平偏低,经济状况相对落后。云南省政府于 2011 年开始农村信用体系建设试点,力争找准每个试点区域的特色产业或者突出条件,作为农村信用体建设的出发点,"一县一策"落实试点工作。

彝良县以当地天麻种植产业为基础,建立专业户信用信息档案,引导金融机构对守信专业户的支持;镇雄县以扶贫脱困作为落脚点,凡是被评为信用农户者,包括贫困户均可获得农户小额无抵押贷款"绿色通道"服务,不仅强化了农民的诚信意识,也缓解了贫困农户融资难的问题;鲁甸县推出了"农户+征信+保险+信贷"模式,以农户信用档案为基础,将保险公司引入农村信贷市场,为信用农户提供农业保险套餐等。

具有地方特色的农村信用体系建设试点工作普遍取得了不俗的成效,农村信用环境和金融生态环境质量不断提升。

2. 拓宽征信系统覆盖面,试水民间金融征信系统

征信系统是投融资决策的重要依据来源。现有的征信系统建设多由政府主导,但覆盖广度和深度都存在一定的局限性。而近年来,云南省民间金融势头活跃,民间融资机构层出不穷,融资形式多样,为云南省民营经济发展创造了巨大的机遇和推动力。为了避免由于缺乏管制、无序发展对正常经济秩序带来的危害,支持建立民间金融征信体系的呼声不断。

目前,云南省民营金融商会已经开始落实征信系统的具体建设工作,在40 余家会员企业间建立"黑名单"和"灰名单"制度。由云南省民营金融发展促进会筹建的云南省首个民间小额信贷行业信用信息共享服务平台——"云南民间借贷信息查询系统"已经上线运行,有融资需求的个人或企业可在此系统上查询到借贷机构的信用记录、风险评级等信息。

随着云南省政府对民间金融的管理政策逐步完善和不断畅通民间投融资渠道,民间金融行业展现出蓬勃的发展生机,民间金融征信系统应运而生。在现有基础上,云南省民间金融行业组织还将继续提升信息来源的可靠性、信用信息的覆盖程度,并积极建立信用信息主体权益保护机制。这将成为云南省民间金融领域可持续发展的源源动力。

11.4.4 云南省信用体系建设存在的问题及发展对策

1. 尚未成立统一的领导体系,缺乏有力的政府支持

云南省社会信用体系建设目前是由省发改委、中国人民银行昆明支行牵头,由联席会议各成员部门合力落实。但是,尚未组建一个权威、专责的信用体系领导小组,也尚未成立 2014～2020 年实施意见推进小组。政府对信用体系建设的财政支持也相对欠缺。

云南省政府应加强社会信用体系建设的组织领导,完善建设工作的组织保障,通过设立省级领导小组和实施意见推进小组来确保 2014～2020 年阶段信用体系建设工作按部就班展开。同时,政府部门应加大对信用基础设施、信用平台建设的财政投入,给予信用建设试点领域政策和资金支持。

2. 农村信用体系建设存在信息采集漏洞,缺乏配套政策支持

农村信用体系建设是云南省社会信用体系建设的重要分支,开展了诸多试点创新建设工作,但仍旧存在不少客观问题亟待解决。其一是由于信息采集标准、审核标准以及评价标准不同,农户信用信息的真实性有待考量。而且农村信用信息系统相对落后,数据更新频率低,时效性下降。其二是配套政策难以真正落到实处。考虑到农户贷款风险大、成本高的特点,在没有涉农贷款补偿机制的保障下,涉农金融机构往往不能满足授信农户的贷款需求。

各试点区域应该就农户信用信息采集制定统一的标准,保证信息质量的一致性;并且设立专门的机构负责信息平台数据的更新和维护,保证信息的有效性。切实考虑涉农金融机构的贷款规模和农户还款能力,完善贷款优惠政策和涉农贷款补偿机制,实现农村信用建设和农村经济增长的良性互动。

3. 社会信用体系运行机制尚未健全,守信激励、失信惩戒机制缺失

云南省信用立法还处于初步建立阶段,信用信息的征集、使用、开放、维权等都缺乏统一的法律依据,对于信用主体守信行为的嘉奖、失信行为的惩戒也缺乏明确的条令规定,信用法制环境尚未建成。

信用立法作为信用体系建设的关键保障,是健全社会信用体系运行机制的重点。云南省政府应加快建立守信激励制度,给予各行业部门守信者"绿色通道"等优惠政策;健全失信惩戒政策,完善失信信息记录和披露机制、市场退出机制;推进跨行业跨部门奖惩机制;等等。同时,不断推进信用服务市场建设,提高信用调查、信用评级、信用管理机构的诚信水平和从业水平,规范信用主体的行为。

11.5　湖北省信用体系建设

11.5.1　湖北省信用体系建设的基本历程

根据湖北省委、省政府关于建设"信用湖北"的要求,自 2004 年起,湖北省

开始着力打造以"一个保障、两大平台、三大体系、四大系统"为主要内容的湖北省信用体系基本框架,具体包括法规制度保障;企业和个人信用征信服务平台;政府、企业、个人信用管理体系;信用信息系统、信用信息披露系统、信用服务系统和信用教育系统。

该省的信用体系基本框架的建设过程分为以下三个主要阶段:

1. 第一阶段(2004～2007年):信用体系基本框架初步建设阶段

湖北省政府于2004年正式提出社会信用体系建设规划,明确四年内初步建成基本框架的目标。建设重点主要包括确立参与建设机构,起草相关地方性法规制度以提供法律依据,持续建设政府、企业、个人、区域信用系统,规范和完善信用市场等。

湖北省各市积极响应省政府的号召,成立社会信用体系建设领导小组。湖北省政府在2006年5月推出了《湖北省行政机关归集和披露企业信用信息试行办法》,并在武汉市先行试点,初步建立企业信用信息平台。同时为支持信用环境深化改革,湖北省政府对优质信用地区加大金融优惠政策力度,大力扶持守信地区的经济发展。

2. 第二阶段(2008～2013年):信用体系基本框架巩固阶段

这一阶段,湖北省在原有基础上加快建设社会信用体系,建设重点主要包括继续完善制度建设,积极搭建信用信息数据库,推进重点行业信用建设,支持区域信用建设等。

湖北省政府于2008年6月颁布《湖北省个人信用信息采集与应用管理办法(试行)》,同年8月启建个人信用档案库。湖北省企业信用信息公示系统也在加紧筹备中。工商、公安、食品药品、司法等重点领域在建立信用信息系统上也取得了显著的成效。以武汉市为代表的各市、县纷纷建立区域特色信用体系,提升当地整体信用水平。

3. 第三阶段(2014～2020年):信用体系基本框架完善阶段

自2014年起,湖北省信用体系建设进入完善落实阶段,同时为响应国家对新一轮社会信用体系建设规划期的要求并结合本省发展实际,出台《湖北省社会信用体系建设规划(2014—2020年)》。

2014年,湖北省个人信用信息系统和企业信用信息公示系统相继开放,信用主体的市场行为有据可依。湖北省还将持续推动信用信息公共服务平台和行业信用信息系统的建设。此外,完善以守信激励、失信惩戒为核心的奖惩机制是另一大重点。

在新一轮的规划期中,湖北省社会信用体系建设仍将就政务诚信、商务诚信、社会诚信、司法公信四大领域逐步深入推进,目标是在2020年建成整体水平位居全国前列、具备湖北特色的社会信用体系,全面实现"信用湖北"。

11.5.2 湖北省信用体系建设的现状

1. 信用体系建设组织有方,架构明确

为加强对湖北省社会信用体系建设工作的统筹领导和管理监督,湖北省人民政府于 2013 年 7 月正式成立湖北省社会信用体系建设领导小组,并于同年底将领导小组细分为 10 个专责小组,明确划分责权任务,合力推进社会信用体系建设。各市级政府也通过建立领导小组,承上启下,有效地传达建设理念以及建设方案。层次清晰、职责明确的管理体系为社会信用体系建设提供了组织保障。

湖北省社会信用体系建设按"一个保障、两大平台、三大体系、四大系统"的主体思路展开,具体分为政务诚信、商务诚信、社会诚信和司法公信四大领域,建设工作有序推进,由点到面,全面开展。

2. 信用信息系统发挥积极作用

湖北省目前已经开通个人和企业信用信息系统以供查询,为信用市场提供了重要的参考信息和依据。

其中,企业信用信息公示系统目前已记录数据 300 多万条,数据查询量达 500 万条,运行状况稳定。违法企业将受到法律和市场的双重惩罚。湖北省工商行政管理局还规划了"物理环境和虚拟化"相结合的云计算思路继续升级系统。

通过个人信用信息系统,湖北居民可以查询到个人信用报告,这在银行借贷、求职等方面都能发挥积极的引导作用。

3. 金融领域信用体系建设效果显著,其余重点行业信用体系建设稳步推进

湖北省社会信用体系建设目前在金融领域成果突出。农村、企业、社区、区域这"四大信用工程"分别在解决"三农"贷款难、中小企业贷款难、和谐社区建设和区域经济核心竞争力建设方面发挥了不容忽视的作用。小微企业和农村信用体系试点建设开展顺利。金融信用信息数据库的建设也初具规模。

其余重点行业也在加快发展信用平台的建设。例如,湖北省食品药品安全信用信息管理系统、湖北省建筑市场综合监管信息系统和诚信信息平台、湖北省水利建设市场主体信用信息平台等的建立都标志着信用信息正在成为行业发展的重要考量因素之一。

4. 信用服务市场跟进发展,作用范围不断扩大

完善的信用体系离不开信用服务市场的配套发展。湖北省目前已有资本

市场评级机构 6 家,信贷评级机构 7 家。信用评级结果不仅能影响企业的贷款申请、招标投标等业务,还能为政府加强监管、扶优限劣提供有力依据。信用服务市场的完善发展将提高信用主体的诚信意识,促进信用市场秩序的建立,是建立成熟的社会信用体系的必由之路。

11.5.3 湖北省信用体系建设的特点与经验

1. 以政府主导为核心,细化职责到专责小组

湖北省社会信用体系建设工作以社会信用体系建设领导小组为领导核心,为了保证建设工作有序推进,各部门协调合作,在领导小组下特设综合规划、信用法制建设、公共信用信息平台建设等 10 个专责小组。每个专责小组均由牵头单位和成员单位构成,分管社会信用体系建设的部分职责。

职能的细化,不仅明确了建设工作责权对应,而且将有效减少重复工作,提高建设效率。10 个专责小组在领导小组的统一协调下,密切配合,上下衔接,合力推进湖北省社会信用体系的建设进程。

2. 开展"四大信用工程",全面推进区域信用建设

湖北省自 2001 年起开展实施农村、社区、企业和区域"四大信用工程",针对区域信用现状制订相应的信用体系建设计划,通过以点带面,不断深化金融生态环境建设。

为支持"三农"经济,创造农村信用环境,湖北省于 2013 年启动农户信用评价体系建设,目前已为 800 万余农户建立了信用档案,涵盖了农户、农民专业合作组织、农村企业等农村经济主体。利用专业的信用评价机制评定出信用农户、信用乡镇等,可享受优惠政策。

社区信用工程在武汉市青山区宜居社区和江汉区西桥社区进行了试点工作,通过采集辖区企业和居民的各方面信息,建立信用档案并进行诚信评级。高星级企业或居民可享受贷款贴息或者担保的优惠。这将促进市民不断提高诚信意识,从生活点滴小事做起。

湖北省目前已经开通企业信用信息公示系统,并建立以守信激励和失信惩戒机制为主题的法规制度,企业信用建设在"四大信用工程"中处于相对成熟的地位。

为推动区域经济的信用环境和整体水平,湖北省每年都会评选出"A级金融信用市"和"最佳金融信用县(区)",鼓励各区域不断提升当地的信用水平,以期获得更多投资机构的青睐。

"四大信用工程"着眼于不同的信用主体和信用市场,全面推进金融生态环境建设,带动对金融资源的配置和引导,为全省的经济发展营造出良好的信

用环境。

3. 区域综合性试点和行业性试点并重,充分发挥示范效应

湖北省社会信用体系建设工作大力开展试点示范,不仅是国家社会信用体系建设的明确要求,而且是湖北省本身积累经验并推广的试验田。试点示范工作主要分为区域综合性试点和行业性试点两大板块。

湖北省社会信用体系建设领导小组日前选择宜昌市、大冶市、武汉东湖高新区、宜昌高新区、襄阳高新区五个区域开展综合性试点工作,选择工商、农村和小微企业、药品安全、招标投标、融资担保、小额贷款六个行业开展行业性试点工作,力争建成具有区域特色和行业特色的社会信用体系。

"先行先试、试点示范"的信用体系建设工作为促进地方经济发展和诚信建设发挥了积极的示范效应。

11.5.4 湖北省信用体系建设存在的问题及发展对策

1. 整体尚且缺乏对信用建设的正确认识,信用知识普及教育有待提高

虽然湖北省社会信用体系建设框架已经初具规模,但是诚实守信的社会氛围尚且薄弱。无论是个人、企业还是政府,对信用的正确认识都还停留在浅显的层面。履约践诺、守信受益、无信受限的理念能付诸实际行动的信用主体仅占少数。政务诚信公开力度和司法公信实施力度也差强人意。信用意识的养成对于湖北省信用体系建设而言,任重而道远。

为了加强对信用的正确理解,信用理念的普及宣传是当务之急。

(1)对于社会,加强信用建设舆论宣传

利用各类媒体宣扬信用建设政策、信用知识以及诚实榜样典型等,在全社会树立起诚实守信的良好氛围。

(2)对于政府,加强政务诚信教育

通过讲座及会议等各种形式加强领导干部及公务员自身的诚信办公意识,养成廉洁自律、行为端正的工作作风,起到表率和榜样作用。

(3)对于企业,增强企业信用意识

不断推进企业诚信文化建设,培养企业诚信经营的理念,加强信用管理水平。政府部门可出台相应的优惠政策以激励守信企业,同时行业协会也应增进行业自律水平。

(4)对于个人,接受信用知识普及教育

逐步将信用教育纳入国民教育体系,在每个阶段都开展诚信教育。

2. 信用立法和信用管理制度尚有缺失

湖北省社会信用体系建设尚未建立健全的信用法规体系和信用管理体

系,仅仅依赖我国基本法律中对信用违法行为的规定,远不足以对各种失信行为构成有力的约束。信用信息征集也尚未有法律法规来进行统一规范和权益保障,目前统一的信用信息共享平台仍未建成。

信用体系建设重在立法先行,以信用立法来保障信用体系建设的规范标准化尤为重要。尽快建立和完善以守信激励和失信惩戒机制为主要内容的信用法规体系,加大信用主体的失信成本,有效地规范信用主体的市场行为。所有的信用行为有法可依、有据可循才能保障信用体系有序扎实推进。

3. 信用服务市场尚未成熟,信用中介服务有待完善

湖北省目前信用服务市场发展相对滞后,供需不足的问题普遍存在。一方面,信用主体对信用建设认识不足,对信用服务的主动需求较少;另一方面,现有信用服务机构规模较小,提供的业务范围有限,难以满足信用市场不断扩大的需要。

发展信用服务市场的首要任务是实现信用信息的市场化,不断增强社会信用信息的开放程度和透明化程度,鼓励信用服务机构依法建立自有的数据库,同时完善信用信息主体权益保护机制。建设成熟的信用服务市场是社会信用体系建设的重要分支。

第 12 章

地方信用体系建设的特色案例

除了各省的信用体系建设，一些省、市的重点城市也在大力推进信用体系建设，本章以广东省的深圳市、浙江省的宁波市为代表讨论市一级的信用体系建设，并以浦东自贸区、北京中关村、天津滨海新区、重庆北碚区、云南昭通市为例分析一些有特色的园区信用体系建设。

12.1　深圳市信用体系建设

深圳是改革开放后当代中国的一个鲜明符号，以其得天独厚的政策环境和地理条件，充分发挥多元优势，成为名副其实的经济和政治体制改革试验田，其信用体系建设也不例外。

12.1.1　深圳市信用体系建设的基本历程

在"打造深圳标准"和"提升深圳质量"的理念指引下，深圳市的信用体系建设也较早起步，逐步形成具有深圳特色的社会信用体系和信用环境，显著提升了社会信用水平。

1. 起步阶段：2002～2005 年

深圳市积极响应党中央关于社会信用体系建设的战略部署，从地方实际出发率先开展社会信用体系建设，以个人征信为起点，积极探索建设经验，建设成果位居全国前列。

2001 年底，深圳市政府公布《深圳市个人信用征信及信用评级管理办法》，旨在规范个人征信及信用评级活动。个人征信系统于次年 8 月正式开通，为各相关领域提供个人信用报告。

2002 年 11 月，深圳市政府通过《深圳市企业信用征信和评估管理办法》，为企业信用制度的建立和企业信用信息的征集评估提供了规范的依据。企业信用信息系统于 2003 年正式运行，征信内容初步涵盖市场主要信用主体，基础工作预期在"十一五"末期完成。

2005 年 7 月，深圳市信用协会正式成立，成为全国首个由国内银行发起的自律性组织。该组织不断推进"评信通"融资平台的建设，辅助推动政府、企业和个人信用建设，以实现优化融资环境、改善社会信用环境的目的。

至 2005 年底，政府部门及主要综合部门都成立了自己的信用信息平台，但运行效率存在较大差异。同时，信用法律法规建设尚且薄弱，信用法制环境尚未形成。

2. 巩固发展阶段：2006～2010 年

2006～2010 年，正值"十一五"规划期间，社会信用体系建设依然是深圳市建设社会主义市场经济体系的重点工作之一。

2006 年，中国人民银行深圳中心支行成立的企业信用信息信贷领域的基础数据库正式投入全国联网运行，企业融资贷款申请有据可循。个人信用体系建设也持续推进。市政府出台了《深圳市人才市场信用管理办法》，规范了人力资源管理和人才市场建设。

深圳市企业信用法规框架不断得到补充完善。2007 年 10 月，广东省颁布并实施《广东省企业信用信息公开条例》，成为深圳市企业信用体系建设的主要标准之一。2008 年 9 月成立的深圳市信用评级协会深入健全了企业信用体系，有助于推动企业信用评级的规范和良好社会信用环境的形成。

2009 年，深圳市逐步加快推进电子商务信用体系建设，率先在网络经济领域建立起"信用深圳"品牌，大力推动"评信通"平台的应用和建设，同时积极整合银行和非银行的信用信息，建立中小企业融资贷款的风险预警系统，实现银企信贷的高效匹配。

3. 加速推进阶段：2011 年起

2011 年年末，深圳颁布《深圳市企业信用体系建设"十二五"规划》，对深圳市企业信用体系建设成果做出了总结,并对"十二五"规划提出了更高的期望及挑战。规划提出,至 2015 年底,深圳市将为所有市场主体建立企业信用档案,初步建成与现有经济水平相适应的信用体系基础框架。

2012 年,深圳市成立了由 59 家成员单位组成的社会信用体系建设统筹小组,并下设 12 个专责小组,分别负责相关领域的细分工作。由统筹小组出台的《深圳市社会信用体系建设工作方案》进一步明确了现阶段建设工作的目标、任务以及具体举措。

对于相对薄弱的信用法制建设,深圳市也开展了积极有力的探索。《深圳经济特区中小企业发展促进条例》规范了企业的信用应用,但尚未纳入立法计划。2013 年 3 月 1 日起,深圳市全面实施商事登记制度改革,提高了信用体系建设的市场化程度。信用评级、信用中介、信用咨询等信用服务市场也不断加快发展。

到 2020 年,深圳市计划建成具备深圳特色、深圳优势的社会信用体系框架和运行机制,为深圳市加快可持续的、稳定的、全面的增长提供重要的保障。

12.1.2 深圳市信用体系建设的现状

1. 三大信用信息平台初步建成,信用信息应用范围不断扩大

深圳市目前已经初步建立了个人、企业和信贷三大征信平台。

个人信用征信系统由深圳鹏元征信有限公司于 1999 年开始筹建,2002 年开始投入试运行,此后为全社会提供个人征信查询服务。截至 2013 年底,个人信用征信系统已经基本覆盖全市大部分常住人口的基本信息和信用信息。系统在个人贷款审批、求职招聘、人事落户等领域得到了广泛的应用。

企业信用信息系统,即深圳信用网,于 2003 年正式投入使用。系统内现已征集含 60 家政府机关、200 万余家企事业单位等信用主体在内的信用信息,实现了企业信息互联互通、资源共享。

"评信通"中小企业融资平台是由中国人民银行深圳市中心支行和信用协会共同搭建,实现了银企间的良性互动,缓解了中小企业融资难的困境。

2. 社会信用体系建设运行机制及基本框架基本建立

目前,深圳市信用体系建设工作由市信用体系建设统筹小组统一领导和部署,综合规划、信用法制建设等 12 个专责小组细分职责下有条不紊地展开。架构清晰、责权明确的组织领导是建设工作有序展开的必要前提。

2012 年出台的《深圳市社会信用体系建设方案》中提出了现阶段建设工作的五大基本原则和六大任务,总体目标是争取在 2016 年将深圳市打造成诚

信建设示范城市,基本建成完善健全的信用体系。该方案将建设信用深圳的战略部署与深圳质量、深圳特色进行了有机结合。

在统一的组织部署下,深圳市的社会信用体系建设将不断提速。

3. 信用服务市场日臻完善

信用服务市场是社会信用体系建设的重要分支。深圳市不断推动信用服务市场化、规范化进程,引导有关机构协会制定信用服务行业的从业规范以及评定准则。目前,信用服务市场已经初具规模,其中具备贷款企业信用评级的机构已发展至 7 家,融资性担保机构发展至 87 家。信用咨询、信用中介、信用保险等业务市场也不断扩容升级。完备的信用市场将支撑信用体系建设和信用经济发展的深入推进。

12.1.3 深圳市信用体系建设的特点与经验

1. 采用"政府推动,社会参与,市场化运作"的深圳模式

深圳社会信用体系建设工作在统筹小组和专责小组的积极规划部署下有序开展。小组通过建立明确的基本框架,制定健全的工作方案和法律法规以及整合各方资源等工作在建设工作中占主导地位。

此外,建设工作还纳入了诸多社会组织及评估机构的广泛参与。深圳市个人征信系统是由鹏元征信有限公司开发并维护;深圳市信用协会作为深圳市第一家信用自律组织,积极参与到个人及企业的信用评级和征信建设工作中。社会组织及机构按照市场化模式来开展业务。2013 年 3 月的商事登记制度改革,通过简政放权给市场主体,提高了市场自治程度,极大地激发了市场活力。

深圳市社会信用体系建设的市场化水平虽然与世界发达城市还存在着一定的差距,但在国内位居前列。提高社会信用体系建设工作的市场参与程度,不仅能够按照市场需求合理分配并管理信用信息,而且能有效调动社会组织和专业机构参与的积极性。

2. 遵循"以点带面,逐步铺开,整体推进"的发展思路

深圳市在社会信用体系建设工作中积极寻找改革突破口,通过部分先试先行,进而不断创新优化,提高了信用体系建设的实效。

深圳市地税局、证监局在其所辖领域内充分发挥信用制度建设的先行优势,在法规、征信和用信这三大关键环节重点推进试点建设,取得了瞩目的信用监管成效;南山综合试点区创造性地开展"诚信商家联盟""权利人数据库"等工作,在失信惩戒、守信激励制度创新上取得了新突破;《深圳市市场监管体系建设工作方案》将在食品、药品和电子商务三个重点行业展开试点,在福田

区展开综合试点。试点先行工作不胜枚举。

社会信用体系建设工作通过试点推广,以点带面,将先行优势逐步铺开,这些试点行业和试点区域都将为全市社会信用体系建设工作探路,积累建设经验并发现薄弱环节,为整体推进进程奠定实质性的基础。

3. 重视"宣传引领,文化建设,诚信教育"的正面引导作用

深圳市将诚信文化的宣传教育作为社会信用体系建设的重要分支着力推进,不仅成立了诚信文化宣传教育专责小组,而且积极开展"信用记录关爱日""诚信建设宣传月"等活动,将信用文化宣传至各行各业。"信用意识深入人心,信用管理根植社会"的宣传理念为营造良好的社会信用环境指出了明确的方向,多元全面的宣传教育手段提升了社会信用体系建设的软实力。

12.1.4　深圳市信用体系建设存在的问题及发展对策

1. 信用法规体系和失信惩戒机制尚未健全,社会信用体系建设的制度保障和法律支撑有待加强

目前,由于国家有关信用体系建设的法律法规较为宽泛,尚未形成专门的法律体系。深圳市自主出台的主要相关法规也仅有《深圳市个人信用征信及信用评级管理办法》和《深圳市企业信用征信和评估管理办法》两个文件,规章涉及信用管理范围有限,法律效力不足。因此,信用体系建设的法律支撑尚未稳固。守信激励和失信惩戒联动机制缺乏统一的标准和明文规定,市场主体的信用行为缺乏监管和保障,征信服务市场发展缓慢。

深圳市应不断加强信用立法,健全综合性信用体系法制建设。对于现有的信用规章应不断修缮以适应当下经济社会的基本要求和发展方向。加大对信用主体失信行为的惩戒力度,加强行业监管和司法惩戒的对接,使失信者寸步难行。同时,配套的信用服务行业监管制度和规范性文件也亟待完善。

2. 信用信息系统征信范围有限,征信质量不高

深圳市目前建立了个人、企业和信贷三大征信平台。囿于信用信息征集渠道的约束和信息交换方式的落后,三大平台均存在两大问题:其一,相当一部分信用主体的信用信息尚未录入征信系统或存在信息的重复录入;其二,缺乏统一的信息标准和技术规范,信用信息的安全性和准确性无法得到保证。

加快推进信用管理的信息化是深圳市社会信用体系建设面临的当务之急。完善并升级现有的各行各业信用信息平台,不断扩大信用信息覆盖面,提高信用信息的时效性和准确性。推动信用信息的标准化建设,进一步优化信用信息平台的功能。有序整合各大信用信息系统,推动筹建全市统一的公共信用信息资源平台,实现各大系统信用信息的共享应用、互联互通。

3. 政府对信用服务市场的扶持力度仍需加大

深圳市信用服务起步较早,但现有的信用服务市场能提供的信用服务产品有限,而且信用服务机构规模相对较小。全社会主动采用信用服务的意识也有待提高。信用服务行业管理制度和行业监管机构的缺乏,导致信用服务市场尚未形成良性的循环机制,与信用建设工作相对分离。

政府应积极引导信用服务市场的发展,通过政策扶持和示范,建立信用服务应用机制,带动信用市场主体使用信用服务产品,从而扩大信用服务市场需求,加快培育市场水平。政府还应着力推动一批有竞争力和公信力的信用服务机构,不断推动和创新信用服务产业的发展,壮大产业规模。此外,还应持续完善和强化信用服务市场的监管制度和自律管理,规范发展信用服务机构,有序创新信用服务产业。

12.2 宁波市信用体系建设

12.2.1 宁波市信用体系建设历程

20 世纪 90 年代末,宁波根据经济社会发展实际,在国家和省相关部门指导下,开展了个人和企业信用联合征信试点。

2002 年,党的十六大召开以后,市委、市政府根据中共中央、国务院关于社会信用体系建设的总体要求和浙江省委、省政府关于社会信用体系建设的整体部署作出全面推进"信用宁波"建设的战略部署,按照道德、价值和法律三个取向,明确了以信用制度建设为核心、以联合征信平台建设为关键、以诚信创建活动为基础的宁波社会信用体系建设的总体框架。"信用宁波"建设领导小组的建立,为社会信用体系建设的推进提供了组织和机制保障;"信用宁波"建设领导小组办公室承担了全市社会信用体系建设协调推进和信用行业主管部门的职能;同时,各区县也逐步建立了相应的推进机构和机制,形成社会各方协调互动的局面。

开展"信用宁波"建设活动以来,围绕信用信息记录、信用产品使用、失信惩戒守信受益的社会信用制度建设三个环节,宁波制定了《宁波市加强个人信用建设的若干意见》,明确个人信用建设的目标、要求、措施以及具体的工作方法;制定了《宁波市企业信用信息管理办法》,规范了企业信用信息的采集、加工及服务;制定了《宁波市政府信息公开规定》《关于进一步推进政府信用建设的意见》《宁波市政府机关及其公务员信用信息管理办法》,促进了政府部门政务信息的公开共享,加大了政府信用的建设力度;制定了《关于加强社会中介

机构信用建设　促进中介服务业规范发展的意见》,加大了对社会中介机构的整治力度,中介组织信用建设开始起步。此外,还制定了信用档案建设、信用普及培训等相关政府部门规范性文件,指导社会信用体系建设工作的推进。上述规章、标准和规范性文件基本满足了前一时期宁波社会信用体系建设的需要,为"十一五"及其以后时期内宁波社会信用体系的建设奠定了坚实的基础。

"十一五"期间,宁波市集中开展了"诚信企业""诚信示范商场""诚信活动月""诚信活动周"等阶段性主题活动,形成诚信誓词、诚信 LOGO、诚信歌等标志性宣传载体。全面贯彻实施了《公民道德建设实施纲要》,大力开展普法教育、职业道德教育等一系列活动。出版了《宁波市信用宁波建设文件汇编》《个人信用服务指南》等信用资料和普及读本,并在重点行业和重点岗位开展了有针对性的信用培训,全市累计培训3 000余人次。宁波还在全市范围内开展诚信小品创作、诚信格言征集、诚信辩论赛等 70 余项活动,推动行业开展诚信承诺、树立诚信典型、公开违法违规的失信信息,加强行业诚信自律。

自开展信用宁波建设活动以来,该市社会信用服务业得到较快发展。2008 年 8 月"信用宁波网"正式开通,截至 2015 年 6 月,"信用宁波网"信息条目总数为59 881 068条,在册户为675 591户。同时,信用产品在信用贷款、信用卡发放中得到普遍使用;在政府采购、中小企业贷款担保、政府扶持资金审批、优惠政策享受、出口信用担保等政府监管和服务环节得到引导和使用;在企业商务活动中得到有效使用。相关政府部门和授信主体根据对方的信用状况提供了便利措施和实施惩戒制约,行政惩戒、市场惩戒、社会惩戒的联动机制初步形成。

12.2.2　宁波市信用体系建设存在的问题和对策

宁波市从大力建设该市信用体系以来,取得了不错的成果与进展,但在发展的过程中不免出现了一些问题,需加以改进。

1. 加强组织领导

宁波市信用体系建设领导小组办公室设在市政府办公厅,而企业信息中心设在市工商局,从两者的工作职能来看,决定了它们很难有效履行自身的职责。虽然成立了以市长为组长的领导小组,但是其作用并没有充分发挥出来。因此,要切实强化领导小组在信用体系中的地位与功能。

2. 保障数据的及时性、准确性和完整性

即使信息提供单位尽量保证企业应公开的信用信息的及时性、准确性和完整性,但数据传输的有效性也会影响上述过程。一方面,平台的维护升级由于资金短缺、人员配备不足等原因稍稍滞后,在数据传输过程中,不能够保证数据百分百的准确性和完整性。再加上随着数据交换平台的广泛使用,数据平台的使用频率也在攀升,造成数据交换平台已有些不堪重负。另一方面,政府部门间的信息化水平也存在很大的不同。有些政府部门信息化水平较为落后,信息无法通过数据交换平台进行实时交换,只能进行定期交换或者是通过电子邮件方式报送,影响了信息的及时性。

3. 改变数据库信息资源匮乏的局面

在建设过程中信息的收集也是一大阻力。由于没有依据,在征集企业信用信息时,有些部门或是出于国家安全的考虑,或是出于商业秘密的考虑,或是出于部门利益的考虑并以前两者为借口拒绝对外提供共享信息,缺乏工作的积极性和主动性,导致数据库信息资源总量不足。据统计,全宁波市加入企业信用信息共享的部门数量仅仅达到一半,而且数据库里面80%左右的基础信息是由工商部门提供的,其他单位提供的信息量较少。因此,要加强不同部门的协调,增加信息的接入数据。

4. 建立统一的信息编码规则

由于企业没有统一的信息编码规则,企业信息很难整合,整合后也很难实现企业信用信息的有效使用,包括检索、查询、定位和发现等。其实在我国的很多行业都已经实现统一代码规则,比如公民的身份证号码等。尽管中华人民共和国国家标准《政务信息资源目录体系第5部分:政务信息资源标识符编码方案》已有送审稿,但尚未正式发布。这一问题还有待解决。

5. 保持信用等级评定办法的合理性和公平性

企业信用评级主要存在三个方面的问题:一是没有统一的等级划分原则。许多单位并未按照《宁波市企业信用监管和社会责任评价方法》的统一规定对企业信用等级进行 A、B、C、D 四个等级的划分,而且还存在五六级的情况。没有统一的划分原则就很难比较企业的综合信用等级。二是没有确定一致的评级打分原则。有些信息可以为信息提供单位加分,有些可以为企业减分,有些加减分项可以相抵,有些却不能,这也造成了差别待遇和不公平现象。三是综合信用等级计算方法不合理。目前宁波市工商局采取"就低原则"来进行综合信用等级评级。比如说两家企业同样都有 10 个打分项,第一家的评价结果为 9 个 A、1 个 B,第二家的评价结果为 1 个 A、9 个 B。以"就低原则"算出的结果两者都是 B,这显然是不合理的,因为第一家企业的信用状况是明显好于第二家企业的。

6. 解决数据存储和利用中存在的技术问题

在数据库的建设中很重要的一点是合理的唯一标识。这样,在数据处理、导出时能够把同一家企业的不同信息全部联通起来。而目前,企业信用信息缺少这样的唯一标识,尽管宁波市工商局曾建议把单位的机构代码作为唯一标识,但大多数企业在信息系统开发方面并没有这样做,所以在推广的过程中出现了许多阻力。而企业名称也无法作为企业的唯一标识,一是中文在系统的运行和处理时非常不方便,也不利于计算机识别。二是企业名称还有可能发生变更,一旦变更,则会引起一连串的问题。因此,要积极采取措施,通过技术革新及加强管理来解决这些技术问题。

12.3　特色园区信用体系建设案例

12.3.1　上海浦东自贸区信用体系建设

2013年9月29日,中国(上海)自由贸易试验区正式成立,面积为28.78平方公里,涵盖上海市外高桥保税区、外高桥保税物流园区、洋山保税港区和上海浦东机场综合保税区4个海关特殊监管区域。浦东自贸区进行信用体系建设试点。

2014年10月,国务院颁布的《企业信息公示暂行条例》正式施行,上海航益商贸有限公司成为上海市首个公示年度报告的企业。这意味着此前在上海自贸试验区试点的企业信用信息公示制度正式在全国复制推广。

综合来看,浦东自贸区信用体系建设的成功试点包括以下几个经验:

1. 构建信用体系的监管架构

自成立以来,浦东自贸区初步搭建了以自贸区管理运行和贸易投资需求为导向,以市级跨部门信用信息共享系统为支撑,以自贸区信用管理制度和规范为基础的信用体系框架。形成自贸试验区的新监管架构,包括安全审查制度、反垄断审查制度、健全社会信用体系、建立企业年度报告公示和经营异常名录制度、健全信息共享和综合执法制度。

2. 推进上海信用信息服务平台中自贸试验区子平台的整合

上海于2014年4月30日正式开通上海市公共信用信息服务平台,自贸试验区则依托该平台试点推动自贸试验区子平台建设,完善与信用信息、信用产品使用有关的一系列制度。

信用平台的价值在于打破"信息孤岛",将原本分散在各部门的信用信息包括个人是否拖欠过公用事业费,企业是否偷税、漏税或使用地沟油等整合在一起,从而能更全面地展现企业和个人的信用状况。

自贸试验区子平台入围全市信用平台十大典型应用之一。在该平台上，政府能对不同企业和个人按不同标准进行日常监管，分配公共资源，同时各类市场主体也能获得交易对手的信用报告和预警。目前，自贸试验区子平台已完成归集查询、异议处理、数据目录管理等功能开发工作，同时启动探索开展事前诚信承诺、事中评估分类、事后联动奖惩的信用管理模式。

3. 开展信用"负面清单"管理制度

上海公共信用信息服务平台全面开通后，自贸试验区逐步建立了社会信用"负面清单"制度，发布所记录企业与经营者信用污点的报告。有关信用"负面清单"率先在自贸试验区进行试点，成为自贸试验区管理改革推出的第二份"负面清单"。

探索建立电子信用标识，支撑在线信用服务和无纸化办公，并对自贸试验区3 924家海关企业、1 172家重点企业和1.5万名企业高管进行了平台信用核查。自贸试验区挂牌时公布的第一份"负面清单"，明确了企业不能进行投资的领域和产业。如果说该份"负面清单"主要针对的是事前审批，那么市经信委推出的信用"负面清单"，着眼的则是事中和事后的监管。自贸试验区监管要从"正面清单"转向"负面清单"，就必须放开前置审批环节，加强事中和事后的管理。

自贸试验区信用"负面清单"从信用平台抓取区内企业和个人的失信记录，并按严重程度分级呈现，具体措施包括行业准入、银行信贷等方面的限制，因严重失信而被纳入"负面清单"的失信企业，有可能被取消注册。信用"负面清单"借助于社会信用体系，提高违约失信的成本，有助于形成事中和事后监管的有效模式，起到事半功倍的效果。

4. 充分运用信用信息

目前自贸区已在市场准入、货物通关、贸易管理、金融业务和财政资金使用等多个领域和环节发挥信用手段作用。

在财政资金使用环节，自贸区管委会制定的专项发展资金使用办法明确优先支持信用良好的单位，并在资金申请环节对企业开展信用状况核查。自贸区海关推进AEO（经认证的经营者）企业互认中，明确将信用等级高的企业作为首批运作企业。此外，自贸区检疫在进境货物预检验、进境生物材料风险管理中应用信用管理，特别是对进境材料的风险管理中，根据产品风险和企业诚信等级，进行分类分级管理，使许多信用等级高的企业的研究用生物试剂能够更快通关。自贸区质检分局还对日常经营中无违规记录、信誉好的企业优先考虑上海名牌申报、政府质量奖励等措施，畅联物流、厚谊俊捷物流等自贸区企业因信用良好获2014年度上海市名牌称号。

2015年,自贸区信用奖惩机制的重点是推动信用信息的更广泛应用,随着自贸区信用体系建设的加快推进,信用信息应用领域将进一步拓展深化。

12.3.2　北京中关村信用体系建设

1. 中关村信用体系建设的背景

2001年12月1日起,中关村科技园区实行企业信用制度试点。开展中关村信用制度建设的背景主要基于:

(1)中关村迫切需要建立起企业信用体系

中关村的8 000多家高新技术企业,大多是中小企业,长期缺乏信用记录,且无固定资产抵押物,企业贷款难、融资难,这严重阻碍了企业发展。此外,企业之间交易时,也因无法获知对方信用状况而相互不信任,难以达成协议。

(2)中关村初步具备开展企业信用征信工作的基础条件

1999年,北京中关村科技担保有限公司(现已更名为"中关村科技融资担保有限公司")成立,这标志着中关村信用体系建设工作正式启动。

2. 中关村信用体系建设发展历程及现状

2000~2003年,中关村科技园区管理委员会开始试行中关村企业信用报告制度,推出了第一份企业信用报告并推广使用信用报告。

2003年7月,全国第一家企业信用自律组织——北京中关村企业信用促进会成立,标志着中关村信用体系建设进入初期发展阶段。中关村企业信用促进会依照"政府推动、政策引导、市场化运作、多方参与、专业服务、规范管理、长效保障"的信用体系建设发展战略,组织企业倡导信用自律,推广使用信用产品,围绕信用宣传、信用服务和信用管理三条主线开展信用建设工作。在不断提高企业信用意识、信用能力,打造中关村信用品牌的基础上,推进企业内部信用制度建设,促进企业信用融资和信用交易。

从2001年运行至今,北京中关村信用制度建设成果显著。

(1)建立起一套相对完善的信用制度体系

《促进中关村科技园区企业信用体系建设的办法》《中关村国家自主创新示范区企业信用星级评定管理办法》《中关村国家自主创新示范区科技型中小企业信用贷款扶持资金管理办法》《中关村国家自主创新示范区信用保险及贸易融资扶持资金管理办法》《中关村示范区小微信用企业集合信贷促进计划》等一系列规定涉及信用体系建设的组织管理、信用信息归集、信用产品、信用中介服务等方方面面。此外,中关村示范区还开展了"中关村信用指数"编制工作,定期发布中关村企业信用指数,以动态展示和监测中关村信用环境,有利于做好区域信用风险监控和信用综合服务。

（2）加强企业信用自律组织

截至 2013 年，信用促进会已拥有会员 4 500 多家[①]，占中关村示范区销售额 1 000 万元规模以上企业的 75％，办有信用促进会网站（www.ecpa.org.cn）、北京市高新技术企业信用信息公共服务平台《中关村信用与科技金融》会刊（季刊）和《信用专递》（月度简报），及时向会员企业传递政策法规信息、金融服务产品信息、促进会员交流和银企合作；建有涵盖中关村 9 800 多家企业的开放式动态的信用信息数据库，拥有各类企业信用报告 1.7 万余份，信用星级企业累计数达 800 多家，为公共政策的实施和企业融资及市场交易提供了企业信用资格证明[②]；建有昌平、丰台、西城等 9 个企业信用工作平台，成立了信用服务、认证服务、会计审计、金融服务、生物医药、节能减排、电子信息、知识产权、新三板企业 9 个专业委员会，并建立了企业信用服务专员联系制度。截至 2014 年 12 月底，中关村信用星级企业已达 985 家，其中五星级企业 127 家、四星级企业 92 家、三星级企业 132 家、二星级企业 196 家、一星级企业 438 家。[③]

（3）中关村已建成信用信息公共服务平台，实现了部门间信息共享

目前，信用信息公共服务平台已发展用户 3 800 多家，其中企业用户 3 300 多家，中介服务机构用户 360 多家，金融机构用户 120 多家。

（4）中关村信用产品愈加丰富，信用服务市场不断发展，信用服务业监管日趋完善

中关村推广了信用评级报告、征信报告、信用调查报告、信用管理咨询报告四大类八种信用产品服务，可以满足企业在不同发展阶段的信用服务需求。截至 2014 年 7 月底，中关村示范区近 1 万家企业使用各类信用产品累计达到 1.8 万余份。[④] 信用报告为企业获得政府公共财政资金支持、银行信贷支持以及信用销售提供了强有力的信用保障。从 2004 年开始，中关村管委会对企业购买信用产品给予 50％的资金补贴，信用服务市场规模也从 2001 年的不足万元发展到 2012 年的 560 多万元。目前，中关村已经聚集了 12 家信用服务机构，300 多家法律、财务、审计、认证等中介机构。园区现有《信用中介机构考评办法》《信用评级管理办法》等制度，用以规范信用中介机构服务并提高信

① 郑金武，"中关村打造科技金融一条龙服务体系"，《中国科学报》，2014 年 7 月。

② 中关村信用促进会，"中关村信用促进会三年行动纲要（2014－2016 年）"，http://www.ecpa.org.cn，2014 年 7 月 2 日。

③ 中关村信用促进会，"'信用中关村'系列活动暨 2014 中关村信用双百企业发布会在京举行"，http://www.ecpa.org.cn，2014 年 12 月 31 日。

④ 郑金武，"中关村打造科技金融一条龙服务体系"，《中国科学报》，2014 年 7 月。

用报告的质量。

3. 中关村信用体系建设的经验借鉴

中关村信用制度建设的工作思路是"以信用促融资、以融资促发展"。

2003 年,为解决高科技中小企业融资难的问题,北京市实施了"瞪羚计划"。"瞪羚企业"有两大特征:增长速度快,创新活跃。"瞪羚企业"的入选以上一年度实现的技工贸总收入规模及技工贸总收入和利润的同比增长率、信用等级等作为界定标准。"瞪羚企业"可享有一系列优惠措施:获得中关村科技园区管委会的贷款贴息;进入中关村科技担保公司的快捷担保审批程序,简化反担保措施;进入协作银行的快捷贷款审批程序,获得利率优惠。同时,"瞪羚企业"适用一系列信用奖惩措施。对"瞪羚企业"进行"五星级"评定,不同星级适用不同贷款贴息率和贷款利息下浮优惠;若企业违约,在担保公司和银行对其追偿的基础上,给予降低"星级"处罚,若情节严重,可向社会公布其失信行为,乃至开除出信用促进会。除贷款优惠外,中关村还面向"瞪羚企业"先后推出"北京中小成长之星"集合信托计划、中关村上市企业公司债券等直接融资产品,大大拓展了企业融资渠道。

十多年来,"瞪羚计划"成效显著。2012 年,"瞪羚企业"实现总收入 2 750.5亿元,为 2003 年的 3.77 倍,年均增长率达 15.90%;实现利润总额 354.2亿元,为 2003 年的 4.21 倍,年均增长率达 17.32%,"瞪羚企业"收入、利润等指标增速高于中关村示范区整体水平。[①]

2013 年,中关村又推出"展翼计划",专门扶持尚未达到"瞪羚计划"标准却具有高成长性的科技型中小企业。

中关村以信用为纽带,促进金融机构、担保机构和企业三方合作,以解决高成长中小企业融资难题的模式值得借鉴。

12.3.3 天津滨海新区信用体系建设

1. 天津滨海新区信用体系建设概况

滨海新区作为我国金融改革创新的重要试验区之一,也是中国人民银行进行信用体系建设试点工作的重点区域。滨海新区从政务诚信、商务诚信、社会诚信、司法公信四个方面开展信用体系建设。通过推动电子政务、公共信用信息平台、司法公开三大平台等具体建设措施,不断落实建立具有"天津特色"、覆盖经济社会各行各业的信用体系,也通过示范效应带动天津市整体信

---

① 张鹏.中关村"瞪羚计划"十年效果显著微金融成就大平台.中国高新技术产业导报,2013 年12 月。

用体系建设不断推进。

（1）建立"一库一平台一网站"的信用信息系统

滨海新区目前已建立了统一的信用信息数据库、公共信用信息服务平台、天津滨海信用网，累计采集了法人基本信息 60 万余条，覆盖在册企业逾 12 万家。平台信息采用分级管理，A 级信息可供社会公众查询。政府部门则可享受"1＋N"式信用共享服务，实现了信用信息跨部门互联互通。滨海新区已基本实现"一个平台管信用"的建设目标。

（2）完善"一个部门管市场"的信用监管制度

2015 年 3 月，滨海新区工商局、质监局、食药监局合并成立市场和质量监督管理局，集中监管力量，整合转变政府职能，实现一体化、广覆盖、高效率的市场监管体制创新。自 2014 年底成立的社会信用体系建设工作联席会议制度，目前已召集了 36 家政府部门和单位，统筹协调建设工作的有序开展。机构和职能的有效整合将有效助推新区信用体系建设的健康发展。

（3）信用管理制度初见成效

为了不断提升信用环境，滨海新区适时推出了多项信用管理制度建设举措，其中包括企业注册登记制度改革、启用新版营业执照、市场主体年度报告公示制度、中小企业信用担保机制等，严格监管市场主体信用行为。此外，滨海新区还出台了《天津市滨海新区行政机关归集和使用法人信用信息管理办法（试行）》，规范信用信息的征集和使用，信用法规制度和标准体系建设持续推进。

（4）通过信用体系建设积极扶持中小企业发展

中国人民银行天津分行选取了滨海高新技术开发区作为中小企业信用体系试验区。滨海高新区与 8 家试点商业银行签订协议，以第三方信用评估机构给出的信用等级为基础提供企业信用贷款。试验区内还不断创新守信激励机制，例如"信用企业"可以参与申请无担保、无抵押的信用贷款，"信用良好企业"可以向担保机构申请担保，贷款费率和担保费率均与企业信用等级密切相关。以上措施将缓解银企信息不对称的现实问题，不断改善中小微企业的投融环境，充分发挥试验区的示范效应，带动全市中小企业信用体系建设。

2. 天津滨海新区信用体系建设存在的问题

（1）公共信用信息服务平台上的信用信息准确性、时效性有待提升

在信用信息征集时，市场主体的隐瞒、谎报，或者是相关机构的审核疏漏，都将显著影响信息的可信程度。从信息的征集到更新，经过层层节点将产生时滞，信息的及时性无法得到保证。

（2）信用体系建设的制度规范尚未完善

信用法规制度建设正在持续开展,但目前尚未形成系统的制度框架。信用制度的覆盖面有限,且奖惩制度效力不足。信用法规制度体系有待改进。

(3)信用体系建设的市场化程度较低

滨海新区的信用体系建设主要是由中国人民银行和地方政府主导,市场参与程度较低。信用服务市场相对薄弱、政企分离程度低,都不利于信用行业的长远发展。

3. 天津滨海新区信用体系的发展对策

(1)加强信用信息平台建设,完善数据管理、更新工作

加强社会信用体系基础设施建设,不断扩大个人和企业信用信息的征集范围,加强对个人和企业信用信息数据的审核、管理和应用,制定完善的信息征集和使用办法及信息标准体系,保证信息的真实性和及时性。

(2)推动建立健全的信用体制和法规体系,加快诚信立法步伐

滨海新区的信用立法进程尚处于前期准备阶段,应不断加快制度法规建设,以法律制度维护社会信用环境,同时还应不断完善市场监管机制和奖惩机制,充实信用法制建设框架。

(3)加快培育和发展信用服务市场,提高信用体系建设市场化程度

市场化运作是社会信用体系建设的必由之路。政府应大力扶持本市征信机构和信用服务机构市场化,鼓励信用服务市场建立行业协会和自律机制,同时简政放权,缓解"政企不分"的现实问题。

12.3.4 重庆北碚区农家乐信用服务网建设

北碚区作为重庆市主城九区之一,以其得天独厚的地理位置和气候条件,正朝着都市型农业示范区的方向发展。农家乐作为具有当地特色旅游产业的重要分支,得到了政府的大力支持。在诱人的盈利前景下,规模不一的农家乐开始覆盖各大景区,主要位于缙云山景区。但随之而来的餐饮服务质量参差不齐、商家自律性低下等问题,使得农家乐行业的发展遇到了不小的阻碍。

针对一系列问题,北碚区工商管理局联合商委、食药监、旅游等部门创建了"北碚区农家乐信用服务网",以增强农家乐信用信息的应用,探索全方位发展农家乐产业的渠道。

1. 北碚区农家乐信用服务网的 PEST 模型

(1)政治环境(Political)

北碚区政府针对本地特色农家乐产业,已于 2006 年底发布《北碚区农家乐管理暂行办法》,加强对农家乐旅游的监管和规范。北碚区农家乐信用服务

网的推出,实质上是制定《重庆市北碚区农家乐网上信用评价管理办法》和建立行业信用评价指标数据库的过程,使得其管理模式更加透明化、具体化。开展"政府主导、工商推动、协会搭台、企业唱戏、市民受益"的信用管理服务创新模式,加强当地农家乐产业的有序发展。

(2)经济环境(Economic)

可观的利润前景使得北碚区农家乐产业集群效应愈加显著,哄抬物价等现象屡禁不止。北碚区农家乐信用服务网对自愿入网的农家乐商户进行评级,刊登各农家乐商户的特色简介以及价目,以便消费者进行消费预判、在线比较等。这将有利于经营者增强信用自律意识。

(3)社会环境(Social)

农家乐作为一种新兴的休闲旅游形式,受到了现代都市人群的高度青睐。农家乐的形式也呈现出多样化的趋势,覆盖范围越来越广。北碚区农家乐信用服务网为消费者提供了有效的参考依据。

(4)技术环境(Technological)

北碚区农家乐信用服务网的另一个建设重点在于数据库的建立。其一是采集并公开基本信息、联系方式等;其二是根据信用等级评价规则再结合评级信息,对各商户进行信用评级,消费者可以进行在线预订以及申请维权;其三是根据消费者的反馈以及实地考察结果,对各商户实施奖惩措施,使农家乐产业能够蓬勃发展。

2. 北碚区农家乐信用服务网的优点

(1)政府管理方面,实现政府职能部门的功能联合、信息共享

北碚区农家乐信用服务网实现了将工商管理部门、旅游部门、食品监管部门等政府部门的职能联合在一个系统内,打破了审核和监管之间的分离,也实现了信息共享,提高了部门的信息利用效率。

(2)农家乐商户经营方面,其商业价值和行业自律水平得到提升

北碚区农家乐信用服务网要求入网商户提供完整的企业工商执照和经营状况信息,提高了商户信用信息的完整度和透明度。同时,也将督促当地农家乐行业形成自律自省的良好风气。

(3)消费者利益方面,通过在线预订、评价和投诉等渠道切实保障

北碚区农家乐信用服务网也是一个电子商务服务平台。消费者可以在网站上浏览比较各家商户的信息,也可以在消费后进行评价或者申请投诉。消费者可以通过社会监管来保障自己的利益。

3. 北碚区农家乐信用服务网存在的问题及建议

目前,北碚区农家乐信用服务网还存在以下问题,应积极采取措施加以改

进。

（1）农家乐信用评级标准单一，应扩大信用价值内涵以及评价标准范围。

目前对北碚区农家乐的信用评级通过将行业协会评分、职能部门管理、商家自行承诺、消费者评价四个部分按相应权重加权得到，评价标准相对单调。

农家乐的活力源泉在于文化内涵，形成自己的文化品牌，是农家乐发展的重要方向之一。可以将农家乐文化品牌的经营作为信用评级的标准之一，这也是农家乐对自身定位的重要支持。

（2）农家乐从业人员素质低下、问题突出，可单列服务质量信用评级栏目

农家乐经营管理以及服务人员大多来自农村，受教育和培训程度有限，容易出现管理和服务漏洞，这也是目前农家乐面临的主要问题。

因此，可将农家乐从业人员信用水平评级单列，既可以督促从业人员加强自律自省意识，也可以作为消费者更有效的参考依据。

12.3.5　云南昭通市农村信用体系建设

昭通市是云南省下辖市级行政区，地处云、贵、川结合处。由于地理位置偏僻、封闭，经济发展水平不高，信用体系建设起步较晚，昭通市金融生态环境相对落后，与云南省其他城市差距明显。为扶持当地经济发展，昭通市政府在多地陆续开展农村信用体系建设工作，实现其常态化、全面化。

1. 昭通市农村信用体系建设的特点

（1）昭通市政府高度重视农村信用体系建设，给予财政和政策支持

昭通市政府贯彻落实云南省政府建设社会信用体系的要求，农村信用体系建设以"政府领导、人行主导、各方参与"为创建原则，着力建设当地农村信用体系。除了不断加强建设农户信用档案、信用信息基础数据库、农户信用评级工作等，还对守信信用主体提供信贷、投资等优惠政策。

（2）各相关部门通力合作，诚实守信的舆论氛围不断加强

包括昭通市各县区政府、中国人民银行、农村信用社在内的部门对农村信用体系建设积极合作，紧密配合，共同促进社会信用环境的建立。目前，昭通市已经基本营造出了良好的、诚实守信的舆论氛围，为今后的信用体系建设工作提供了重要的基础平台。

（3）当地金融机构结合实际，降低融资门槛

昭通市当地金融机构为支持信用体系建设工作，在满足贷款政策和贷款存量的基础上，极大程度地满足中小企业和个人的贷款需求，允许中小企业以个人流动资金贷款或凭借信誉贷款，也允许农村或者农民以反担保形式融资等。

（4）"一县一策"，突出地方特色

昭通市各县区以当地的区域特色为农村信用体系建设的落脚点，实现"一县一策"的特色建设进程。大关县充分利用政府、银行、农户"三联手"作用，创新开展农户信用、农户资产、授信额度"三联评"工作，实现信用农户评选机制的公平公开，带动区域经济增长；绥江县将移民搬迁因素纳入考量，创建信用社区并给予信贷投入等。"一县一策"使得各地农村信用体系建设齐头并进，昭通市整体信用水平不断提升。

2. 昭通市农村信用体系建设存在的问题及改进

（1）由于资金、技术条件有限，信用体系基础设施建设和制度建设尚不完善

昭通市农村信用体系建设过程中存在资金投入有限、信息技术不足的客观原因，导致信用信息平台建设单一、信用服务市场滞后、信用制度建设缺失等问题，短时间内无法得到质的改变。

（2）农村金融体系过于单薄

昭通市涉农金融机构数量少、规模小、业务种类单一，整体金融体系过于薄弱、发展不足，无法为信用体系建设提供有力的支持，信用体系建设的成果也无法落实运用至涉农金融机构以造福农村、农民。

（3）农民诚信意识和综合素质有待提高，农村信用信息数据征集难度较大

农村企业、居民分布散漫、流动性大，信用信息收集的工作量和难度都相当庞大。还有部分农户由于缺乏诚实守信的品质，谎报、漏报信用信息的现象时有发生，使得信用信息的真实性和实用性大打折扣。

（4）政府优惠政策难以落到实处，守信激励机制存在局限性

政府承诺给予信用农户在投资贷款上的优惠政策能否落实还取决于现实条件。农民贷款普遍存在成本高、风险大、审核难的问题，并且诸多涉农金融机构本身贷款规模有限，自身抗风险能力也较差。因此，授信农户的信贷需求还是无法得到充分满足。配套的涉农贷款补偿机制和守信激励机制还需不断地深化完善。

在昭通市农村信用体系建设不断推进的过程中，应始终以政府的领导为核心，抓住机遇，查漏补缺，推进信用体系的制度建设和平台建设，大力扶持中小企业和农户的发展，进一步开放农村金融市场和信用服务市场，深化建立"诚信昭通"。

参考文献

[1]戴成诚.上海信用体系建设完善探讨[J].商业经济,2014(8).

[2]梅强,马国建.长三角地区信用现状及一体化信用体系构建研究[J].中国软科学,2007(6).

[3]王宁,全河.关于江苏、上海和安徽信用体系建设情况的调研报告[J].建筑经济,2005(8).

[4]岳德亮.浙江公共信用信息平台数据容量和功能国内领先.新华网,2013—08—27.

[5]赵志凌,丁峰.上海、浙江、深圳社会信用体系建设模式、问题与启示[J].唯实,2007(10).

[6]赵志凌.上海、浙江、深圳社会信用体系建设的情况与启示[J].中国经贸导刊,2007(15).

[7]朱建军,刘小弟,刘思峰.基于政府作用视角的社会信用体系建设研究——以江苏省为例[J].征信,2013(2).

[8]《关于印发浙江省社会信用体系建设"十二五"规划的通知》。

[9]《国家信用信息平台三年后基本建成》。

[10]《江苏省社会信用体系建设 2014—2016 年行动计划》。

[11]《浙江省社会信用体系建设"十一五"规划》。

[12]上海诚信网.http://www.shcredit.gov.cn/e_lmwz_list.jsp? colid1=9&colid2=9.

[13]中国上海.http://www.shanghai.gov.cn/shanghai/node2314/node2315/node4411/u21ai837883.html.

[14]安沙,杨琪."中关村信用试点遭冷遇".http://www.people.com.cn/GB/it/48/299/20020410/706389.html,2002—4—10.

[15]北京市经济和信息化委员会,社会信息化处."海淀区全面启动中小企业信用体系建设工作".http://www.bjeit.gov.cn/zwgk/gzdt/71424.html,2013—7—10.

[16]国家工商总局."抓住信用监管的关键——北京市工商局建设企业信

用信息公示平台综述".http://www.saic.gov.cn/ywdt/gsyw/zjyw/xxb/201407/t20140710_146636.html,2014—7—10.

[17]西城区信息化工作办公室."西城区被授予首批'北京市中小企业信用体系建设试验区'".http://xxb.bjxch.gov.cn/xxbxxxq/528008.html,2012—2—3.

[18]西城区信息化工作办公室."西城区积极探索推进中小企业信用体系建设工作取得成效".http://www.bjeit.gov.cn/zwgk/zwyw/69040.html,2012年5月8日.

[19]张勇,冯建洪,刘洪.三大创新破解农村金融难题——金融改革"德江模式"效用观察[J].贵州日报,2014—6—19.

[20]中国商业信用环境指数课题组.CEI蓝皮书:2012中国城市商业信用环境指数[M].中国方正出版社,2012.

[21]中国商业信用环境指数课题组.CEI蓝皮书:2013中国城市商业信用环境指数[M].北京燕山出版社,2013.

[22]重庆市企业信用体系建设工作实施方案(2013—2015年)。

[23]《关于印发重庆市社会信用体系建设方案的通知》。

[24]《关于开展湖北省社会信用体系建设试点示范工作的通知》。

[25]《湖北省社会信用体系建设规划全文》。

[26]《湖北省社会信用体系建设规划(2014—2020年)》。

[27]《贵州省社会信用体系建设规划纲要(2014—2020年)》。

[28]《贵州省社会信用体系建设2014年工作要点》。

[29]《社会信用体系建设规划纲要(2014—2020年)》。

[30]《云南省人民政府办公厅关于加快推进全省社会信用体系建设的意见》。

[31]《云南省人民政府关于贯彻落实社会信用体系建设规划纲要(2014—2020年)的实施意见》。

[32]湖北省社会信用体系建设专栏.http://www.hbfgw.gov.cn/ztlm/gdzl/shxytxjszl.

[33]《昆明市人民政府关于印发昆明市社会信用体系建设方案的通知》。

[34]《宁波市社会信用体系规划纲要》。

[35]北碚区农家乐信用服务网.http://bbnjl.6695.com.

[36]范波.我市"一县一策"开展农村信用体系建设[N].昭通日报,2015—2—8.

[37]方丹丹.信用宁波建设中存在的主要问题及对策[J].经济视野,2013

（2）.

［38］海淀区人民政府."海淀国税全面构建纳税信用'红黑榜'".http：//www.beijing.gov.cn/zfzx/qxrd/hdq/t1287096.html,2015－1－9.

［39］浦东时报.http：//invest.pudong.gov.cn/investinfo_zmqsl/Info/Detail_609707.html.

［40］中关村信促会."中关村科技园区信用体系建设与国际接轨研究".http：//www.ecpa.org.cn/html/qyxy/detail_2012_02/08/459.shtml,2012－2－8.

［41］贵州诚信网.http：//www.gzcx.org.cn.

［42］浦东政府网站。

第五篇

信用服务市场

第 13 章

信用服务市场概述

13.1 信用服务市场的定位和功能

信用服务市场是国家信用体系中的重要组成部分,信用服务市场发展的成熟和完善体现了国家信用经济发展的程度,它为相关经济主体提供及时、有效的信用信息管理服务。

信用信息管理服务是指由专业机构或部门依据相关法律法规的要求,通过各种合理、合法的渠道采集信用信息,运用科学方法对其进行加工、处理,进一步识别、分析和评估,并向合法对象提供相关信用信息产品的过程。

可以这么说,信用信息管理是信用管理的基础和核心,是社会经济活动的基本保障,对提高经济运行效率、降低经济运行成本、改善经济运行环境、提供更好的经济服务起到积极的作用。信用信息管理的目标具体表现在以下几个方面:

1. 降低信息的不对称性,对社会发展起到导向作用

通过信用信息管理可以建立相应的企业信用身份证、个人信用身份证甚

至国家信用身份证,降低信息的不对称性。信用信息管理也可以使信用信息成为有效的经济资源,让信用产品成为企业、个人和国家的信用身份证,进一步成为他们从事经济活动的通行证,从而对受信人的行为起到制约和规范的作用,提高社会整体的信用水平,促进人类社会的进步和发展。

2. 降低信用交易成本,提高全社会运行效率

通过信用信息管理可以降低信用交易成本、提高全社会运行效率,为进一步提升贸易条件、扩大营销规模创造条件。因为规范、统一的信用信息管理方法,相比单个授信机构或个体独立进行授信调查和评估,不仅真实性、可靠性有了保障,而且规模化处理可以降低交易成本、提高社会整体运行效率。目前,专业的信用信息管理机构在调查手段、数据分析技术、社会关系网络和现场核实能力等多方面远胜于单个的授信机构或部门的能力。独立的信用管理机构只需要 20~30 秒就可以形成一份个人信用调查报告,而定制的信用调查报告和信用分析报告,无论被调查企业在哪个国家(个别国家除外),在 1~15 天内都能完成。我国自从中国人民银行个人征信系统建立后,原来需要一个多月处理时间的个人信贷业务现在缩短为两周,并为信用优良客户获得信贷优惠创造了条件,体现了良好信用记录,在为客户积累信用价值的同时还能为客户提供快捷的金融服务。

3. 降低信用风险,促进经济良性循环发展

通过信用信息管理还能提供信贷发放的依据,降低信用风险,有助于提高资金运行能力,也有助于统一监管,促进经济良性循环发展。统一的信用信息管理由于掌握的信用信息更为全面、充分、及时,评估则更有效,规范化的产品提供能得到更广泛的传播,起到更大的作用,约束失信行为,让其认识到"失信获得的利益是一次性的,而惩罚是长久的、严厉的、广泛的"。

13.2 信用服务市场中的机构和产品分类

13.2.1 信用服务市场中的机构及征信种类

信用服务市场中的信用信息管理机构通常是指经信用信息监督管理部门批准专门从事信用信息管理业务活动的机构,它可以是一个独立的法人,也可以是某个独立法人的专业部门,通常可以由各投资主体参与建立,是信用交易双方之外独立的第三方机构,拥有一定规模的信用信息数据库。如信用信息登记公司、信用调查公司、信用评分公司、信用评级公司、中央银行信用管理局等都是信用信息管理机构,它们一般统称为征信机构。

1. 征信

从字面上看，"征"就是有求证、验证、求得的意思，"信"则指信用。简单讲是了解、调查和验证他人信用的过程，也就是信用信息的调查获取（采集）、利用、维护（处理）、验证（确认）、合法传播的过程。

目前，征信一般是指由专业的机构或部门对企业或消费者个人进行的信用调查，主要功能是核实受信人的基本信息，测度其信用价值，以帮助授信人和雇主做出正确的授信、赊销和聘任等方面的决策。如商业银行的信贷征信，通常是指债权人（贷款人）对债务人（借款人）能否还款情况的调查，是授信人进行授信活动时对受信人资信状况和履约能力的调查。雇主征信，则是企业主对未来可能的受雇对象进行资信状况、职业变动情况、薪水情况等相关信息的调查。

早期的征信都是通过对单个受信者进行单独调查的方式，调查获得信息的难度大、成本高、随机性强，单独的处理方式效率低，信息的关联性、真实性、传播性差。如何确保信用信息客观、公正、及时、有效、低成本获得，国际上现在通行的做法是引入专业的、独立的第三方征信机构。

2. 第三方独立征信

第三方独立征信是指专业的、独立的第三方征信机构，通过依法采集、处理、加工和使用自然人、法人或其他组织的信用信息，以此为基础对外依法提供信用信息咨询、调查、评估、评分等服务，帮助客户判断和控制信用风险，进行有效的信用管理。第三方独立征信的方式是目前信用信息管理最主要的方式。

3. 信用信息管理主体

2002 年，国务院《征信管理条例（草案）》对信用信息管理主体进行了定义，2012 年 12 月 26 日通过的《征信业管理条例》也进行了明确，包括被征信人、信用信息提供者和信用信息使用者。被征信人是指其信用信息被征信机构采集、整理、加工和使用的自然人、法人、其他组织。如申请贷款的企业、贸易往来的对象、拖欠货款的企业、不正常偿还贷款的客户、工作岗位的应聘者以及其他各类信用工具的申请者、使用者等。有时也可以是发行地方债券的政府，因为地方政府的财政也完全有可能出现信用问题，但对政府调查这类征信是特例。

信息提供者，是指向征信机构提供信息的单位和个人，以及向金融信用信息基础数据库提供信息的单位。如中国人民银行企业征信系统的信息提供者主要是各商业银行以及其他金融机构，该系统主要从商业银行等金融机构采集企业的基本信息、在金融机构的借款和担保等信贷信息，以及企业主要的财务指标。而中国人民银行个人征信系统的信息则包括个人基本信息、信贷信息和非银行信息。个人基本信息除包含个人身份信息外,还包括个人学历信息以及会计师(律师)事务所、注册会计师(律师)等对公众利益有影响的特殊职业从业人员的基本职业信息。非银行信息目前有个人参保和缴费信息、住房公积金信息、养路费、电信用户缴费等相关信息。企业和个人还将包括民事案件强制执行信息、已公告的欠税信息等。因此该信用信息系统的提供者除了商业银行外还有其他如公共事业单位、公积金管理机构、社会保障机构等。

信息使用者,是指从征信机构和金融信用信息基础数据库获取信息的单位和个人,可以是各类金融或非金融的授信机构,如商业银行、赊销企业、企业雇主、保险公司等,在有些国家一些特别的部门也可以是法定的征信服务的委托人,如警察局、国家调查局、司法机构等。

4. 征信的分类

根据征信对象的不同,可以分为企业征信和个人征信;根据征信产品的不同可以分为信贷征信、商业征信、雇佣征信、其他征信等;根据征信地域划分,又可以分为国内征信和国际征信;按照企业征信和个人征信的时机不同,还可以分为事前的主动征信、事中的跟踪征信和事后的催收诊断征信等。其中,最基本的分类就是企业征信和个人征信,比较常见的征信方式是信贷征信、商业征信和雇佣征信。

(1)企业征信是指对各类企业的资信状况进行的调查,是对企业的以往和现有的资信情况以及未来偿债能力的调查。主要功能是核实企业的基本信息,测度其信用价值,以帮助授信人做出正确的授信、赊销等方面的决策。企业征信在一定程度上能够增强企业间信用信息的透明度,降低交易双方的信息不对称性,并进一步降低交易成本,有效防范商业风险,为金融机构对企业的资金支持、为进一步提高贸易往来的效率、为投资者的正确选择提供信用信息基础。

(2)个人征信是对消费者个人的资信情况进行的调查,是对消费者个人以往和现在的资信情况以及未来信贷能力及还款能力的调查。个人征信是推动信用消费和防范金融风险的重要手段,通过建立和完善个人信用机制,对授信机构而言可以降低授信成本,提高授信效率,减少授信风险;对消费者来说则能够获得更快速、便捷、合理价格的信用消费产品。

(3)信贷征信,通常是指贷款人对借款人能否还款情况的调查,是授信人进行授信活动前对受信人资信状况和履约能力的调查。主要功能是核实受信人的基本信息,测度其信用价值,以帮助授信人做出正确的授信决策。

(4)商业征信,通常是指授信人对受信人以往贸易往来情况和信用条件的调查,是授信人进行授信活动前对受信人资信状况和履约能力的调查。主要功能是核实贸易往来中受信人的基本信息,测度其信用价值,以帮助授信人做出正确的赊销决策。

(5)雇佣征信,是指企业主对未来可能的受雇对象以往的资信状况、职业变动情况、薪水情况等相关信息进行的调查,是雇佣者在聘用受雇者前对其资信情况等进行的调查。主要功能是核实受雇人的基本信息,测度其信用价值,以帮助雇主做出正确的聘任方面的决策。

5. 征信数据库

征信数据库,是指依据具体、明确、合法的信用信息的使用目标,将采集的信用信息按照一定的数据库或数据仓库的管理方法,根据相应的数据模型,有效组织、存贮、处理,形成各类信用信息的数据集合,它是信用信息管理的核心。通常有:信贷信息数据库,主要信息来源和提供对象包括各商业银行等金融机构,欧洲和我国都建有这种数据库;负面信用信息数据库,在保护商业机密或个人隐私权的前提下尽量控制信用风险,欧洲有些国家会建立这类数据库,我国曾经有过信用卡黑名单共享数据库、全面信用信息数据库,这类数据库往往收集的信用信息全面、开放对象也比较全面。

至2010年3月,中国人民银行的征信数据库已经建立了6亿多人、6 000多万农户和1 700多万户企业的信用档案。截至2011年底,个人征信系统收录自然人数约8亿人,全年累计查询次数为2.4亿次;企业征信系统收录企业及其他组织共计1 800万户,全年累计查询次数为6 930万次。2013年,央行发布了《中国征信业发展报告》,明确我国金融信用信息基础数据库建成并稳定运行。截至2012年12月底,金融信用信息基础数据库已为8.2亿自然人和1 859.6万户企业建立了信用档案;截至2013年12月底,企业征信系统共录入企业及其他组织信息1 919.3万户,个人征信系统收录自然人约8.39亿人。这些数据为商业银行等机构防范信贷风险提供了重要支持。其中,个人信用信息基础数据库收录的自然人信息数量居世界各征信机构之首,企业信息基础数据库的信息规模已经居全球企业征信系统前列。这是迄今为止世界上规模最大、类型最复杂、受益面最广的征信数据库。

根据最新统计,截至2015年4月底,征信系统收录8.6亿多自然人,收录企业及其他组织近2 068万户。

征信数据库中的数据(即征信数据),可以是未经处理的原始调查数据,也可以是经过专业处理的信用信息,可以用来制作信用信息管理产品。征信数据必须符合两个要求:一是制作征信类产品的要求;二是信用评级或信用评分相关数学模型的要求。征信数据通常分为企业征信数据和个人征信数据。企业征信数据主要是为了帮助企业准确判断客户企业的信用程度如何,是否可以与其进行信用交易,以及合理的信用交易额度等,通常用于制作企业信用报告、企业信用评级、行业调查报告、国家风险分析报告等;个人征信数据则反映消费者的信用历史和现状,便于判断未来的信用能力和意愿,通常用于各类消费者信用调查报告、消费者各类信用评分等产品。

征信数据也可以有量化的征信数据和非量化的征信数据。量化的征信数据如企业的财务数据、贸易数据,个人的消费记录、还贷记录等;非量化的征信数据是指用文字表达的数据,这部分数据当用在数学模型中时必须转化为量化的征信数据,如企业所处位置的好坏、企业办公用品的质量等,通常会用优、良、中、差等描述,可以将其转化成对应数据,便于进行相应的数理统计分析,建立对应的征信数据库和相应的征信产品。

13.2.2 信用服务业的产品分类

专业的信用信息管理机构通常以信用调查或征信数据库为基础,通过各种信用信息管理技术,对信用记录进行整合与加工,依法向合法的单位或个人提供专业的信用信息管理产品。这些产品一般包括信用报告、企业信用评级、个人信用评分和其他增值产品等。信用信息产品的获得者可以依据相应产品做出更加合理的决策,从而可以规避市场交易中的信用风险,降低交易成本,提高经济效益。

1. 信用报告

信用报告是由信用管理机构依法对征信对象采集相关信用信息,进行科学的加工处理,并依法向合法的信息查询人提供的反映受评对象信用历史、信用状况的报告。按照征信对象的不同,信用报告可以分为企业信用报告和个人信用报告。

企业信用报告主要反映企业的基本信息、企业的经营状况和财务状况、企业的综合信用状况,为信用交易提供决策参考,减少因不了解企业信用状况所带来的不必要的风险和损失,是进行信用管理和风险控制的基础信用信息产品。一般包括被征信企业的注册信息、经营状况、财务信息、付款记录、银行信息、公共信息以及专业资信评估人员的综合分析等主要内容。

主流的企业信用报告产品有企业基本信息报告、标准信用报告、深度信用报告等,其他还可以根据客户的不同要求制作企业工商注册信息报告,企业财务信息报告,企业社保、税务信息报告,企业主要股东、高管信息报告,深度资产调查报告等。

个人信用报告是个人征信最基本的产品,主要客观反映个人的基本信息、信用历史、教育背景、工作经历等,提供相关金融机构、商业企业和其他相关机构等的信用卡管理、信贷管理、消费信贷管理和各公司求职招聘等需求,以防范和化解个人信用风险,提升个人信用价值,使获得个人信用报告的机构能更快、更准确地了解个体的信用状况,方便达成各种经济金融交易和招聘等。

个人信用报告一般包括个人基本信息报告、雇主报告、消费者信用评分报告等(还有其他的如识别或追踪个人行踪轨迹的个人基本信息报告等,有些国家的产品达 30 多种)。出于公平竞争的目的,个人信用报告中一般不记载提供贷款或其他信用服务的机构名称,即没有与个体进行信用交易的机构的信息。

2. 企业信用评级

企业信用评级对企业家的良好形象有着积极的作用,为建立完善的市场信用体系提供重要支持依据,为企业获得相应的社会信用、银行信用、商业信用提供有益的帮助。

企业信用评级根据企业规模大小可以分为大企业信用评级、集团信用评级、跨国公司信用评级、中小企业信用评级等;根据评级企业行业不同,分为工业企业信用评级、商业企业信用评级、金融业信用评级等;按照评级的金融工具不同,分为信贷评级、债券评级、优先股信用评级、资产证券化产品评级等;还有些其他特殊目的的如关系企业的信用评级、投标企业的信用评级等。

企业信用品质的评级管理是运用科学的方法,对不同企业总体信用水平的评价。它是通过第三方独立的信用评级机构进行科学、客观、真实、准确的评价,并对社会公布的产品,是社会风险管理体系中的有机组成部分。信用评级机构发布的信息有助于社会信用环境的净化,对提升企业外在形象、提高企业综合能力、改善企业资产质量、树立企业及企业家的良好形象有着积极的作用,为建立完善的市场信用体系提供重要支持依据,为企业获得相应的社会信用、银行信用、商业信用提供有益的帮助。

3. 个人信用评分

个人信用评分是指通过科学、严谨的分析方法,综合考察影响个人及其家庭的内在和外在的主、客观因素,并对其履行各种经济承诺的能力进行全面的判断和评估。针对不同的应用,个人信用评分产品一般有申请评分、行为评分、风险评分、客户响应度评分、利润评分、客户流失(忠诚度评分)以及考虑经济环境因素的信用评分等。

在我国,商业银行在进行个人信用综合评分时往往会考虑学历、技术职称、工作的稳定性、收入水平、住房产权、银行账户、以往信用历史和婚姻状况等。因此可以通过以下方法来提高个人在商业银行的个人综合信用评分:提高学历、拥有技术职称、拥有一份稳定的工作、提高收入、拥有个人产权住房、保持良好的信用记录、在银行开有账户、有美满的婚姻等，以此提高个人信用评分，从而可以获得更高的信用额度、更低的信用价格和更好、更快捷的金融服务。

4. 增值产品

信用信息管理机构除了提供传统的信用报告、企业信用评级、个人信用评分等，有些机构还会提供一些有特色的增值服务产品。主要包括企业、行业数据服务：供应商/客户名录、企业经营数据专项调查报告、企业供应链及采购调查报告、企业销售渠道及客户调查报告、企业集团关系调查报告等；风险分析报告：市场分析报告（如信用卡市场、消费品市场），行业分析报告，企业资金链、融资能力、债务状况分析报告，企业信用风险调查、监控、预警报告，企业信用风险指数报告等；信用管理咨询服务：企业信用控制体系调查报告、企业信用控制方案设计、企业投资项目分析报告、企业信用管理培训及咨询服务等；信用信息管理软件系统：客户风险管理系统、客户关系管理系统等。

13.2.3　信用信息管理的特征

信用信息管理通常具有独立性、公正性、客观性、信息性、安全性与时效性等基本特征。

1. 独立性、公正性、客观性

信用信息管理在采集、处理、分析并提供相关信用信息产品时，处于相对独立的地位，必须依据相关法律法规，按照科学的方法，客观、公正地提供相应的信用信息和信用产品。

2. 信息性

信用信息管理源于信息，止于信息，不参与任何具体的经济活动，只参与对信息的采集、加工、处理和传播，因此，无论是信用报告、信用评级还是信用评估都是信息产品。

3. 安全性

征信活动涉及国家安全、企业商业机密和个人隐私，因此，各国都建立了相应的法律法规，使得开展信用信息管理的征信机构在进行信用信息的采集、处理、分析并提供相关信用信息产品时，都必须依照法律法规。如加拿大在信用信息管理方面相关的法律有《信息获取法》《个人信息和电子文档保护法》和《隐私权法》等，美国有《公平信用报告法案》《信用机会平等法案》等，我国的《征信管理条例（征求意见稿）》《企业信用信息采集、处理和提供规范》《个人信用信息基础数据库管理暂行办法》等都在一定程度上确保信用信息管理的安全、有效。

4. 时效性

信用信息管理产品是一个时期信用信息评估的结果,只在一定时期内有效,所以必须动态更新,以确保信用信息的有效性、客观性、公正性。国际上一般的做法是负面信用信息保留 7 年,对于信用卡逾期记录,如果打印信用报告,仅显示过去两年的还款信息。如美国规定一般的负面信息保留 7 年,破产的、特别严重和明显恶意的负面信息保留 10 年。超过保留期限,负面信息将在个人信用报告中被删除。我国目前基本参照国际惯例,负面信用信息保留一般不超过 7 年,在之前颁布的《征信管理条例(征求意见稿)》中对"负面记录保留期"问题是这样阐述的:"征信机构不得披露、使用自不良信用行为或事件终止之日起已超过 5 年的个人不良信用记录,以及自刑罚执行完毕之日起超过 7 年的个人犯罪记录。"草案公开征求意见时,有不少公众和专家都认为对不良信息设定保存期限是必要的,但不宜过长。

国际上一般都对个人的不良信息设定了保存期限,如英国设定保留 6 年,韩国设定保留 5 年,美国规定个人破产信息保留 10 年,其他负面信息保留 7 年,15 万美元以上的负面信息不受保存期限限制,我国香港地区规定个人破产信息保留 8 年,败诉信息保留 7 年。在充分听取多方意见的基础上,借鉴国际惯例并结合国情,2013 年《征信管理条例》正式颁布,并于 2013 年 3 月 15 日起施行,其中规定:征信机构对个人不良信用信息的保存期限,自不良行为或者事件终止之日起 5 年;超过 5 年的,应当予以删除。

第 14 章

信用服务市场的发展

14.1 信用服务市场的结构

　　一个国家的信用管理体系涉及公共信用、企业信用和个人信用三个层面。公共信用往往通过一国的国内生产总值、经济增长率、人口增长率、就业增长率、通货膨胀、财政赤字、现有负债水平、征税能力、国际收支、外汇余额、货币政策、政府决策效率、政治稳定性等宏观经济状况来体现。企业信用则可以通过企业的财务信息(资产负债表、损益表、现金流量表)、企业经营历史、企业管理结构、企业经营者素质、行业状况和前景等来反映。个人信用从消费者角度讲,主要表现在消费者的借款能力、借款成本的高低、借款的便利性等方面,取决于个人信用的历史和现状;而从银行角度讲,通过对消费者个人还款意愿和还款能力的评估,可以比较方便和快捷地确定是否提供消费贷款、贷款量的大小、贷款利息率的高低等。

　　信用服务市场中的主体机构按照国际惯例可以划分为公共征信机构和私人征信机构[私人征信机构在国际上也被称为征信局或信用局(Credit Bureau)]。当然,根据征信机构业务侧重点不同,也可以划分为以从事收集、整理和销售征信信息为主体的征信机构和以从事信用评级为主要业务的征信机构。

1. 公共征信机构

公共征信机构通常是由政府部门出资建设,中央银行推动,以金融监管为主要目的、自上而下的征信机构,往往具有公益性质。欧洲是公共征信最为成熟的地区,欧洲中央银行行长委员会(the Committee of Governors of the ECB)将公共征信机构定义为:"一个旨在向商业银行、中央银行以及其他银行监管当局提供有关公司及个人对整个银行体系的负债情况信息的机构。"欧洲的公共征信机构通过各自的中央银行管理。只有被授权的中央银行人员和报送信息的金融机构人员才被允许进入公共征信机构。我国的中国人民银行征信局也属于公共征信机构。它们通常具有以下特点:

(1)数据处理

公共征信机构通过法律或决议的形式自上而下、强制性要求所监管的如银行、财务公司、保险公司金融机构参加公共信用登记系统。按法规的严格规定,这些金融机构必须定期将所拥有的相关信用信息数据按照标准格式要求报告给公共征信机构。数据收集、处理和发布有严格的保密、隐私保护要求,有些国家会设立报告贷款信息的最低贷款规模要求。

(2)运作方式

通常由中央银行或金融监管当局下独立的机构或部门运作和管理,比如法国中央银行信用局每月向银行采集银行客户的信用信息,比利时专设的信用信息办公室也是中央银行的一个部门,中国人民银行征信局负责企业和个人征信系统的运营和管理。通过运用计算机技术、数理统计技术、数据库管理技术,建立一定规模的信用信息数据库管理系统,自动化程度高,运作效率高,成本低。

(3)服务目标

主要为降低信用风险,提高中央银行的监管能力提供有益的支持。参与者有权共同分享相关信用信息,数据的提供和使用实行对等原则,即只有为该机构提供信用信息数据的机构才能获取数据信息,而且这种信息是经过汇总后的,而不是具体的单笔信贷详细资料。因此也有助于降低参与该系统的商业银行信息收集和信用风险管理成本,促进银行体系的稳定。

2. 私人征信机构

主要是指典型的、商业性的征信机构,其从事征信业务的企业均由民间投资,政府不作投资,完全交由市场机制决定,政府仅负责提供立法支持和监管信用管理体系。私人征信机构以利益导向为核心,在国外的信用体系中起到了重要作用,尤其在美国比较发达。如美国著名的四大信用信息管理机构——邓白氏(Dun & Bradstreet)、全联(Trans Union)、艾可菲(Equifax)和益百利(Experian)都是私人征信机构。邓白氏公司原来是一家专注于企业信用信息管理的公司,而后三家原来则侧重个人信用信息管理。随着信用信息管理的发展,现在这些公司开展业务的对象和内容已经不再局限于原有的,而是在不断地进行创新和拓展,全面化和专业化的特征越来越鲜明。与公共征信机构不同,私人征信机构通常具有以下特点:

(1)数据处理

私人征信机构的数据来源更全面、范围更广,除商业银行数据之外,还包括来自商业、贸易、公共机构等方面的信用信息。根据客户的要求,私人征信机构会在法律法规允许的范围内运用计算机技术、数据库管理技术、数据挖掘技术等进行进一步加工处理并提供给相关需要的客户。

(2)运作方式

采取商业化、市场化的运作方式,政府提供立法支持和监管信用管理体系。

(3)服务目标

私人征信机构以营利为基本目的,为社会提供更广泛的信用需求服务,服务范围更宽、更广、更全面。私人征信机构提供的信用信息产品都是商品,更强调为需求者提供商业化、个性化服务。

3. 公共征信机构和私人征信机构的差异

公共征信机构和私人征信机构在机构设立、机构运营目标、数据来源,数据内容和数据使用以及监管方式等方面都有很大的差异,如表14-1所示。

表 14-1 公共征信机构与私人征信机构的区别

	公共征信机构	私人征信机构
机构设立	金融监管机构	私人或股份制形式
机构运营目标	为金融监管部门的信用监管服务	为商业化信用信息需求
数据来源	依法强制性地采集来自商业银行等金融机构的信用信息	通过合同约定的方式,除了收集商业银行等金融机构的信用信息外,还采集包括来自商业、贸易、公共机构等多方面的信用信息
数据内容	仅限于商业银行金融机构汇总的信用信息	包括多渠道采集的负面信用信息和正面信用信息
数据使用	给提供数据的相关金融机构共享以及中央银行等金融监管机构使用	提供的是信用信息管理商品,强调依法为需求者提供商业化、个性化服务
监管方式	集中监管	多元化分散监管

14.2 中国信用服务市场的形成和发展

我国信用服务市场的发展,自 1932 年第一家征信机构——中华征信所——诞生起已经有 80 多年历史了,但是真正得到有效发展还是从改革开放后开始的。改革开放以来,随着经济发展的加速,对外经济交往的增加,信用交易需求不断增长;伴随着金融市场体系初步建立和完善,以市场化为导向、多种征信机构并存的多层次、全方位的信用服务市场逐步形成、完善和发展。

中国的信用服务市场的发展经历了 1988～1991 年的探索阶段、1992～2002 年的初步规划阶段、2003～2013 年的完善提高阶段和 2014 年以来的加速发展阶段。目前已经初步形成适合中国经济发展的、完整的产业链,各类信用服务机构互为补充,其信用服务和产品的提供正日趋完善。

14.2.1 探索阶段:1988～1991 年

1988 年,为适应企业债券发行和管理,中国人民银行批准成立了第一家信用评级公司——上海远东资信评级有限公司。经过二十多年的努力,远东资信已经获得了所有评级业务资质,在企业短期融资券、公司债券、证券公司债券、金融债、结构融资产品、企业集团评级、贷款企业评级等所有的信用评级领域内都是主要的评级机构之一。其学术水准、专业水平以及公信力也得到了市场的充分认可。

同时,为满足涉外商贸往来中的企业信用信息需求,对外经贸部计算中心和国际企业征信机构邓白氏合作,相互提供中国和外国企业的信用报告。

14.2.2 初步规划阶段:1992～2002 年

1992 年,中国人民银行在全国推行实施企业贷款证制度,开展企业贷款统一管理;

1993 年,专门从事企业征信的新华信国际咨询有限公司开始正式对外提供服务,此后,一批专业信用调查中介机构相继出现;

1997 年,中国人民银行信贷登记咨询系统开始筹建;上海开展企业信贷资信评级。

1999 年 5 月,经中国人民银行批准,上海市开展个人征信试点,成立上海资信有限公司,开始从事个人征信与企业征信服务。

1999 年底,中国人民银行信贷登记咨询系统上线运行。

2000 年 6 月,上海资信建立的上海市个人信用联合征信系统正式运行,出具了新中国成立以来大陆地区第一份个人信用报告。

2002 年,上海资信承担了上海市企业信用联合征信系统的建设工作,成为上海市社会诚信体系基础平台的运作载体,推出了大陆地区首个个人信用风险评分。中国人民银行信贷登记咨询系统建成地、省、总行三级数据库,实现以地市级数据库为基础的省内数据共享,该系统主要从商业银行等金融机构采集企业的基本信息,在金融机构的借款、担保等信贷信息,以及企业主要的财务指标。中国人民银行牵头 17 部委共同拟定了《征信管理条例》(征求意见稿)。

14.2.3　完善提高阶段:2003~2013 年

2003 年 9 月,国务院赋予中国人民银行"管理信贷征信业,推动建立社会信用体系"职责,批准设立征信管理局;同年 10 月,党的十六届三中全会《中共中央关于完善社会主义市场经济体制若干问题的决定》明确要求要"加快建设企业和个人信用服务体系"。

2003 年,上海、北京、广东等地率先启动区域社会征信业发展试点,一批地方性征信机构设立并得到迅速发展;部分信用评级机构开始拓展银行间债券市场等新的信用服务领域,国际知名信用评级机构先后进入中国市场。

2004 年,中国人民银行建成全国统一的个人信用信息基础数据库,并于 2006 年 1 月 1 日在全国正式联网运行。截至 2006 年 8 月底,该数据库收录的自然人数超过 5 亿,其中有借款记录的超过 5 200 万,信贷账户总数超过 7 680万个,向个人征信系统报送的机构包括 17 家全国性商业银行、116 家城市商业银行、67 家城市信用社和 82 家农村信用联社。该数据库在个人信贷风险防范中发挥着重要作用。

2005 年起,中国人民银行把征信标准化建设作为征信管理的重要手段之一,并启动了征信标准化建设。一是发布征信信息系统开发建设的基本标准规范,二是制定信用等级评价相关标准规范,促进评级机构规范执业。

2005 年 12 月 15 日,中国人民银行信贷登记咨询系统在多年运行的基础上启动升级工作,将原有的三级分布式数据库升级为全国集中统一的企业信用信息基础数据库。它采取全国集中式数据库结构建设,商业银行由总行一点接入,数据采集项由原来的 300 多项扩展到 800 多项,顺利实现主要商业银行联网试运行,并在上海、天津、浙江、福建四省市提供实时查询服务;到 2005 年,已实现全国所有商业银行和有条件的农村信用社全国联网运行。

2006 年 7 月,中国人民银行信贷登记咨询系统升级为全国集中统一的企业信用信息,实现全国联网查询。全国统一的央行企业征信系统建成后,其防范贷款风险和为金融监管、货币政策服务的功能比银行信贷登记咨询系统有较大提高。

2006年，中国人民银行发布了两个信用评级业务的规范性文件——《信用评级管理指导意见》和《信贷市场和银行间债券市场信用评级规范》，其中后者是我国第一部信用评级行业标准，也是建立信用评级质量保证体系的重要基础和管理信用评级行业的工具之一，是具有强制性或指导性功能的行业从业规范。

2007年，《国务院办公厅关于社会信用体系建设的若干意见》指明了我国信用服务市场发展的方向，提出"培育和发展种类齐全、功能互补、依法经营、有市场公信力的信用服务机构，依法自主收集、整理、加工、提供信用信息"；中国证监会发布了《证券市场资信评级业务管理暂行办法》，对评级机构从事证券资信评级业务的准入条件作出了明确的规定。

2008年，国务院将中国人民银行征信管理职责调整为"管理征信业"并牵头社会信用体系建设。

2009年，国务院发布了《征信业管理条例》（征求意见稿），该征求意见稿除了要求征信机构建立有效防止利益冲突的机制外，还规定了对征信机构的透明度要求、尽职调查义务、内部控制机制、跟踪评级等；证券业协会发布了《证券资信评级行业自律公约》，有效地促进了证券市场资信评级业务的规范发展，提高了证券资信评级行业的公信力。

2011年，党的十七届六中全会对社会信用体系建设提出了更高的要求，政务信息更加公开，信用信息体系建设更加完善。

2013年3月15日，《征信业管理条例》正式实施，明确中国人民银行为征信业监督管理部门，征信业步入了有法可依的轨道。

《征信业管理条例》对征信机构的设立条件和程序、征信业务的基本规则、征信信息主体的权益、金融信用信息基础数据库的法律地位及运营规则、征信业的监管体制和法律内容以及征信机构退出征信市场等进行了规范，解决了征信业发展中无法可依的问题。

《征信业管理条例》也部分解决了信用信息统一规划、统一建设的问题，明确金融信用信息基础数据库由国家设立，为防范金融风险，促进金融业发展，提供相关信息服务，最大限度地避免信用信息重复建设、信用信息采集无法可依和个人信用信息保护问题。但是，依然缺乏全国统一的、综合性的信用信息数据库建设，给全面采集信用信息带来了一定的难度。央行对企业征信、个人征信实施不同严格程度的惯例，明确了个人征信机构从严、企业征信机构从宽的原则。

比较令人遗憾的是，在征信业中占重要地位的信用评级问题由于涉及太多利益部门,定稿中没有明确,因此无法用相关法律进行规范;同时,涉及公共事务的信用信息管理也没有明确的说明,只是更多涉及对金融信用信息征信的规范。

2013 年 6 月,上海资信有限公司的网络金融征信系统(NFCS)正式上线,作为中国人民银行征信中心金融信用信息基础数据库的个人征信子系统,该系统目前主要收集 P2P 网贷行业的个人借贷记录,并向 P2P 机构开放查询服务。这既是征信业迅速发展的一个重要突破口,对于 P2P 平台的良好健康发展也有着十分重要的作用。NFCS 也将逐步扩展至小贷、担保、第三方支付、典当等领域,成为非银行金融机构接入中国人民银行征信系统的试点,未来也将在信用服务市场中起到越来越重要的作用。

截至 2012 年底,企业信用信息基础数据库累计接入机构 622 家,个人信用信息基础数据库累计接入 629 家;有 1 859.6 万户企业和其他组织建立了信用档案,为 8.2 亿自然人建立了信用档案,信用规模记录已经居全球各征信机构前列;企业信用信息基础数据库提供商业银行、政府部门、金融监管机构以及信用信息主体开通查询用户 13.3 万,全年查询次数 9 733.1 万次,日均查询次数 26.6 万次;个人信用信息基础数据库开通查询用户 15.4 万个,全年查询次数 2.7 万次,日均查询 74.9 万次。受理有效个人异议申请近 5 000 笔,异议回复率达到 99.8%,解决率达到 99.4%,个人异议回复和解决天数分别从 2007 年的 27 天和 78 天缩短至 2012 年的 6 天和 8 天,有效地提高了金融机构风险管理水平,为信贷市场健康有序发展提供了基础保障,为信用体系的完善奠定了数据基础。

截至 2015 年 4 月底,征信系统收录自然人 8.6 亿多,收录企业及其他组织近 2 068万户。征信系统全面收集企业和个人的信息。其中,以银行信贷信息为核心,还包括社保、公积金、环保、欠税、民事裁决与执行等公共信息。接入了商业银行、农村信用社、信托公司、财务公司、汽车金融公司、小额贷款公司等各类放贷机构;征信系统的信息查询端口遍布全国各地的金融机构网点,信用信息服务网络覆盖全国,形成了以企业和个人信用报告为核心的征信产品体系,征信中心出具的信用报告已经成为国内企业和个人的"经济身份证"。[①]

14.2.4 加速发展阶段:2014 年至今

2014 年 6 月,国务院颁布了《社会信用体系建设规划纲要(2014—2020

---

① 征信中心官网,http://www.pbccrc.org.cn/zxzx/zxgk/gywm.shtml.

年)》，明确指出全国社会信用体系建设将按照"一套组织体系、两个顶层设计、三大关键举措、四个重点领域、五大支撑保障"全面展开。纲要以法律、法规和标准为依据，以全面、统一的信用信息网络为基础，以完善的信用服务体系为支撑，以守信激励和失信约束为奖惩，弘扬诚实守信传统文化理念，建立健全全民守信的良好氛围，以提高社会整体信用水平。

1. 一套组织体系

全国社会信用体系建设将由政府推动、社会共建的组织体系，充分发挥政府的组织、引导、推动和示范作用，协调社会力量共同参与，形成社会信用体系建设合力。针对社会信用体系建设的长期性、系统性和复杂性，由政府负责制定实施发展规划，健全法律、法规和标准的顶层设计，规范信用服务体系发展，培育和监管信用服务市场。到2020年实现的目标是：实现信用基础性法律法规和标准体系的确立，实现信用信息共享的全社会征信系统，健全信用监管体制，完善信用服务市场，全面发挥守信激励和失信惩戒的机制。

2. 三大关键举措

一是加强诚信教育与诚信文化建设，加快信用专业人才培养，形成全民守信的良好氛围；二是建立自然人、法人和其他组织统一社会信用代码制度，建立和完善统一的信用信息平台，充分实现信用信息共享；三是进一步构建和完善守信激励和失信惩戒机制，有效发挥其积极作用，保障信用信息主体权益。

3. 四个重点领域

加快推进政务诚信、商务诚信、社会诚信、司法公信建设。围绕政务诚信、商务诚信、社会诚信、司法公信四个重点领域开展全覆盖的信用体系建设，全面推进社会整体信用建设水平。

相关工作分阶段、分步骤实施。

第一阶段：2014年6月底前。

推进政务诚信建设，提出建立以公民身份证号码为基础的公民统一社会信用代码制度的方案，建立自然人、法人和其他组织统一社会信用代码制度，建立和完善统一的信用信息平台，充分实现信用信息共享，逐步纳入金融、工商登记、税收缴纳、社保缴费、交通违章等信用信息。

第二阶段：2015年底前。

推进商务诚信建设，出台并实施政务诚信制度；出台并实施以公民身份证号码为基础的公民统一社会信用代码制度；出台并实施以组织机构代码为基础的法人和其他组织统一社会信用代码制度。

第三阶段：2017年底前。

推进社会诚信、司法公信建设，基本建成集合金融、工商登记、税收缴纳、社保缴费、交通违章等信用信息的统一平台,实现资源共享。

4. 五大支撑保障

一是强化责任落实。二是加大政策支持。三是统筹规划,分步实施。实施政务信息公开、农村信用体系建设、小微企业信用体系建设。四是重点突破,强化应用。推动地方信用建设综合示范、区域信用建设合作示范以及重点领域、行业的信用信息应用示范。五是健全组织保障,完善组织协调,建立地方政府推进机制,建立工作通报和协调制度。

2014年9月,CCS商业信用征信系统上线试运行,作为中国人民银行征信中心金融信用信息基础数据库的企业征信子系统,直接面向融资租赁行业、商业保理行业和企业主体,采集企业的商业信用数据,将逐步形成全国商业信用信息共享平台。并且中国人民银行先后发布了《金融信用信息基础数据库用户管理规范》(以下简称《用户规范》)和《征信机构信息安全规范》(以下简称《安全规范》)两项征信行业标准。这是中国人民银行继2013年颁布《征信机构管理办法》后,为贯彻实施《征信业管理条例》、促进征信市场健康发展而推出的又一举措。其中,《用户规范》重点规范金融信用信息基础数据库的各类用户,对不同机构的用户职责、创建、变更、停止等行为以及制度建设、信息反馈、内部审计等内容进行了规范,便于各类机构加强对不同层级用户的管理,防范违规查询、泄露和使用金融信用信息基础数据库信息行为的发生。《安全规范》则重点规划征信机构的信息安全,适用范围为从事个人或企业征信业务的征信机构。这项规范要求征信机构应当按照法律法规和中国人民银行的规定对本机构的征信系统进行信息系统安全定级,并根据征信系统定级情况达到相应的安全要求。《安全规范》还对征信机构的安全管理、安全技术和业务运作三个方面提出了具体要求,为征信机构建设征信系统、保证征信信息安全提供了指引。《用户规范》和《安全规范》两项征信标准的发布实施,进一步丰富了以《征信业管理条例》为基础的征信法律制度体系,为征信机构建立和完善信息安全管理体系,规范信用信息的采集、加工、保存、查询和使用提供了指导和支撑,有利于加强信息主体权益保护,促进征信市场健康规范发展。

信用服务市场的完善提高将会是一个漫长且重要的阶段,在该阶段,各个信用服务提供机构和公司都应该多借鉴西方成熟的信用管理经验,同时必须适应中国具体国情和市场需求,抓住机遇,加强信用评级的公开性、公平性、公正性、独立性、专业精神的强化,逐步建立具有公信力的本土评级机构。

14.3 中国信用服务市场发展现状

14.3.1 中国征信服务机构的分类

2013 年 12 月 12 日，我国央行发布了《中国征信业发展报告》，对我国征信业的现状作出系统、详细的描述。其中指出，据不完全调查，截至 2012 年底，我国有各类征信机构 150 多家，征信行业收入 20 多亿元。同时，金融信用信息基础数据库已为 8.2 亿自然人和 1 859.6 万户企业建立了信用档案，信息规模居于全球前列。

目前我国征信机构主要分为三大类：

1. 政府背景的信用信息服务机构 20 家左右

近年来，各级政府推动社会信用体系建设，政府或其所属部门设立征信机构，接收各类政务信息或采集其他信用信息，并向政府部门、企业和社会公众提供信用信息服务。

2. 社会征信机构 58 家左右

其业务范围扩展到信用登记、信用调查等。社会征信机构规模相对较小。机构分布与区域经济发展程度相关，机构之间发展不平衡。征信机构主要以从事企业征信业务为主，从事个人征信业务的征信机构较少。根据 2013 年 12 月央行出台的《征信机构管理办法》，中国允许开设市场化个人征信机构，首批 8 家个人征信机构于 2015 年 7 月完成央行验收并即将获得经营许可。目前征信业务收入和人员主要集中于几家大的征信机构。

3. 信用评级机构

目前，纳入中国人民银行统计范围的信用评级机构共 70 多家，其中 8 家从事债券市场评级业务，收入、人员、业务规模相对较大；其余从事信贷市场评级业务，主要包括借款企业评级、担保公司评级等。

14.3.2 中国公共征信机构的现状

中国征信体系建设从信贷征信起步，目前已形成以中国人民银行金融信用信息基础数据库为主导、市场化征信机构为辅的多元化格局。

当前，我国主要提供公共征信服务的有央行征信中心、上海资信管理有限公司以及其他地方政府信用信息服务机构。

我国公共征信系统的建设最早起源于 1996 年中国人民银行在部分大中城市实行的贷款证制度，当时贷款证是商业银行间信贷信息共享平台的关键。随着现代信息技术的发展，中国人民银行于 1997 年开始建设"银行信贷登记咨询系统"，在全国范围内将纸质的贷款证电子化。2002 年，该系统实现了地市、省市、全国三级数据库联网运行。2006 年 1 月，全国集中统一的个人征信系统建成并正式运行。2006 年 7 月，"银行信贷登记咨询系统"的升级改造工作完成，全国集中统一的企业征信系统投入运行。2006 年 11 月，经中央机构编制委员会办公室批准，中国人民银行征信中心正式注册为事业法人单位，负责个人征信系统与企业征信系统的运营和管理。2010年 6 月，中国人民银行征信系统成功切换到新建的上海数据中心运行。2011 年 10 月 17 日，《国家发改委关于中国人民银行征信中心服务收费标准等有关问题的复函》文件正式批复中国人民银行征信中心自 2011 年 10 月 1日起服务收费，这标志着中国人民银行征信中心由原来的非营利性的公共征信机构，开始以市场化方式为各类金融机构以及社会提供征信服务，从而为其不断改善数据质量、提高服务水平、实现可持续发展提供了基本保障。目前，中国人民银行征信中心运营的"应收账款质押登记公示系统"和"融资租赁登记公示系统"两个动产的融资登记系统，也是我国公共征信系统的重要组成部分。

随着中国人民银行企业、个人征信系统的建立与不断发展，我国公共征信系统已经成为世界上规模最大、类型最为复杂、受益面最广的数据库，取得了显著的应用成效，创造了良好的社会效益。

作为公共征信的补充，1999 年 5 月经央行批准，上海资信有限公司成立。上海地区 15 家商业银行共同联手，由上海市政府推动组建，进行个人消费信用制度试点，探索个人消费信用管理办法、法律制度、市场运行规则等。2000年 7 月 1 日，央行批准上海率先开始个人信用联合征信试点工作，100 多万市民成为首批拥有个人信用记录的中国人。上海资信有限公司通过与全市 15家商业银行、300 多家支行营业部的网络连通，汇集分散在各商业银行和社会有关方面的个人信用信息，建立了上海个人信用档案数据中心，之后又进一步完善和建立了统一的个人信用信息系统，相关信用产品提供给金融机构，以全面、客观地反映个人的真实信用状况，对于促进消费和防范金融风险起到了至关重要的作用。

由于公共征信存在一些固有的内在缺陷，而私人征信可以提供更广泛的信用信息支持，所以发展私人征信是我国征信业发展的必由之路。我国需要私人征信有以下三点原因：首先，多样化的需求。国内征信服务对象多样性的需求，需要私人征信机构提供更全面、更广泛、更深入的信用信息产品。其次，个性化的需求。由于消费信贷数量上持续增长和形式上变化的需要（住房按揭、汽车按揭、旅游等），需要提供有针对性的个性化的信用信息管理服务和产品，同时，日益增长的互联网金融（在线贷款、P2P、股权众筹等）对征信服务的及时性和个性化服务的需求也日益增加。最后，除金融领域以外的其他领域（商贸、零售等）对征信服务的需求。

14.3.3 我国私人征信机构的现状

2014 年 6 月，中国人民银行向包括北京和上海在内总计 26 家第三方企业征信机构颁发了企业征信牌照，其中北京 21 家、上海 5 家。之后，央行共发布了 3 批企业征信牌照，计 34 家。截至 2015 年 7 月末，各分支机构已经完成备案的有 84 家。

目前我国具有较大影响力的企业信用服务机构见表 14—2。

表 14—2　　　　　　我国具有较大影响力的企业信用服务机构

名　　称	成立时间	主要服务和产品
鹏元征信有限公司	2005 年 4 月 8 日	个人征信、企业征信、企业评分、个人评分、征信系统设计开发、软件设计开发和中小企业信用风险控制等
深圳前海征信中心股份有限公司	2013 年 8 月	Credoo 好信度，好信金融信息服务平台。产品分为数据产品、云系统、功能插件三大板块，每个板块下又细分许多子产品
中诚信征信有限公司	2005 年 3 月	企业债券评级、短期融资券评级、中期票据评级、可转换债券评级、信贷企业评级、保险公司评级、信托产品评级、货币市场基金评级、资产证券化评级、公司治理评级等
新华信	1992 年	市场研究咨询服务、商业信息咨询服务、数据库营销服务
中智诚征信有限公司	2013 年	反欺诈云平台，个人征信评分服务、申请反欺诈服务、全国公民身份信息认证服务（即将上线）
拉卡拉信用管理有限公司	2005 年	考拉信用分和商户信用分

1. 信用管理（征信业务）合作体

由北京信用管理有限公司（含资信评级业务）、上海资信有限公司、重庆市商务信用调查咨询中心、金诚国际信用管理有限公司、武汉信用风险管理有限公司、北京中贸远大商务咨询有限公司、沈阳资信股份有限公司、汕头市联合信用服务有限公司、唐山市企业信用管理协会、海南省商务信用中心等单位组成。

2. 资信评级企业

大公国际资信评估有限公司、中诚信国际信用评级有限公司、联合资信评估有限公司、上海远东资信评估有限公司、鹏元资信评估有限公司、长城资信评估有限公司等。

3. 资信调查（征信）企业

邓白氏国际信息咨询（上海）有限公司、华夏国际企业资信咨询公司、北京新华信商业信息咨询有限公司、北京汇诚征信咨询服务有限公司、东方国际保理咨询服务中心、中华征信所等。

2015年1月5日，央行印发《关于做好个人征信业务准备工作的通知》，要求芝麻信用管理有限公司、腾讯征信有限公司、深圳前海征信中心股份有限公司、鹏元征信有限公司、中诚信征信有限公司、中智诚征信有限公司、拉卡拉信用管理有限公司、北京华道征信有限公司8家机构做好个人征信业务的准备工作，准备时间为6个月。首批8家个人征信机构于2015年7月完成央行验收。8家机构中既有像鹏元、中诚信、中智诚征信、北京华道征信等传统的征信机构，也有像芝麻信用、腾讯征信、深圳前海征信、拉卡拉信用等从事互联网征信业务的机构，见表14—3。

表 14—3　　　　　　　　首批8家完成央行验收的个人征信机构

名　称	产　品	服　务	特　征
芝麻信用管理有限公司	芝麻信用分	免费评分，并根据评分结果在生活领域、金融领域等提供增值服务	从属阿里系，依托"支付宝钱包"平台，受众广泛且趋于年轻化
腾讯征信有限公司	仍在内测阶段	依照用户不同的信用情况给予不同的特权	从属腾讯系，将在QQ和微信平台上以公众号形式出现，立足腾讯平台大数据
深圳前海征信中心股份有限公司	Credoo 好信度	针对金融机构的产品	从属平安，产品将以独立APP的形式存在
鹏元征信有限公司	企业、公司债券评级；结构融资评级；金融机构评级；工商企业评级等	建立企业内部信用管理系统；担当企业信用风险管理顾问；信用风险管理培训；企业客户征信调查；商账催收	从属人行系，其信用风险管理分事前控制、事中控制和事后控制，重视签订合同之前的营销渠道设计和对客户的资信调查，加强交易额度的科学审批，以及对应收账款的专业化管理

名　　称	产　品	服　　　务	特　　征
中诚信征信有限公司	个人征信、企业征信、电商认证等	小微金融贷前风控、市场调查及研究咨询服务、应收账款管理咨询服务、信用风险管理培训服务、信用风险管理软件系统开发服务等	从属国企系,公司拥有全球性的个人征信、企业征信和市场调研网络、独立的民间征信数据库以及先进的电子商务平台
中智诚征信有限公司	反欺诈云平台	个人征信评分服务、申请反欺诈服务、全国公民身份信息认证服务(即将上线)	从属民营系,提供高度可定制化服务;为中小型金融机构如 P2P 企业量身定做了一整套处理申请工作流的云平台
拉卡拉信用管理有限公司	考拉信用分和商户信用分	考拉信用分和商户信用分都可在拉卡拉平台上申请小额信贷	从属联想系,评价维度包括信用记录、履约能力、身份属性、社交关系、交易行为,而商户信用分专门针对 POS 商户
北京华道征信有限公司	猪猪分	未来计划陆续推出面向金融市场、租赁市场、婚恋市场、人力资源市场等细分领域的征信产品。此外,华道征信还上线了反欺诈平台	从属上市公司系,其产品目前专注于租房细分领域,个人信用被分解为身份认证、背景特质、消费水平、生活信用、日常行为五大模块,房东可以在 APP 上查询用户的信用信息

　　2014 年 7 月 6 日,清华大学发布的《征信系统对中国经济和社会影响研究》报告指出,2012 年征信系统拉动我国 GDP 增长 0.33%,报告估算,从 2008 年到 2012 年,征信系统每年平均改善了 4 103 亿元人民币的消费贷款质量,而每年由于征信系统带来的总消费增加平均约为 2 458 亿元人民币。这些数字到今天仍在不停地增大,信用服务市场真正来到了蓬勃发展的时代。

第 15 章

中国信用服务机构的发展

15.1　中国的央行征信

15.1.1　央行征信的作用与特点

1. 央行征信的作用

央行征信体系的建立和完善是全社会信用体系建设的重要环节,同时对营造良好的金融生态环境发挥了积极的促进作用。

2. 央行征信的特点

央行征信的特点是以中央银行为主导,建立全国范围的信用信息数据库,从经济学角度来讲,央行提供的产品是一种公共品,目的是减少市场中的信息不对称性,提高国家经济运行的效率。

我国的公共征信机构是中国人民银行征信中心,它是中国人民银行直属的事业法人单位,是为企业和个人提供信用信息基础服务的机构。公共征信机构的主要目的是为中央银行的监管职能服务,便于央行及时掌握总体的信贷水平和投向，为央行控制信用风险提供信息支持。同时，也为金融机构的信贷业务拓展、信用产品的安全以及为客户提供更好的金融服务提供帮助。

中国人民银行征信中心建立的企业和个人信用信息基础数据库首先是帮助商业银行核实客户身份，杜绝信贷欺诈，保证信贷交易的合法性；其次是全面反映企业和个人的信用状况，通过获得信贷的难易程度、金额大小、利率高低等因素的不同，奖励守信者，惩戒失信者；再次是利用企业和个人征信系统遍布全国各地的网络及其对企业和个人信贷交易等重大经济活动的影响，提高法院、环保、税务、工商等政府部门的行政执法力度；最后是通过企业和个人征信系统的约束性和影响力，培养和提高企业和个人遵守法律、尊重规则、尊重合同、恪守信用的意识，提高社会诚信水平，建设和谐美好的社会。

中国人民银行征信中心的征信系统主要采集贷款达一定数额的企业信用信息和个人信用信息，并且这种信息一般都是贷款信息，其目的也主要是为中央银行更好地监督金融市场、防范金融风险服务。央行征信系统的使用者主要是银行、信用卡公司、租赁公司、保险公司等金融机构和央行监管部门，因此，其目标是为金融机构的信贷决策服务，为监管机构的风险防范服务。

央行征信实现信用信息共享，信息提供者积极参与并遵循信息互利原则，即征信机构的信息使用者也应提供相应的信息。由于征信机构的信息使用者同时也是信息提供者，这使得信息提供者能够并且愿意同征信机构在各个方面积极合作。比如，征信机构和信息提供者在信息采集方式上的相互支持使得现代信息技术在征信行业得到了广泛应用，目前征信机构和客户间的信息交换主要通过在线方式进行，现代信息技术的应用不仅方便客户使用、降低了客户的成本，更重要的是信息交换实现自动化，信息采集和利用的效率大大提高。随着征信机构采集信息的不断增多，其数据库中的内容日趋完善，为银行等主要信息使用者提供的信用报告在稳定增加，同时公共征信机构还不断拓展增值信息服务。

15.1.2 我国央行征信数据库

我国的央行征信数据库由中国人民银行征信中心建立，包括企业信用信息基础数据库和个人信用信息基础数据库。

1. 企业信用信息基础数据库

中国人民银行于 2002 年建成地市、省市和总行三级数据库体系，实现以地市级数据库为基础的省内数据共享。该系统主要从商业银行等金融机构采集企业的基本信息，在金融机构的借款、担保等信贷信息，以及企业主要的财务指标。在该系统多年运行的基础上，2005 年将原有的三级分布式数据库升级为全国集中统一的企业信用信息基础数据库,在信息采集范围和服务功能上大大提高。企业信用信息基础数据库已经于 2006 年 7 月份实现全国联网查询。截至 2008 年 9 月底,企业信用信息基础数据库收录企业及其他组织共计 1 000 多万户,其中 600 多万户有信贷记录。目前,企业征信系统已经为全国 1 700 多万户企业建立了信用档案,根据采集的信息,生成企业信用报告,能够看到每家企业在国内所有银行发生的每一笔信贷业务。

2. 个人信用信息基础数据库

2005 年 8 月底完成与全国所有商业银行和部分有条件的农村信用社的联网运行。经过一年的试运行,2006 年 1 月,个人信用信息基础数据库正式建成并在全国联网运行,这是个人信用发展历史的一个重要里程碑,从此开始,个人信用报告的使用范围逐步扩大,逐渐成为经济社会各个领域对个人信用状况进行评价的重要依据,越来越成为人们经济生活中不可缺少的经济身份证。据统计,截至 2008 年 9 月底,个人信用信息基础数据库收录自然人数共计 6 亿多人,其中 1 亿多人有信贷记录。从 2007 年至 2012 年,个人征信系统覆盖的征信人数从 5.95 亿人增加到 8.23 亿人,有贷款记录的从 1.03 亿人增长到 2.89 亿人,占我国总人口的比例有了显著的提高,也意味着全民信用社会正在逐步建成。可以预见,在不远的将来,个人信用状况与每一个公民的经济生活都将是息息相关的。

企业信用信息基础数据库收录的信息包括企业的基本信息、在金融机构的借款、担保等信贷信息,企业主要财务指标、企业环保信息,缴纳各类社会保障费用和住房公积金信息、质检信息、企业拖欠工资信息以及缴纳电信信息等。

个人信用信息包括个人基本信息、个人信贷交易信息以及反映个人信用状况的其他信息。个人基本信息是指自然人身份识别信息、职业和居住地址等信息;个人信贷交易信息是指商业银行提供的自然人在个人贷款、贷记卡、准贷记卡、担保等信用活动中形成的交易记录;反映个人信用状况的其他信息是指除信贷交易信息之外的反映个人信用状况的相关信息。

企业和个人信用信息基础数据库的信息来源主要是商业银行等金融机构。2005 年以来,中国人民银行加大了与相关政府部门信息共享协调工作的力度,尤其是个人征信系统建设在 2005 年将取得实质性进展。2004 年 12 月,央行官方网站发布消息,个人信用信息基础数据库定于 2004 年 12 月中旬开始试运行,在北京等 7 个城市对各国的独资商业银行、股份制商业银行和城市商业银行开通联网查询,并称 2005 年年内将实现个人信用信息基础数据库在全国联网运行。届时,所有获得资格的商业银行和部分农村信用社将可以联网查询个人的信用信息。

中国人民银行征信中心和商业银行建立数据报送、查询、使用、异议处理、安全管理等各种内部管理制度和操作规程。企业和个人信用信息基础数据库建立了完善的用户管理制度,对用户实行分级管理、权限控制、身份认证、活动跟踪、数据主体(企业和个人)监督;数据传输加压加密;对系统及数据进行安全备份与恢复;聘请国内一流网络安全管理专家对系统安全进行评估,有效防止计算机病毒和黑客攻击等,建立了全面有效的安全保障体系。

可以看出,与私人征信机构业务相比,公共征信机构业务单一化,央行所提供的报告内容中比较好的是提供企业缴纳各类社会保障费用和住房公积金信息、质检信息、企业拖欠工资信息以及缴纳电信信息等。就个人征信来说,央行征信中心依靠国家强有力的背景,拥有几乎全国总人口一半的信用账户,并且其中1亿人有信贷记录,其提供的基本信息可以满足客户基本的需求,例如,商业银行在审核个人贷款申请、审核个人贷记卡、准贷记卡申请、审核个人作为担保人等情况下就可以通过央行个人征信数据库来获取信息。

因此,一国在构架信用信息管理体系初期只建立一家公共征信机构,虽然有助于解决在发展初期所面临的信息采集等方面的障碍,但其对征信市场的长期发展会产生很多负面影响。比如由于缺乏竞争,信用报告的质量会相对较差,信用报告的价格则可能偏高。此外,由于征信行业的知识和技术含量不断提高,如果只建立单一机构,征信市场运营的风险会加大,一旦这个机构在数据库建设或内部管理等方面出现问题,对整个行业和信用市场的冲击会相当大。因此,我国不宜只建立一家征信机构,而应在征信行业发展之初就鼓励征信机构间的有效竞争。为此,就需要为征信机构创造一个公平竞争的环境,其中关键是要保证不同的征信机构在采集信息方面的平等性。

15.1.3 央行征信系统的发展

我国央行征信系统包括央行企业征信系统和央行个人征信系统。央行企业征信系统的建立始于1997年,在2006年7月份实现全国联网查询。截至2008年底,该系统收录企业及其他组织共计1 447万户,其中694万户有信贷记录。央行个人征信系统建设最早始于1999年,2005年8月底完成与全国所有商业银行和部分有条件的农信社的联网运行。2006年1月,央行个人征信系统正式运行。截至2008年底,该系统收录自然人数共计6.4亿人,其中1.4亿人有信贷记录。

1. 央行企业征信系统

央行企业征信系统建设始于1997年,中国人民银行于该年开始筹建银行信贷登记咨询系统,2002 年建成地市、省市和总行三级数据库体系,实现以地市级数据库为基础的省内数据共享。该系统主要从商业银行等金融机构采集企业的基本信息,在金融机构的借款、担保等信贷信息,以及企业主要的财务指标。

在该系统多年运行的基础上,2005 年中国人民银行启动银行信贷登记咨询系统的升级工作,将原有的三级分布式数据库升级为全国集中统一的企业信用信息基础数据库。它采取全国集中式数据库结构建设,商业银行由总行一点接入,数据采集项由原来的 300 多项扩展到 800 多项。到 2005 年 12 月 15 日,央行企业征信系统顺利实现主要商业银行联网试运行,并在上海、天津、浙江、福建四省市提供实时查询服务,目前已实现全国所有商业银行和有条件的农村信用社全国联网运行。

全国统一的央行企业征信系统建成后,其防范贷款风险和为金融监管、货币政策服务的功能将比银行信贷登记咨询系统有较大提高。在 2006 年 7 月份实现全国联网查询。截至 2008 年 9 月底,该数据库收录企业及其他组织共计 1 000 万多户,其中 600 万多户有信贷记录。

我国央行企业征信系统中的信用信息主要包括以下几个方面:

(1)基本信息,识别企业一般特征的基础信息;经营信息,反映企业经营管理的基本信息。

(2)财务信息,涉及企业信用的财务资料。

(3)公共记录,涉及司法、仲裁以及社会组织方面的信誉信息;监管信息,涉及政府部门及相关管理机构掌握的管理信息。

(4)加工信息,信用中介对信用主体的相关信用信息进行梳理、分析、加工的信用增值信息,如信用等级、信用报告等。

企业信用信息会长期保存,但信用不良记录有保存年限的限制,一般不良记录的最长保存期限为 3 年,严重的或明显恶意的不良信用记录最长保存期限为 7 年。这也说明,企业信用是可以修复的,但信用恶意或者重复发生同质性不良记录的企业一定会受到社会和市场的加倍惩罚。

2. 央行个人征信系统

央行个人征信系统建设最早是从 1999 年 7 月中国人民银行批准上海资信有限公司试点开始的。2004 年底,实现 15 家全国性商业银行和 8 家城市商业银行在全国 7 个城市的成功联网试运行。2005 年,在全国范围内逐步推广;6 月底,16 家国有和股份制商业银行实现与该系统的全国联网;8 月底,115 家城市商业银行实现与该系统的全国联网;至 2006 年 1 月,已有 12 家省级农村信用联社、55 家地市级农村信用联社和 56 家城市信用社联网接入该系统。截至2008年9月底，该系统收录自然人数共计6亿多人，其中1亿多人有信贷记录。

该系统主要从商业银行等金融机构采集个人的基本信息，开立结算账户信息，在金融机构的借款、信用卡、担保等信贷信息，并将个人在全国所有商业银行的这些信息汇集到其身份证号下。央行个人征信系统由中国人民银行组织各商业银行共同建立。系统采用全国集中模式，各商业银行每月向系统报送数据，系统将数据整合后向商业银行提供实时的查询服务。

建立央行个人征信系统既要实现商业银行之间的信息共享，方便个人借贷，防范信贷风险，又要保护个人隐私和信息安全。为此，中国人民银行在加快数据库建设的同时，也加强了制度法规建设。为了保证个人信用信息的合法使用，保护个人的合法权益，在充分征求意见的基础上，中国人民银行制定并颁布了《个人信用信息基础数据库管理暂行办法》《个人信用信息基础数据库金融机构用户管理办法》《个人信用信息基础数据库异议处理规程》等法规，采取了授权查询、限定用途、保障安全、查询记录、违规处罚等措施，保护个人隐私和信息安全。商业银行只能经当事人书面授权，在审核个人贷款、信用卡申请或是否接受个人作为担保人等个人信贷业务，以及对已发放的个人贷款及信用卡进行信用风险跟踪管理时，才能查询央行个人征信系统。

央行个人征信系统还对查看信用报告的商业银行信贷人员（即数据库用户）进行管理，每一个用户在进入该系统时都要登记注册，而且计算机系统还自动追踪和记录每一个用户对每一笔信用报告的查询操作，并加以记录。商业银行如果违反规定查询个人的信用报告，或将查询结果用于规定范围之外的其他目的，将被责令改正，并处以经济处罚；涉嫌犯罪的，则将依法移交司法机关处理。

我国央行个人征信系统的信用信息包括正面信息和负面信息，主要有三类：

（1）身份识别信息，包括姓名、身份证号码、家庭住址、工作单位等；

（2）贷款信息，包括贷款发放银行、贷款额、贷款期限、还款方式、实际还款记录等；

（3）信用卡信息，包括发卡银行、授信额度、还款记录等。随着数据库建设的逐步完善，还将采集个人支付电话、水、电、燃气等公用事业费用的信息，以及法院民事判决、欠税等公共信息，以全面反映一个人的信用状况。

目前，央行企业和个人征信系统的主要使用者是金融机构，通过专线与商业银行等金融机构总部相连（即一口接入），并通过商业银行的内联网系统将终端延伸到商业银行分支机构信贷人员的业务柜台，实现了企业和个人信用信息定期由各金融机构流入企业和个人征信系统,汇总后金融机构实时共享的功能。其中,前者表现为金融机构向企业和个人征信系统报送数据,后者表现为金融机构根据有关规定向央行企业和个人征信系统实时查询企业和个人的信用报告。金融机构向央行企业和个人征信系统报送数据可以通过专线连接,也可以通过磁盘等介质。

央行企业和个人征信系统由中国人民银行直属单位——中国金融电子化公司开发完成,中国人民银行内设机构征信中心负责系统的日常运行和管理;征信中心和商业银行建立数据报送、查询、使用、异议处理、安全管理等各种内部管理制度和操作规程。同时,企业和个人征信系统建立了完善的用户管理制度,对用户实行分级管理、权限控制、身份认证、活动跟踪、查询监督的政策;数据传输加压加密;对系统及数据进行安全备份与恢复;对系统安全进行评估,有效防止计算机病毒和黑客攻击等,建立了有效的安全保障体系。

15.1.4 央行征信系统的功能

1. 核实身份

企业和个人信用信息基础数据库功能首先是帮助商业银行核实客户身份,杜绝信贷欺诈,保证信贷交易的合法性,减少逆向选择,有利于金融机构、守信企业防范信用风险。除银行信贷信息之外,征信系统还将逐步把纳税、产品质量、合同履约等信息纳入数据库。

2. 信用刻画

全面反映企业和个人的信用状况,通过获得信贷的难易程度、金额大小、利率高低等因素的不同,奖励守信者,惩戒失信者,有利于改善金融机构的经营管理、提升企业的竞争力,并且有利于守信企业充分享受优质的银行服务。

3. 强化约束

利用企业和个人征信系统遍布全国各地的网络及其对企业和个人信贷交易等重大经济活动的影响,提高法院、环保、税务、工商等政府部门的行政执法力度,增强对借款人的纪律约束。

4. 提升信用水平

通过企业和个人征信系统的约束性和影响力,培养和提高企业和个人遵守法律、尊重规则、尊重合同、恪守信用的意识,促成银行体系的稳定性,提高社会诚信水平,培养全社会信用文化。

针对近年来互联网金融蓬勃发展的趋势,建成基于互联网大数据基础的征信系统势在必行。央行征信中心通过下属的上海资信有限公司建成了网络金融征信系统(NFCS),截至2014年12月末,共接入网贷机构370家,收录客户 52.4 万人,且目前接入 NFCS 的网贷平台以每月几十家的速度增长;截至 2015 年 1 月末,接入的网贷平台已经超过 400 家,未来可能有收费计划。

央行征信由于缺乏市场竞争机制,信息收集的渠道相对具有局限性,通常以银行信贷信息为主,缺乏更广泛的消费习惯、风险管理能力等重要评估因素,产品也比较单一,一般多为信贷历史记录的罗列,缺乏综合分析和评分功能,充分反映了公共征信的不足,需要相应的私人征信加以有效补充。

15.2　上海资信有限公司

15.2.1　上海资信征信的作用与特点

1999 年 7 月,经中国人民银行批准,由中国人民银行上海市分行牵头,在上海市政府的支持下,上海资信有限公司正式成立。它是新中国成立以来大陆首家开展个人和企业信用联合征信的专业资信机构,主要从事个人征信、企业征信、企业信用评级、政府专项评估等传统业务。同时,还从事互联网金融征信服务、非银行授信领域的信息采集、征信产品与服务的提供、征信增值产品开发、商账管理等创新业务。

最初,上海资信有限公司只承担上海市个人信用联合征信系统建设工作,运用国际先进技术和管理经验,开展个人征信业务。2000 年 6 月 28 日,上海市个人信用联合征信服务系统数据采集及信用报告查询分系统正式启动,并出具了新中国成立后大陆第一份消费者信用报告。2002 年 3 月,公司又建立了上海市企业联合征信系统,业务范围扩展至企业征信领域,提供包括信用调查、信用报告、信用评分、个人资质证明等相关服务。

截至 2006 年 6 月底,上海市个人信用联合征信系统已拥有超过 686 万人的信用信息,累计提供消费者信用报告 545 万多份,日均报告查询7 000 份。企业征信系统也已采集了上海 98 万家企业的信用信息。由于个人和企业征信系统的建立,消除了商业银行的"信贷盲区",为金融机构降低审贷成本、规避金融风险起到了保障作用。同时也建立了"一处失信,处处制约"的良好机制,降低了社会运作成本,净化了上海投资环境,为构筑上海成为国际金融城市奠定了基础。

15.2.2　上海资信个人征信业务

个人信用服务方面主要向消费者提供:个人信用报告、个人信用评分、个人查询服务和个人信用数据增值服务以及个人信用风险控制解决方案等。

1. 个人信用报告

个人信用报告就是客观的个人信用支付历史记录,在法律允许范围内,为信用让渡人(贷款人等)迅速、客观地做出是否提供信用服务的决定作为参考。个人信用报告目前主要用于银行的各项消费信贷业务。随着社会信用体系的不断完善,信用报告将更广泛地被用于各种商业赊销、信用交易和招聘求职等领域。此外,个人信用报告也为查询者本人提供了审视和规范自己信用历史行为的途径,并形成了个人信用信息的校验机制。

个人信用报告主要有以下内容:消费者基本身份信息、商业银行各类消费信贷申请与还款记录、可透支信用卡的申请、透支和还款记录、移动通信协议用户的缴费记录、部分公用事业费的缴费记录、执业注册会计师的职业操守记录和静安区法院经济纠纷中的执行难信息(执行难信息:"拒不执行法院生效法律文书而被限制高消费的个人和企业"的相关信息)。

目前,上海资信有限公司消费者信用报告主要包括以下信用信息:

据以识别个人身份以及反映个人家庭、职业等情况的个人基本信息;个人与金融机构或住房公积金管理中心等机构发生信贷关系而形成的个人信贷信息;个人与商业机构、公共事业服务机构发生赊购关系而形成的个人赊购、缴费信息;行政机关、行政事务执行机构、司法机关在行使职权过程中形成的与个人信用相关的公共记录信息;以及其他与个人信用有关的信息。主要有:

个人基本信息:包括证件号码、证件类型、姓名、性别、出生日期、婚姻状况、户籍所在住址、信息获取日期、工作单位、职业、职称、最高学历和信息获取日期等。

个人信贷信息:包括银行信贷记录,如在各商业银行已发生的银行贷款记录和信用卡记录;住房公积金管理中心的信贷记录;消费信贷公司的分期付款记录等。

缴费信息:各类公共事业费缴费、欠费记录。

公共记录信息:包括与个人信用有关的法院诉讼记录和与个人信用有关的公安处罚记录。

查询记录信息:包括六个月内信用报告被查询的记录。

其他特别记录:包括贷款欺诈、信用卡欺诈、其他记录等在申请信贷过程中发生的欺诈行为和其他问题记录。

依据《上海市个人信用征信管理试行办法》的规定,涉及储蓄存款、纳税数额等与个人资产有关的内容,除非被征信人自愿提供,否则征信机构不得采集。目前上海资信有限公司的个人信用信息数据库中尚无个人存款信息,因此,个人信用报告中没有个人存款信息。负面信息的披露和使用的时限由市征信办会同有关部门、行业组织制定。期限最长不得超过 7 年。

目前上海资信有限公司的个人信用信息数据库中,采集的主要是与银行等授信机构有过信贷交易关系的消费者的个人信用信息,以及手机协议入网用户的个人信用信息。如果消费者从没发生过此类交易活动;或者由于信息提供机构的信息更新机制方面的问题,均有可能导致查不到其个人信用报告。

根据《上海市个人信用征信管理试行办法》的规定,只有在下列四种情形下,上海资信有限公司才可以提供个人信用报告:

(1)被征信个人本人要求提供;

(2)具有向被征信个人提供信贷、赊销、租赁、就业、保险、担保等意向或者其他正当理由,并经被征信个人授权;

(3)具有对被征信个人进行商账催收等业务意向,且提供相关证明材料;

(4)法律、法规、规章规定的其他情形。上海资信有限公司将严格遵照法律的规定向外提供个人信用报告。

为确保系统和数据的安全性,系统在访问权限管理和数据内审方面做了严格设定,包括以下几个方面:

(1)在技术上确保只有授权用户才能访问征信系统,防止对数据的越权访问和被滥用。系统在银行设置的所有查询网点,均实行专岗专人,每个操作人员都有一个只有本人知晓的密码。

(2)严格查询制度。查询必须由本人授权,消费者只能查询自己的信用报告。

(3)在访问形式方面,采用企业专网,使征信系统与互联网物理隔离,有效防止来自公共网络的非法攻击。

(4)在数据传送方面,采用先进技术对所传输的信息进行加密。

(5)通过设置数据审计岗位,记录用户及内部人员的每一个操作痕迹,完善对系统的监测和审计机制。

系统中信息更新的频率基本依照各信息来源的本身业务周期而定,即各信息提供机构的本身信息更新频率。一般来说,对于账户信息等经常发生变动的,征信机构要求信息提供机构按月更新;遇有重要信息,征信机构要求信息提供机构即时更新。另外,经查证属实的异议,相关信息也将立即得到更新。

2. 个人信用评分

个人信用评分是一种建立数学模型,并运用计算机技术对个人的信用信息进行统计、计算及量化分析的方法。通常,它通过对个人以往信用记录量化分析,以预测未来某一事件发生的可能性。个人信用评分是以一个分数来反映个人信用状况,一般界定为分数越高,提示该人的风险越低,或信用越好。

个人信用评分一般具有量化、精确、快速、客观和动态的特点。近年来,信用评分的应用范围不断扩大。针对不同的应用,信用评分又被分为风险评分、收入评分、响应度评分、客户流失/忠诚度评分、催收评分;信用卡发卡审核评分、房屋按揭贷款发放审核评分、信用额度核定评分等。

风险评分的应用面最为广泛。风险评分预测风险事件发生的概率,主要用于对客户信用风险的控制。例如,根据消费者的信用历史记录,风险评分模型可以预测其不同群体在今后 18 个月内发生拖欠行为的不同概率。

3. 个人查询服务

个人查询业务,即提供消费者查询个人信用信息。上海资信有限公司于 2001 年 7 月 1 日起开通了"信用报告个人查询业务"。个人查询本人的信用报告有预约查询和直接查询两种基本方式。一方面,个人不经预约,可以本人直接到查询点现场查询个人信用报告;另一方面,个人也可以通过预约方式查询。消费者通过预约(网上、电话),最迟在 2 个工作日后,即可携带本人的身份证原件到指定的查询受理点进行信用报告的有偿查询。

发现个人信用报告上有异议的处理:

(1)若被征信个人发现个人信用报告中的内容不准确、不完整、不相关或者已经过时的,可以向征信机构提出异议,要求予以更正。异议信息被更正的,征信机构可以根据被征信个人的要求,提供一份个人信用报告。被征信个人每年可以无偿获得一份异议信息更正后的个人信用报告。被征信个人对其个人基本信息提出异议的,征信机构可以根据被征信个人提供的相关材料,及时对其个人基本信息予以更正。

(2)被征信个人对其个人基本信息以外的个人信用信息提出异议,征信机构应当按照下列规定处理:

第一,异议信息经核实确有必要更正的,征信机构应当及时予以更正;

第二,异议信息经核实无须更正而被征信个人仍持有异议的,征信机构可以对异议信息不作修改,但应当标明被征信个人的异议和相应的理由;

第三,异议信息无法核实的,征信机构可以根据被征信个人的要求对异议信息进行更正。

(3)其他合法查询者对披露的个人信用信息有异议的,可以向征信机构提出,征信机构应当按照下列规定处理:

第一,异议信息经核实确有必要更正的,征信机构应当及时予以更正,并告知被征信个人;

第二,异议信息经核实无须更正或者无法核实的,征信机构可以对异议信息不作修改。

（4）征信机构应当自受理之日起 30 日内对异议信息予以处理,并书面告知异议人。

15.2.3　上海资信企业征信业务

上海资信企业征信业务主要提供各类企业信用评级,包括贷款企业评级、招投标企业评级、担保机构评级、信托公司及信托产品评级、集团企业评级、租赁公司评级以及小额贷款公司评级等。

提供专项评级、征信、审验和管理咨询,包括合同信用评价者、企业社会责任评价、政府采购供应商评价、劳动保障专项评价、企业社会责任审验报告、商业征信、企业全面风险管理咨询、企业应收账款风险管理咨询、企业社会责任咨询和企业内部控制体系管理咨询。

贷款企业信贷评级:主要对金融、制造、服务、建筑、房产、贸易等行业一定规模以上贷款企业进行资信评级。自 2003 年以来已经对2 000余家客户进行了贷款企业信贷评级,积累了大量的行业分析数据。

集团企业评级:主要针对集团的关联关系、信贷规模、财务实力、管理水平等进行全方位的分析,对其信用风险提供客观的评价。

担保企业评级:主要对担保公司的管理水平、风险控制水平、代偿、违约率以及财务状况等方面进行客观评定,针对相应的风险水平给出资信级别。

银行理财产品及信托产品评级:与招商银行合作,对"金葵花"人民币资金信托理财计划进行资信评级,帮助其成功发行了剡界岭高速等信托计划产品。同时也与信托公司开展合作,对复兴路隧道项目资金信托计划等信托产品进行评级。

企业信用管理咨询:给地方、行业协会、企业等信用管理需求提供专业支持,给地方和行业协会在信用管理建设上提供建议,对相关企业的信用管理现状进行实地调查,揭示被调查企业的信用风险,提出个性化的信用管理建设方案,并辅导企业实施。

合同信用评级:配合上海市工商局、合同信用促进会进行守合同、重信用企业信用评级,评级达千余家次,评级范围覆盖上海绝大部分区县。

高新技术企业信用评级:对申请认定或者复审的高新技术企业进行资信评级,近年来参评企业达 200 余家次。

政府采购供应商信用评估:对政府采购投标单位的基本概况、财务状况、各种生产、代理或销售资质、参与政府采购项目记录等方面进行评级,给出关于受评对象的信用风险的判断意见,截至目前,参评企业达百余家。

劳动保障专项评价:配合上海市浦东、长宁、闵行等区人力资源和劳动保障局开展了劳动保障专项评价活动,对参评企业劳动关系和谐状况进行了专项征信调查,参评企业达千余家。

社会责任评价:2007年起受上海市浦东新区政府委托开展了面向大型国有和外商投资企业的社会责任评价工作,从参评企业的权益责任、环境责任、诚信责任和和谐责任四方面对企业履行社会责任情况进行分析,对社会责任和贡献等状况进行了客观评价,产生了较好的社会影响,并形成了一套较为完善、科学的评价标准。该评价标准已于2008年底正式成为上海市地方标准,为全国第一部省级企业社会责任地方标准。

2013年6月,网络金融征信系统(NFCS)正式上线。作为中国人民银行征信中心金融信用信息基础数据库的个人征信子系统,目前主要收集P2P网贷行业的个人借贷记录,并向P2P机构开放查询服务。NFCS将逐步扩展至小贷、担保、第三方支付、典当等领域,成为非银行金融机构接入中国人民银行征信系统的试点。

2014年9月,CCS商业信用征信系统上线试运行,作为中国人民银行征信中心金融信用信息基础数据库的企业征信子系统,直接面向融资租赁行业、商业保理行业和企业主体,采集企业的商业信用数据,将逐步形成全国商业信用信息共享平台。

未来,上海资信将进一步拓展征信、评级服务领域,全面提升业务水平,为个人、企业、金融机构、政府部门等信息使用方提供全方位、多元化的服务,为减少信息不对称、防范信用风险、改善社会信用环境等做出更大的贡献。

由此可以看出,上海资信征信系统信用信息采集渠道来源广,加工处理技术先进,提供的产品能很大程度地满足社会信用需求。

15.2.4　上海资信发展存在的问题

上海资信的发展模式主要依赖政府主导,虽然在短期内取得了明显的成效,但也存在许多弊端,比如弱化市场在社会信用资源中的基础作用,造成信息服务机构之间的不平等竞争。政府资源的过度介入,一方面增大了交易成本,另一方面也加大了政府的财政负担。

15.3　我国信用评级机构的发展

15.3.1　信用评级机构的作用与特点

信用评级也称为资信评级或资信评估、信用评估。中国人民银行2006年发布并实施的《信贷市场和银行间债券市场信用评级规范》定义信用评级为

"由独立的信用评级机构对影响评级对象的诸多信用风险因素进行分析研究,就其偿还债务的能力及其偿还债务的意愿进行综合评价,并用简单明了的符号表示出来"。由此可见,信用评级是由独立的评级机构或部门,根据"公正、客观、科学"的原则以及相关的法律、法规、制度与有关标准,运用科学的指标体系和评级方法,按照规范化的程序,对评级对象在特定条件下履行相应经济责任的能力与意愿进行调查与综合评价,并用特定的,简单、直观的等级符号来表示其信用等级。

1. 信用评级机构的作用

信用评级是市场经济发展的必然产物,也是市场机制不可缺少的组成部分。信用评级作为解决金融市场信息不对称的重要工具,是其他方法和手段所无法替代的,离开信用评级的信用体系是不健全的。信用评级机构的重要作用可以从以下三个角度来分析:对投资者、筹资者和国家的作用。

(1)对于投资者来说,信用评级起到风险提示、降低投资者信息成本的作用

随着金融市场的迅速发展,债券、次贷、资产证券化、各种衍生工具等得到空前的发展,它们在给投资者扩大选择机会的同时,也增加了其所承担的金融风险。这样,投资者的决策也越来越依赖于专业咨询和分析机构所提供的分析结果,从而可以在评估风险大小、保证资金安全的前提下实现收益最大化。同时,金融市场上存在着许多不对称的信息,信息披露机制也尚不完善,投资方识别信息要耗费大量的成本,而如果有可靠的评级报告可以依赖,则大大降低了这种信息搜寻的成本。

(2)对于筹资者来说,信用评级可以为筹资者提供资信等级的证明,从而提高企业的社会知名度和认可度

一份良好的信用评级报告相当于企业的无形资产,能够吸引投资者、供货商与客户同其放心地开展合作。在中国,随着债券市场的日益发展,企业通过直接融资方式筹集资金的规模将逐渐增大,通过信用评级,可以使其获得在金融市场上融资的通行证,扩大其融资范围,促进融资的成功。

(3)对于国家而言,信用评级可以为政府监管提供依据

由于信息不对称的存在,监管部门不可能对每一家公司或每一个监管对象的风险水平都有深入的了解,而信用评级可以作为对企业进行分析的依据,有利于监管部门加强对企业的指导和监督。通过信用评级机构的评级观点,监管部门可以拒绝一些资信较差、实力较弱的发行者,阻止一些质量低劣、风险较大的证券进入市场,从而减少各种偿付风险,保证证券市场和金融市场的繁荣稳定。

2. 信用评级的特点

信用评级的特点主要有以下六点：

（1）评级结果的简洁性

不论哪家评级机构，信用评级的结果一般都以简洁的字母、数字等的组合符号来揭示被评对象的资信状况，而投资者也可以通过对符号的观察，方便地对评级对象进行价值判断。

（2）不同机构间评级结果的可比性

如果受评对象处于类似的标准之下，各个评级机构在同一时期所作出的评估应大体一致，这样才能比较科学地解释受评者的资信状况。

（3）评级内容的全面性

信用评级需要对被评对象进行多角度的评价，比如对企业的经营环境、管理者的素质、企业的财务结构、偿债能力、经营能力、经营效益、发展前景等多个方面的相关情况进行全面的考核与分析，全面地揭示被评主体的风险与发展状况。

（4）评级过程的独立性和公正性

信用评级机构本身不参加经济或金融活动，最大限度地避免各种干扰因素和利害关系，并由专业的评级人才按照一套制度与操作程序来保证评级能够客观与公正地展开，得出的结果能够作为客观的资信信息。独立和公正也是评级机构的生命线所在。

（5）评级结果可以代表被评对象的形象

由于信用评级是由专业机构按照客观、公正、独立的原则得出，一旦有了之后，它可以起到形象表示的作用。

（6）信用服务对象的广泛性

信用评级作为一种重要的经济活动，它的影响是全方位的，评级结果可以得到多方的应用。信用评级的主要服务对象包括投资者、商业银行与证券承销机构、社会公众与大众媒体、与受评对象有往来的客户以及金融监管机构，它们都可以利用评级结果做出有用的分析与决策。

15.3.2　信用评级机构发展历史进程

自从1987年我国信用评级机构从无到有、由小到大经历了一个逐步发展的过程，大致经历了五个阶段——初创阶段、清理整顿阶段、重新确立阶段、规范发展阶段与创新突破阶段。

1. 第一阶段：1987～1988年的初创阶段

中国信用评级机构的发展比较晚，并且其发展历程与经济改革的历程高度相关，是我国资本市场以及金融体制发展的重要部分。由于我国的经济改革是由政府主导和规划的,评级机构的发展也明显呈现出政府推动的特点。信用评级机构最初的发展依托于企业债券的发展。1986年,中国允许地方企业发行债券,1987年3月,国务院颁布了《企业债券管理暂行条例》,开始对债券进行统一管理。为了适应这一背景,1987年,吉林省资信评估公司成立,这也是中国最早的信用评级机构。之后,各省市也都纷纷建立了信用评级机构,最多时曾达90多家。这些机构多为中国人民银行各地分行的下属公司。1988年北京召开信用评级问题研讨会之后,中国工商银行调查信息部和中国农业银行信息部等单位制定了《企业信用评估试行办法》和《企业信用等级评定试行办法》。这个阶段,参考国际做法,结合我国实际,初步制定了中心评级办法,大多侧重于各类企业的信用度评估。1988年3月,中国第一家独立于金融系统的信用评级机构——上海远东资信评估有限公司在上海成立。

2. 第二阶段:1989年的清理整顿阶段

各地评估机构清理整顿,评级业务处于原地踏步、萎缩阶段。鉴于当时中央"双禁"政策,1989年9月下发《关于撤销人民银行设立的证券公司、信誉评级公司的通知》,要求将原来由中国人民银行和各专业银行设立的评级公司一律撤销,其业务归信誉评级委员会来办理。当时,只有沈阳、武汉等地设有评级委员会,其他地区的评级业务则宣告暂时停止。这个阶段评估机构萎缩,评级业务处于维持状态。

3. 第三阶段:1990～1992年的重新确立阶段

1990年8月,中国人民银行下发了《关于设立信誉评级委员会有关问题的通知》,对银行内部信用评级的组织体系进行了规定。1991～1992年间,全国信誉评级机构联席会议召开三次会议,讨论信用评级的规范化问题,形成了《信誉评级办法》,包括债券信用评级、工商企业信用评级和金融机构信用评级的指标体系和计分标准等文件。至1992年年底,信用评级进入了以组建信誉评级委员会为基本模式的阶段,全国信誉评级委员会成立。信用评级事业进入以组建信誉评级委员会为基本模式开发业务的新发展阶段。明确规定了评估机构的性质、服务宗旨、业务范围、审批程序等问题,并经专家讨论后具体修改了评级指标体系的框架结构、评价重点、计算公式、文字体裁、要领含义等。在这一阶段,上海新世纪资信评估投资服务有限公司(1992年7月)、中国诚信证券评估有限公司(1992年10月)等一批新的评级公司设立,后者还是中国人民银行总行批准的第一家全国性评级公司。

4. 第四阶段:1993～1996年的规范发展阶段

1993年8月,国务院颁布《企业债券管理条例》,规定发行企业债券可以向经认可的债券评级机构申请信用评级。1993年3月,深圳市资信评估公司成立(后更名为鹏元资信评估有限公司)。1994年大公国际资信评估有限公司在北京成立。1995年,各地原先附属于银行系统的信誉评级委员会纷纷改制,中国信用评级机构的数量扩展很快,但具有独立法人资格的只有20家。而国内债券发行量少,导致评级机构的数量开始下降。1996年3月,中国人民银行《贷款证管理办法》施行,规定资信评估机构对企业做出的资信等级评定结论,可作为金融机构向企业提供贷款的参考依据。1996年5月,《上海证券交易所企业债券上市管理规则》和《深圳证券交易所企业债券上市管理规则》发布,规定申请债券上市的公司(企业)须经过交易所认可的评估机构评估,且债券信用等级不低于A。

5. 第五阶段:1997年至今的创新突破阶段

1997年12月16日,中国人民银行发布的547号文件,认可了中国诚信证券评估有限公司等9家评级公司具有企业债券评级资格,还明确规定企业债券发行前主体必须经中国人民银行总行认可的企业债券信用评级机构进行信用评级。1998年3月,全国各地20多家资信评估机构自愿参加的协作组织——中华资信评估联席会成立。1998年9月11日,中国第一家中外合资的评级公司——中诚信国际信用评级有限责任公司成立,由惠誉国际和国际金融公司参股。1999年7月,大公和穆迪约定进行为期3年的技术合作。2000年11月,中央经济工作会议和《国民经济和社会发展十五规划》首次提出加快建立健全社会信用制度,各部门、各地区纷纷提出建设信用体系的规划。信用在征信体系中的功能和作用也逐渐得到社会各界认可,一些地方性的评级机构也纷纷组建。2001年3月,财政部《中小企业融资担保机构风险管理暂行办法》规定,建立对担保机构资信的定期评级制度;同年4月,国家经贸委与中国人民银行等10部委发布《关于加强中小企业信用管理工作的若干意见》,制定了对中小企业和中介机构的信用评价标准。2003年5月30日,中国保监会认可了中诚信、大公、联合、远东资信与新世纪5家评级公司,保险公司可以买卖经上述5家评级机构评定级别在AA级以上的企业债券。同年9月,中国人民银行设立征信管理局,其职能为管理信贷征信业,推动建立社会信用体系,制定征信行业技术标准。2005年1月,中国人民银行发布公告,规定在银行间债券市场发行债券都要开展信用评级工作。2006年4月,中国人民银行发布《信用评级管理指导意见》。2006年11月,央行发布《信贷市场和银行间债券市场信用评级规范》,强调审查合格的信用评级机构由评级业务主管部门认可后可正式开展信用评级业务。2007年8月24日,证监会发布了《证券市场信用评级业务管理暂行办法》,并先后核准中诚信证券评估有限公司、上海新世纪资信评估投资服务有限公司、鹏元资信评估有限公司、大公国际资信评估有限公司、联合信用评级有限公司5家证券信用评级机构从事证券市场信用评级业务。2009年9月28日,中诚信等5家取得证监会证券市场信用评级业务许可的信用评级机构共同签署《证券信用评级行业自律公约》,承诺规范开展证券市场信用评级业务。

综上,我国评级机构的产生与发展一直奉行政府主导型模式,在政府相关主管部门制定规则和监督管理的激励和约束之下,我国信用评级机构有了较大的发展。信用评级业务种类不断增加,从最初肇始于企业债券评级,到近些年来评级机构已经开展了贷款企业评级、中小企业评级、高科技企业评级、短期融资券评级、证券公司债券评级、可转换公司债券评级、金融机构评级和信托产品评级等。到2009年,我国的信用评级行业格局初步形成,国内从事信用评级业务的法人机构有100多家,在央行备案的信用评级机构有80家左右。

表 15—1   **信用评级机构发展历史进程**

阶段划分	时间	大事件
初创阶段	1986 年	允许发行企业债券
	1987 年 3 月	国务院颁布《企业债券管理暂行条例》
	1987 年	吉林省资信评估公司成立——中国最早的评级机构
	1988 年	《企业信用评估试行办法》《企业信用等级评定试行办法》
	1988 年 3 月	上海远东资信评估有限公司成立
清理整顿阶段	1989 年 9 月	《关于撤销人民银行设立的证券公司、信誉评级公司的通知》
重新确立阶段	1990 年 8 月	《关于设立信誉评级委员会有关问题的通知》
	1992 年底	全国信誉评级委员会成立
	1992 年 7 月	上海新世纪资信评估投资服务有限公司设立
	1992 年 10 月	中国诚信证券评估有限公司设立
规范发展阶段	1993 年 3 月	深圳市资信评估公司成立
	1993 年 8 月	《企业债券管理条例》
	1994 年	大公国际资信评估有限公司成立
	1995 年	各地附属于银行系统的信誉评级委员会纷纷改制
	1996 年 3 月	中国人民银行发布《贷款证管理办法》

阶段划分	时间	大事件
创新突破阶段	1997年12月	银发〔1997〕547号文,认证中诚信、大公国际等9家机构具有对企业债券进行评级的资格
	1999年	中国人民银行出台《关于印发〈银行信贷登记咨询管理办法(试行)〉的通知》
	2000年11月	"十五"计划纲要首次提出加快建立健全社会信用制度
	2001年3月	财政部发布《中小企业融资担保机构风险管理暂行办法》
	2003年9月	中国人民银行设立征信管理局
	2006年4月	中国人民银行发布《信用评级管理指导意见》
	2006年11月	中国人民银行发布《信贷市场和银行间债券市场信用评级规范》
	2007年8月	证监会发布《证券市场信用评级业务管理暂行办法》
	2008年3月	中国人民银行发布《中国人民银行关于加强银行间债券市场信用评级作业管理的通知》
	2009年9月	中诚信等签署《证券信用评级行业自律公约》

15.3.3　信用评级机构发展现状

信用评级行业初步形成,主要评级机构得到发展壮大。经过近30年的努力,我国的信用评级行业已经初具规模。据中国人民银行统计,到2012年6月底,纳入中国人民银行信用评级统计的法人机构共78家,专业评级人员2 400多人。2005～2011年,评级机构业务收入年均增长28%。这些机构大多从事的是信贷市场评级业务。

目前,从事资本市场评级业务的评级机构主要包括以银行间债券市场为主的评级机构——大公、联合、新世纪、中诚信、东方金诚、中债资信6家①,这6家机构占据债券评级市场的90%以上,并得到监管部门的广泛认可,具备各种资质。

经过三十多年的发展,我国信用评级机构在评级理念、评级方法、指标体系、执业标准等方面有了不同程度的进步。信用评级产品在信贷市场、债券发行,甚至在招标投标、财政投资项目等方面都得到了不同程度的应用。并且,在监管层面,我国已经陆续推出多层次的资信评级相关法律规范,并取得了一定成效,初步确立了我国信用评级业的法律法规体系,监管手段日益丰富,包括评级人员资质认定、评级报告抽查、违约率检验和考核等。

---

① 征信管理局2014年8月8日公布的名单。

总体来看,我国信用评级业的发展现状呈现出以下四个特点:

1. 信用评级的业务种类不断增加

在中国,信用评级业务最初开始于债券评级,但近年来,除了债券评级,商业银行的贷款评级业务目前也是评级业务的一个增长亮点。同时,一些评级机构也对银行、证券公司等机构进行主体评级;2005年以来,外国债券评级、资产支持证券评级、短期融资券评级、信托产品评级等评级业务也不断展开。

2. 征信系统数据建设取得重大进展

数据是信用评级的一个重要基础。2005年12月15日,企业信用信息基础数据库实现主要商业银行联网试运行;中国个人信用信息基础数据库于2006年1月正式运行。以上征信数据系统建设可以大大提高信用信息跨部门、跨行业的共享,也有利于信用评级业务的开展。

3. 信用评级机构中出现了一些行业龙头

从目前的评级市场情况来看,独立评级机构表现出较好的发展前景,中诚信、联合、大公、新世纪和远东资信等已初步占据行业的领先位置。

4. 我国信用评级机构与国际评级机构的合作不断深入

由于国内的信用评级机构起步较晚,而发达国家的评级也已发展较久,因此,在自主发展的同时,国内评级业也积极开展与国际评级机构的合作。穆迪与大公、惠誉与中诚信、远东资信与相关新华财经、标普与新世纪等,或采取控股形式或签订技术服务协议,开展了各种形式的合作,以便共享双方的专业知识与经验。

15.3.4 信用评级机构发展存在的问题

与国际著名评级机构相比,我国的评级机构在规模上还存在着小而散的问题,在经验上也存在着不小的差距。目前,外资评级机构在中国债券评级市场的份额占比很大,所评级的对象包括我国能源、通信甚至军工等敏感行业在内的各主要行业及主要骨干企业。现行的国际信用评级体系是由美国控制的,任何国家和企业只有获得美国信用评级机构的评级才能进入国际金融市场融资。我国信用制度建设起步比较晚,内外部评级机构的评级标准、评级方法存在较大差异,各评级机构之间的评级结果缺乏可比性,缺乏权威评级机构。

目前形成了大公、中诚信、联合、远东资信和上海新世纪5家全国性信用评级机构,但是除了大公以外的4家机构都有外资进入。2006年4月,穆迪收购中诚信49%的股份,并约定只要中国政府同意,穆迪将可对其控股。另外,惠誉收购联合49%的股权,标准普尔也和新世纪签订技术服务协议,三大国际评级机构都通过各种方式进入中国。但是鉴于资信评级在金融市场中的重要作用,涉及经济安全,市场上也存在着对于"外资评级机构掌握中国金融话语权"的担忧和质疑。

另外,评级机构间级别竞争和费用竞争等不规范竞争行为仍然存在,信用等级迁徙率较高,我国评级机构的独立性更容易因为相关利益主体施加的强大压力而受损。

我国信用评级行业发展中存在的问题主要有:

1. 评级的法律与标准体系不健全

我国评级行业虽已有了 20 余年的发展历程,但国内信用评级方面的法律、法规还很不健全,相关制度只是散见于《公司法》《证券法》《贷款通则》和《可转换公司债券管理暂行条例》等,整体性差,可操作性不强,缺乏规范信用评级行业的基础法律法规。此外,我国尚未从国家层面发布评级标准,只有中国人民银行发布的《信贷市场与银行间债券市场信用评级规范》等三项标准。

2. 分散的行政监管未形成合力

由于我国金融业实行分业经营、分业监管,存在着多个金融监管主体,各部门在各自管理的业务领域内对信用评级进行监督管理,如中国人民银行履行管理征信业和银行间债券市场等职责,对信贷市场和银行间债券市场的信用评级进行管理,证监会对证券市场的资信评级业务进行管理,发改委对企业债券进行信用评级管理。这种多头监管的模式不易形成有效的合力,导致监管重叠、监管冲突甚至监管真空的问题。

3. 评级机构的整体实力弱

目前,我国规模较大的评级机构已经在评级市场上占据了主导地位,在评级技术、人力和财力方面有了一定的积累,但评级机构的市场地位受非市场因素的影响较大,评级机构在社会上的权威性和公信力还不够强。其次,我国评级市场的业务主要来自债券市场和信贷市场,总体规模依然偏小,特别是在信贷市场上,只有部分地方性银行机构采信外部评级结果。同时,国内评级机构的评级结果尚缺乏有效检验,各评级机构之间的产品和服务同质化严重,导致国内评级机构的核心竞争力普遍较低。

4. 评级市场对外开放过度

亚洲国家的评级机构遭到外资的普遍渗入,但在日本和韩国,美国评级机构的市场占有率尚未超过 20%,标准普尔在印度评级机构 CRISIL 仅拥有 9.57% 的股份。中国政府虽在加入世贸组织的承诺中未包括开放信用评级业,但美国评级机构自 2006 年开始大规模地收购我国信用评级机构。目前,已基本控制了中诚信、联合和新世纪等中国信用评级业的龙头企业,间接占有了我国大部分的评级市场,严重威胁着我国的金融主权和经济安全。

参考文献

[1][美]罗伯特·科尔著:《消费者与商业信用管理》,清华大学出版社 2003 年版。

[2]陈文玲.美国信用体系的总体构架[J].中国工商管理研究,2004(6).

[3]杜金富等:《征信理论与实践》,中国金融出版社 2004 年版。

[4]何伟.《中国信用评级机构发展状况分析》[J].上海金融,2009(5).

[5]林钧跃:《征信技术基础》,中国人民大学出版社 2007 年版。

[6]玛格丽特·米勒:《征信体系和国际经济》,中国金融出版社 2004 年版。

[7]谭中明:《社会信用管理体系——理论 、模式、体制、机制》,中国科学技术出版社 2005 年版。

[8]叶伟春:《信用评级理论与实务》,格致出版社 2015 年版。

[9]张亦春:《中国社会信用问题研究》,中国金融出版社 2004 年版。

[10]中国人民银行征信管理局:《"征信与中国经济"国际研讨会文集》,中国金融出版社 2004 年版。

[11]中国市场学会信用工作委员会:《公务员信用知识读本》,中央文献出版社 2004 年版。

[12]朱荣恩:《资信评级》,上海财经大学出版社 2006 年版。

[13]华夏邓白氏网站。

[14]上海资信管理有限公司网站。

[15]中国人民银行征信中心网站。

[16]http://www.niwodai.com/view-xindai/article-6d479163363.html.

第六篇

社会信用体系建设热点专题研究

第 16 章

如何重塑中国诚信文化的基石

16.1 中国传统诚信文化的基石

16.1.1 中国传统诚信文化

几千年来,诚信文化一直是中华传统文化的核心之一。成语"一言九鼎"、"一言既出,驷马难追"等和民间故事曾参"杀猪守信"、商鞅"立木取信"、晏殊"诚实守信"、皇甫绩"守信求责"、季布"一诺千金"和周幽王"烽火戏诸侯"等无不体现了诚信的重要性。

中国传统文化中有儒、释、道三教,三教文化中也都有诚信的内容。

儒家文化的核心仁、义、礼、智、信中,信是其中重要一环。《周易·乾》中讲到"修辞立其诚,所以居业也",认为君子讲话时应诚实不欺。《论语·颜渊》中有"民无信不立",讲求言必信,行必果。《论语·卫灵公》中有"言忠信,行笃敬,虽蛮貊之邦行矣;言不忠信,行不笃敬,虽州里,行乎哉?"荀子也认为,"诚信生神,夸诞生惑。"(见《荀子·不苟》)孟子说,"诚者,天之道也;思诚者,人之道也。至诚而不动者,未之有也;不诚,未有能动者也。"(见《孟子·离娄上》)孟子进一步认为,"父子有亲,君臣有义,夫妇有别,长幼有序,朋友有信"(见《孟子·滕文公上》),将"信"列为五伦之一,成为中国封建社会道德评价的基本标准和伦常规范,因此周敦颐将诚信称之为"五常之本,百行之源"(见《通书·诚下》)。

道家文化也非常重视诚信,《老子》中有"信言不美,美言不信"(见《老子·八十一章》),"轻诺必寡信"(见《老子·六十三章》),还有"信者,吾信之;不信者,吾亦信之;德信"(见《老子·四十九章》)等言辞。道家另一大家庄子也说过"不精不诚,不能动人"的话(见《庄子·渔父》)。

佛教文化非常讲究诚信,僧侣们常说的"出家人不打诳语"即是明证。佛门"五戒"(不杀生、不偷盗、不邪淫、不妄语、不饮酒)中第四戒即是"妄语戒"(见《四分律》和《梵网经菩萨戒本》)。佛门十不善道"杀、妄、盗、淫、绮语、两舌、恶口、贪、瞋、痴"诸过(《见维摩诘经》)中也包括了不诚信行为。佛门八正道"正见解、正思想、正语言、正行为、正职业、正精进、正意念、正禅定"(见《佛说八正道经》)中正语、正业都强调了人要诚实守信。

此外,墨家文化中有"志强智达,言信行果"(见《墨子·修身》),兵家孙武在《孙子兵法》中提出为将者,必须具备"智、信、仁、勇、严"五德,孙膑则进一步提出"素信者昌"(见《孙膑兵法》)的战争输赢规律。法家代表人物管仲说过,"先王贵诚信。诚信者,天下之结也。"(见《管子·枢言》。)

从信字的结构看,人依从言,人言一致,经千百年的演化,诚信已成为人们社会生活中公认的行为准则。但综观中国三千年文明史,我们可以发现中国社会的整体诚信水平随时间和社会环境的变化而改变。通常在国泰民安、社会稳定时期整体诚信水平较高,而战乱时期,百姓流离失所,社会整体诚信水平下降。例如在春秋战国时期,孔夫子这样的圣人到处颠沛流离,而张仪、苏秦这样的纵横家却能翻云覆雨,将几大国玩弄于股掌之间,要风得风,要雨得雨。同样的诚信文化,为什么不同时期诚信水平会有显著差别?

16.1.2 经济环境如何改变诚信文化的基础

1. 单期博弈下的决策问题

下面,笔者通过构建一系列博弈模型来分析上述社会现象。假定经济中的个体可以用 s 来标识,$s \in [0,1]$ 代表个体对诚信文化的认同程度,s 越大,个体越讲诚信。假定参与博弈的个体 a 会与其他某位个体 b 做博弈,两位个体博弈的收益矩阵为:

表 16-1 两个体博弈的收益矩阵

项目	b 讲诚信	b 不讲诚信
a 讲诚信	(y^1, y^1)	$[y^2, y^3 + h(s_b) - c\theta(\bar{s})]$
a 不讲诚信	$[y^3 + h(s_a) - c\theta(\bar{s}), y^2]$	(y^4, y^4)

在该博弈矩阵中,我们假定个体 a 不讲诚信,欺骗讲诚信个体时的收益 $y^3 + h(s_a) - c\theta(\bar{s})$ 可以分成三项:第一项为固定的收益 y^3,代表个体欺骗对方的实际收益。第二项 $h(s_a)$ 与个体自身特征 s_a 有关,关于 s_a 单调减,即个体对诚信文化的认同程度越高,欺骗对方带来的内疚感越强,收益越低。第三项代表政府和社会对不诚信行为的惩罚力度 $-c\theta(\bar{s})$,它依赖于整个社会中不讲诚信个体占总人口的比例的预期值 $\bar{s}$。$\theta(\bar{s})$ 关于 $\bar{s}$ 单调减,此即所谓的法不责众,犯错误的人多了,对这些人的惩罚成本上升,从而 $\bar{s}$ 越大,不讲诚信个体越多,$\theta(\bar{s})$ 越小,惩罚力度越低;反之亦然。为简化分析,我们不妨假定 $\theta(1) = 0, \theta(0) = 1$。同时,我们假定博弈双方同时不讲诚信时,彼此内心不会内疚,政府和社会公众也不会对其进行惩罚。

另外,如果不考虑个体心理因素和社会、政府对不讲诚信个体的惩罚,我们有:

$$y^2 < y^1 < y^3 \tag{16.1}$$

即两位个体同时讲诚信的收益 y^1 要低于其中一人不讲诚信欺骗对方所获得的收益 y^3,同时要高于讲诚信而被欺骗的个体所获得的收益 y^2;同时我们有:

$$y^1 > y^4 > y^2 \tag{16.2}$$

即如果对方不讲诚信,则个体不讲诚信的收益 y^4 要高于讲诚信的收益 y^2,但低于两位个体同时讲诚信的收益 y^1。

(1)完全信息下的博弈分析

如果个体 b 不讲诚信,因为 $y^4 > y^2$,则个体 a 的最优决策为不讲诚信。如果个体 b 讲诚信,则个体 a 的决策依赖于函数 $f(s_a, \bar{s}) = y^1 - [y^3 + h(s_a) - c\theta(\bar{s})]$ 的取值。当 $f(s_a, \bar{s}) \geq 0$ 时,个体 a 的最优决策是讲诚信;当 $f(s_a, \bar{s}) < 0$ 时,个体 a 的最优决策是不讲诚信。考虑到函数 $h(s^*)$ 和 $\theta(\bar{s})$ 的单调性,求解方程:

$$f(s^*, \bar{s}) = y^1 - y^3 - h(s^*) + c\theta(\bar{s}) = 0 \tag{16.3}$$

可以得到唯一的一个解 $s^*(\bar{s}) = h^{-1}[y^1 - y^3 + c\theta(\bar{s})]$。因为 $h(s^*)$ 单调减,所以当 $s_a < s^*(\bar{s})$ 时,个体 a 选择不讲诚信;当 $s_a \geq s^*(\bar{s})$ 时,个体 a 的最优策略是讲诚信。

注意到 $h(s_a)$ 关于 s_a 单调减,$\theta(\bar{s})$ 关于 $\bar{s}$ 单调减,因此由方程(16.3),函

数 $s^*(\bar{s})$ 关于 $\bar{s}$ 单调增,即当对手讲诚信时,如果经济中不讲诚信个体比例的预期值上升,则更多的个体选择不讲诚信。

由此我们发现,个体 a 是否讲诚信,不仅涉及自己的品质 s_a,还涉及对手品质 s_b 及社会中不讲诚信个体比例的预期值 $\bar{s}$。

(i)如果 $s_a < s^*(\bar{s})$,则个体 a 不讲诚信,其对手 b 个体也不讲诚信。

(ii)如果 $s_b < s^*(\bar{s})$,则个体 b 不讲诚信,个体 a 也不讲诚信。

(iii)如果 $s_a \geqslant s^*(\bar{s})$,$s_b \geqslant s^*(\bar{s})$,则个体 a 的决策依赖于个体 b 的决策,同样地,个体 b 的决策依赖于个体 a 的决策。记个体 a 讲诚信的概率为 p_a,个体 b 讲诚信的概率为 p_b,则个体 a 和个体 b 选择是否讲诚信依赖于下列两个函数的值:

$$g_a(p_b,s_b,\bar{s})=p_b[y^1-y^3-h(s_b)+c\theta(\bar{s})]+(1-p_b)(y^2-y^4) \quad (16.4a)$$

$$g_b(p_a,s_a,\bar{s})=p_a[y^1-y^3-h(s_a)+c\theta(\bar{s})]+(1-p_a)(y^2-y^4) \quad (16.4b)$$

如果 $g_a(p_b,s_b,\bar{s})\geqslant 0$,则个体 a 选择讲诚信;如果 $g_a(p_b,s_b,\bar{s})<0$,则个体 a 选择不讲诚信。同样地,如果 $g_b(p_a,s_a,\bar{s})\geqslant 0$,则个体 b 选择讲诚信;如果 $g_b(p_a,s_a,\bar{s})<0$,则个体 b 选择不讲诚信。

令 $g_a(p_b,s_b,\bar{s})=0$ 和 $g_b(p_a,s_a,\bar{s})=0$,可得到两个临界值 p_a^* 和 p_b^* 满足:

$$p_b^* = \frac{y^4-y^2}{y^1-[y^3+h(s_b)-c\theta(\bar{s})]+y^4-y^2} \quad (16.5a)$$

$$p_a^* = \frac{y^4-y^2}{y^1-[y^3+h(s_a)-c\theta(\bar{s})]+y^4-y^2} \quad (16.5b)$$

因此,如果个体 a 认为个体 b 讲诚信的概率 $p_b > p_b^*$,则个体 a 的最优决策是讲诚信;如果个体 a 认为个体 b 讲诚信的概率 $p_b < p_b^*$,则个体 a 的最优决策是不讲诚信;类似的结论对个体 b 也成立。所以个体 a 和个体 b 是否讲诚信,依赖于对对方行为的估测。如果个体从善意的角度看对方,则自己的行为也将展示出善意;反之亦然。个体决策存在太阳黑子均衡,最优决策完全依赖于个体对对方的预期。

因此,如果经济中的诚信环境不好,人们都从恶意角度去估测对方,则双方都不敢相信对方,导致整个社会中诚信水平急剧下降,所有个体都不讲诚信,$\bar{s}$ 将会趋向于 1。

如果经济中的诚信环境较好,人们都尽量从善意的角度估测对方,则对于 $s_a \geqslant s^*(\bar{s})$、$s_b \geqslant s^*(\bar{s})$ 的个体,都会选择讲诚信。在这种情形下,$\bar{s}$ 满足:

$$\bar{s} = \int_0^{s^*(\bar{s})} ds + \int_{s^*(\bar{s})}^1 s^*(\bar{s}) ds \qquad (16.6)$$

上式成立的原因是$[0,s^*(\bar{s})]$中的个体肯定不讲诚信,而$[s^*(\bar{s}),1]$中的个体如果遇到不讲诚信的个体则不讲诚信,如果遇到讲诚信的个体则讲诚信,遇到前者的概率为$s^*(\bar{s})$。上式可以简化为:

$$\bar{s} = 2s^*(\bar{s}) - [s^*(\bar{s})]^2 \qquad (16.7)$$

由此可知,函数$\bar{s} = \theta^{-1}\left[\dfrac{-y^1 + y^3 + h(s^*)}{c}\right]$关于$s^*$单调增。因此我们可以求解出$\bar{s}$。

(2)信息不完全、不对称情形下的博弈分析

由前面的分析可知,对于个体a而言,当$s_a < s^*(\bar{s})$时,个体a肯定不讲诚信;当$s_a \geqslant s^*(\bar{s})$时,个体a的最优决策依赖于对个体b行为的判断。考虑到当$s_b < \bar{s}$时,个体b选择不讲诚信;当$s_b \geqslant \bar{s}$时,个体b选择讲诚信,因此个体a的决策由个体a的预期收益值决定。记:

$$G(s_a) = (1 - \bar{s})\{y^1 - [y^3 + h(s_a) - c\theta(\bar{s})]\} + \bar{s}(y^2 - y^4), \qquad (16.8)$$

当$G(s_a) \geqslant 0$时,个体a讲诚信;当$G(s_a) < 0$时,个体a不讲诚信。

当$\bar{s}$足够大时,因法不责众导致的惩罚成本$c\theta(\bar{s})$接近于0,从而$G(s_a)$中的第一项$y^1 - [y^3 + h(s_a) - c\theta(\bar{s})] < 0$,同时第二项$y^2 - y^4 < 0$总是成立,因此$G(s_a) < 0$对所有个体都成立,这蕴含所有个体都不讲诚信。由此我们得到如下命题:

命题1:当经济中存在信息不对称、不完全时,如果社会诚信环境不佳,不讲诚信个体比例的预期较高,单次博弈中不讲诚信策略对所有个体而言都是最优策略,该结论并不因为政府的处罚力度加大而改变。

当$\bar{s}$很小,接近于0时,$\theta(\bar{s})$接近于1,从而当惩罚成本中参数c足够大时,$G(s_a)$中的第一项$y^1 - [y^3 + h(s_a) - c\theta(\bar{s})] > 0$,同时第二项$y^2 - y^4 < 0$总是成立,但由于$\bar{s}$接近于0,因此$G(s_a) > 0$对所有个体都成立,这蕴含所有个体都讲诚信;反之,如果惩罚成本中参数c太低,则$G(s_a)$中的第一项$y^1 - [y^3 + h(s_a) - c\theta(\bar{s})] < 0$,同时第二项$y^2 - y^4 < 0$总是成立,故$G(s_a) < 0$对所有个体都成立,这蕴含所有个体都不讲诚信。由此我们得到如下命题:

命题2:当经济中存在信息不对称、不完全时,如果社会诚信环境较好,不讲诚信个体比例的预期值很低,政府的处罚力度足够大,则单次博弈中讲诚信策略对所有个体而言都是最优策略;反之,如果惩罚力度太低,则所有个体都不讲诚信。

如果经济中不讲诚信个体比例的预期值较低,惩罚力度适度,求解 $G(s_a)=0$,我们可以得到唯一的解 $\hat{s}=\hat{s}(\bar{s})$,满足:

$$\hat{s}=h^{-1}\left[y^1-y^3+c\theta(\bar{s})+\frac{\bar{s}}{1-\bar{s}}(y^2-y^4)\right] \tag{16.9}$$

由函数 $h(\cdot)$ 和 $\theta(\cdot)$ 的单调减性质容易看出,当 $s_a<\hat{s}$ 时,个体 a 选择不讲诚信;当 $s_a\geqslant\hat{s}$ 时,个体 a 选择讲诚信。

如果个体是理性预期的,则有 $\bar{s}=\hat{s}$,从而(16.9)式可以改写为:

$$\bar{s}=h^{-1}\left[y^1-y^3+c\theta(\bar{s})+\frac{\bar{s}}{1-\bar{s}}(y^2-y^4)\right] \tag{16.10}$$

为更清楚地理解该系统中的个体行为,我们给出如下简化假定:

假定 $y^1-y^3=5,y^2-y^4=-10,c=10,\theta(\bar{s})=e^{1+\frac{1}{\bar{s}-1}}$,则函数 $h(s_a)$ 和 $y^1-y^3+c\theta(\bar{s})+\frac{\bar{s}}{1-\bar{s}}(y^2-y^4)$ 的关系如图 16-1 所示。我们可以看出,存在一个点 $\bar{s}=\hat{s}(\bar{s})$,在该点处,$G(\hat{s})=0$。

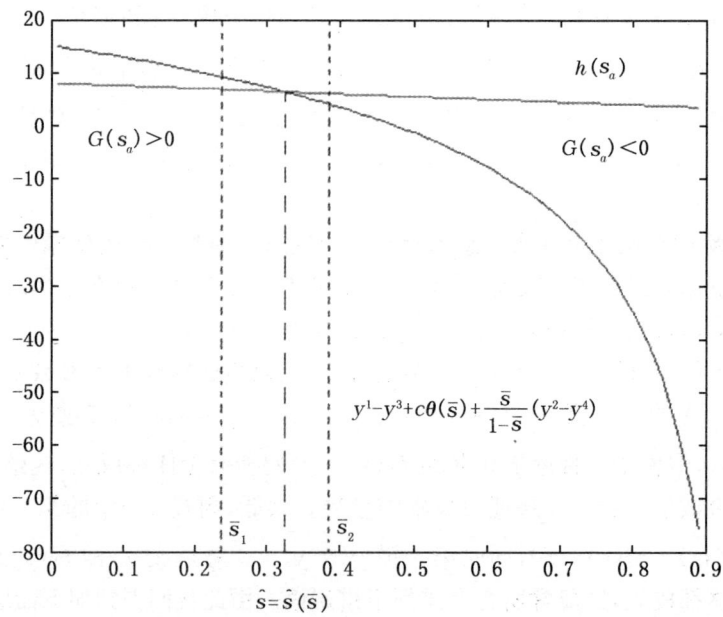

图 16-1　$y^1-y^3+c\theta(\bar{s})+\dfrac{\bar{s}}{1-\bar{s}}(y^2-y^4)$ 和 $h(s_a)$ 两项随 $\bar{s}$、s_a 的变化

当 $\bar{s}=\bar{s}_1<\hat{s}$ 时,$G(\bar{s})>0$,求解 $G(s_a)=0$。从图 16-1 中可以看出,

$G(s_a)=(1-\bar{s})\{y^1-[y^3+h(s_a)-c\theta(\bar{s})]\}+\bar{s}(y^2-y^4)=0$ 的解并不总是存在,当 $\bar{s}_1$ 与 $\hat{s}$ 很近时,方程 $G(s_a)=0$ 有解,且 $s_a<\bar{s}_1$,因此公众会调整 $\bar{s}_1$ 到 s_a,…;当 $\bar{s}_1$ 下降到足够小时,方程 $G(s_a)=0$ 无解,此时对任意 $s_a\in[0,1]$,有 $G(s_a)>0$,即对所有个体而言守信是最优决策,从而个体会调整其对不守信个体比例的预期,最终得到 $\bar{s}_1=0$;反之,当 $\bar{s}=\bar{s}_1>\hat{s}$ 时,$G(\bar{s})<0$,给定 $\bar{s}=\bar{s}_1$ $>\hat{s}$,求解 $G(s_a)=0$。从图 16-1 中可以看出,$G(s_a)=(1-\bar{s})\{y^1-[y^3+h(s_a)-c\theta(\bar{s})]\}+\bar{s}(y^2-y^4)=0$ 的解并不总是存在,当 $\bar{s}_1$ 与 $\hat{s}$ 很近时,方程 $G(s_a)=0$ 有解,且 $s_a>\bar{s}_1$,因此公众会调整 $\bar{s}_1$ 到 s_a,…;当 $\bar{s}_1$ 上升到足够大时,方程 $G(s_a)=0$ 无解,此时对任意 $s_a\in[0,1]$,有 $G(s_a)<0$,即对所有个体而言不守信是最优决策,从而个体会调整其对不守信个体比例的预期,最终得到 $\bar{s}_1=1$。由此我们得到如下命题:

命题 3:在经济中存在信息不对称、不完全假定下,如果政府的处罚力度适当,社会诚信环境适当,则理性预期下存在一个稳态均衡点,经济中不讲诚信个体比例为 $\bar{s}=\hat{s}$;如果人们预期不诚信个体比例低于 $\bar{s}=\hat{s}$,则理性个体会将该比例不断降低,直到该比例降为 0;反之,当人们预期不诚信个体比例高于 $\bar{s}=\hat{s}$,则理性个体会将该比例不断提高,直到该比例升到 1 为止。

小结:在信息不对称情形中,如果诚信环境较好,对失信行为的惩罚力度足够大,则对个体而言讲诚信是最优决策,如果惩罚力度不够大,则失信是最优决策;如果某些事件导致社会中人们对失信个体比例的预期增加超过某个特定值,则整个诚信社会将陷入一个普遍不诚信的状态,且该演化过程无法完全为政府的惩罚力度增加而阻止。

2. 重复博弈下的决策问题

下面我们在一个无穷期博弈模型下,分析信用制度引入对社会诚信和诚信文化的影响。如果在信息不对称情形下不引入信用体系,则讨论与单次博弈结果相同;只有引入信用体系或类似的体系,才能大大增加失信行为的成本。因此,下面的讨论中我们引入信用体系,将各期决策行为回报联系起来。

类似于单期博弈的假定,我们假定经济中的个体可以用 s 来标识,$s\in$ $[0,1]$ 代表个体对诚信文化的认同程度,s 越大,个体越讲诚信。假定参与博弈的个体 a 会与其他某位个体 b 做博弈,两位个体博弈的收益矩阵由表 16-1 刻画。假定社会中已经建立起一个成熟的个人征信体系。假定个体 a 和个体 b 博弈时,个体 b 无不良信用记录,则个体 a 不讲诚信会留下不良信用记录,反之,个体 a 保持原有信用记录;假定个体 b 有不良信用记录,则个体 a 讲诚信和不讲诚信都会维持原有信用记录,后者可以看作对不讲诚信个体的惩罚。为简化讨论,我们将 $\bar{s} \in [0,1]$ 记为拥有不良信用个体占总人口的比例,同时将政府的惩罚力度与该比例挂钩。

假定不良信用记录产生后,如果连续 T 期讲诚信,则不良记录消除。在刻画个体之间相互博弈的收益矩阵时需要分为三种情况:拥有不良信用记录个体和持有良好信用记录个体相互博弈、两位拥有良好信用记录的个体相互博弈、两位拥有不良信用记录的个体相互博弈。

(1)拥有不良信用记录个体 b 与拥有良好信用记录个体 g 博弈时的情形

拥有不良信用记录个体 b 与拥有良好信用记录个体 g 博弈时,不管个体 b 讲不讲诚信,个体 g 不讲诚信可以视为对拥有不良信用记录个体的惩罚而不受到社会、政府的惩罚;反之,不管个体 g 是否讲诚信,个体 b 不讲诚信将受到社会、政府的惩罚。

表 16—2　拥有不良信用记录个体 b 与拥有良好信用记录个体 g 博弈时的收益矩阵

项目	g 讲诚信	g 不讲诚信
b 讲诚信	$(y^1,\ y^1)$	$[y^2, y^3 + h(s_g)]$
b 不讲诚信	$[y^3 + h(s_b) - c\theta(\bar{s}), y^2]$	$[y^4 - c\theta(\bar{s}), y^4]$

从表 16—2 可以看出,拥有良好信用记录的个体在与拥有不良信用记录的个体博弈时,不管对方采取什么行为,其最优决策都是不讲诚信,社会、政府也认同这种行为,以示对拥有不良信用记录者的惩罚。[①]

(2)两位拥有良好信用记录的个体相互博弈

拥有良好信用记录的两位个体 a 与 b 博弈时,其收益矩阵与表 16—1 相同,唯一的不同是当个体不讲诚信时,个体将拥有不良信用记录,并至少维持 T 期。

表 16—3　　　　拥有良好信用记录的两位个体 a 与 b 博弈时的收益矩阵

项目	b 讲诚信	b 不讲诚信
a 讲诚信	$(y^1,\ y^1)$	$[y^2, y^3 + h(s_b) - c\theta(\bar{s})]$
a 不讲诚信	$[y^3 + h(s_a) - c\theta(\bar{s}), y^2]$	(y^4, y^4)

(3)两位拥有不良信用记录的个体相互博弈的情形

两位同时具有不良信用记录的个体 a 和 b 相互博弈时,与表 16—1 的最大区别在于:两位个体同时不讲诚信时都会受到社会、政府的惩罚。

---

① 在现实社会中,人们通常会拒绝与拥有不良信用记录者进行交易,从而导致拥有不良信用记录的个体遭受损失,但模型中为了简化讨论,我们此处做了适当的简化。

表 16-4　　　　拥有不良信用记录的两位个体 a 与 b 博弈时的收益矩阵

项目	b 讲诚信	b 不讲诚信
a 讲诚信	(y^1, y^1)	$[y^2, y^3+h(s_b)-c\theta(\bar{s})]$
a 不讲诚信	$[y^3+h(s_a)-c\theta(\bar{s}), y^2]$	$[y^4-c\theta(\bar{s}), y^4-c\theta(\bar{s})]$

记个体跨期效用函数为：

$$U_0 = \sum_{t=0}^{\infty} \beta^t u_t, \quad 0 \leqslant \beta \leqslant 1$$

其中，u_t 为个体 t 期博弈的预期收益，$\beta \in [0,1]$ 为主观贴现率。

个体 t 期决策可以刻画如下：

①对于上一期不讲诚信而拥有不良信用记录的个体，如果 t 期该个体选择继续不讲诚信，并一直持续下去，则其长期贴现效用值为：

$$U_t^{b1} = \frac{1}{1-\beta}\{(1-\bar{s})[y^4-c\theta(\bar{s})]+\bar{s}[(y^4-c\theta(\bar{s}))(1-\eta^b)$$
$$+\eta^b(y^3+h(s_b)-c\theta(\bar{s}))]\}$$

其中，第一项代表该个体遇上拥有良好信用记录个体时不讲诚信时的收益，第二项代表该个体遇到拥有不良记录个体时不讲诚信的收益。该项分为两项：前一项代表对手方讲诚信，后一项代表对手方不讲诚信，其中 $\eta^b \in [0,1]$ 代表不良记录个体遇到不良记录个体时不讲诚信个体的比例。

对于上一期不讲诚信而拥有不良信用记录的个体，如果 t 期该个体选择连续 T 期讲诚信，到 $T+1$ 期成为拥有良好记录者，则其长期贴现效用值为：

$$U_t^{b2} = \frac{1-\beta^T}{1-\beta}\{(1-\bar{s})y^2+\bar{s}[(y^4-c\theta(\bar{s}))(1-\eta^b)+\eta^b y^2]\}+\beta^T U_t^g$$

因此，上一期因不讲诚信而拥有不良信用记录的个体的效用值可以刻画为：

$$U_t^b = \max(U_t^{b1}, U_t^{b2})$$

如果 $U_t^{b1}>U_t^{b2}$，则个体选择继续不讲诚信，并一直持续下去，其长期贴现效用值为 $U_t^b=U_t^{b1}$；如果 $U_t^{b1}<U_t^{b2}$，则个体选择连续 T 期讲诚信，到 $T+1$ 期成为拥有良好记录者，则其长期贴现效用值为 $U_t^b=U_t^{b2}$。

②对于拥有良好信用记录的个体，如果该个体选择一次不讲诚信，下期成为拥有不良信用记录的个体，则其终身贴现效用值为：

$$U_t^{g1} = (1-\bar{s})[n^g y^4+(1-n^g)(y^3+h(s_g)-c\theta(\bar{s}))]$$
$$+\bar{s}[\gamma(y^3+h(s_g))+(1-\gamma)y^4]\}+\beta U_{t+1}^b$$

其中，$\eta^g \in [0,1]$ 代表良好记录个体遇到良好记录个体时不讲诚信个体的比例，$\gamma \in [0,1]$代表良好记录个体遇到不良记录个体时不讲诚信个体的比例。

如果t期该个体选择继续讲诚信，并一直持续下去，则其长期贴现效用值为：

$$U_t^{g2} = \frac{1}{1-\beta}\{(1-\bar{s})[y^2\eta^g + (1-\eta^g)y^1] + \bar{s}[\gamma(y^3 + h(s_g)) + (1-\gamma)y^4]\}$$

因此，拥有良好信用记录的个体的效用值可以刻画为：

$$U_t^g = \max(U_t^{g1}, U_t^{g2})$$

如果$U_t^{g1} > U_t^{g2}$，则个体选择t期不讲诚信，成为一个拥有不良信用记录者，其长期贴现效用值为$U_t^g = U_t^{g1}$；如果$U_t^{g1} < U_t^{g2}$，则个体选择继续讲诚信，并一直持续下去，其长期贴现效用值为$U_t^g = U_t^{g2}$。

③求解上述最优化问题，可能有四种情形发生：

一是如果$U_t^{b1} > U_t^{b2}$，$U_t^{g1} > U_t^{g2}$，则拥有不良信用记录的个体选择继续不讲诚信，拥有良好信用记录的个体也选择不讲诚信。

二是如果$U_t^{b1} < U_t^{b2}$，$U_t^{g1} < U_t^{g2}$，则拥有不良信用记录的个体选择继续T期连续讲诚信而成为良好信用记录者，拥有良好信用记录的个体也选择继续讲诚信，维持其良好信用记录。

三是拥有不良信用记录的个体选择继续不讲诚信，拥有良好信用记录的个体则选择讲诚信，此时有$U_t^{b1} > U_t^{b2}$，$U_t^{g1} < U_t^{g2}$。

四是拥有不良信用记录的个体选择继续T期连续讲诚信而成为良好信用记录者，拥有良好信用记录的个体却选择不讲诚信，此时有$U_t^{b1} < U_t^{b2}$，$U_t^{g1} > U_t^{g2}$。

为简化讨论，下面仅求解长期稳态情形时的解。稳态时，$s \in [0,\bar{s}]$的个体不讲诚信，从而拥有不良信用记录；$s \in (\bar{s},1]$的个体讲诚信，拥有良好信用记录。在稳态下，拥有不良信用记录的个体将继续拥有不良信用记录，即使已经拥有了良好信用记录也会放弃；拥有良好信用记录的个体也将继续拥有良好信用记录，即使已经拥有不良信用记录也会选择拥有良好信用记录。为简化讨论，我们假定$T = +\infty$。因此我们有：

对于拥有不良信用记录的个体$s \in [0,\bar{s}]$，其决策满足：

$$(1-\bar{s})[y^4 - c\theta(\bar{s})] + \bar{s}[y^3 + h(s_b) - c\theta(\bar{s})] > (1-\bar{s})y^2 + \bar{s}y^2$$

简化得：

$$h(s_b) > y^2 + c\theta(\bar{s}) - (1-\bar{s})y^4 - \bar{s}y^3$$

对于拥有良好信用记录的个体$s \in (\bar{s},1]$，其决策满足：

$$(1-\bar{s})[y^3 + h(s_g) - c\theta(\bar{s})] + \bar{s}(y^3 + h(s_g)) + \frac{\beta}{1-\beta}[(1-\bar{s})(y^4 - c\theta(\bar{s}))$$

$$+\bar{s}(y^3+h(s_g)-c\theta(\bar{s})] < \frac{1}{1-\beta}\{(1-\bar{s})y^1+\bar{s}[y^3+h(s_g)]\}$$

因此我们有：

$$h(s_g) < \frac{y^1}{1-\beta}-y^3+\left[1+\frac{\beta\bar{s}}{(1-\beta)(1-\bar{s})}\right]c\theta(\bar{s})$$

因此，引入无穷期模型分析后，讲诚信个体比例上升，失信问题得以解决。

从上面的分析可以看出，如果游戏参与者都可以选择决策（守信、不守信），则单期博弈中绝大多数个体的最优策略是不守信；重复博弈中由于有声誉的引入，绝大多数个体的最优博弈策略是守信。

16.2 中国传统文化基石被撼动的原因

在上述分析中，如果游戏参与者都可以选择决策（守信、不守信），则单期博弈个体的最优策略是（不守信、不守信），重复博弈中由于有声誉的引入，最优策略是（守信、守信）。国泰民安时，老百姓安居乐业，固定在自己的土地上，彼此间非常熟悉。在这种熟人社会中，彼此间交往属于重复博弈。在传统道德、政府干预下，诚信水平非常高。如果有不诚信行为发生，该个体的声誉受损，没有人愿意同他交往，从而很难在熟人社会中生存下去，故此守信成为社会的主旋律。在战乱时期，人们与土地的联系下降，熟人社会的固有模式被打破，彼此间的交往成为单次博弈，从而不诚信成为社会主旋律，即使孔子这样的圣人也无法扭转坏的社会风气。

文化，即以文行教化之道。在一个少流动的熟人社会中，如果吏治清明，则适当的教化引导可以极大地提高整个社会的诚信程度；反之，在一个人口流动性强或吏治不清明的环境中，如果存在少量的不守信个体，因为社会环境使得这些个体的不守信行为无法得到抑制，则守信个体在与不守信个体的交往中就会吃亏，即使教化之功再强，吃过几次亏后守信个体也会开始变得不守信。因此，中国古代诚信文化的教化之功依赖于封建社会那种依附于土地之上的熟人社会和相对清明的吏治，否则诚信文化就成了无源之水。

改革开放以来，社会和经济的快速发展使得中国传统信用文化受到了前所未有的挑战。不知从什么时候开始，老实意味着吃亏，"诚信"这个词开始被人们所抛弃，由此带来许许多多不好的社会问题，生活中到处是假冒伪劣产品、假广告、假新闻、虚假购房、虚假创业、虚假出资、虚假按揭等不诚信行为。

这些诚信缺失问题不是没有教化，因为政府一直在教育大家诚实守信，例如"八荣八耻"中就有"以诚实守信为荣，以见利忘义为耻"。

　　寻根溯源,近年来社会诚信缺失的原因是诚信文化建设、诚信制度建设没有与时俱进,紧跟社会经济环境变化的步伐,具体体现在以下几个方面:

　　一是中国传统信用文化中,人与人之间的直接了解和道德规范构成了传统信用文化的基础。然而,这种信用文化只适用于范围较狭小的社会经济活动,社会和经济的快速发展使得人口迁徙和活动的范围扩张,从一个小社区扩大到国家乃至整个世界,传统的信用文化就无法满足需要了。改革开放前,我国本质上是一个农业化国家,小农经济使得人口流动非常少,再加上一些政策因素,人口流动也非常难,因此整个社会具有慢节奏、少流动的熟人社会特征,人们之间的相处,尤其是交易活动是多次博弈,一次失信就坏了名声,在当地将抬不起头,成本太高。因此守信是社会的主旋律。改革开放后,随着经济的快速发展,经济结构也发生了急剧变化,人口流动加剧,企业、个体的交易对象已不再局限于一个小圈子,人与人之间的相处更多成为单次博弈,从而不守信成为最优决策,企业和个体不守信可以得到更多收益,骗了这家还可以骗下一家,因此老实人吃亏。即使小学、中学仍然在教育大家要诚实,但这种教育显得太空洞。尤其是信息传递非常快速的今天,一则因守信而倒霉的信息会快速让一批人的观念发生改变,不守信几乎成了当今社会的主旋律。这种情形在发达国家也曾经发生过,例如经济学中的旁氏骗局就是当前非法集资、非法传销的老祖宗。

　　二是改革开放前三十年的计划经济体制模糊了不同交易主体之间的利益关系,这不仅弱化了中国传统信用文化,还阻碍了中国传统信用文化向现代信用文化的演变。欧美、日本、新加坡等国家,随着经济的增长,其信用体系建设也同步发展,少的几十年,多的上百年,最终形成与经济金融发展需求相匹配的征信体系。但在新中国建立后的计划经济体制中企业属于国家所有,企业生产主要是完成国家下达的任务,原材料和产品都由国家调拨,企业不需要追求利润,经济发展中对信用体系的需求被无意中磨灭了。改革开放后,中国经济得到了快速发展,制约经济进一步发展的硬件设施诸如道路交通、网络也得到了很大程度的改善;但在很长一段时间内制约经济进一步发展的软件设施,诸如征信体系、知识产权保护等,却没有得到应有的重视和有效的改善。20世纪90年代初出现了"三角债"问题,随之而来的是大量的虚假广告、恶意拖欠、山寨货等,诚信的缺失极大地阻碍了经济的进一步发展,迫切需要一套全新的与经济金融发展水平相匹配的征信体系的出现。

　　三是失信惩戒机制存在缺陷。由前一部分的分析可知,在单次博弈中只有当失信惩罚力度足够大时,才能够对个体不讲诚信的行为作出有效约束。出于各种各样的原因,在很长一段时间内,对于假冒伪劣产品生产等种种不诚信行为的惩戒力度不够大。例如,2013 年环保部通报华北六省市地下水污染专项检查结果,受检查的 2.6 万多家企业中,有 88 家企业存在利用渗井、渗坑或无防渗漏措施的沟渠、坑塘排放、输送或者存贮污水的违法问题,政府对这88 家企业处以罚款,总额达 613 万余元,平均每家 5 万元。①

四是政府宣传手段和对媒体的管理手段无法跟上现代信息披露和传播方式的快速变化。随着网络、短信、微博和微信技术的快速发展,一些诚信缺失行为对守信个体造成伤害的情形在有线、无线网络上快速传播开来,使得人们对社会中不诚信个体的预期增加,从而导致人们普遍不敢相信对方会讲诚信,进而影响自己的诚信行为,得到坏的均衡结果。

例如:2013 年 6 月 15 日,70 多岁的达州居民蒋婆婆摔倒在地后,称自己被 3 个小孩撞倒,并死死抓住了时年 9 岁的小江的手,要求其赔偿医药费。经过警方调查,老人蒋婆婆及儿子龚某某的行为属于敲诈勒索,决定对蒋婆婆给予行政拘留 7 日的处罚(因其年满 70 周岁,依法不予执行),同时龚某某被行政拘留 10 日。尽管后来中国好人网第二届“搀扶老人奖”给孩子发了“委屈奖”,但对于事件中三位得到“委屈奖”孩子的家庭,纠结和顾虑仍然如影随形,其中一个孩子的父亲让儿子转学,为了照顾儿子,举家搬迁。就是这些如南京扶老被告案、达州扶老案,导致整个社会不敢轻易救死扶伤。例如,2015 年 8月 30 日,河南开封暴雨,路面积水成河。一老人骑电动车涉水时突然倒地,在水中不停挣扎,多名路人上前围观后又退回,3 分钟后,老人被几名路人拉起,却已死去。是谁杀死了这位河南老人? 媒体评论说:不是积水,在人来人往的大街上,积水本没有机会溺死老人;不是冷漠,3 分钟后还是有人上前将老人扶了起来;是犹豫! 是在“扶就负责”的恶例面前的权衡再三。老人需要的只是毫不犹豫地冲上去,扶一把,可是,我们没有勇气。

五是宗教信仰的缺失。宗教是社会的润滑剂。当今中国由于各种原因导致整个社会宗教信仰的缺乏,不诚信行为自然会更高。

因此,无论传统诚信文化有多好,政府如何宣传,这种文化的基石动摇了,则在基石上的文化也成了虚假的文字,无法让整个社会接受它,即使该文化非常好,对社会有很大的帮助。诚信文化的缺失,导致社会道德的缺失,而社会缺乏了这些润滑剂,社会的运行也就变得越来越生硬,缺乏温情和幸福感。

① http://news.163.com/13/0510/02/8UFTM2TB00014AED.html.

16.3 如何重塑社会诚信文化的基石

诚信文化建设和诚信教育是引领社会成员诚信自律、提升社会成员道德素养的重要途径，是社会主义核心价值体系建设的重要内容。

诚信文化具有两个根本属性：一是普遍性。如果社会上只是个别人、少部分人讲诚信，并不能称为"诚信文化"。只有当诚信成为每个人的价值取向和价值标准或者变成整个社会的普遍风气和共同信仰时，才称得上是"诚信文化"。二是继承性。诚信文化是经过历史积淀而日积月累地生成的，是具有浓厚的历史基础和深厚的传统根基的。

随着社会和经济的发展，当前中国传统的信用文化受到了前所未有的挑战。随着改革开放的逐步推进，中国迫切需要建立符合社会主义市场经济发展需要的现代信用文化。现代信用文化与中国传统信用文化的最主要区别在于它的社会性、制度性、专业性和商业性。信用不再局限于相识相知的两人之间的个人评价，还扩展为事先没有任何直接或间接关系的人们之间的社会评价；不再仅依靠道德规范，而且还更多地依靠法律规范和制度规范；不再仅来源于交易双方对另一方的直接了解，还扩展为来自专业化的第三方对交易对手的间接了解、分析和判断；不仅只为交易双方所利用，还成为一种商品，具有其他商品共有的属性。现代信用文化的这些特点，极大地拓展了它的应用，使之不仅发展成一个巨大的产业，而且还深刻影响到整个社会经济生活。

16.3.1 重塑诚信文化基石的原则

文化是在经济生活中慢慢演化出来的。当前这种高流动性、快节奏的环境破坏了诚实守信的传统基石，征信体系的建设事实上就是在重塑这种基石，使得人们的决策重新变为多次博弈。一旦经济行为人失信，这种失信行为的信息将伴随该个体或企业进入以后的决策中，从而增加失信成本，使得诚实守信成为个体的最优决策，再加上政府、舆论的引导，使得大家明白诚实守信的好处，重塑诚实守信的基石。因此，诚信文化建设的核心不再是人们应该守信的简单说教，而是要让公众明白社会征信体系已经建立，人们是否守信的信息已被记录，不守信行为会受到惩罚，诚实守信是值得的。要做到这一点，需要建立一个完整、真实、有效的社会征信体系，需要真正贯彻执行一个切实可行的失信惩戒机制，只有这样，适合当前经济环境的诚信文化建设才能真正落到实处。

16.3.2　如何重塑诚信文化基石

现代信用文化的基石应该围绕现代征信体系,将征信记录与传统诚信文化结合,通过政府、单位、个人共同努力,广泛传播,让企业和个人正确理解征信的重要性,正确地使用征信信息,积极参与信用文化建设。

1. 建立社会诚信公约

建立个人诚信公约、政府诚信公约、企业诚信公约和社会组织诚信公约。通过发起四个诚信公约如何建立的讨论,形成全国对社会诚信的再思考,通过广播、电视、网络、报刊、图片展览等各种形式进行宣传,提高全国公众对诚信重要性、诚信问题的严峻性和非诚信交易状况改善紧迫性的认识,树立"诚信交易"意识。

2. 普及诚信知识

在全国展开征信体系建设的相关内容教育,组织力量编写现代信用知识普及性教材,包括征信系统为什么要收集和保存企业、个人身份信息及信用记录,如何合法使用这些信息,使失信行为受到惩戒,如何保证自己的信息不被乱用等。同时可以使企业和个人更加重视保持自身良好的信用记录,从而为诚信中国建设打下坚实的基础。

3. 树立反面典型

充分发挥电视、广播、报纸、网络等媒体的宣传和引导作用,使诚信缺失者受到惩罚,从而使诚实守信成为全社会的自觉追求。在诚信中国建设中要充分认识到当前普遍的社会诚信问题,对部分严重失信行为,尤其是与公众生活休戚相关行业中的失信行为,要重罚,结合社会舆论,监督相关行业中的失信行为较轻的企业进行整改,给这些企业改过自新的机会,通过社会宣传,让公众明了失信的成本,逐步扭转社会风气。

4. 加强政府的榜样作用

加大政府、社会组织的透明度,发挥公众舆论的监督作用,加强政府和公众的沟通,政府通过自身诚信行为做出表率,使社会了解政府在惩处失信行为中所做的努力,及政府在惩处中的困难,以社会的力量共同与失信行为做斗争。建立政府公务员、国家企事业单位职工的入职仪式教育,在个体进入政府或企业时充分明了诚信的重要性,同时对进入政府的个体进行征信审查,禁止不守信的个体进入政府部门;定期对公务员进行征信检查,对失信个体进行诚信教育,严重的应驱逐出政府部门。

5. 加强学校诚信文化建设

在中小学开展教师诚信承诺活动,接受广大学生、家长和社会各界的监督,重新恢复教师诚信执教、为人师表的影响作用。将信用评价与考试招生、学籍管理、学历学位授予、科研项目立项、专业技术职务评聘、岗位聘用、评选表彰等挂钩,努力解决学历造假、论文抄袭、学术不端、考试招生作弊等问题。对严重学术腐败、道德腐败的教师和科研人员坚决清除出去。建立大学生信用档案,并与校内评奖、推研及以后就业结合起来。

加强学校征信知识、诚信行为的普及教育。可以考虑在小学、中学、大学建立合适的诚信小档案尝试,对守信行为进行表彰,对一些失信行为进行适度惩处,但不进入成人后的信用记录。在儿童文学作品中多加入现代诚信文化元素,让孩子从小就树立诚实守信的观念。

6. 加强社区诚信文化建设

加强社区、村镇诚信文化建设,努力使生人社区成为熟人社区。(1)通过居委会、物业和业主委员会相互合作,建设社区网络平台和微信群,让社区公众在虚拟平台上增加交流,引导社区公众增加诚信意识。(2)发挥社区热心人的作用,增加社区居民之间的沟通,逐渐将生人社区变为熟人社区。(3)加强流动摊贩的集中管理制度,并对制假行为、食品不卫生等行为进行惩处。(4)考虑建立居民社区小档案,使得居民在重新购房、租房时有过去社区的信息。(5)开展社区诚信知识普及教育,建立诚信的长效机制。

7. 加强网络诚信文化建设

网络技术的发展、上网人数的增加,使得网络上一条虚假信息、虚假广告可以影响许多人,因此网络建设和使用中的诚信建设非常重要。网络诚信建设可以包括三条:

(1)建立网络实名制。大力推进网络诚信建设,培育依法办网、诚信用网理念,逐步落实网络实名制。

(2)对提供和传播虚假信息的个体进行惩处。建立网络信用黑名单制度,将实施网络欺诈、造谣传谣、侵害他人合法权益等严重网络失信行为的企业、个人列入黑名单,对列入黑名单的个体采取网上行为限制、行业禁入等措施,通报相关部门并进行公开曝光。对网络虚假信息传播的个体进行信用减分。

(3)网络诚信教育。加强网络信息提供和传播者的诚信教育,使个体明白提供和传播虚假信息会受到法律和其他方面的惩罚。

第 17 章

互联网金融的信用风险与征信体系构建

随着互联网的普及,互联网金融在中国获得迅速发展。互联网金融中的信用风险一方面表现为更为微型的客户对象导致的信用风险,另一方面表现为互联网金融平台导致的信用风险。本章通过对已经获得征信牌照的 8 家征信机构中的 4 家信用评分模型的分析,得出以下结论:要建立全面的征信体系,必须鼓励数据信用信息的标准化和跨行业、跨平台的分享,并且完善消费者个人隐私和信用法规建设。

17.1 互联网金融的运营模式

互联网金融是以互联网为资源,以大数据、云计算为基础,采用新金融模式运作的一种新兴行业。根据国际电信联盟(ITU)2014 年 11 月 24 日发布的《2014 年测量信息社会报告》,2014 年,全球网民达 30 亿人,约占居民总数的40.4%。中国作为最大的发展中国家,拥有世界 1/5 的网民。根据中国互联网络信息中心(CNNIC)发布的第 35 次《中国互联网络发展状况统计报告》,截至 2014 年 12 月,中国网民规模达 6.49 亿人,12 亿手机用户中手机网民规模达5.57亿。使用网上支付的用户规模为3.04亿,网民使用网上支付的比例为46.9%;手机支付用户规模为2.17亿,网民手机支付的使用比例为39.0%。购买过互联网理财产品的网民规模达到7 849万,理财产品在网民中使用率为12.1%。

谢平和邹传伟(2012)将互联网金融(Internet Finance)定义为,以互联网为代表的现代信息科技,特别是移动支付、社交网络、搜索引擎和云计算与金融相结合的,既不同于商业银行间接融资,也不同于资本市场直接融资的第三种金融融资模式。2014年,谢平、邹传伟和刘海二撰写的《互联网金融手册》中,互联网金融被定义为一个谱系概念,涵盖因为互联网技术和互联网精神的影响,从传统银行、证券、保险、交易所等金融中介和市场,到瓦尔拉斯一般均衡对应的无金融中介或市场情形之间的所有金融交易和组织形式。李耀东和李钧(2014)则认为,互联网金融并不简单地是具有互联网技术的金融,而应该是基于互联网思想的金融,即服务长尾市场、普惠和去中心化的金融。主要特点为:服务于长尾市场(特点为中小企业贷款难、小微企业直接融资难、民营企业受歧视、低收入群体无法获得合适的金融服务、资金产出效率低);具有海量用户;关注个性化需求;重视创新;正视风险;重视用户体验;重视开放性;重视社会化营销。

概括而言,互联网金融主要包括资金筹集与融通、互联网金融营销和货币支付三种主要类型。

表 17—1 　　　　　　　　　　互联网金融的运营模式

类型	包含内容	行业特点	代表
资金筹集与融通	众筹	创意类项目的发起者通过在线平台向投资者筹集资金	大家投
	P2P 网贷	个人或个体商户基于互联网平台进行贷款	人人贷
	电商小贷	电商企业利用平台积累的企业数据完成小额贷款需求的信用审核并放贷	阿里小贷
互联网金融营销	银行业互联网化	利用互联网平台发展银行理财业务	招商银行
	证券业互联网化	利用互联网平台发展证券业务	国泰君安
	基金业互联网化	利用互联网平台发展基金业务	天弘基金
	保险业互联网化	利用互联网平台发展保险业务	众安在线
货币支付	第三方支付	独立于商户和银行的在线支付和结算平台	支付宝

17.1.1　资金筹集与融通

P2P(Peer to Peer)是互联网上的小额借贷,是一种将小额度的资金聚集起来借贷给有资金需求人群的一种商业模型。目前,国内 P2P 行业的发展已经超出了原有的个人对个人的定义,企业作为融资方的 P2B 也包含在 P2P 的概念内。中国 P2P 已经从狭义 P2P 发展到 P2B 等多种形式,除了在投资资金端面向客户类型不同,在融资端的金融资产也有显著差异。P2P 企业的前提是其资金的获取来自线上,根据 P2P 的价值环节来看,清科研究中心(2015)将 P2P 平台公司分为纯线上、线下和线上线下结合的 O2O 模式。目前国内的征信基础设施尚不规范,金融环境与国外相比尚不成熟,因此纯线上获取资金和贷款模式的 P2P 平台公司发展较慢。而 O2O 模式通过线上引入大量资金,线下与各类合作伙伴合作引入各类优质贷款,并通过合作伙伴审核及自身风控模型把关双管齐下,是目前主流的 P2P 发展模式。

表 17—2　　　　　　　　　　中国 P2P 主要模式

纯线上模式	基于网络大数据环境下的纯信用、纯线上交易模式,平台不提供担保	拍拍贷
线下模式	项目获取、项目审核及担保全部来自线下,并剥离给专业小贷公司、担保机构、P2P 平台制作信息展示并撮合交易	爱投资
线上线下结合 O2O 模式	线上线下并行运行的 O2O 方式,网贷平台同时承担信息中介和风险控制的角色,平台或其他关联公司做担保	人人贷

　　众筹融资是指通过互联网平台连接发起人与投资人,在一定时间内完成项目发起者预先设定的募资金额目标的互联网金融模式。众筹融资主要的回报是产品本身,但对于金额大的参与还有其他奖励计划,例如更高的股权回报率。目前,众筹主要有四种发展模式:股权众筹、债权众筹、奖励众筹和公益众筹。在我国,股权众筹模式的典型平台有天使汇、原始会、大家投等;债权众筹模式,根据借款人即发起人的性质可分为自然人借贷(P2P)和企业借贷(P2B),目前我国尚未出现真正意义上的债权众筹平台。奖励众筹模式是我国众筹行业最主要的发展模式,典型平台有京东众筹、众筹网、淘宝众筹等。公益众筹模式尚未形成代表性平台,主要以公益项目的形式分布在综合性权益类众筹平台中。2014 年,中国奖励类众筹市场共发生 5 997 起融资事件,募集资金 3.49 亿元。综合类众筹平台项目丰富,能够接受项目范围广,项目支持用户多,融资能力较强,代表性平台有京东众筹、众筹网、淘宝众筹等。垂直类平台项目类别较为单一,主要以单一类别项目为主,项目数量少,项目支持者少,融资范围较窄,因此融资规模能力较弱。

17.1.2　互联网金融营销

　　互联网金融营销即金融产品网络销售,主要是指目前国内比较热门的金融产品,包括公募基金、债券、私募基金、信托、资产管理计划、保险等,通过网络方式进行的销售。互联网金融营销具有的优点包括:

第一,金融产品种类丰富,可为客户提供多样化产品组合以及最优理财方案。

第二,平台入口的形式越来越多,包括手机 APP、微信账号,甚至是线下的柜台、自助设备等。金融产品的传播工具越来越丰富。

第三,产品设计以客户为中心,融入客户场景,提供增值服务,打破金融产品原来的形态,将其融入业务流程。

第四,客户服务的广度在逐步拓宽,如打通客户朋友圈、亲友圈通道等。

17.1.3　第三方支付

第三方支付是指通过互联网在客户、第三方支付公司和银行之间建立连接,帮助客户快速实现货币支付、资金结算等功能,同时起到信用担保和技术保障等作用。第三方支付的鼻祖是 PayPal。1998 年,硅谷的两个软件工程师与朋友一起成立了 Confinity 公司。2000 年,该公司推出 PayPal 的转账系统。中国第三方支付最具代表性的工具是支付宝。2003 年 10 月,淘宝网推出支付宝,其最大的创新在于针对当时信用不健全、买家担忧付款后收不到货、卖家担心发货后收不到款的情况,提供了革命性的第三方担保交易功能。根据艾瑞咨询发布的《年度数据发布——第三方支付 2014 年》报告,2014 年中国第三方互联网支付交易规模达到80 767亿元,同比增长 50.3%。2014 年,第三方移动支付市场交易规模达到59 924.7亿元,较 2013 年增长 391.3%。移动支付市场快速增长的原因包括:

第一,移动互联网时代用户上网习惯的迁徙,移动互联网的普及使得用户从年龄、学历等各维度都呈现长尾化趋势。

第二,支付场景的拓展使得移动支付成为网民继银行卡、现金外惯常使用的支付工具。

第三,宝宝类货币基金的规模化和现金管理工具化带动了移动支付用户黏性的增长。

17.2　互联网金融信用风险的表现

互联网金融方便了借贷等活动,但也存在较大的信用风险。引发这种风险的原因是多样的。

17.2.1　互联网金融的客户特征导致的信用风险

所谓信用风险,即客户未能按期还本付息,或者说债务违约导致的风险。一方面,互联网金融服务的客户对象往往是传统银行信用体系未能覆盖的群体,对这些群体的信用风险需要更为专业的度量手段。以 P2P 网贷平台的鼻祖,成立于 2005 年 3 月英国的 ZOPA(Zone of Possible Agreement)为例,它发现存在着"自由组织者"(freeformer)的群体,包括自雇、从事项目的或者自由职业的非"全职"就业者,如顾问和企业主等,他们的收入和生活方式很不规律,尽管具有信用价值,却没有得到现有金融机构足够的信贷服务。ZOPA 的团队估计在英国约 6 000 万总人口中有 600 万的"自由组织者",而且预测在未来的 10 到 15 年,选择这种生活方式的人会越来越多,而银行只重视客户生活和收入的稳定性而忽视了这一趋势。ZOPA 发展迅速,从诞生时只有 300 个用户,几个月内用户量就达到了 25 000 人,2012 年注册用户超过 90 万,2014 年底累计发放贷款超过 7 亿英镑(约 10.55 亿美元),并成为英国最大的 P2P 网贷平台之一。

另一方面,国内互联网金融的主力借贷群体是资金规模小、很难在传统金融机构迅速获得贷款的小微企业以及工薪阶层甚至学生群体等。从银行服务的企业客户来看,银行对公司贷款中 80% 左右的贷款投放给大型国有企业和中型企业,贷款额度一般在 500 万元以上,小企业贷款和个人消费经营贷款占比仅 20% 左右,额度一般也在 50 万元以上,平均 200 万～300 万元。而互联网金融主要服务小微企业,贷款金额远远不能达到银行的贷款金额标准。以阿里小微信贷为例,截至 2013 年第二季度末,阿里小微信贷累计投放贷款超过 1 000 亿元,户均贷款仅仅 4 万元。阿里小贷最大的特点是"金额小,期限短,随借随还"。以淘宝、天猫卖家使用最频繁的订单贷款为例,产品利率为日息万分之五。2012 年,订单贷款所有客户平均全年使用订单贷款为 30 次,平均每次贷款时长 4 天,以此计算,其全年实际融资利率成本仅为 6%。阿里小贷单笔贷款的操作成本为 2.3 元,而银行单笔信贷操作的成本一般都在 2 000 元左右(芮晓武、刘烈宏,2014)。

表 17—3　　　　　　　　　银行服务的主要公司客户金额特征

银行公司客户	销售额	贷款额度
大型企业客户	4 亿元以上	2 000 万元以上
中型企业客户	1 亿～4 亿元	最高 2 000 万元
小型企业客户	2 000 万～1 亿元	平均 400 万～500 万元

互联网金融服务的个人客户也同样具有资金规模较小的特征。以蚂蚁金服的个人客户为例,由于蚂蚁金服的大部分个人客户都是从余额宝转换而来,所以其他产品的用户都是余额宝的一个子集。根据天弘基金的年报数据,截至2014年年底,余额宝开户数为1.84亿户,户均3 133.47元。而截至2014年12月,工商银行开户数4.65亿户,招商银行开户数5 600万户,北京银行开户数1 137万户;工商银行、招商银行和北京银行的个人存款总额分别为71 886.07亿元、10 930.27亿元和1 851.29亿元,可以算得户均存款余额分别为15 459.37元、19 518.34元和16 282.23元,银行体系内客户平均存款余额为余额宝客户平均余额的5倍多。这一方面反映了传统银行业依然是个人存款的主要方式,另一方面也反映了互联网金融面对的客户群总体来说金额较低,风险更大。

17.2.2 互联网金融平台特征导致的信用风险

根据网贷之家的数据,截至2015年5月底,正常运营的P2P平台有1 946家,累计问题平台数量661家,占全部平台总数的1/3。P2P网贷行业贷款余额达1 932.14亿元,历史累计成交量已突破6 000亿元。

表 17—4　　　　前十大网贷平台贷款余额排行榜(2015 年 5 月底)

平台	贷款余额(亿元)	行业占比(%)
红岭创投	137.51	7.12
陆金所	132.33	6.85
人人贷	60.44	3.13
向上金服	52.33	2.71
宜人贷	51.66	2.67
有利网	46.28	2.40
你我贷	44.41	2.30
翼龙贷	44.09	2.28
PPmoney	42.64	2.21
爱投资	40.93	2.12
累计	652.62	33.79

资料来源:网贷之家。

从网贷平台的市场份额来看,各网贷平台竞争激烈,彼此差异不大,排名前十的网贷平台贷款余额合计仅占市场总份额的 1/3 左右,这与国外成熟市场形成鲜明对比。以英国 P2P 平台为例,排名居前的 ZOPA、RateSetter、Funding Circle、MarketInvoice 这四家 P2P 平台的市场份额就占行业份额的 70%左右。美国 P2P 行业为双寡头垄断市场,Lending Club 和 Prosper 份额合计达 96%。

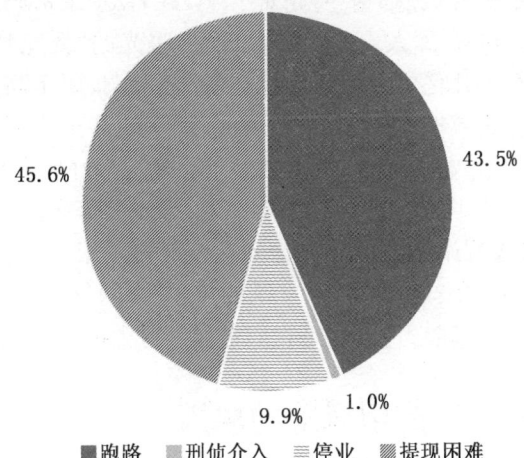

45.6% 43.5% 9.9% 1.0%

■跑路　▦刑侦介入　▤停业　▨提现困难

资料来源:网贷之家。

图 17-1　P2P 问题网贷平台原因分析

　　网贷平台良莠不齐,问题平台频频出现。根据网贷之家的数据,截至 2015 年 6 月,已经有 320 家网贷平台跑路,336 家网贷平台出现提现困难,73 家网贷平台停业,另外 7 家网贷平台由刑侦介入。

　　除了网贷平台自身出于恶意欺诈投资者出现信用风险之外,网站自身由于技术问题也会发生信用风险。互联网金融的运行高度依赖计算机、计算机网络、移动终端、数据库和各类交易软件,由于互联网的开放性和脆弱的安全性,极易爆发系统性故障或者遭受网络黑客及恶意代码的攻击。黑客可以利用系统漏洞和缺陷进入金融核心计算机系统,窃取信息甚至盗取客户资金;而恶意代码的扩散,往往引发大范围的破坏。传统金融中技术风险一般只会引发局部损失,而互联网金融一旦发生安全事故,则容易引发声誉风险和连锁反应,甚至引发挤兑等灾难性的后果。另一方面,从芯片制造和操作系统层面来看,中国互联网金融缺乏自主知识产权的独立开发技术,为了应对技术风险,应提高相关软、硬件设备的自主设计和制造水平,逐步摆脱国外的技术制约。同时,加强行业内机构间的沟通与协调,短期内制定与国际同步的、统一的技术标准,防止选择性技术风险的一再重演;长远考虑,还应致力于国际新型金融技术标准的制定,因为拥有标准的制定权,才能真正掌握国际金融业务的主动权。

2015年6月初,互联网漏洞报告平台"乌云"先后发布报告称,"翼龙贷某站未授权访问+命令执行导致十几亿资金可随意操作"、"翼龙贷网设计缺陷泄露所有用户的手机号码/邮箱/身份证号码/姓名/登录密码/支付密码等",一时间引发热议。IT资深人士指出,"乌云"上曝光的"翼龙贷某站未授权访问+命令执行导致十几亿资金可随意操作"这一漏洞,属于高危漏洞,非常危险。这种漏洞会造成数据泄露、数据被篡改,严重的甚至会被拖库(指网站遭到入侵后,黑客窃取其数据库)或数据被完全删除。幸好后来平台及时修复了这个漏洞。2015年6月15日,包括信融财富、宝点网等多家P2P平台的网站遭遇流量攻击,造成网站无法打开或访问速度缓慢。根据世界反黑客组织的通报,中国P2P已成为全世界黑客"宰割的羔羊"。网贷平台系统本身安全漏洞多,攻击门槛低,抵御能力差,这是它们被黑客盯上的一大原因。

17.3 互联网金融信用风险的成因

17.3.1 缺乏完善的征信体系

当前,中国征信体系包括以中国人民银行征信中心为代表的公共征信体系和以2015年1月首批获得个人征信机构牌照的8家征信公司为代表的市场化征信公司:芝麻信用管理有限公司、腾讯征信有限公司、深圳前海征信中心股份有限公司、鹏元征信有限公司、中诚信征信有限公司、中智诚征信有限公司、拉卡拉信用管理有限公司和北京华道征信有限公司。

由于中国人民银行对股份制商业银行和地方银行极强的控制力度,自2004年成立的中国人民银行征信中心的个人征信数据库建设工作采取自上而下的模式。截至2014年10月,央行个人征信系统中收录了8.5亿自然人的信息,其中有信贷记录的自然人仅为3.2亿,约占13.5亿人口中的23.7%。央行个人征信系统中收录的个人信用信息日益丰富,包括个人的基本信息,如姓名、出生地、职业、收入、学历以及住址等;金融和借贷信息,如助学贷款、车贷、房贷以及信用卡还款记录等;消费信息,如商场和网络的消费信息,频次档次等;社会公共信息,如法院判决、偷税漏税,公交地铁逃票等记录。但是完整信息记录所占比例很低,出现各种数据缺失的记录所占比重较高。而在美国,具有完整信用记录的人群已经达到了85%。

P2P 网络借贷平台上的借款人和贷款人大多是陌生人,相互之间并不了解,良好的信用等级评价是出借人选择合适的借款人的重要参考。借助央行的征信数据,P2P 借贷平台能够对申请人在银行系统内的信用状况有基本了解,对申请人收入水平、生活水平、负债情况做出初步的衡量,可为审贷提供非常有价值的参考信息。但是,目前央行征信数据并未对 P2P 企业直接公开,P2P 借贷平台不能直接查询信息,这就增加了平台获取个人信用报告的时间成本。同时,P2P 不能报送用户数据,降低了平台对于借款人违约的震慑力。

中国互联网金融行业面临的数据不充分、信息不真实,使得人力采集数据仍然是主要方法之一,国内大多数 P2P 公司都是主要做线下模式,千人员工以上的 P2P 平台不在少数,有些知名平台员工总数甚至超过了万人。用户大部分信用审核的风控偏重银行卡交易等流水的审核,国内整个 P2P 行业中信审人员占比非常大,这就会使国内 P2P 平台的成本控制很困难。据业内人士估计,线下销售和尽职调查的费用(包括对应的人员工资),达到整体费用的一半以上。预先批准、自动决策、风险定价等技术在中国尚属稀缺,由此导致的客户获取成本居高不下。美国同行的获客成本为 200～300 美元(购买一条征信数据、加一个信封邮票、加人工处理费每个邀请函成本为 1～2 美元,除以低于 1% 的响应率),而中国同行面临的线下获客成本甚至高达上千美元,这是导致借款人融资成本高、风险质量低的主要原因。

P2P 借贷高度依赖线下团队进行征信,这一现状存在严重的弊端。

第一,线下征信是劳动密集型工作,需要投入大量的人力和物力,抬高了整个信贷成本,造成不经济性。特别是额度较小的信用借款,其高昂的征信和审贷成本给借贷双方造成巨大压力,迫使借贷平台更倾向单笔金额高的借款,长此以往,P2P 借贷的普惠价值和补充作用将被逐渐损蚀。

第二,线下征信的主观性较强,不利于征信技术的标准化。不同平台的征信流程,所收集、整理的资料不尽相同;即使在同一平台,采用了标准化的线上评估方式,不同信贷员、审贷员的风格和特点也有差别。这种差异固然可在一定程度上支撑平台在不同地域、行业,针对不同人群进行征信,但是长远来看,造成了征信标准的割裂,不利于信用资源的互通互享。

第三,线下征信的高成本阻碍了征信数据的共享。由于各个平台花费了大量的人力、物力进行线下征信,把这些征信数据视为自己的核心资源乃至核心竞争力,其与其他平台、征信组织的共享意愿大大减弱,实际上形成了囚徒困境,导致重复征信和征信资源的浪费。

第四,线下征信的高昂边际成本还阻碍了行业的高质量扩张。尽管近几年的国内 P2P 借贷行业发展迅猛,但主要依靠人力、资金等非技术要素的投入增加来支撑,这使得 P2P 借贷日益成为劳动密集型、资金密集型行业,体现的是粗放式增长,未能发挥其技术创新优势,常常招致批评。

缺乏社会化征信体系,还导致另一个弊端。国内大多数 P2P 平台申请借款人的数据是用户自己提交的,所以在真实度上会大打折扣,存在很大的漏洞和风险;而国外的做法则多是通过大数据的采集和购买第三方数据等方式获取,相对保证了资料的客观性和真实性。

17.3.2　缺乏严格的信息披露机制

目前普遍的情况是:P2P 网贷平台、专业放贷人账户、信用审核及评级机构、投资者(理财)服务机构、借款人服务机构都为同一控制人,具有极高的关联性,即债权的评级方和出售方是关联的,投资人服务机构和借款人服务机构也在同一控制下,资金交易和信息交易的服务提供方也是关联的。这些具有极高关联性的企业缺乏相互之间信息披露的监督动力,很难保持其公正性和对客户利益负责。客户挑选、信用审核、资金结算、债权转让、逾期追偿等行为都是由关联性很强的机构完成;从逻辑上讲,在债权信息是真实的情况下,其没有引入第三方机构而实现内循环,这种关联性引发的譬如虚假增信的道德风险仍然是存在的。

而且,国内 P2P 平台的出借人和借款人之间的信息是不完全透明的。虽然国内众多 P2P 平台都在强调信息透明、充分披露,能够做到这一点却寥寥无几。绝大部分平台出于不同的目的,针对每笔交易的信息披露都十分有限,有些甚至连借款人的基本信息都写得十分模糊。但是国外 P2P 企业会让所有的借款客户知晓出借人是谁,国外 P2P 运营的理念是平台需要让出借人充分知道借款人的情况,信息越清晰、越透明,违约率就越低。目前国内 P2P 行业从来未曾公开过任何形式的资产质量报告,即使有坏账率,也都是自己报的,缺乏公信力。在贷后催收部分,国外更多地采取外包催收,运用很多科技手段,黑名单共享;而国内更多的还是雇佣大量催收人员,黑名单也完全不共享。

17.3.3　缺乏完善的风险控制体系

目前,国内 P2P 平台普遍采用资金托管和第三方担保作为风险控制的主要措施。所谓资金托管,就是资金流运行在第三方托管公司,而不经过 P2P 平台的银行账户。在实际操作中,投资人和借款人分别在第三方支付开通自己的账户,整个过程投资人都能看到自己资金的准确去向;平台也在第三方支付开通了商户号,但只能做资金解冻和退款两种操作,而不能执行转账与提现操作。满标后,资金即会从投资人的账户进入借款人的账户;流标后,投标资金会直接退回到投资人的账户。简单来说,对于开通了第三方资金托管的平台,其无法直接碰触到投资人的资金,从而避免平台因为经营不善导致挪用交易资金而给交易双方带来风险。正因如此,目前许多P2P网贷平台已经把第三方资金托管作为标配,将其奉若提升信誉的"法宝",投资者对此也颇为认可。据网贷平台账户最大的资金托管机构汇付天下近日发布的《汇付天下P2P行业发展报告》显示,近八成投资人重视平台是否有托管。

2015年4月25日,成立时间不到一年、融资金额达4.82亿元的上海网贷平台爱增宝跑路。该平台并无任何"高大上"的背景却能在短时间内达到如此规模,与其标榜平台和易宝支付达成第三方资金托管协议密不可分——爱增宝官网曾晒出一则其与易宝支付资金托管协议书,协议书上的落款时间为2015年1月9日。直到东窗事发,投资者才发现平台借款项目造假严重,连办公地点也是虚设的。部分投资者表示,当初选择爱增宝的主要原因是看中易宝支付为其进行第三方资金托管,才放心地将钱投入了爱增宝。然而,爱增宝的第三方资金托管竟是"伪托管"。平台跑路后,易宝支付随即发布声明称,爱增宝尚未正式进行资金账户托管。易宝支付确实与爱增宝在2015年1月份签署了托管协议,但是直到4月底,爱增宝一直没有将资金放入托管账户,也就是说,易宝支付并没有真正开始对爱增宝进行托管服务。

除了"伪托管"以外,第三方托管自身也存在一些待解决的问题。

(1)平台与第三方支付的资金进行频繁往来,成本明显增加,这将是平台和第三方机构未来博弈的地方;

(2)由于投资人与借款人都是实名注册,资金托管后账户信息会沉淀在第三方支付机构,机构是否能保证资料的安全性也是未知;

(3)第三方托管机构为P2P企业的合法性保驾护航,仅靠自律是不够的,还需要具体制度的监督和制约。

除了第三方托管之外,第三方担保也是P2P平台风险控制的主要措施。在《融资性担保公司管理暂行办法》中,担保公司的杠杆不得超过10倍。但在为P2P平台提供实质担保的公司,其净资产往往只有百万甚至数十万,平台上的贷款余额却可能达到上千万,超过10倍杠杆的要求。以10倍杠杆为例,其平台借贷只要出现10%的坏账风险,平台就已经面临破产。其本金保障的可行度存疑,承担的风险过大。

17.3.4 缺乏明确的金融监管机制

我国整个法制建设还处于一个逐步完善、逐步健全的过程,互联网金融方面的法律条文更是屈指可数。除中国人民银行发布的《网上银行业务管理暂行办法》、银行业监督管理委员会发布了一些管理规定与操作指引外,《商业银行法》、《中国人民银行法》针对互联网金融业务的规定太少。2013年底,央行下属中国支付清算协会牵头,与75家机构共同成立了互联网金融专业委员会,这被认为是目前中国互联网金融领域最高水准的行业自律机构。此外,上海于2014年8月公布了《关于促进本市互联网金融产业健康发展的若干意见》,成为全国首个省级地方政府促进互联网金融的发展意见。

从金融监管来看,多年来一直争论不休的金融模式,即分业经营模式还是混业经营模式尚未有明确答案,而互联网金融则又使得金融监管更加扑朔迷离。因为,从混业经营模式来看,网络金融超市就是一个典型的混业经营模式。在互联网金融模式下,金融机构不仅在网站上推出储蓄、融资、证券、保险、基金、外汇、结算、托管、理财等一站式金融服务,创建网上商城为广大企业和个人提供专业化的电子商务和金融支持服务,而且还加强与电子商务平台之间的合作,远远超越了在传统金融运行模式下所能经营的业务品种和模式。如交通银行和阿里巴巴合作推出交通银行淘宝旗舰店,国华人寿通过淘宝聚划算网络平台出售万能险团购产品。尽管包括央行、银监会、工信部在内的相关部门此前已注意到互联网金融潜在的风险,但深入、全面的监管尚未到位。相对于传统金融,互联网金融刚刚兴起尚无明确的法律依据,既缺乏有力的外部监管,又缺乏有效的内部风控,在一些领域呈现野蛮发展的特点。互联网金融今后的发展将对监管标准、法律体系等方面提出新的挑战。

P2P个人借贷网络在国外发展的已比较成熟,监管措施也较为完备,例如,美国将网络借贷归为民间借贷的范畴,在《消费者信用保护法》和《诚实信贷法》等有关法律的监管下运行。而我国的P2P网络借贷一直没有明确的监管部门,从事金融业务的P2P大多由不具备金融监管能力的工商部门负责管理,增大了平台信用风险发生的可能性,因此需要及时出台网络借贷的相关法律法规,分清监管职责,加强监管力度,以防范平台信用风险的发生。

17.4 国外互联网金融的信用风险控制的三大支柱

17.4.1 成熟的征信体系

国外互联网金融平台通过数据和技术手段,大量获取借款人的信息,在客户筛选、授信管理等方面,操作标准化、决策自动化,广泛采用预先批准、信用评分、决策引擎等技术手段。国外知名互联网借贷平台如 ZOPA、Prosper 等的个人信用评价都是由第三方机构完成,较为成熟的社会化征信体系是其迅速发展的原因之一。ZOPA 只有 65 人,其中 20 人是风控人员。英国大多数的 P2P 公司员工为 20~30 人,所有的工作流程都是线上完成,也就是纯线上的网络借贷,贷款申请、投标、风险审核、贷款发放都在线上进行,企业只是提供一个撮合双方交易的信息平台。ZOPA 是委托专业的信用等级评定机构 Equifax 对借款者的信用等级进行评价,根据不同的信用等级(AA、A、B 和 C)及借款期限共同决定借款利率水平。而 Prosper 的借款人信用等级划分则是参考 FICO 提供的信用分数和借款者个人提交的信息。此外,Prosper 还要求借款者的亲戚朋友对借款者进行评价,以证明其能按期还款。信用评价体系的完善能有效地降低个人信用风险发生的可能性。

美联储在 2007 年关于信用评分(credit scoring)的研究发现,通过提供低成本、准确和标准化的信用风险评估手段,信用评分增加了借款人的借款机会,降低了借贷成本,增强了公众和私人对于信贷活动的监督能力。信用卡的审批引入信用分之后,只要 1~2 分钟,极大地提高了工作效率;20%~80% 的抵押贷款可以在两天内做出决策,甚至部分贷款可以在 4~6 小时内完成审批,较之前以月度计量的工作时间缩短 94%;小额消费信贷的平均审批时间从 12 小时缩短到 15 分钟;60% 的汽车贷款的审批在 1 小时内就能够完成。Jappelli 和 Pagano(2002)发现信息共享水平与高贷款可得性和低贷款违约率有关。Galindo 和 Miller(2001)利用全球征信数据库和世界银行征信调查的数据,分析了一国征信水平对企业获得银行贷款能力的影响,发现在有征信系统的国家,企业项目融资较少依赖内部资金,更容易获得贷款。

世界上最早的征信机构 1800 年左右产生于美国,为商户提供未能按期还款的债务人名单。目前美国征信行业集中度较高:在个人征信领域的三大全国性征信机构(National Credit Reporting Agency)分别是益百利(Experian)、艾可菲(Equifax)与全联(TransUnion),在企业征信领域有规模最大和具有长达 150 年以上历史的邓白氏(Dun & Bradstreet)。这四家公司提供的征信服务和相关衍生服务占据了美国征信业约 70% 的市场份额。

三大全国性征信机构总计拥有超过 2 亿成年人的记录,各自拥有超过 13 亿条交易数据,其中 40% 的交易数据来自银行卡交易,18% 来自零售卡交易,13% 来自托收机构报告的托收业务,7% 来自教育部门,7% 来自销售融资,7% 来自房地产抵押贷款,4% 来自汽车贷款,剩余的 4% 来自其他信贷和提供者。除了信贷信息之外,全国性征信机构都从 Lexis Nexis Risk Data Retrieval Services LLC (LNRDRS)购买公共信息。这些公共信息包括银行破产记录、民事赔偿金额、政府税收滞留等。征信机构主要使用公共信息作为信用档案中的污点记录,如延期付款、托收账户、抵押品拍卖、民事处罚等(CFPB,2012)。

美国三家全国性征信机构都依靠数据提供商主动提供数据。数据提供商提供数据的动力在于能够获得跨公司、跨行业的信用风险信息,个别金融机构拒绝提供信用信息有可能导致无法形成关于消费者信用风险的全面评估。所有数据提供商都必须按照1997年消费者数据行业协会(Consumer Data Industry Association,CDIA)制定的Metro 2格式提供。消费者金融保护局(Consumer Financial Protection Bureau,CFPB)有权监管年使用消费者报告超过700万美元的数据提供商,要求其保证提供真实和准确的数据。在超过1亿的数据提供商中,前十大数据提供商提供了57%的交易数据,前50家数据提供商提供了76%的交易数据。对中国的征信机构来说,最重要的不是拥有多少信息,而是建立相应的接口、规范、公约,建立一整套机制和规则,使得尽可能多的数据源愿意在这个第三方平台上分享数据,有利于信用数据的广泛使用。

17.4.2 全面的风险控制措施

作为2005年3月成立的全球首家P2P网络借贷平台,ZOPA的风险管理措施包括:

一是设置借款人的准入门槛。ZOPA规定,借款人需满足身份可确认、历史信用记录可查询、稳定的收入保障及其还款能力、良好的债务还款记录等基本条件。同时,借款人需要有较好的信用评级。借款人若存在历史还款记录不好或有较多的无担保贷款,则在准入审核时可能被拒绝。

二是借款人的资金用途主要限定在购买汽车或大件家具等领域,并对借款人提供资金使用建议。

三是ZOPA除运用银行的风险控制措施外,还对所有的借款人进行身份检验、历史信用记录查询、信用风险评级,借款人必须签署由ZOPA编制的法律合同,在借款人逾期时将交由专业的追收公司进行追偿,同时要求贷款人的资金分散为10英镑的小额借款以分散风险。

四是对资金采用安全保护措施。ZOPA保留贷款人的资金于隔离的RBS账户中,在资金转移前的24小时内给贷款人最后的决策建议。贷款人在对个人信息保密的前提下,账户资金被盗时无需承担损失。

作为2013年4月成立的美国首家在线借贷平台网站,Prosper的风险管理措施包括:

一是以信用评级的方式设置借款人的准入门槛。通过外部评级机构Experian 和 Prosper 内部的评分确定信用评分,据此设定利率。信用评分在 640 分以上的为一般,700 分以上的为良好,760 分以上的为优秀。信用评级达不到最低要求的,借款申请人不能获得借款。

二是限定借款用途。Prosper 认可的借款用途包括购买汽车、家庭投资、房屋装修、经商、医疗、子女教育、举办婚礼等。

三是信息透明化。虽然借贷双方无直接接触,但贷款人可通过 Prosper 查询借款人的信用评分与评级、还款历史以及借款人的借款用途。

四是 Prosper 将投资者的资金按每份 25 美元的标准分成若干份,分别借给不同的、经过审核的借款人,以实现投资的多元化。

五是 Prosper 规定资金筹措期限为 14 天,若 14 天内贷款人投标的总额达不到借款人的最低资金需求额,则借款自行终止。

六是 Prosper 根据历史交易记录、官方信用评级机构的评级,列示每个信用等级的平均损失概率,供贷款人参考。在资金转到借款人的账户前,Prosper 将会对借款人进行再次确认。

七是贷款人只选择满足其设定的相关条件的借款人进行投资,同时借款人必须每个月偿付固定数额的资金到贷款人在 Prosper 的账户中,资金直接从借款人的银行账户扣除。

除上述风控措施之外,诸如 ZOPA 和 Kiva 等 P2P 网站都提供了不同的风险分散机制。ZOPA 的风险分散是通过强制借款人按月还款实现的,ZOPA 借贷平台上的借款不仅按信用等级和期限的不同设定不同的利率水平,借款者还需按月偿还本金和利息,以降低个人逾期贷款的发生。而 Kiva 平台则推出"批量出借人+小额贷款"的模式,对每一笔借款的出借人并非只有一人,而是由多人组成,每位出借人只需提供 25 美元,当借款人所需的资金募齐之后再由网站交由当地的小额金融机构,由它们代为负责贷款的支付与管理。在这种批量出借人的模式下,如果借款者发生逾期还款时,每位投资者的损失相对来说也是较小的。

17.4.3 健全的法规监管

在美国,联邦证券交易委员会(SEC)要求互联网信贷平台注册成为证券经纪商,认定互联网信贷平台出售的凭证属于证券。在 SEC 注册的成本较高,阻止了其他的潜在市场参与者。SEC 重点关注网贷平台是否按要求披露信息,一旦出现资金风险,只要投资者能够证明在发行说明书中的关键信息有遗漏或错误,投资者都可以通过法律手段追偿损失。除了在 SEC 登记之外,网贷平台还需要在相应的州证券监管部门登记,州证券监管部门登记的要求与 SEC 类似,但有些州对投资者增加一些个人财务相关标准,包括最低收入、证券投资占资产的比重上限等。

17.5 我国互联网金融的征信体系建设存在的问题

17.5.1 征信市场还不成熟,在竞争中成长

根据中国人民银行发布的《中国征信业发展报告(2003－2013)》,截至2012 年底,征信行业创造收入总计约 20 亿元。但是中国征信市场潜力巨大,国泰君安预测将达到 200 亿元,方正证券预测将达到 600 亿元,宏源证券预测将达到1 030 亿元。

传统信用评分模型的有效性在中国尚未得到充分利用和检验,互联网征信利用其他各类信息来推断客户履约能力,模型预测能力更需要实践检验。从表 17－5 可以看出,首批获得征信牌照的 8 家征信机构产品特点和目标客户都存在很大差异。如何提高信用评估模型的有效性和公平性,譬如存在互联网上获取的线上信息完整性不足(电商也仅拥有消费者部分的线上交易数据,而且没有消费者线下购买记录)、用于评估的信息项与信用风险的相关性需进一步探讨、对于网上不够活跃的客户该信用评价是否公平等问题。此外,信用评估类产品的快速发展也亟须加强对这类征信产品的监管,明确信息披露规则。

表 17－5　　　　　　首批获得征信牌照的 8 家征信公司特点比较

征信机构	运营模式	目标客户	产品特点	应用节点	研究机构支持
芝麻信用	自主	个人(To C)	芝麻分;应用于生活场景	终端节点,终端用户使用	北京大学互联网金融研究中心
腾讯征信	自主	个人(To C)	腾讯分;应用于生活场景	终端节点,终端用户使用	
拉卡拉征信	联盟(诚信中国行动联盟)	个人＋企业(To C+To B)	考拉分(个人)、商户分(企业);企业信用报告、反欺诈	全流程,放贷所有环节使用	中国科学院大学征信模型实验室
华道征信	联盟(同业征信联盟)	个人＋企业(To C+To B)	猪猪分(个人)、发欺诈联盟、征信联盟(黑名单共享、贷后催收)	全流程,放贷所有环节使用	清华大学五道口金融学院互联网金融实验室

征信机构	运营模式	目标客户	产品特点	应用节点	研究机构支持
前海征信	自主	个人＋企业（To C＋To B）	好信度分（个人）、云系统（催收、信审、反欺诈）、黑名单共享平台	全流程，放贷所有环节使用	
中智诚	自主	企业（To B）	反欺诈平台（信息共享）	终端节点，终端用户使用	
中诚信	联盟（互联网征信联盟）	企业（To B）	个人、企业信用报告、账务管理、催收	终端节点，终端用户使用	
鹏元征信	自主	企业（To B）	联手 P2P，打造互联网金融安全新高地	终端节点，终端用户使用	

17.5.2　缺乏行业自律组织与消费者数据隐私保护

随着传统信贷信息以外越来越多的数据应用在信用风险评价和资格审查中,监管部门也需要在大数据发展趋势下努力寻求数据应用创新与保护消费者隐私之间的平衡。区别于传统征信采集基于事实的信用信息(货币的借贷行为与商品买卖中的预付和延期支付信息)提供信用报告产品,互联网征信采集的信用信息大多属于可用来评估信用的信息,包括消费者在互联网上的交易数据、社交数据、行为数据等,对信息进行加工利用后用来推断个人特征偏好及信用状况,如何平衡信息收集、利用和消费者数据隐私保护是一个挑战。

而且由于互联网信息来源多样,数据项繁多,如何确保数据质量将会是个问题;有些数据还可能仅仅与客户的手机、电脑 IP 地址、用户 ID 相关,如果都归于客户本人可能不准确。因此,在采集和查询个人信息获取授权的基础上,如何更好地保障消费者的知情权和异议权需要探索创新。据了解,美国最大的数据服务商安客诚(Acxiom)2013 年 9 月发布了面向消费者的网站(About the data.com),支持通过认证的消费者在线查看本人被收集的信息(不包含加工处理后的衍生数据)并在线更正,尽管还存在很多不足,但在提高信息透明度方面是一个新尝试,值得借鉴。

通过建立征信行业协会,推动不同平台之间共享黑名单数据,征信机构可以将征信服务产品化,对协会其他会员提供信用评级服务,规范征信服务及相关产品的收费机制,为成员间的纠纷提供仲裁及其他司法帮助,从而有效控制征信行业整体风险水平,强化行业规范和市场秩序,保障信息的准确性及消费者的合法权益。通过建立行业自律组织与行业标准,有利于业内建立信息共享平台,尤其是征信信息共享和黑名单公示机制,最好和行业平台形成共享的常态备案机制。

17.6 我国互联网金融的征信体系建设对策建议

17.6.1 完善我国互联网金融征信体系建设的法规和市场环境

从征信行业的法规环境来看,2013 年 3 月,国务院下发《征信业管理条例》,2013 年 12 月央行出台《征信机构管理办法》,使得征信业有法可依,相关办法和条例的颁布不仅规范了征信机构、信息提供者和信息使用者的行为,还规范了征信机构的设立、变更和终止程序,对于促进征信机构规范运行、保护信息主体合法权益具有重要意义。2014 年,国务院发布了我国首部国家级的社会信用体系建设专项规划《社会信用体系建设规划纲要(2014-2020 年)》(简称《纲要》)。《纲要》指出,我国将在 2017 年实现社会信用的全面覆盖。特别是党的十八届三中全会提出,"要建立健全社会征信体系,褒扬诚信,惩戒失信"。全社会对征信业的重视程度已经上升到一个新的高度,推动征信业发展,为信用活动提供有效的信用信息支持,构建诚实守信的社会生态环境成为我国当前金融领域工作的核心内容之一。2015 年 7 月 4 日,《国务院关于积极推进"互联网+"行动的指导意见》正式公开发布。协同制造、现代农业、智慧能源、普惠金融等 11 个方向被纳为"互联网+行动的重点领域",将获得国家层面的推动和支持。在"互联网+"普惠金融部分,意见提出全面促进互联网金融健康发展,支持金融机构和互联网企业依法合规开展网络借贷、网络证券、网络保险、互联网基金销售四大业务,并充分发挥保险业在防范互联网金融风险中的作用。这意味着,互联网金融作为"互联网+"的重要组成部分,正式升级为国家重点战略。依托互联网金融的征信体系,必将获得快速发展。

从法规上来说,征信行业还缺乏类似美国《公平信用报告法》这样全面成熟并且切合美国国情的法律。《征信业管理条例》是目前中国规范征信业行为最重要的条例,规定征信机构不得采集个人收入、存款、不动产等信息,但明确告知主体提供该信息可能产生的不利后果,取得其书面同意的除外,采集个人信息应当经信息主体本人同意,未经本人同意不得采集。目前征信机构受到《征信业管理条例》的约束,但是目前其他握有个人信息的一些未获得征信牌照的公司并不受《征信业管理条例》的约束,如果这些公司买卖个人信息而不受约束,对征信业的发展将非常不利。中国的征信行业才刚刚起步,更多的问题有待在实践中暴露和解决。

从征信行业的市场环境来看,一些 P2P 网贷平台正在尝试线下征信信息的整合。2012 年开始,人人贷通过与友信、中安信业、证大速贷等机构合作,利用其遍布全国的网点优势协助人人贷开发此类客户;收集、验证、审核所需信息并对客户进行有效的贷后管理,把其信用资料传到网上,依靠集中化的信用评估中心和贷款审核中心,逐渐增加信用评估、贷款审核的自动化程度。通过线下销售,在获得借款申请人之后,把信用资料传到网上,依靠集中化的信用评估中心和贷款审核中心,逐渐增加信用评估、贷款审核的自动化程度。先从辅助评估、审贷出发,一步步地降低人工干预程度,直至以自动数据评估和审核为主,人工干预为辅。人人贷目前同时采用线下认证型和线上信用型。前者采用线上、线下相结合的销售、风控方式,后者采用纯线上方式。

不仅各网贷平台重视自身征信体系的构建,与征信机构的合作也在逐渐增长。2015 年 6 月 3 日,融 360 宣布与芝麻信用合作,针对 5 万元以下的个人信用贷款申请,使用名为"天机"的大数据风控系统,其中包含信用风险预测模型,根据身份认证、还款意愿和还款能力三个大维度,给申请贷款的用户进行评分,依据分值来决定是否放贷、放贷金额及期限。5 万元以下的小额贷款申请将有可能完全在线化,不再需要人工的审核流程,因而速度将极大地加快。人工审核一般快则 1 周,慢则 2 个月;纯线上审核可以做到 10 分钟以内。在大幅提升贷款审批速度的同时,贷款获批率也得到了显著提升,传统使用抵押物、收入流水证明等风控方式的贷款获批率在 15% 左右,而使用大数据征信结合人工后获批率可以达到 45% 以上。至于贷款的逾期率,以 12 个月违约风险举例,通过"天机"模型筛选的用户,逾期率比没有经过筛选的低一半。团贷网为打造一个互联网的金融生态圈,2015 年初首创一款移动垂直社交金融 APP 产品"你我金融"。"你我金融"目前与深圳前海征信中心股份有限公司、杭州同盾科技有限公司、百融(北京)金融信息服务股份有限公司、鹏元征信有限公司、拉卡拉信用管理有限公司、中诚信征信有限公司、爱金(上海)金融信息服务有限公司、北京安融惠众征信有限公司、上海诚数信息科技有限公司、北京量科邦信息技术有限公司 10 家征信及大数据机构合作,合作内容涉及身份信息、消费行为、欺诈识别、信用评分等多个领域。其中,深圳前海征信中心股份有限公司、鹏元征信有限公司、中诚信征信有限公司、拉卡拉信用管理有限公司 4 家,位列首批获得国家个人征信业务牌照的 8 家公司之中。

传统商业银行也在打破封闭模式,开展与征信机构的合作。2015 年 6 月 25 日,北京银行和芝麻信用签署战略合作协议,成为芝麻信用首家合作银行,双方将开展信用信息查询和应用、产品研发、商业活动等多个方面的合作。此次合作开启了商业银行应用互联网征信的先河,将为互联网征信大数据批量化应用于传统金融作出有益探索。2015年6月26日,浦发银行信用卡中心与腾讯征信就征信服务事宜达成了合作协议,浦发将接入腾讯征信信用评分、反欺诈等征信产品,为银行征信、反欺诈等相关业务开展提供更高效率的支持和保障。截至2015年6月30日,深圳前海征信中心股份有限公司已经签订合作协议的各类机构有五十几家,加上合同流程正在进行中的有七十多家机构。其中P2P以及小贷公司占50%~60%,银行占20%~30%,此外,还有消费金融公司、融资租赁、众筹等多种业务类型的公司。

17.6.2 建立以央行为主导、民营互联网征信企业参与的大数据征信体系

钟曜璘和彭大衡(2014)通过对阿里巴巴这一独有商业征信模式的分析,明确了阿里征信模式的优势与局限性。在阐述我国金融征信体系建设的现状和互联网征信前景的基础上,对由中国人民银行主导的金融征信体系建设提出了政策建议,但并没有指出互联网金融征信的具体措施。袁新峰(2014)通过分析互联网金融征信的重要性,提出了互联网金融征信纳入中国人民银行征信体系的优点和存在的问题,并对构建互联网金融征信体系提出了前瞻性的措施。

我国现行的征信体系是以央行为主导,以一定范围内的金融机构为主要对象,具有信息详实、征信数据覆盖面广、信息主体多元化等得天独厚的发展优势,但也存在诸多先天性不足。例如,央行征信系统内的数据和信息主要涉及商业银行体系,而与民间借贷相关的机构和个人信息则相对匮乏。截至目前,央行征信系统只接入了部分小额贷款公司和融资性担保公司,而大量的民间借贷数据、信息都没有被纳入征信系统中。此外,包括个人的社保、消费记录、司法等同样重要的指标、信息也大多没有被纳入系统中,存在显性缺失和漏洞,可能对相关授信机构的决策造成了一定的误导。

大数据的介入,正改变着征信行业。大数据征信的基础是多元化、大体量、大样本的异构数据,其原理是通过对信息主体的行为习惯进行全方位、综合性的收集整理,同时建立针对性的数据模型,由该模型演算、倒推出信息主体的信用特征,最终得到较为精确的信用评估结果。大数据征信使用的数据涵盖传统的征信数据、消费/财务数据、身份数据、社交数据、经营数据,乃至日常活动数据、特定场景下的行为数据等。目前,大数据分析在互联网金融领域已经被较为广泛地应用。在信用征信方面,大数据技术对信息的获取、检索和分析也有较大的优势和发挥空间。大数据不仅为征信业发展提供了丰富的数

据信息来源,拓展了征信渠道,同时也改变了征信产品的设计生产观念,成为我国征信业发展的重要动力。

目前,可被用于助力互联网金融风险控制的数据存在多个来源。

一是电商大数据,以阿里巴巴为例,它已利用电商大数据建立了相对完善的风控数据挖掘系统,并通过旗下阿里巴巴、淘宝、天猫、支付宝等积累的大量交易数据作为基本原料,将数值输入网络行为评分模型,进行信用评级。

二是信用卡类大数据,此类大数据以信用卡申请年份、通过与否、授信额度、卡片种类、还款金额等都作为信用评级的参考数据。国内典型企业是成立于2005年的"我爱卡",它利用自身积累的数据和流量优势,结合国外引入的FICO(费埃哲)风控模型,从事互联网金融小额信贷业务。

三是社交网站大数据,典型企业为美国的Lending Club,它基于社交平台上的应用搭建借贷双方平台,并利用社交网络关系数据和朋友之间的相互信任聚合人气,平台上的借款人被分为若干信用等级,但是不必公布自己的信用历史。

四是小额贷款类大数据,目前可以充分利用的小贷风控数据包括信贷额度、违约记录等。由于单一企业信贷数据的数量级较低、地域性较强,业内共享数据的模式已逐步被认可。

五是第三方支付大数据,支付是互联网金融行业的资金入口和结算通道,此类平台可基于用户消费数据做信用分析,支付方向、月支付额度、消费品牌都可以作为信用评级数据。

六是生活服务类网站大数据,包括水、电、煤气、物业费缴纳等,此类数据客观、真实地反映了个人基本信息,是信用评级中一种重要的数据类型。

2015年1月5日,央行印发《关于做好个人征信业务准备工作的通知》,要求芝麻信用管理有限公司、腾讯征信有限公司、深圳前海征信中心股份有限公司、鹏元征信有限公司、中诚信征信有限公司、中智诚征信有限公司、拉卡拉信用管理有限公司以及北京华道征信有限公司8家机构做好个人征信业务的准备工作,准备时间为6个月。

首批获得个人征信机构拍照的8家征信公司各有独特的数据来源和优势。芝麻信用数据来源于支付宝,目前支付宝的实名用户超过3亿,日数据处理量在30PB以上,相当于5 000个国家图书馆的数据总量,涵盖的消费场景有支付、投资、消费、生活、公益、购买火车票和飞机票等,以及个人信息等方方面面的数据。支付宝作为第三方支付工具,不仅为淘宝提供支付服务,也早已走出了淘宝平台。在PC端的互联网支付市场,支付宝的份额保持在50%,而在无线端,支付宝的市场份额接近70%。芝麻信用采用国际上通行的信用评分方法,最低 350 分,最高 950 分,这与美国 FICO 评分(300 至 850)相似,分数越高,代表信用程度越好,违约可能性越低。芝麻信用的评分模型主要包括信用历史、行为偏好、履约能力、身份特质、人脉关系五个维度。人们在日常生活中点点滴滴的行为,通过长期的积累,这些行为轨迹和细节可以作为全面判断其信用状况的依据。

腾讯拥有最多的社交用户,包含最复杂的人际关系、对话关系,旗下 QQ 的月活跃用户 8 亿多,微信用户接近 5 亿。腾讯征信的评分模型主要包括四大因素:安全指数(是否实名认证、是否开通数字证书、过去一段时间更换手机号码的次数等);消费指数(过去一段时间内腾讯业务、游戏、生活服务类消费次数等);财富指数(财付通账户余额、理财通财富、QQ 号价值等);社交指数(QQ 登录场所、微信有红包及资金往来的好友占比)。腾讯征信采用七级信用评级法,分别用不同的星级代表信用等级。五星代表较高的信用评级,六至七星代表特高信用评级(赵海蕾、邓鸣茂、汪桂霞,2015)。

华道征信的大股东深圳市银之杰科技股份有限公司持有华道征信 40% 的股份,银之杰持有北京亿美软通科技有限公司 100% 的股权。亿美软通是国内最大的移动商务服务商,公司以短彩信发送软件开发及系统运维为基础,为企业提供移动个性客服、移动数据采集、移动高效管理等各类移动商务产品和通信服务,同时是中国三大电信运营商资深的战略合作伙伴。另一个股东新奥资本持有华道征信 15% 的股份。新奥资本是新奥集团旗下从事股权投资和投资管理的平台公司,旗下新奥能源是国内规模最大的清洁能源分销商之一,掌握大量居民的燃气数据。华道征信的数据主要包括五个方面:信贷数据、公安司法数据、运营商数据、公共事业数据、网络痕迹数据。

拉卡拉征信主要与考拉征信合作。考拉信用评分利用 FICO 评分法、回归、分类、Web 挖掘和神经网络技术,主要按照五个维度即履约能力、身份属性、信用记录、社交关系和交易行为进行信用评估。

传统上,中小微企业财务报告失真,缺乏抵押资产,而大数据征信突破了从财务报告、抵押资产和担保信息评价企业信用的传统思维,通过分析企业的经营行为来分析企业的信用特征,认为信用体现在订单、货单、仓单、税单、账单、工资表、社保表、水电缴费记录等各项明细数据中。互联网金融背景下的大数据征信能够解决中小企业信用缺失的问题。互联网金融背景下的征信机构凭借各自的数据来源、信息优势、数据处理经验和建模方法,提供多元化的信用信息,为破解银行业的信息垄断、增强新兴金融机构及互联网金融平台的竞争能力提供了解决方案。

仅仅根据获得征信牌照的 8 家征信机构中的 4 家的信用评分模型就可以

看出，目前各征信机构数据来源、统计口径、评分模型、评分标准等各方面都存在巨大差异。各征信机构的产品主要在集团内部使用。比如阿里旗下的阿里小贷根据用户在平台的交易数据授信，用户申请贷款时无需担保和抵押。比如腾讯旗下微众银行在 2015 年 5 月 17 日开始内测的"微粒贷"，是通过"白名单"机制筛选出首批最符合"微粒贷"客户定位用户，受邀用户只需登录手机QQ，进入 QQ 钱包，在"金融理财"中找到"微粒贷 15 分钟借到款"，输入支付密码后便可查看个人的可借额度。"微粒贷"的原理也是依托腾讯社交大数据，从兴趣爱好、生活轨迹、社交关系链、人口特征学等角度，通过将贷款申请人的当前状态信息与历史状态信息进行对比，得到贷款人身份的验证，从而防范互联网金融中的欺诈风险以及信用风险。

第 18 章

P2P 违约风险的影响因素研究

当前,国内 P2P 网贷行业方兴未艾。然而有效监管缺位,导致问题频发。本章对 P2P 及其违约风险做了详细描述,对我国国内发生的 P2P 违约及原因进行了分析,利用 Logit 模型判定影响违约风险的各个因素的显著程度和违约概率,并提出相应的意见和建议。

18.1 引 言

18.1.1 研究背景、现状及意义

P2P 网络借款又称点对点网络借款,是一种将小额资金聚集起来,通过第三方平台在收取一定服务费用的前提下借贷给有资金需求人群的一种民间小额借贷模式。P2P 平台是以收取双方或单方的手续费为盈利目的或者是赚取一定息差为盈利目的,受国家相关政策监控。

我国最早的 P2P 平台成立于 2006 年,2011 年进入快速发展期,一批网贷平台踊跃上线。2012 年,我国网贷平台进入爆发期,网贷平台数量在国内迅

速增长,已达到 2 000 余家,比较活跃的有几百家。进入 2013 年,网贷平台更是蓬勃发展,以每天 1～2 家上线的速度快速增长,平台数量大幅度增长所带来的资金供需失衡等现象开始逐步显现。2015 年 2 月 10 日,首个银行 P2P 资金托管平台成立。在互联网金融监管政策日渐明朗之际,P2P(网络借贷)资金托管业务愈发受到各家银行的关注。

在交易量暴涨的同时,P2P 平台面临诸多挑战。由于监管政策尚未落地,平台跑路事件频出,如何真正地保障投资者的资金安全,始终是一个亟待破解的难题。多数 P2P 平台为了提高信任度,将平台资金托管到第三方机构。虽然有些 P2P 平台也和商业银行签署了包括资金托管在内的战略合作协议,但迄今为止,真正落地和实际效果还有待时间检验。

P2P 平台的出现具有划时代的意义,互联网直接融资模式让很多人解决了资金难题,提高了民间资金的流通和利用效率,减少了中间环节,降低了融资成本。P2P 网络借贷克服了银行贷款困难、审批流程复杂漫长等局限,因此其创新性、灵活性以及低利率的贷款深受广大贷款者的欢迎。

作为传统金融的有效补充,P2P 网络借贷的出现满足了市场需求,促进了社会的发展。P2P 网络借贷平台大大弥补了现行金融体系的不足。如何确保平台的安全、良性发展,已成为广大投资者最为关心的问题。

通过 P2P 理财也存在着较大的风险,主要包括经营主体风险、法律合规风险、技术操作风险、信用风险、市场流动风险、资金安全风险和货币政策风险等。其中最受关注并最具研究价值的是借款人信用风险和 P2P 公司的信用与经营风险。信用风险又称违约风险,是指"借款人、债券发行人或金融交易一方由于各种原因不能履约致使金融机构、投资人或交易对方遭受损失的可能性"。P2P 小额信贷公司所面临的最主要风险就是信用风险。中国缺少健全的征信体系,借款方违约及重复违约成本低。对于 P2P 平台来讲,一旦出现违约,大部分损失基本靠自己消化。无论是对传统金融还是对 P2P 平台,最重要的都是对风险的控制。只有有效地控制和降低风险,P2P 网络借贷才能更好地发展,也才能更长久有效地发挥其在金融市场中的作用。投资人在投资过程中要十分警惕 P2P 的信用风险。因此通过对 P2P 网贷的信用风险的研究,对投资者权衡风险与收益,正确地做出选择具有十分重要的意义。

18.1.2　文献综述

P2P 网络借贷 2005 年开始在英国兴起。2007 年我国第一个 P2P 网络借贷平台——拍拍贷才成立。近十年来,P2P 网络借贷平台飞速发展,国内外学者对此也进行了相关的研究。

1. 国外文献综述

Freedman 和 Jin（2008）通过对借款人和网络借贷中介之间关系的研究，得出如果 P2P 网络借贷的中介人与借款人是朋友等较近的关系，则贷款违约概率比较低，这主要是基于熟人的隐性担保。Pope 和 Sydnor（2008）通过对借款人的年龄因素对贷款成功率的影响进行分析，得出在一定范围内借款人年龄越大，贷款的成功率就越低。35 岁以下的借款人贷款比 35～60 岁的借款人的贷款成功率高出 0.4%～0.9%，同时，35～60 岁年龄段的借款人比 60 岁及以上的借款人贷款成功率高。Everett（2008）使用14 000多个项目的数据，对社会关系和 P2P 网络借贷市场上的违约风险以及利率之间的关系进行了分析，研究表明，若融资平台上在现实社会中相互有联系的人，如朋友、同学等，则违约率较低。所以，他认为虚拟的社交网络具有传递"软信息"的作用，现实的社交网络可以约束 P2P 网络借贷组群成员的行为。Klafft（2008）通过研究发现，P2P 网络借贷的规则和传统的银行系统其实非常类似。他通过分析 Prosper 平台上的数据，证明了影响贷款利率的主要因素为借款人的信用等级，虽然从表面来看借款人债务收入比应该具有显著影响，实际上看来影响却小得多，其他如借款人的银行账户信息或借款人是否具有不动产如房产等信息对贷款利率基本上没有影响。同时也指出，信用评级较差的借款人在传统金融渠道基本无法获得贷款，在 P2P 网络借贷平台上也不容易获得贷款。另外，借款人的信用评级越高，其在网络借贷平台上获得贷款的成功率也就越高。

Herrero-Lopez（2009）通过研究认为，目前 P2P 网络借贷平台对借款人的评级并不一定准确。因为 P2P 平台对借款人的评估和审核更多地集中在借款人个人，并没有将其他可能因素全部考虑在内。他认为平台应当更多地考虑借款人的社会关系，这样有助于对借款人有一个综合的分析，以提高评级的准确性和可信度。Lin、Prabhala、Viswanathan（2009）对世界上最大的 P2P 网络借贷平台 Prosper 进行了研究，发现通过社交网络对 P2P 网络借贷平台的借款人进行调查能够有效地解决逆向选择的问题。研究结果表明，借款人在社交网络上的信息越详细，借款人贷款的成功率就比较高，同时取得的贷款利率也相对越低。

Hampshire（2010）实证分析了 P2P 网络借贷平台的社区组群及其成员的融资行为，发现将个人声誉与其所在的组群的声誉结合在一起，使得组群成员之间进行相互监督，这样能够有效地降低逆向选择现象和控制信用风险。Shen、Krumme、Lippman（2010）通过对 Prosper 上交易信息的研究，认为目前 P2P 网络借贷平台的投资者大多偏好高风险的标的，并且投资者中间存在从众效应,增加了 P2P 平台的总体风险。Berger 和 Gleisner（2010）通过研究 P2P 网络借贷平台的14 000笔借款,得出 P2P 网络借贷作为一种新型的借贷模式大大缓解了借贷双方的信息不对称问题,起到了金融中介的作用。随着网络技术的发展,P2P 网络借贷平台终将可能与现有商业银行体系平分秋色,甚至取代传统的商业银行体系。Collier（2010）等通过对借款人的借款金额、财务状况和竞拍方式会对借款利率产生影响进行研究,发现这些因素对借款人的贷款成功率都有显著影响。其研究结果表明借款人的借款金额越大、财务状况越差,会使得借款越困难,同时借款利率越高。

2. 国内文献综述

黄叶苨、齐晓雯（2012）认为,P2P 网络借贷平台还存在着很多漏洞,存在较大的安全隐患。由于缺乏完善的监管制度和全面的信用体系,加之我国的 P2P 网络借贷平台总体上注册起点低,操作模式繁多,而且平台网站存在着技术漏洞,容易导致安全隐患的出现。文章提出,为了降低 P2P 网络借贷平台存在的风险,要努力健全相关制度与法律法规,建立保险、网络借贷和用户的三方平台以及由多家网络借贷平台共同设立信用评级系统。

王紫薇、袁中华和钟鑫（2012）及钮明（2012）等分析研究了 P2P 网络借贷所面临的风险。钮明认为,P2P 网络借贷存在资金缺乏安全保障、资金的真实用途无法查证、个人信息泄露、缺乏对 P2P 网络借贷平台的有效监管这四个方面的风险。王紫薇等认为,P2P 网络借贷平台现有的风险主要来自借款人的信用风险和网络借贷平台的网络安全性风险这两个方面。借款人的信用风险管理主要体现在贷前、贷中和贷后的管理上。网络安全性风险主要体现在各种病毒木马及黑客入侵会导致借贷双方的个人信息泄露以及资金损失等的安全隐患。

苗晓宇（2012）认为,P2P 网络借贷平台主要面临着五种风险:一是信用风险,即借款人无法按时还本付息的风险;二是市场风险,指的是银根的紧松对 P2P 网络借贷造成的各方面影响;三是操作风险,由于 P2P 门槛低,外部监管还不完善,P2P 网络借贷公司在操作时存在演化成高利贷的风险;四是流动性风险,很多因素都可能导致资金链的断裂,如出借人的缺乏和坏账的攀升、市场的波动等因素,更严重者甚至导致破产;五是政策风险,目前 P2P 网络借贷相关立法尚不完善,这种借贷的性质也缺乏明确的法律法规界定,这些都加剧了 P2P 网络借贷平台未来生存的不确定性。马运全（2012）指出,P2P 网络借贷作为民间借贷的重要方式,参与主体非常广泛、效率很高,促进了经济的发展。现在市场上存在的 P2P 平台在业务运作等各方面都相类似,风险控制水平不高,还存在着资金安全缺乏保障、个人信息泄露、涉嫌非法集资等隐患。

借贷中的逆向选择和道德风险也是不容忽视的问题。谢平、邹传伟(2012)提出了互联网金融模式的概念,认为互联网金融模式是与商业银行间接融资、资本市场直接融资不相同,是第三种金融融资模式。互联网金融模式是时代发展的产物。并且从支付方式、信息处理、资源配置三个方面进行分析,通过构建模型进行实证分析,结果证明了互联网金融模式能通过降低交易成本、提高资源配置效率来促进经济增长。

冯军政、陈英英(2013)指出,P2P 网络借贷平台是金融领域的一种新型模式。随着其客户基础的不断扩大和业务领域的扩张,P2P 网络借贷平台将对商业银行信贷业务形成直接的影响和巨大的冲击。刘丽丽(2013)指出,目前法律法规还不健全,难以确认 P2P 网络借贷平台的合法性,监管的缺失可能引发宏观政策执行效果差的风险,信息不对称和统一信用评级体系的缺乏可能诱发信用风险,P2P 网络借贷平台挪用中间账户资金可能引发操作风险,P2P 网络借贷平台的担保机制容易触发流动性风险。因此在这几个方面还需要不断地努力完善。叶桂强(2013)通过构建 Logit 的二元选择模型,从借款特征以及借款人特征两个层面分析了民间网络借贷平台借款人违约状况的影响因素。结果表明借款金额、借款期限、借款用途、年龄、教育水平、从业状况、家庭劳动力占比、家庭经济状况、借款人收入状况都会影响借款人的违约率。

18.2 P2P 网络借贷

18.2.1 P2P 网络借贷概述

1. P2P 网络借贷起源

P2P 借贷是 Peer to Peer 的缩写,peer 是个人的意思,正式的中文翻译为"人人贷",是一种将小额度资金聚集起来,借贷给有资金需求者的一种商业模式。P2P 小额借贷是由 2006 年诺贝尔和平奖得主穆罕默德·尤努斯教授首创。尤努斯教授所创建的孟加拉乡村银行为该国 200 多万的农村贫困人口(尤其是妇女)提供了小额贷款,极大地促进了孟加拉农村社会和经济的发展。传统的借贷主要形式是"网下"借贷模式。然而,随着经济的增长、互联网的普及和信息技术的迅速发展,小额借贷的服务人群范围逐步扩展,除了社会低收入人群之外,还包括一些白领阶层、个体工商户及私营小企业主等有着各种生产及生活贷款需求的人群,主要形式也演变为"网上"和"网下"并行的模式,"网上"模式就是 P2P 网络借贷平台。P2P 在线借贷是信息技术在金融领域的一次突破性应用。P2P 网络借贷是一种新事物,学术界对它的研究才刚刚起步。

全球首个 P2P 网络借贷平台 ZOPA 诞生于 2005 年，实现用户之间资金的借入或借出，整个过程无需银行的介入。ZOPA 在整个交易中代替银行，成为中间人，责任包括借贷双方交易中所有关于借款的事务，完成法律文件、执行借款人的信用认证、雇佣代理机构为出借人追讨欠账等。这一借贷模式凭借高效、便捷的操作方式和个性化的利率定价机制，使借贷双方互惠共赢，一经推出便得到广泛的关注和认可。借款人一般都是自然人或者中小型企业，而相对的借款人也一般都是自有资金量和投资渠道不多的中小投资者。这种方便、快捷、透明、直接的小额信用交易从英国发端迅速传遍各国，为各类投资无法和借款无门的小型出借人和贷款人所接受。这种模式迅速在其他国家复制，加拿大大学海外服务局(CUSO)将 ZOPA 视为极具潜力的个人借贷模式。目前国外知名的 P2P 网络借贷平台主要有英国的 ZOPA、美国的 Prosper 和 Lending Club、德国的 Auxmoney、日本的 Aqush、韩国 Pop-funding、西班牙的 Comunitae 以及巴西的 Fairplace 等。其中，以英国的 ZOPA 和美国的 Prosper 最具有代表性。

2. P2P 网络借贷兴起的原因

(1)网络的普及为 P2P 网络借贷提供了发展的平台

现代信息技术极大地提高了信息传播的速度和覆盖面，最大限度地降低了信息传播成本，为借贷双方提供了快捷的交流平台，使他们通过网络相互了解，达成借贷的意向。因此使得原始的 P2P 信贷方式得以重构为现代 P2P 模式，即基于信息平台的个人对个人信贷。

(2)信贷需求的多样性决定了 P2P 小网络贷款的生存空间

信贷市场上有着不同层次的顾客群，要求不同性质的信贷服务。虽然对小额贷款有巨大的需求，大银行却不能有效满足广大中小企业和居民的贷款需求。因此，需树立信贷市场细分的观念，建立专业小额贷款服务机构，创新小额贷款服务方式，充分利用互联网低成本、信息共享的优势来弥补小额贷款的劣势。

(3)金融危机背景下各大金融机构惜贷，为 P2P 网络贷款提供了难得的发展机遇。

3. P2P 网络借贷的基本流程

各网络借贷平台的运作不尽相同，但基本流程大致相同。

第一步，参与网络借贷的人首先要在网站上进行注册。

第二步，借款人决定借贷时，提供相应的身份证复印件及相关身份证明，还需要提供详尽的个人财务状况说明，并向网站提出申请。

第三步,平台对借款人进行审核。

第四步,借款人在网站上发布借款信息,约定借款期限、最高年利率以及资金筹措期限,发出借款的邀约。

第五步,有意放款的出借者用自有资金进行全额或部分投标,但投标年利率不能高于约定的最高值。

第六步,在资金筹措期满后,如果投标资金总额达到或超过借款人的要求,则全额满足最低年利率资金中标;如果资金筹措期满仍未能集齐所需资金,则该项借款计划流标。

第七步,借款成功后,网站自动生成电子借条,借款人按每月还款方式向放款人还本付息。

4.P2P 网络借贷的优点

P2P 网络借贷的优点在于,与一般微型金融相比,不需要苛刻的贷款申请条件、繁琐的材料准备以及相对较长的等待过程,交易更加快捷和便利。成熟的 P2P 借贷平台运作,具有低风险和流动性强等优势。P2P 网络借贷是弱市中"高收益、稳健型"投资产品,收益情况基本不会受到经济环境的影响,甚至有些地区由于资金需求在经济下滑和萎靡时期往往更加旺盛,平台上的借贷活动也会更为活跃。而其借贷平台的独特之处在于:

(1)一般为小额无抵押借贷,覆盖的借入者人群一般是中低收入阶层,现有银行体系覆盖不到,因此是银行体系必要的和有效的补充;

(2)借助网络、社区化的力量,强调每个人来参与,从而有效地降低了审查的成本和风险,使小额贷款成为可能;

(3)平台本身一般不参与借款,更多的是提供信息匹配、工具支持和服务等;

(4)由于依托网络,与现有民间借款不同的是,其非常透明;

(5)由于针对的是中低收入以及创业人群,其具有相当大的公益性质,因此具有较大的社会效益。

18.2.2　P2P 网络借贷国内发展现状

2007 年 8 月,中国第一家 P2P 贷款网站——拍拍贷成立以来,多家 P2P 网络借贷平台相继涌现,影响范围不断扩大,交易数额日益增长。截至 2013 年 4 月,国内 P2P 借贷网站主要有拍拍贷、宜信、人人贷、红岭创投、365 易贷、e 速贷、你我贷和畅贷网等。其中,拍拍贷、宜信和红岭创投成立时间较早、规模较大、知名度较高,并代表了国内三种不同的 P2P 网络借贷模式,下面分别进行详细介绍。

1. 拍拍贷

拍拍贷成立于 2007 年 8 月,注册资本 10 万元,总部设在上海。拍拍贷的运行主要借鉴 Prosper 模式,属于单纯中介型 P2P。拍拍贷网站的功能包括借款信息的发布、竞标管理、成功借款管理、电子借条等。拍拍贷通过连接小微企业主及网店卖家的融资需求与城市白领阶层的投资需求,5 年来在全国吸引了 10 万以上的注册用户;只要是 18 周岁以上的中国大陆地区公民,都可以申请成为借入者或借出者,在拍拍贷上借款的用户单笔最多可借入 20 万元。

(1)拍拍贷的业务流程

与 Prosper 类似,拍拍贷的借贷主要采用竞标方式,利率由借款人和出借人(竞标人)的供需市场决定,提供无抵押、无担保的在线贷款。拍拍贷既不吸储也不放贷,仅提供网络平台服务,借贷双方在线自由交易,借款人在线发布借贷要求后,有意向的出借人参与竞标,其中利率低者中标,当投标资金总额达到借款人的要求时,拍拍贷网站会自动生成电子借条,宣告借贷成功。在这个过程中,拍拍贷通过向借贷双方收取服务费获得收入。

(2)拍拍贷模式的特点

一是提供无抵押、无担保贷款。拍拍贷提供的多为小额无抵押借贷,覆盖的借入者人群一般是中低收入阶层,为了降低出借人的风险,拍拍贷强制借款人按月还本付息,以降低借款人的还款压力,保障出借人的利益。

二是平台风险较小。一方面,拍拍贷对出借人不承担担保责任,不赔偿借款人逾期不还款等潜在风险造成的经济损失;另一方面,拍拍贷一般不参与借贷,更多的是提供信息匹配、工具支持和服务等。此外,由于借助网络、社区化的力量,拍拍贷强调每个人都应参与其中,从而可以有效地降低审查的成本和风险。

三是平台收费低廉。由于没有抵押、担保,拍拍贷的收费水平较低,且大多数业务是免费的。

2. 宜信

宜信成立于 2005 年 5 月,总部设在北京,是从事“个人对个人”信用贷款和财富管理服务的网络服务平台,属于复合中介型 P2P,其运营方式主要借鉴 ZOPA 模式。据宜信网站披露,宜信已在北京、上海、广州、深圳等全国 30 多个城市建立了服务网络,吸引了 6 万多名借款人,发放了共计 20 亿元的贷款,年收益率达 20%。

(1)宜信的业务流程

宜信的借贷业务遵循 P2P 的一般借贷流程:第一,宜信将出借人的款项打散,做一份多人借款的合同给出借人,等到款项到第三方账户（宜信即为第三方账户人）,合同正式生效;第二步,宜信挑选好借款人后,就把债权转到真正的出借人;第三步,借款人定期按时还款。

（2）宜信模式的特点

①严格控制信贷风险

一方面,宜信建立了规范的信用管理制度:借款人要获得贷款需要经历面审、初审、终审等严格的审核流程;在还款过程中,宜信会跟进借款人、了解借款人的工作和生活变化并提醒按时还款;如果出现逾期不还,宜信的催收小组会对欠款进行催收。另一方面,宜信制定了保障金制度和每月还款制:在借款无法偿还的情况下,宜信可提取一定的保险金来赔偿出借人全部的本金和利息;同时,宜信采取的分散贷款和每月强制还款制有效地降低了风险。

②推进产品创新

针对不同类型的客户,宜信持续推进信贷产品创新,推出了差异化的贷款产品:2006 年,宜信推出全国首个"先就业后付款"培训助学贷款产品;2007年,宜信研发出专有的个人信用评分系统,并针对在校大学生和工薪阶层推出"学信通"和"新薪贷";2009 年,宜信为优质工薪阶层群体推出"精英贷"。

③探索多种理财产品

根据不同客户群体的需求,在兼顾收益性和安全性的基础上,宜信设计了多种理财产品:2008 年 2 月,宜信推出"宜信宝"理财产品,年收益率始终保持在 10％以上;随后,宜信又推出了"月息通"（月预期收益率 0.8％以上）、"固定期限出借方式"（预期年化收益率 7％～10％）、"月满盈"（预期年化收益率5.6％）以及"公益理财"（年收益率 2％）等多种理财产品。

3. 红岭创投

红岭创投成立于 2009 年年初,隶属于深圳市红岭创投电子商务公司。该网络借贷平台的最大特点是:如果借款人到期还款出现困难,逾期后由红岭创投或担保人垫付还款。近期,红岭创投的总交易量及月均交易量都明显高于同行其他网站,目前累计成交金额已近 3 亿元。

（1）借贷双方的交易规则

对借款人而言,必须经过实名认证后申请成为 VIP 会员,而且必须具备合法用途才能发布"借款标",VIP 会员费按 180 元/年收取,借款成功以后扣除。根据收入状况和还款能力的不同,借款人可获得信用额度从 2 万元到100 万元不等。此外,红岭创投还对借款人收取管理费用,即每个月按借款本金收取 0.5％的管理费,在借款金额中直接扣除。对放款人而言,放款人可自愿申请 VIP 会员资格,VIP 会员费按 180 元/年收取,成为 VIP 会员后,逾期

"借款标"享受本金全额垫付,快借标由网站垫付本息,担保标由担保人垫付本息;非 VIP 会员投标后的逾期垫付为 VIP 会员标准的 50%。放款人成功投标后,所获利息的 10%划归红岭创投网站。

(2)三种不同的"借款标"及逾期垫付情况

一是信用借款标,即根据借款人的信用状况,红岭创投授予其一定的信用额度,如借款人到期还款出现困难,逾期 30 天后由红岭创投垫付本金还款,债权转为红岭创投所有。

二是担保借款标,即网站担保人和借款人协商并签订抵押担保协议。如借款人到期还款出现困难,由担保人垫付本息还款,债权转为担保人所有。

三是快速借款标,即红岭创投网站经过严格核查借款人的资产和负债,根据借款人的信用状况,签订抵押担保手续。如借款人到期还款出现困难,借款到期日当天由红岭创投垫付本金和利息还款,债权转让为红岭创投所有。

18.3 P2P 网络借贷违约风险特征以及与传统金融的区别

违约风险又称信用风险,是指借款者未能履行合同,无法按期偿还利息和本金而给网贷平台及出借人经济利益带来损失的风险。

P2P 网络借贷是互联网与金融结合的产物,是一类典型的互联网金融产品。互联网金融产品的核心是金融。任何金融产品都是对信用的风险定价。金融具有的信息不对称、交易成本、监管、金融风险等因素并不会因为互联网金融的出现而消失,反而会更加复杂。因此,P2P 网络借贷的违约风险与传统金融违约风险相比,存在较大的差异。

18.3.1 P2P 网络借贷存在的违约风险

目前,各 P2P 网络借贷平台主要是根据借款人提供的身份证明、征信记录、营业执照、财产证明等信息对借款人进行信用评级,决定是否批准贷款。首先,这些信息无法保证绝对真实。其次,网贷平台无法及时掌握借款人的财务状况、经营状况、还款能力、所贷资金的实际用途等,这些因素都有可能导致坏账的发生。著名 P2P 平台红岭创投 2014 年 8 月因借款人失联出现高达 1 亿元的坏账,平台使用自由资金垫付了该款项。如果此类风险事件发生在资本较小的平台,受损失的必定是投资人无疑。因此,贷款逾期是 P2P 行业面临的又一个重大风险。

1. 由于法律缺失导致的风险

(1)缺乏基本的信用评级标准和信用评级综合体系

网络借贷初期就是一种纯信用借贷,随着网络借贷的发展,才逐渐从信用借贷演变为抵押借贷、担保借贷等借贷形式。但即便如此,网络借贷的基础仍然是借贷者的信用。只有良好的借贷者信用,网络借贷才能健康发展。在美国,健全的信用体系记录着每一个公民所有的信用情况,调出记录也非常简单,网络借贷的风险就大大降低了。然而,中国尚未建立这样的信用体系,甚至各个平台也没有共享信用资料,借款人在某一融资平台违约再转而在另一平台借钱没有障碍,无法根本消除风险。

(2)对网站监管的缺失

由于网络借贷中介平台的出现充分利用了网络的虚拟平台,减少了对实体经营的依赖,给监管带来很大的难度。目前我国经营网络借贷中介平台的公司只需要进行工商登记,而对其营业需要的资质、人员、技术、收费标准、收费方式、中介行为所享有的权利和义务都没有规定,并且在其运营期间,缺乏有效的动态检查和跟踪措施,对其中介行为的事后监管等均没有规定。

(3)无抵押导致贷款人投资风险增大

网络的特殊性决定了网络借贷不适合利用抵押、质押的方式对贷款进行担保,根据《最高人民法院关于人民法院审理借贷案件的若干意见》(以下简称《若干意见》)第13条规定,在借贷关系中,仅起联系、介绍作用的人,不承担保证责任。如果出现了借款人违约、欺诈,贷款人的权利将受到极大的侵害。网络借贷中介平台当然能够以该《若干意见》为法律依据不承担保证责任,但是对于平台来说,其对借款人身份的认证标准以及在借贷过程中对贷款人信息披露的要求,致使其不可能不负有一定的责任,推脱会使其失去贷款人的信任。目前,有的网络借贷中介平台为贷款人提供了保证的服务,在借款人逾期不还的情况下,由平台购买贷款人的债权,偿还贷款人的本息。

2. 由于网络平台用户导致的风险

用户导致的风险是最直接、放贷人最担心的风险。使用网络借贷平台的过程中,由于放贷方需自己承担风险,资金安全难以得到保证。鉴于网络方式的虚拟性,借贷双方的资信状况难以完全认证,容易产生欺诈和欠款不还的违约纠纷,而风险需放贷方自己承担。尽管网站能提供很多风险控制方式,这些都只是一些辅助的手段,缺乏实质性的约束力,如果借款人恶意赖账,最终所放贷资金的安全无法得到保证。拍拍贷目前已经遇到一些违约的情况,网站协助催收,但是由于相关程序较为繁琐,违约成本居高不下。齐放网目前还未出现违约情况(截至2009年4月底齐放网的还款率是100%),但由于该网站仍处于起步阶段,规模较小,并随着其大范围的推广,同样面临较大的违约风险。

3. 由于借贷平台自身导致的风险

(1)借贷网站注册起点低,操作模式不一,导致资金安全隐患加大

根据资料显示,目前,网络借贷平台大多是以投资咨询、电子信息发展和高科技发展等字样名称注册公司经营的,根据工商注册管理相关规定,对以从事科技信息咨询等类似的公司,国家并未规定前置条件,注册资金以3万元为起点。注册起点过低,就使得部分不法分子利用网络借贷平台的"低门槛",非法骗取客户钱财。同时,借贷网站面临着坏账所引发的安全隐患。以红岭创投为例,最初注册资金为100万元(2011年4月增资至1 000万元),该网站已公布黑名单231名,网站垫付的本金高达360万元以上,占注册资金的36%。借贷网站运营最关键的就是资金的流转,坏账率的提高使得网站的营运资金受限,严重影响网站的日常经营,一旦坏账率高达一定的比例,导致网站倒闭,会伤害众多网站用户的利益。除此之外,不法分子利用借贷网站注册起点低,以合法行为掩盖其非法目的,表面上从事资金借贷,实际从事着非法吸储放贷的行为。

(2)网站技术存在漏洞,容易遭受恶意攻击,导致用户利益受损

随着网络技术的不断发展,网络越来越成为犯罪分子利用的平台。像网络借贷平台这样涉及大量现金流的网站,更容易成为犯罪分子的目标。一旦网络平台在技术层面上存在着漏洞,往往会引发犯罪。第一,资金安全受到了严重的威胁;第二,用户个人信息的暴露也将对用户造成困扰。网站技术漏洞也将成为束缚网络借贷平台发展的一个重要因素。

18.3.2　P2P网络借贷违约风险和传统金融违约风险的区别

1. 信息不对称风险加剧

通过虚拟现实信息技术、虚拟化的金融机构可以实现虚拟分支机构或营业网点的增设,扩展虚拟化的金融服务。与传统金融服务相比,由于互联网金融中的一切业务活动,如交易信息的传递、支付结算等都由电子信息构成的虚拟世界中进行,因此金融机构的物理结构和服务网点等实物资产的重要性大大降低。得益于互联网金融服务方式的虚拟性,交易双方不需直接见面,只需通过网络进行交易。这样虽然可以克服地理空间的障碍,但同时也使得对交易者身份、交易真实性的验证难度增大。交易者之间在身份确认、信用评价方面的信息不对称程度提高,进而导致信息风险加剧。

(1)资金流向的信息掌控风险

信息流、资金流和物流三者的结合促进了电子商务和网络信贷的迅速发展。出于资金流环节对支付的便捷性要求,第三方支付平台应运而生。一方

面,第三方支付平台,为买卖双方整合了众多银行卡支付方式,提升了买卖双方支付的便捷性;另一方面,第三方支付企业为银行整合了零售电子商务、小额信贷的结算业务,节约了银行的营销成本。然而,第三方支付平台的资金运作却很容易成为监管盲区,形成无法掌控的风险。

从交易过程看,供求双方在完成交易前必须在第三方支付平台上开设账户,资金支付只有通过公共的第三方平台才能流转。在资金的调拨过程中,虽然依旧离不开银行的底层服务,但从业务性质上看,第三方支付企业事实上已经从事了与银行结算类似的业务。在第三方支付企业基本承担起银行在电子商务中小规模的支付结算业务后,作为支付中介的一般存款账户实际成为银行无法控制的内部账户。由于网络借贷平台具有虚拟性、匿名性和即时性的特点,因此监管部门对于互联网模式下资金流向的追踪就变得更加困难。从这个意义上讲,第三方支付企业利用其在银行开立的账户屏蔽了银行对资金流向的识别。

(2)放款者决策的信息风险

与传统商业银行的借贷不同,网络借贷是在借款人和放款人之间直接进行的,属于直接融资而非间接融资。其中,第三方平台只起到撮合交易的作用,并不直接从事借贷活动,因此并不属于金融机构。这种交易没有金融机构的直接参与,一般借贷的额度不高,也没有抵押、担保,实质是一种信用借贷。而信用借贷也就意味着风险主要由借款者承担。虽然在网络借贷模式下,凭借平台积累的注册信息、销售额现金流和历史成交记录等,能为放款者提供一定的参考和借鉴,但仍无法消除放款者的决策风险。对于网络信贷而言,一方面,网络信贷企业或个人无法通过第三方来获取借款人客观的信用历史数据。虽然很多网贷公司采取了诸如手机绑定、身份验证、收入证明、视频面谈等手段,但如果更为关键的借款人征信记录、财务状况、借款用途等资料无法充分获得的话,仅凭借款人自身提供的一些基本资料,很难构建起客观、全面的信用评级体系。另一方面,在各个网络借贷平台信息相互隔绝的条件下,一家平台在对借款人进行审核时,无法得知该用户是否在其他网络借贷平台也申请了贷款。因此,一旦借款人故意隐瞒相关信息,而审核人却按正常流程审核并放出贷款,就可能形成不可避免的风险。

由于互联网金融业务和服务提供者具有显著的虚拟性特征,所以在交易者身份的确认和信用评价等信息方面往往会产生明显的不对称性。在实际业务中,出借人不可能对借款人的资金使用情况进行有效监控,而网络借贷平台又不可能像商业银行一样对贷款的使用进行审查,因此借款人很容易通过隐瞒他们的一些信息,做出不利于互联网金融服务提供者和放款者的决策,从而使放款人在选择客户时处于更加不利的地位。此外,一旦资金出现损失,放款人还往往会陷入无法有效进行追讨的困境。因此,在互联网金融中放款者决策的风险需要得到重视。

2. 互联网信息的虚拟性增加了信用风险

金融行业和互联网行业都是高风险行业,因此互联网与传统金融融合,风险必然大于它们各自的风险。互联网本来就具有虚拟、自由的特征,大量的用户非实名注册,伪造信息,甚至盗取别人的信息,各种欺诈行为时有发生。国内 P2P 行业信用风险事件频发,部分恶意借款人利用交易过程虚拟化的特点,利用 P2P 平台实施诈骗,甚至出现了纯诈骗性质的 P2P 平台,如"福翔创投"上线仅三天,"老板"即卷款潜逃。从当前国内各网络借贷平台业务运作情况看,网络借贷信用评价主要依据借贷人提交的身份证明、房产证明、银行账户流水单等材料的复印件或影印件,这些证明材料的真实性难以核查。实践中,一些不法分子利用网络借贷这一缺陷,从事资金诈骗活动。虽然网络借贷平台提供了多种风险防范措施,如"齐放网"要求借贷资金须经由所在学校账户,再发给学生本人等,但是这些均只是辅助手段,缺乏实质性的约束力。

18.4 国外 P2P 违约风险的现状

自 2005 年英国建立全球第一家 P2P 网络借贷平台 ZOPA 后,各种形式的 P2P 网络平台先后成立:美国 Prosper 成立于 2006 年 2 月,德国 Smava 成立于 2007 年 2 月。2008 年全球大约有 24 种平台,2010 年 P2P-Banking 网址定义的全球范围内的 P2P 平台已增至 33 种(Alexander 等,2011)。自首个 P2P 网络借贷平台出现以来,这种新型的借贷模式在世界范围内迅速发展并展示了广阔前景。而针对违约风险方面,不同的借贷平台有各自的风险控制手段。

18.4.1 英国

ZOPA 是世界上第一家 P2P 网络借贷平台,于 2005 年创立,通过向借贷双方收取佣金盈利。ZOPA 2014 年的总贷款规模为 2.68 亿英镑,自成立以来的累计贷款规模已超过 7.13 亿英镑,2015 年其贷款规模有望继续大幅增加。ZOPA 的贷款违约率极低,仅为 0.2%。如此低的违约率依赖于 ZOPA 具有的以下特点:

(1)网站拥有自己的保障基金 ZOPA Safeguard,用于在借款者违约时,赔偿放款人的本金与利息收入。

(2)放款人的放款下限仅为 10 英镑,放款金额没有过多约束。

(3)确保每笔大型贷款项目至少有 200 人为其提供资金。

(4)设置专家团队提供相关服务,减少资金风险。

(5)ZOPA 不公布借款人的信息,不允许借贷双方自行匹配。

ZOPA 将超过 4 个月未还款的贷款确定为违约贷款。借款人获得资金的难度也较大,据 ZOPA 统计,网站借款人在57 000人以上,远大于放款人人数。平均每笔贷款需求为5 500英镑,而平均每笔贷款供给仅3 500英镑。借款人完成注册后,由与 ZOPA 合作的 Equifax 信用评级机构评定其个人信用等级,一般分为 A*、A、B 和 C 四个等级。放款人则可选择相应等级的贷款对象,结合借款期限,进行投资选择。ZOPA 平台在考察核准后为借贷双方进行匹配撮合,并按照预设条款进行资金转账。

ZOPA 的风险控制主要分为以下几个方面:

1. 关于借款人的信用有迹可循

在决定贷款之前,ZOPA 对借款人的了解主要依靠各家信用评分机构的信息,另外,ZOPA 亲自调查借款人的工作情况,确保此人有足够的能力在未来还债。

ZOPA 在借款人申请贷款的 24 小时之内就可以知道关于此人的所有信用情况,包括负债记录、还款违约记录、现有账户记录等,可以说,关于借款人的所有信用相关信息都能查到。

2. 设置 Safeguard 安全基金。

ZOPA 的安全基金类似于风险准备金,负责在贷款违约时替借款者偿还欠投资者的本金与利息,由非营利性的信托机构 P2PSLimited 保管。

安全基金里的钱来自借款者,ZOPA 对借款者会收取一定的借款手续费,这笔手续费一部分用于支付公司的日常运营和网站建设,还有一部分存到安全基金里。ZOPA 会将安全基金转给 P2PS 保管,一旦 P2PS 收到资金,ZOPA便没有权利再使用安全基金。同时,有专门的法规规范这笔基金的使用,就是只能用来偿还违约者欠投资者的本金与利息。

3. 其他风险控制手段

(1)分散投资者风险

在默认模式下,ZOPA 会自动将2 000英镑以下投资者的资金分成 N 组10 英镑借给借款者,如果投资者金额超过2 000英镑,则资金至少会借给 200人。将投资者投资总额分成小份借出,这也是一般的 P2P 借贷公司常用的分散风险的手段。例如,美国 Kiva 与 Prosper 都建议投资者将资金分成 25 美元。

(2)防范平台倒闭风险

借贷资金与 ZOPA 的运营资金分开,被存于 ZOPA 在苏格兰皇家银行(Royal Bank of Scotland,RBS)单独的账户里,因此即使 ZOPA 倒闭,投资者也可以安全收回本金。

18.4.2 美国

美国的 P2P 模式发展迅速,分为营利性平台与非营利性平台两种。在营利性平台中,以 Prosper 公司和 Lending Club 公司为代表,这两家公司的交易额约占美国市场的 80%。2012 年,Prosper 新增贷款同比增长 91%,Lending Club 新增贷款同比增长了 179%。2013 年这两家平台的业务量和贷款金额仍保持迅猛递增的势头。在非营利性平台中,以 Kiva 为代表,成立于 2005 年。

1. Prosper

Prosper 公司于 2006 年成立,通过网络平台联系个人之间的贷款,充当放款方与借款方的中介。截至 2014 年末,已发展 200 万名注册会员,累计发放贷款 10 亿美元,是世界上最大的 P2P 借贷平台。该平台有以下特点:(1)匿名注册。注册时不采用实名制,而是使用账号名称。(2)拥有独立的信用积分评价体系。Prosper 要求借贷者的信用积分至少达到 640 分。(3)可以进行组合投资。放款人既可以浏览已经审核后的贷款需求清单,选择要投资的对象,根据自身所偏好的贷款标准来制定投资组合,又可以使用平台提供的自动投资组合组建工具来选择放贷组合。该工具允许放款人利用平台自定义的规则,例如信贷质量、平均年利率来搜索符合条件的贷款申请。(4)设定单笔投资金额限制。对于放款人的单笔投资而言,最少金额为 25 万美元,最高为 500 万美元。截至 2013 年 9 月,Prosper 公司的放款人平均投资数额为6 075美元。放款人既可以进行多项目投资,也可以投资于单一贷款,或者只投资于该贷款需求的一部分。

Prosper 的借款用户基本上是在非常宽松的借贷环境下仍然信用不足的人,即"次级中的次级"。因此对违约风险的控制显得尤为重要。但受惠于美国良好的社会征信服务、美国人的诚实守信,P2P 平台上的违约率基本可以接受。Prosper 于 2013 年改变政策,现在给借款人发放贷款也采用 FICO-700 平均分制度,新违约率可能为 5%。Porsper 逐年细分的违约率如表 18-1 所示:

表 18-1　　　　　　　　　　　　　Porsper 逐年细分的违约率

年份	回报率	平均违约率	损失率	本金	个数	完成进度	总损失
2009	9.80%	17.86%	7.10%	$ 8 886 296	2 034	100%	$ 788 570.10
2010	10.76%	19.30%	7.47%	$ 26 430 488	5 608	100%	$ 2 455 741.50
2011	9.46%	21.61%	11.02%	$ 60 528 564	9 651	64.19%	$ 8 180 510.50
2012	8.29%	19.25%	9.75%	$ 82 047 000	12 516	0%	$ 9 473 776.00
2013	10.09%	16.24%	5.24%	$ 188 368 000	20 427	0%	$ 8 206 932.50
2014	9.69%	13.11%	2.49%	$ 685 486 140	59 641	0%	$ 4 289 422.00

Prosper 的风险控制机制组合主要表现在以下几个方面：

（1）完善风险评价机制。Prosper 将评级的等级分为七级，并依据评级对借款人的借款额度和年限进行限制。

（2）随时披露以往借款人的历史坏账率，以帮助投资人判断风险；建立坏账补偿金制度，减小实际损失风险；根据朋友评价、社会关系以及 Prosper 创新性的"背书"评价制度，进一步增强借款人的信用度，这其实就是一种间接的担保制度。

（3）外部的监管到位。因为完成交易最后结算都是通过 WebBank 发放的票据，平台有直接控制贷款人的资金，这就大大减少了公司倒闭给投资者带来的损失。Prosper 更是建立了破产隔离载体（Prosper Funding），这将降低平台破产风险对投资人资金的威胁。而 Prosper 公司也要接受交易和贸易管理以及消费者信用等政府管理机构的监管和检查。另外，美国的联邦贸易委员会 FTC 和联邦储备金监察小组会进一步加强法律法规方面的约束和监管。当然与他们合作的 WebBank 同时也受到金融监管部门的监管。

2. Lending Club

Lending Club 于 2007 年成立，2013 年 5 月，谷歌入股 Lending Club，注入新的发展活力。截至 2014 年末，已经发放了超过 40 亿美元贷款，为客户带来了超过 3 亿美元的利息收入。Lending Club 与 Prosper 的运营模式基本相似，给借款人发放贷款采用 FICO-700 平均分制度。与之不同的是，在信用评级上，Lending Club 公司则要求至少达到 660 分，并且要查看借款人是否有历史不良行为。在单笔投资金额限制上，Lending Club 允许可以最多投资本人净财富总额的 10%。

Lending Club 从成立之初就特别强化了对于风险的管理，平均 90% 的申请被驳回，主要是信用记录和当前工作状态等原因。这种策略在过去几年里取得了十分明显的效果，从融资、发起贷款额以及对于投资者稳定的高回报率等方面看,都卓有成效。

2012 年,Lending Club 的管理政策发生了改变,这将影响接下来几年的违约率:它降低了借款人的平均 FICO 分数并提高了平均利率。2011 年,Lending Club 要求借款人的 FICO 评分达到 716 分,能获得 10.8% 的平均利率。与之相反,2012 年借款人 FICO 的平均分为 703 分,所获得的平均利率为 12.98%,上涨了 2 个百分点。2014 年底,FICO 平均分约为 700 分。自 2012 年以来,Lending Club 的违约率继续降低,这也许是由于提高承销质量和保持相对较低的失业率共同造成的。Lending Club 目前的违约率约为 5%。

3. Kiva

Kiva 成立于 2005 年,是一家非营利平台。Kiva 与 62 个发展中国家和地区的 154 个小额贷款机构有长期联系,并通过它们选择当地的贷款机会。这些贷款机会被发布在 Kiva 网站上,涉及贷款金额、期限和用途等;借款者的年龄、家庭状况和经济状况等。放贷者在网站上浏览信息,并作出放贷决定,但单笔贷款不得低于 25 美元。Kiva 也提供了一些分析工具,帮助放贷者构建贷款组合。放贷者提供的资金经 Kiva 转手交给小额贷款机构,Kiva 本身不收取任何利息。但小额贷款机构在将资金贷给借款者时,会收取利息,平均约为 30%。之后,Kiva 会随时跟踪并公布贷款使用情况。在借款者偿还贷款后,小额贷款机构将还款经由 Kiva 还给放贷人。

在 Kiva 的借贷过程中,贷款者是风险的主要承担者。Kiva 采取一系列手段帮助贷款者较好地控制各种风险,以至于还款率高达 99.02%。违约风险是贷款者面临的最主要的风险,一般情况下来源为借款者。但因为在 Kiva 的借贷模式中,FieldPartner 负责向借款者借款与收款,因此 FieldPartner 也是信用风险的主要来源。针对这两方面,Kiva 的风险控制主要分为以下几个方面:

(1)Kiva 对 FieldPartner 的尽职调查

FieldPartner 是违约风险的主要来源之一,为了削弱 FieldPartner 的违约和运营风险,Kiva 对于每个潜在的 FieldPartner 都有非常严格的尽职调查,挑选最合格、最可靠的 FieldPartner。在确定合作关系后,Kiva 会对 FieldPartner 进行持续性检测,对其年度财务信息进行审核。每年 Kiva 都会更新 FieldPartner 的详细资料供贷款者查阅并挑选。

(2)对借款者进行多方面的考核

为了保证借款者信誉良好,Kiva 要求 FieldPartner 考虑借款者诸多情况,如历史借贷情况、贷款人所在村庄或所属团体的名声情况、借款目的等,然后再将其定位信誉是否良好。如果借款人出现违约,没有在规定期限内还款,

FieldPartner 会继续收款,之后的 6 个月内如果还是无法收到应归还的金额,Kiva 会将这次借款行为标记为违约。贷款者损失贷款金额,若 6 个月之后收到还款,则立即归还贷款者。

(3)建议贷款者多样化投资来削弱风险

为了分散借款者的违约风险,Kiva 建议贷款者可以多样化自己的投资来削弱风险,如 100 美元的投资可以分成 4 份,各为 25 美元的资金发放给 4 个不同国家来自不同 FieldPartner 的贷款。

18.5　我国 P2P 网络借贷违约风险实证分析

18.5.1　变量的选取及数据来源

通过对以往研究文献的研究和笔者的分析,影响贷款是否违约的因素主要分为两类:第一类是与贷款合约有关的因素;第二类是与借款者有关的变量,如借款者工作与收入情况、住房情况和自己本身的违约记录等。

而对于 P2P 网络信贷而言,最大的特点之一就是要求借款人提供的个人信息较为简单,一般为个人身份信息、基本资产状况、年龄、学历等个人基础情况。然后通过第三方认证平台对借款人提供的信息进行认证,根据认证后的信息对借款人的信用等级进行评定,并将信息及评级结果公布在网站上,供贷款人参考。故本报告根据 P2P 网络信贷的特点及指标选取原则,将借款人的基本资料归整为年龄、婚姻状况、文化程度、单位性质、住房条件、历史信用 6 个方面。指标选取及取值理由如下:

1. 年龄

不同年龄阶段的借款人的违约率有较大差别,一般而言,30～45 岁收入情况稳定,经济状况良好,其违约风险较低;年龄较小的借款人储蓄能力较低,缺少良好的消费习惯,其违约风险较高;而年龄较大的借款人收入水平较低,突发消费较多,其违约风险也相对偏高。

2. 婚姻状况

已婚的借款人情况较为稳定,而离婚和未婚的借款人信用状况可能偏低。

3. 文化程度

一般而言,文化程度越高,发生道德违约几率越低,因此,本报告假设文化程度与指标取值呈正比。

4. 单位性质

国有企业职工收入水平稳定,故其取值较高;而个体工商业或小型民营企业收入来源不稳定,可还款现金流较低,故其取值较低。

5. 住房条件

在我国,住房条件通常代表个人的经济能力,故住房面积与取值呈正比,租房取值最低。

本报告从拍拍贷、宜信、365易贷等4家不同运作模式P2P网络信贷平台交易数据中选取74个无违约记录的借款人信息和31个有违约记录的借款人信息,共计105组信息作为本次P2P信用风险评估的样本。样本选取时间截至2013年9月30日,根据项目借款人所发生交易的时间由近至远依次取得,其中在365易贷中取得14个无违约记录的借款人信息和1个有违约记录的借款人信息,在其余3家P2P网络信贷平台各取得20个无违约记录的借款人信息和8个有违约记录的借款人信息。本报告根据借款人违约笔数进行取值,违约40笔以上的取值0,违约20~40笔的取值0.2,违约10~20笔的取值0.4,违约1~10笔的取值0.6,无违约记录的取值1。根据借款人的信息的取值情况结合P2P网络平台给出的评级结果,将105个信用风险等级划分为5级。

在本报告运用的模型中,模型的因变量是是否违约的二值变量,其中,违约设为1,不违约设为0;对于历史数据,曾经发生或违约就设为1,没有发生过违约就设为0。具体变量设置如表18－2所示:

表 18－2　　　　　　　**变量说明和变量赋值**

年龄	20~25岁	25~30岁	30~35岁	35~40岁	40~45岁	45~50岁	50~55岁	55岁以上
取值	0.7	0.8	0.9	1	0.9	0.8	0.7	0.6
婚姻状况	未婚		已婚			离婚		
取值	0.5		1			0		
文化程度	小学	初中	中专	大专		本科	硕士	
取值	0	0.1	0.3	0.5		0.7	1	
单位性质	小型民营、个体工商		私营企业主、大型民营			国企、事业单位、政府机关		
取值	0.5		0.7			1		
住房条件	租房	50平方米以下		50~100平方米		100~150平方米	150平方米以上	
取值	0.2	0.4		0.6		0.8	1	

表18－3列出了未违约样本和违约样本描述性统计。

表 18－3　　　　　　　**未违约样本和违约样本描述性统计**

指标	未违约描述性统计				违约描述性统计			
	最大值	最小值	平均数	标准差	最大值	最小值	平均数	标准差
年龄	1	0.6	0.871622	0.01312	1	0.6	0.88709	0.01719
婚姻状况	1	0	0.777027	0.04317	1	0	0.75806	0.07284

指标	未违约描述性统计				违约描述性统计			
	最大值	最小值	平均数	标准差	最大值	最小值	平均数	标准差
文化程度	1	0	0.504054	0.03335	1	0.1	0.46129	0.04559
单位性质	1	0.4	0.737838	0.02622	1	0.5	0.72258	0.04008
住房条件	1	0.2	0.578378	0.02681	1	0.2	0.50322	0.05069

我们可以发现未违约样本的文化程度平均数相对于违约样本的文化程度平均数更高一点,同时住房条件也更好一点,未违约样本的单位性质更稳定一点,所以根据现实情况和表18—3展现的描述性统计得出的条件,本报告提出以下假设:

假设1:文化程度越高,违约概率越小;

假设2:借款者住房条件越好,违约概率越小;

假设3:越是年富力强,违约概率就越小。

18.5.2 模型的构建

本报告利用的是Logit模型,形式如下:

$$L:Pr(D_i=1)=\ln\left(\frac{D_i}{1-D_i}\right)=\alpha+\beta_i X_i+\mu_i \tag{18.1}$$

式中:$Pr(D_i=1)$说明因变量是虚拟变量;D_i是贷款违约的概率;β_i是待估参数;X_i是自变量,主要是与贷款者有关的指标,具体有年龄、文化、单位性质、住房条件等;μ_i是随机误差项。

18.5.3 实证分析

我们通过相关系数检验,发现具体各个变量之间的相关系数的相关性都不是很强,可认为不存在显著的多重共线性(见表18—4)。

表18—4　　　　　　　　　各个自变量相关性检验

相关系数	年龄	婚姻状况	文化程度	单位性质	住房条件
年龄	1	−0.06367	0.073533	−0.07829	−0.31244
婚姻状况	−0.06367	1	0.072554	0.146938	0.117184
文化程度	0.073533	0.072554	1	0.4635	0.033662
单位性质	−0.07829	0.146938	0.4635	1	0.293188
住房条件	−0.31244	0.117184	0.033662	0.293188	1

接下来对上文中选出的指标做 Logit 回归，具体结果见表 18-5：

表 18-5 贷款违约风险 Logit 模型回归结果

自变量	系数	标注误	P 值
年龄	0.645	2.157	0.765
婚姻状况	0.035	0.575	0950
文化程度	−0.779**	0.0918	0.0396
单位性质	−0.608*	0.1177	0.0606
住房条件	−1.304**	0.0994	0.0189

注：*、** 和 *** 分别表示系数在 1%、5% 和 10% 的水平下显著。

从实证结果可以看出，年富力强和婚姻状况与违约大小的相关性不显著，对违约的影响因素不是那么显著，同时系数是正的，可能是年富力强的时候家庭压力也是最大的时候，同时存在婚姻状况也会增加贷款者的压力，一定程度上使贷款者还款能力下降。可以看到，贷款者的文化程度在 95% 的水平下是显著的，所以，文化程度是一个比较好的预判贷款者违约风险的指标。这也是显而易见的，投资者文化程度越高，那么他受到的教育让他对社会的契约精神有更好的了解，也更愿意遵守规则。同样地，住房也是一个比较显著的指标，是在 95% 水平上显著，同时可以发现住房条件越好，违约概率也是越低的。

总而言之，我们可以发现对贷款违约风险影响比较大的是文化程度和住房条件。

18.6 结论与启示

互联网金融的发展是不可阻挡的趋势，P2P 网络借贷的发展在中国刚刚起步，并且存在很多问题。研究美国等发达国家的 P2P 网络借贷，我国可以从中吸取经验教训，促进本国网络借贷的健康发展。所以我们要努力借鉴国外的 P2P 的发展经验。具体来说，要发展 P2P 网络借贷，有以下几点建议：

一是要建立健全信用征信体制。通过研究发现，借款人的学历水平对违约概率有显著影响，对于违约风险大的借款人，可以提高贷款利率，或者更为严重的，实行残酷策略，将其直接驱逐出借贷市场。

二是完善、规范 P2P 网络借贷平台的建设，提高平台建设运行人员的能力和金融素养，做到正确、合理地区别借款人，并针对不同借款人制定相应的借贷合同，切忌"一刀切"的借贷模式。

第 19 章

运用贷款信用保险解决中小企业融资困难的机制设计

中小企业在国民经济中占有十分重要的地位,然而,中小企业融资难的问题已经越来越限制中小企业的发展。贷款信用保险可以为解决目前中小企业贷款难问题提供一种思路,通过借鉴贷款保证保险的发展经验,对贷款信用保险机制进行设计,为中小企业融资提供更多的保险选择。

19.1 引 言

目前,我国中小法人企业超过 1 000 万户,占企业总数的 99%,中小企业贡献了中国 65% 的 GDP、50% 的税收,解决了 75% 的就业人员。[①] 同时,中小企业的创新数量是大企业的 2.5 倍,将创新引入市场的速度比大企业快 27%,约 60% 的重大创新起源于中小企业,中小企业在我国整个国民经济的发展中

---

① 中青在线,"中小微企业对 GDP 的贡献超过 65%",东方网,http://news.eastday.com/east-day/13news/auto/news/china/u7ai3544562_K4.html,2015 年 3 月 2 日。

起了很大的作用。[①]

　　然而,融资难仍然是阻碍中小企业发展的重要因素。融资成本高、融资速度慢、融资门槛高等问题仍然存在。中小企业存在的可抵押资产不足、财务不健全、缺乏有效担保等问题是融资难的主要内在因素。目前,小企业投资资金超过 90％来自内部融资,来源于银行贷款的不到 1％。

　　2012 年 4 月,国务院常务会议研究发布了《国务院关于进一步支持小型微型企业健康发展的意见》(国发[2012]14 号),希望通过加大银行信贷支持、鼓励发展小型金融机构如贷款公司和担保公司等、拓宽中小企业直接融资渠道等方法来改善中小企业融资难的问题。2014 年,《国务院关于加快发展现代保险服务业的若干意见》出台,明确提出"加快发展小微企业信用保险和贷款保证保险,支持设立区域性和专业性保险公司,发展信用保险专业机构"。这为我国保险行业在支持中小企业融资方面指引了方向。

　　保险在促进中小企业融资方面主要有两种方式:贷款信用保险和贷款保证保险。[②]

　　贷款信用保险是指权利人即银行向保险人投保债务人即中小企业的信用风险的一种保险。银行购买贷款信用保险后,贷款给中小企业,当中小企业违约不偿还贷款时,保险人负责偿还,因此银行将中小企业的贷款违约风险转移给了保险公司。

　　贷款保证保险承保的也是信用风险,它是被保证人即中小企业,根据权利人即银行的要求投保自己信用的一种保险。中小企业购买贷款保证保险后,银行贷款给中小企业,当中小企业违约不偿还贷款时,保险人负责偿还,一般在保证保险中,保险公司通过反担保或追偿来保障自己的利益。

　　在当前的实践中,保险公司多采用的是贷款保证保险。2009 年,我国在浙江宁波、舟山开展了小额贷款保证保险试点,通过银行、保险公司、政府三方合作解决中小企业贷款抵押担保不足的融资问题,这次试点算得上真正意义上企业、银行及政府三方共同参与的中小企业贷款保证保险的开端。

　　在理论研究中,学者的研究重点也主要在于贷款保证保险。学者们认为引入信用保证保险可以有效改善中小企业的融资环境。唐金成(2013)[③]认为,在中小企业和银行间引入信用保证保险之后,结合保险公司的风险管理优

　　① 和讯科技,"郭晓平:中小企业对国民经济的发展有很大作用",和讯网,http://tech.hexun.com/2012-05-25/141792287.html,2012 年 5 月 25 日。
　　② 钟明:《保险学》(第二版),上海财经大学出版社 2011 年版。
　　③ 唐金成. 信用保证保险与中小企业融资难问题研究[J]. 南方金融,2013(1).

運用貸款信用保險解決中小企業融資困難的機制設計

势和集中化经营,能有效地完善中小企业融资环境。杨明(2011)[①]认为,在信用评估机制不健全的情况下,贷款保证保险可以作为中小企业信用等级的一个衡量标准。引入贷款保证保险可以完善银行的风险管理,有利于保险公司开辟新业务。杨明(2011)认为,银行可以借此分散自身风险,降低管理成本和交易费用;贷款保证保险也可以为保险公司开发新的产品提供有效途径。黄强(2014)[②]认为,引入贷款保证保险,无疑将提高金融机构和相关企业的信用风险管控、转移和分散能力。

然而,当对信用保险和保证保险进行理论上的分析时,发现保证保险并非真正意义上的保险产品,因为它不能通过大数法则来分散信用风险,而贷款信用保险或许能更好地发挥保险在解决中小企业融资难问题上的优势,但保证保险在当前的实践中已有很多成熟的经验。因此本报告主要是在吸取保证保险理论和实践经验的基础上来进行贷款信用保险机制的设计。

19.2　我国中小企业融资难现状

中小企业在国民经济中占有十分重要的地位,它们在繁荣经济、增加就业、推动创新、改善民生等方面,发挥着越来越重要的作用。随着经济的发展、国家扶持中小企业等相关政策的出台,中小企业的数量不断增加,但想在激烈的市场竞争中求生存、求发展,却非常不易。中小企业发展所需因素中最重要的一项是资金,其每一步发展都需要资金的支持,往往一时资金不到位就会引发破产危机。因此,中小企业融资问题就成为迫在眉睫的问题,而目前我国中小企业的融资现状不容乐观,主要表现为以下三个方面:

1. 融资渠道窄,方式单一

依目前情况来看,我国的中小企业融资渠道还是相对狭窄,以银行借贷等间接融资方式为主,而且中小企业的资金来源绝大多数依靠自身的资本积累即主要依靠内源融资。然而,银行经营的原则之一是安全,要尽量减少呆账、坏账,但中小企业融资的风险高、收益低,流动性管理困难,市场风险大,企业倒闭率高,财务制度不健全,资信状况堪忧,缺乏足够的财产抵押,银行考虑到其安全性对中小企业惜贷、惧贷。

同时,中小企业很难通过资本市场在社会上公开募集资金。主要是由于证券市场的要求比较高,发行证券的条件也比较严格,中小企业一般不能达到

---

① 杨明. 引入信用保险下的中小企业融资问题分析[J]. 黑龙江对外经贸,2011(11).
② 黄强. 信用保险踏上跨界之旅[J]. 21世纪经济报道,2014(10).

上市标准。同时,目前发行公司债券和外部股权融资等方式由于受到我国债券市场发展程度的制约,使用率明显低于发达国家水平。租赁机构、小额贷款公司和典当行在我国也尚处在起步阶段,资金实力、管理水平和贷款价格都难以与规范运作的银行机构媲美,所以并不为中小企业广泛接受。

2. 融资成本高

中小企业现金流量比较小,资金来源灵活性差,财务风险增加,直接导致其在向商业银行等金融机构贷款时成本高,手续复杂,且要求抵押的条件也比较苛刻。

商业银行是经营资金的特殊企业,它首先关注资金的安全性,其次是资金的营利性。银行要在对企业进行考核,确保资金的安全性的前提下才会贷款。然而,银行对企业考核的指标有比较硬性的要求;对于企业的年收入及盈利情况、资金流等一系列指标都有一个硬性的要求,没有达到这些指标的要求,基本无法贷款;对企业抵押率的要求一般在 50%～70% 之间。这就要求企业有稳定的经营和充足的抵押物,否则很难达到放贷的要求。而且,国内只有 5% 的中小企业得到银行的贷款和股权融资。据 IFC 的企业调查显示,我国商业银行对规模较小的企业的拒绝率达到 50% 以上。目前,我国中小企业普遍存在资金紧张的问题,其中 80% 以上的企业流动资金不能满足需求,60% 的企业没有中长期贷款。

3. 过多依赖民间借贷等非正规融资渠道

由于中小企业难以从合法融资渠道融资,同时民间信贷活动异常活跃,导致很多中小企业铤而走险。民间借贷是随着中小企业的发展而起步的,中小企业在创立之初资产规模有限。因此,来自亲戚朋友的借贷以及自身的资金积累便可解决资金需求问题。随着生产规模的扩大,中小企业对资金的需求越来越大,而在从商业银行等金融机构获得贷款较难的情况下,中小企业大多依赖于企业之间的信用以及民间的高利贷来获得流动资金。

2011 年,阿里巴巴联合北京大学国家发展研究院,在长三角和珠三角地区抽取了 2 889 家中小企业,调查其生存状况和融资状况。在被调查的中小企业中,只有 46.97% 的企业曾有过外部融资记录,其中包括房地产和信用卡。在有外部借贷历史的企业中,获得过银行贷款的占被调查小微企业总数的 13%。在年销售规模 500 万元以下的企业中,近 70% 把亲戚朋友借款列为借款的首要渠道,将银行和信用社贷款作为第一选择的占 23%。而在年销售规模 3 000 万元以上的企业中,选择亲友借款作为融资首要渠道的比例为 25%,选择银行借款作为首要融资渠道的中小企业比例上升到 66%。可见,目前我国中小企业的发展资金绝大多数来源于内源融资——业主资本和留存收益,而外源融资首先想到的是向亲朋好友筹措,随着经营规模的扩大,才会逐渐选择其他外源融资方式。

表19-1为我国企业融资资金来源渠道,并与东亚周边国家和中高收入国家进行比较。明显可以看出,对中小企业,投资基金大部分来自内部融资,而银行对中小企业的融资占比也明显低于中高收入国家甚至东亚周边国家。由此可见,目前我国金融机构对中小企业的融资力度是不充分的。

表 19-1　　　　　　　　企业融资资金来源渠道

比较组 资金来源	中国 (总体)	小型企业 (1~19人)	中型企业 (20~99人)	大型企业 (100+人)	东亚周边 国家	中高收入 国家
内部融资(%)	89.6	92.1	88.6	87.2	71.7	62.0
银行(%)	4.5	0.9	7.0	6.2	15.1	22.9
贸易信用(%)	1.9	3.8	0.8	0.6	2.5	5.9
股票、债券等(%)	3.2	2.5	2.7	5.4	5.2	5.5
其他方式(%)	0.7	0.7	0.9	0.5	5.6	3.8

资料来源:IFC Enterprise Surveys:China Country Profile 2012。

19.3　国内外解决中小企业融资难问题的方法

我国的中小企业正处于规模扩张时期,仅靠初创时期原始积累等方式的资本投入已无法满足运转需求,资金供需双方的极度不对称,造成了融资结构与经济增长结构的不对称,最终将长期限制我国的经济增长速度和质量。前文分析了目前中小企业融资难现状的原因:一方面,中小企业由于自身规模较小,经营管理水平落后,市场风险抵御能力差,这使得中小企业具有更高的贷款违约概率;另一方面,相比大企业,中小企业融资渠道狭小,银行贷款是中小企业除自有资金外最主要的资金来源,而根据世界经济合作发展组织(OEDC)的数据显示,银行贷款占中小企业融资总额的比重逐年下降,所以如何解决中小企业融资难的问题成为当务之急。

在这一部分中,我们首先看看国外关于解决中小企业融资难问题的举措,美国和日本是两个比较成功的典型代表。然后回顾国内目前解决中小企业融资难问题的办法,并重点分析贷款信用保证保险,为后续的贷款信用保险的提出做铺垫。

19.3.1 国外

1. 美国

美国是通过设立政府职能机构直接进行操作。鉴于中小企业在经济中发挥的重要作用，美国于1953年通过了《小企业法》(Small Business Act)和《小企业融资法案》，并根据法案成立了中小企业委员会和联邦中小企业管理局，而联邦中小企业管理局成为整个信用担保体系的核心。该机构是直接隶属于总统的联邦政府独立机构，是政府的职能部门，执行政府的担保计划。中小企业管理局的担保资金来自联邦预算，当借款企业不归还贷款，银行发生损失时就可以向担保机构申请补偿，同时担保机构获得对企业的债务追偿权利。中小企业管理局本身不提供贷款资金，其主要通过以下方式为中小企业融资提供帮助。

（1）贷款担保

美国中小企业管理局依靠政府信用，担保小企业融资的贷款风险，并对贷款违约进行较高比例的补偿。贷款资金来自与中小企业管理局合作的商业银行，中小企业管理局对一定限度内的贷款提供较高额度担保，商业银行贷款决策具有独立性，政府不能强制其进行贷款。同时，中小企业管理局通过相关协议与商业银行共同承担风险，自2011年1月1日起，中小企业在借贷机构的最高担保额度上限为500万美元，中小企业管理局最多为其中75%提供担保。

（2）风险投资

中小企业管理局通过《小企业投资公司法》(SBIC)，向具有较高风险而难以从其他渠道获得融资的中小企业提供长期股权投资和长期贷款。SBIC计划以政府资金和私有资金相结合的方式来运行，中小企业管理局以美国政府信用为担保，承诺对中小企业发行的投资凭证的本息偿还做出担保。根据相关投资的类型，通常分为担保债券和参与证券两种模式。

（3）其他贷款担保计划

主要包括504(CDC)贷款计划和微型贷款计划。504贷款计划旨在鼓励社区内经济发展的长期融资计划，通过提供长期的固定低息贷款来帮助小企业获得重大固定资产。微型贷款计划是向新成立或成长性小的企业或非营利的幼儿护理中心提供短期、小额贷款的计划。

2. 日本

日本为中小企业融资采用双重信用担保体系：一是由信用保证协会为金融机构对风险系数高的中小企业融资风险提供担保；二是采用信用保证保险的形式，由日本政策金融公库对这些信用担保机构以保险的形式提供再担保。

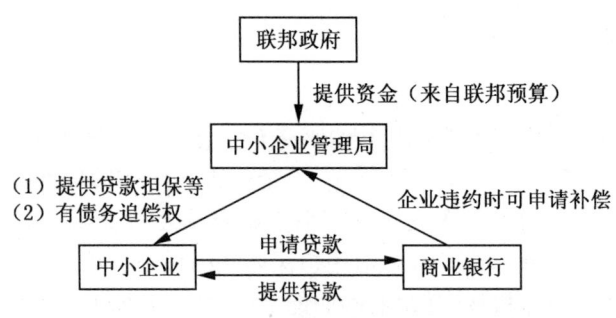

图 19—1　美国解决中小企业贷款问题机制

第二次世界大战后出于扶持迅速增长的中小企业融资需要,日本于1950年和1953年先后颁布了《中小企业保险法》和《信用保证协会法》,并于1951年成立了全国信用保证协议协会(后改名为信用保证协会联合会),作为全国各家信用保证协会的管理机构。同时,1958年日本成立了全国性的中小企业信用保险公库。1999年7月,它与中小企业事业团以及纤维产业构造改善事业协会合并为中小企业综合事业团。2004年7月,该事业团的信用保险部门由中小企业金融公库继承,并最终于2008年10月并入新成立的日本政策金融公库。

日本的信用保证保险制度主要内容为:当信用保证协会对中小企业实行信用保证时,按一定条件自动取得中小企业信用保险公库(后来为日本政策金融公库)的信用保证保险,向保险公库支付保险费。当发生代偿后(即保证会在向金融机构履约),可以得到保险公库70%～90%的补偿。而通过代偿,信用保证协会成为债务人的债权人,以后要从债务人处追索收回代偿资金,收回资金的一部分要还给日本政策金融公库,归还比率为70%～90%,与保险率相同,全部担保风险由信用保证协会承担。2007年,日本开始实行与金融机构的责任共有制度,将20%的风险分担给融资的金融机构,防止出现金融机构为了降低自身风险而恶意转嫁风险,以及"搭便车"获取不承担任何风险的溢价收益的情况。值得注意的是,日本的信用保证协会与日本政策金融公库均不是私营企业,而是按照《信用保证协会法》以及株式会社日本政策金融公库法成立的公共法人。

3. 经验借鉴

从上述融资担保可以看出,美国中小企业管理局这一政策性机构在美国中小企业融资担保中发挥了关键性作用。这一作用的发挥与美国在中小企业方面的系统立法息息相关,直接设立相应职能部门非一朝一夕所能完成。日本的信用担保加信用保险结合的方式更符合我国的实际情况。我国自金融体

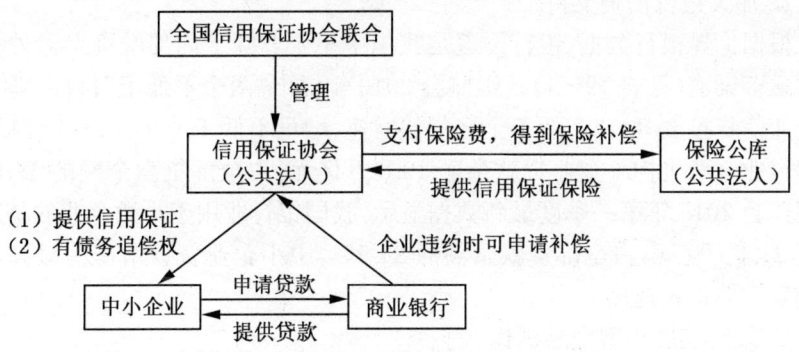

图 19－2　日本解决中小企业贷款问题机制

制改革以来,金融担保发展迅速,涌现了一大批担保企业,但由于市场发展尚未成熟,大部分担保机构资金保值增值能力弱,风险管控能力不强,难以消化自身承担的大量贷款风险,而且再担保风险补偿机制缺失,导致风险滞留在担保机构内部,限制了其代偿能力。无疑,与传统担保机构相比,保险公司具有更多优势,一方面,保险公司具有更强大的资金实力,同时保险公司作为从事风险管理的专门机构,具有丰富的风险防范和控制经验,能够对信用风险进行有效的分散和补偿。所以,可以通过信用保证保险的形式为中小企业融资提供保障。同时,结合中小企业风险高的特征,可以引入政府方作为合适的风险共同分担机制参与方。

　　下面简要介绍我国解决中小企业融资难的机制,由于国内尚未有针对中小企业的贷款信用保险,因而重点介绍与其相关的中小企业贷款保证保险的情况。

19.3.2　国内

　　目前,我国在改善中小企业融资问题上采取了综合举措,涵盖银行、保险、证券等各个领域。在政策层面,为了改善中小企业发展的政策环境,我国于2002年颁布了《中小企业促进法》,并相继出台了多项小企业金融扶持政策。特别是自国际金融危机以来,国家加大了解决小微企业融资问题的力度。2012年4月,国务院常务会议研究发布了《国务院关于进一步支持小型微型企业健康发展的意见》(国发[2012]14号);同时,各部委相继推出"新36条"的42个实施细则,央行也下调利率和存款准备金率释放流动性。从具体措施来看,主要包含以下几个方面:[1]

---

① 景春梅. 小企业融资:国际比较、经验借鉴及我国对策[J]. 全球化,2013(1).

1. 加大银行信贷支持

根据世界银行数据,银行渠道是我国中小企业除了内部融资渠道外最主要的融资渠道(见表19-1)。银监会 2010 年提出"两个不低于"目标,即对于小企业信贷投放,增速不低于全部贷款增速,增量不低于上年。2011 年底,全国银行业金融机构小企业贷款余额 10.8 万亿元,占全部贷款余额的 19.6%,而银监会 2015 年第一季度最新数据显示,我国银行业用于小微企业的贷款余额达 21.4 万亿元,占全部贷款余额的 24.9%,中小企业贷款增速明显高于社会贷款整体增长速度。[1]

2. 鼓励发展小型金融机构

一是鼓励中小商业银行在金融服务相对薄弱的县域、大的集镇设立分支机构。二是稳妥有序推动村镇银行、贷款公司、农村资金互补社等新型农村金融机构发展,提高小微企业金融服务的机构覆盖率。截至 2014 年末,全国共有小额贷款公司 8 791 家,贷款余额 9 420 亿元,2014 年新增人民币贷款 1 228 亿元。[2]

3. 拓宽直接融资渠道

放宽中小企业股权、债券融资限制,先后设立中小板、创业板和建立中关村非上市公司股份转让制度(即"新三板"),积极探索发行中小企业集合债、中小企业集合票据。不过,这一途径对企业规模、财务指标等有一定要求,大部分企业难以通过该渠道获取资金。截至 2010 年底,中小企业通过短期融资券、中小企业集合票据等债务融资工具累计募集资金 64.77 亿元,2011 年累计筹资已超过 100 亿元。

4. 推进中小企业信用担保体系建设

通过对符合条件的担保机构给予业务补助、保费补助、营业税减免,激励其为中小企业提供低费率担保业务的积极性,中小企业信用担保机构数量、业务规模快速增长,融资担保能力有所提高。保险业开展的信用保证保险也属于信用担保体系的一部分,将在后文对这一部分进行深入展开。

5. 发展中小企业贷款保证保险

保险行业在中小企业融资方面也能发挥积极作用,将在下文进行分析。

---

① 中国银行业监督管理委员会.银行业监管统计指标季度情况表(2015 年)——银行业金融机构用于小微企业的贷款情况表.http://www.cbrc.gov.cn/chinese/home/docView/3E1B32BC38D54BC2BD3BDCAA3AE798F1.html,2015-5-8.

② 中国人民银行.小额贷款公司分地区统计表.http://finance.sina.com.cn/money/bank/bank_yhfg/20150123/161021383584.shtml,2015-1-23.

19.4　国内贷款信用保险供需分析

19.4.1　我国的信用保证保险发展

近年来,政府对发展信用保证保险支持中小企业融资越来越重视,在《国务院关于进一步支持小型微型企业健康发展的意见》(国发〔2012〕14 号)中明确要求"积极发展小型微型企业贷款保证保险"。2014 年 8 月 10 日,国务院以国发〔2014〕29 号印发《关于加快发展现代保险服务业的若干意见》,在 2015年 1 月份,保监会、中国人民银行、银监会等多部委联合发布的《关于大力发展信用保证保险,服务和支持小微企业的指导意见》中对国发〔2014〕29 号进行了详细解读,更是对发展信用保险和保证保险的指导思想、基本原则等作了进一步的明确。

从目前国内的保证保险发展来看,我国的保证保险以个人业务为主,主要有个人汽车消费贷款履约保证保险和个人住房贷款履约保证保险,中小企业贷款履约保证保险发展较慢。

早在 1990 年,中国人民保险公司就试办了国内贷款履约保证保险,但因保险法规与银行法规在责任追偿上的矛盾,于 1993 年暂停了该保险业务。2002 年,太平洋财险苏州分公司推出了"中小企业短期抵押贷款保证保险",实际上就是一种中小企业信贷保险。随后,多家保险公司也纷纷推出了类似的中小企业信用保险。2005 年以来,安邦保险公司为支持国家扶植中小企业政策,先后开发了中小企业贷款履约保证保险及企业信贷履约保证保险产品,并专门成立了信用险事业部。2009 年,我国在浙江宁波、舟山开展了小额贷款保证保险试点,通过银行、保险公司、政府三方合作解决中小企业贷款抵押担保不足的融资问题,这次试点算得上真正意义上企业、银行及政府三方共同参与的中小企业贷款保证保险的开端。2010 年 10 月,上海市科委和上海市金融办联合发文开展履约保证保险试点工作,此后各家保险公司相继推出相应的保险产品。但就总体而言,相应的试点远未满足市场需求,民间借贷风波的愈演愈烈从侧面反映了这一尴尬事实。

从目前中国保险行业协会备案的贷款保证保险产品类别来看,保险公司面向的主要是高科技企业和政策扶持力度较大的农业贷款,如安华农业保险股份有限公司推出的"农业贷款保险"及中国人民财产保险股份有限公司推出的"高新技术企业小额贷款保证保险"。

从数据上来说,根据保监会数据,2014 年 1～6 月,保险业通过小额贷款保证保险支持8.22万家小微企业获得融资564.13亿元;通过短期出口信用保险为2.61万家小微企业提供约1.1万亿元的应收账款风险保障;通过国内贸易信用保险为8 000多家小微企业提供约160多亿元的国内贸易风险保障。

从效果来看,以保监会在全国推广的"宁波经验"为例,该项运动自发起以来,累计支持小微企业贷款4 500余笔,贷款金额56.43亿元,政府累计安排了2 229万元专项资金用于小贷险的风险损失补助,财政资金的杠杆作用放大了250倍。政府用较少的财政支出撬动了巨大的信贷市场规模。

但总体而言,国内开发贷款保证保险产品的公司虽然逐年增多,政府支持力度也不断加大,但是该险种刚刚起步,保险的种类单一,主要面向特定行业和领域,再加上保险公司在核保与核赔时谨慎规避风险与高门槛,我国目前的贷款保证保险并没有对解决中小企业融资起到本质性的作用。因此,这种业务虽然被看好,但是在我国的发展还是缓慢滞后的,要完全解决中小企业贷款难的问题,还有很长的路要走。

19.4.2 信用保险和保证保险的比较

由上述可以看到,保证保险能在一定程度上解决中小企业融资难的问题,但发展程度仍比较低。而且,保证保险从本质上来讲,并不是真正意义上的保险,而是第三方担保,与质押、抵押类似,是担保的一种手段。信用保险才有保险的本质。接下来我们将比较保证保险和信用保险的主要区别,并分析保证保险相对于信用保险的一些不足之处。

1. 保证保险和信用保险的主要区别

(1)保险主体不同

保证保险是义务人(被保证人)根据权利人的要求,请求保险人担保自己信用的保险。信用保险是指权利人向保险人投保义务人的信用风险的保险。二者的共同点在于,如果由于义务人不履行合同义务,导致权利人受到经济损失,由保险人承担赔偿责任,并取得向义务人进行代位求偿的权利。二者最大的区别在于投保人不同。保证保险的投保人是债务人,被保险人是债权人,债务人成为保险合同的当事人;而信用保险的投保人、被保险人都是债权人,债务人在这里成了"第三者",其与保险合同可以说没有任何法律关系。

(2)承保风险的性质不同

保证保险承保的是债务人的信用风险,更倾向于主观风险,这与保险承保"客观风险"的基本原理不一致,即投保自身的信用风险事实上违背了保险中可保风险的原则,即保证保险本质上应该不是一种保险产品,而是一种担保。而信用保险承保的是银行信贷资产的损失风险,更倾向于客观风险,属于纯粹风险,损失概率符合大数定律,可以实现风险的分散。

此外,保证保险中,贷款人并没有因购买了保证保险而将风险转移给保险人,承担还款义务的仍然是贷款人。而在信用保险中,银行因为购买了保险而将全部或部分风险转移给保险人,银行只要不能按时收回贷款,都可以向保险人索赔。所以信用保险具有保险的风险保障和经济补偿功能,而保证保险并不具备。

(3)承保条件不同

保证保险是债务人应债权人的要求投保自己的信用保险,保险人为了减少风险(如道德风险),一般要求债务人提供反担保(抵质押和保证等)。这样,除了保险人,保证保险合同还涉及债务人、反担保人和债权人三方;信用保险一般并不需要投保人(债权人)提供任何的反担保措施。

2. 保证保险较于信用保险的不足

(1)保证保险不利于建立风险共担机制

保证保险由于债务人作为投保人、银行作为被保险人,使得保证保险缺乏对银行的条款约束。一般来说,如果债务人投保了保证保险,而保险公司的偿付能力充足(目前我国尚未有保险公司破产案例),银行非常乐意接受债务人的贷款,而疏忽对债务人贷款风险的防范,即使有免赔比率,保险公司仍然承担大部分的赔付责任。同时,目前,保险公司对贷款企业的信息了解渠道没有银行广泛,这会增加贷款企业的道德风险,对保险公司是非常不公平的。因此,保证保险不利于建立公平、合理的风险共担的银保合作机制。

而信用保险的投保人是银行。银行作为投保人,需履行保险的如实告知义务,对借款人的自信状况进行详尽的调查,同时银行为了控制贷款风险,会要求贷款人尽量提供抵质押等担保措施,这样就大大降低了贷款人的信用风险。同时,保险公司也有权设置信用保险合同条款,来规定银行的责任和义务,包括贷款前的审查、贷款后的监督和到期的追偿等,从而建立较为合理的风险共担机制。

(2)保证保险不利于防范道德风险

保证保险中,如果债务人不履行债务偿还义务,不管债务人是否故意退钱,保险公司都要负责向银行进行赔偿。换句话说,债务人了解到如果自己不还款,保险人也会替自己还款,则会无形中减低了债务人的还款意愿,引发债务人的道德风险。只要还款有一定困难或者会影响自身经营,理性的债务人一般会选择放弃还款。即使保险人通过合同约定,有权依法取得对债务人的追偿权,但这一规定的约束力和威慑力要弱于银行的贷款合同(保险公司无权像银行一样强制冻结债务人的资产来追偿)。另一方面,一旦债务人违约,银行能获得保险公司的补偿,无形中也会降低其配合保险公司追偿的积极性,推卸责任。

而信用保险是银行对信贷资产的安全性进行投保,因此信用保险不会对债务人产生任何影响,即不影响其还款意愿,不会直接引发债务人的道德风险。另外,银行作为保险合同当事人,受保险合同条款约束,引发道德风险的可能性也会降低。

(3)保证保险追偿权缺乏充分的法律依据

保证保险在行使追偿权问题上并没有充分的法律依据。新《保险法》第60条代位求偿权规定:"因第三者对保险标的的损害而造成保险事故的,保险人自向被保险人赔偿保险金之日起,在赔偿金额范围内代位行使被保险人对第三者请求赔偿的权利。"这一条款不适用于保证保险,因为保证保险的债务人是投保人,是保险合同的当事人,并不属于第三者。

而信用保险可以依据新《保险法》第60条对债务人行使追偿权。因为债务人并不属于保险合同当事人,属于第三者。因此,一旦债务人无力偿还贷款造成银行信贷资产损失,可以看作第三者造成了保险标的的损失。保险人进行赔付后,有权依据《保险法》取得对债务人的追偿权,从而避免债务人的恶意拖欠行为。

通过前文的分析,保证保险虽能在一定程度上解决中小企业融资难的问题。然而保证保险从本质上来讲并不是真正意义上的保险,而是第三方担保,与质押、抵押类似,是担保的一种手段。信用保险才有保险的本质。所以,在我国现有的解决中小企业融资难问题的机制上,我们考虑是否采用真正的保险产品即信用保险来作为一种补充,从而更好地解决中小企业融资难的问题。

接下来,我们尝试分析国内贷款信用保险的供需。

19.4.3 贷款信用保险供给分析

1.市场供给情况

在促进中小企业融资方面,我国保险业也在做出积极的探索。目前针对不同行业、不同风险类别、不同领域的小微企业,国内保险业已能提供13个大类、几千款信用保证保险产品和服务。[①] 表19-2根据中国保险行业协会和自己调研所得数据,列出了我国目前提供的与企业融资相关的信用保险和保证保险的部分产品信息。

---

① 五部门推动信用保证保险,为小额贷款提供资信担保.人民网.http://finance.people.com.cn/money/n/2015/0201/c42877-26486613.html,2015-2-1.

表 19-2 国内信用保险和保证保险产品（部分）

保险公司	保证保险	信用保险
中国大地财产保险股份有限公司	医疗设备还款保证保险	国内贸易短期信用保险
	银行信贷资产转让履约保证保险	
	农村信贷意外伤害还贷保证保险	
中国平安财产保险股份有限公司		平安国内贸易贷款信用保险条款
华安财产保险股份有限公司		小额农贷信用保险
上海安信农业保险股份有限公司	小额信贷保证保险	
安华农业保险股份有限公司	安华农险农业贷款合同保险	
长安责任保险股份有限公司		国内短期贸易信用保险
国元农业保险股份有限公司	农业生产小额贷款保险	
日本东京海上日动火灾保险株式会社上海分公司		国内贸易短期信用保险
安联保险公司广州分公司		安联国内贸易信用保险（全球保单）
苏黎世保险公司北京分公司		国内短期贸易信用保险
中国人民财产保险股份有限公司	高新技术企业小额贷款保证保险	国内短期贸易信用保险

资料来源：中国保险行业协会官网。

从表 19-2 可以看出，我国目前提供信用保险和保证保险的保险公司数目较少，且提供的产品主要是贷款保证保险和国内贸易信用保险，专门的贷款信用保险很少。

2. 存在的问题

通过分析表 19-2 可以发现，当前的信用保险和保证保险市场中主要存在以下问题：

（1）缺乏利益驱动，供给主体较少

从表 19-2 可以看出，提供保证保险和贸易信用保险的主体主要是国有大型保险公司、外资保险公司和专业性的农业保险公司，大部分中小保险公司没有提供此类产品。保证保险和贸易信用的提供主体，相对于我国 60 多家财险公司而言显得较少，而且提供贷款信用保险的公司几乎为零。

根据调研和分析发现，保险公司主要因为缺乏利益驱动而不愿提供贷款信用保险。而利益驱动的缺乏主要有以下原因：

首先，就目前我国保险的发展来说，保险公司对自身风险管控能力缺乏信心，对发展贷款信用保险持过度谨慎态度。而我国信用调查评估、商账追收等服务相对滞后，中小企业违约风险较大，保险公司缺乏相应的信息资源，从而

运用贷款信用保险解决中小企业融资困难的机制设计

使得保险公司承保风险大,追偿成本高。

同时,其他金融机构分摊风险的比例低。由于贷款信用保险的风险从理论上来说,完全或者大部分是由保险公司承担的。

其次,业务难以扩展,缺乏相关的销售人才。由于贷款信用保险相比保证保险,牵涉的利益群体较多,会涉及保险公司、银行、中小企业、政府和第三方评级机构等,且专业性更强,加之目前中小企业缺乏对贷款信用保险的了解,需要专业人才负责推广,销售困难较大。

最后,保险公司缺乏相关的政策支持。目前,我国并未对贷款信用保险的发展给予相关政策的补贴或者诸如强制商业银行必须购买的措施。

(2)产品种类单一,保障群体有限

目前,我国保险公司提供的与中小企业融资相关的主要产品是国内贸易信用保险和贷款保证保险,几乎没有公司为中小企业提供专门的贷款信用保险。

其中,贸易信用保险是企业在采用赊账方式销售商品或提供服务时,由于到期未收回账款所导致的应收账款的损失,由保险公司按照约定的条件承担经济赔偿的合同,针对的主要是有大量应收账款的企业,所能保障的群体有限。在贸易信用保险中,有少部分是为出口企业融资设计的,出口企业以保单做抵押来向银行申请贷款,也具有融资的作用,但所能保障的群体主要是出口企业。

专业性的农业贷款保险主要分为农户持保险单用作抵押申请贷款的保险、农户无力偿还贷款时保险公司代偿的保险等形式,针对的是需要融资但缺少抵押物的农户群体。

一般的贷款保证保险主要面向有抵押、质押资质的中小企业,如采矿业、房地产业等行业的企业,而轻资产的中小企业如文化型行业并不能满足这个条件,所以很难从中获得足够的融资。同时,由于中小企业规模、地域、行业等因素的特殊性,它们面临着不同的风险,现有的、一般的贷款保证保险不能满足中小企业的特定需求。而且通过调查,我们发现目前很多公司的保险产品并没有实质性的出售,当一个公司拥有贷款保证保险时,为了控制风险,公司不会卖出或少量卖出,中小企业想通过购买保险来融资的选择其实更少。因此贷款信用保险的开发,将会为中小企业的融资提供更多的选择。

19.4.4 贷款信用保险需求分析

1.市场需求情况

与保证保险不同,信用保险的购买方为银行。通过调查,我们发现银行在大部分情况下不愿意主动购买信用保险。但是,当保险公司或相关机构给予中小企业较高的信用评级时,银行是愿意购买信用保险的。同时,如果政府能够给予保费补贴或税收优惠等扶持政策,银行会选择购买信用保险。

2. 需求影响因素分析

根据西方经济学需求理论,银行购买信用保险的需求主要受保险费、中小企业对其他融资方式的选择和政府政策的影响。接下来,我们将从这三个方面来分析银行对信用保险的需求。

(1)信用保险的保费对于银行是一项额外的成本

银行为了将贷款违约风险转移给保险公司而购买信用保险,然而保费支出是作为银行的一项成本的,现有的会计准则并未对该项成本做出明确规定,银行是否能够在税前列支而享受税收优惠,也尚未得到相关政策的支持。然而,在保证保险中,这部分保费是由中小企业来承担的,与之相比,银行更愿意中小企业去购买保证保险,而不愿意自己去购买信用保险。

(2)银行是中小企业的主要融资渠道

由于社会资金紧张,能够选择发行股票或发行债券等直接融资方式的企业仍是少数,调查表明,94%的中小企业在有融资需求的时候会首选银行,大部分中小企业依然选择银行贷款作为融资的主要来源。在银行与企业之间,银行占据着主动权,可以自由决定将资金贷给哪家企业,因此,银行没有必要为了将资金贷给风险较大的中小企业而增加自己的风险,从而去购买贷款信用保险。

(3)政府政策对贷款信用保险需求的影响

由于我国之前存贷款利率尚未放开,贷款利率高于存款利率,银行几乎没有破产的风险。然而,随着市场利率化改革,贷款利率的放开,存款保险制度的施行,存款利率也将放开,同时,随着各类中小银行的发展,各类银行间的竞争将会更加激烈,银行也会有破产的风险。因此,银行为了规避风险,实现贷款风险的分散,需要增加不同层次的贷款主体,同时也会产生对贷款信用保险的需求,借助于保险这种方式来规避自己的风险。

贷款信用保险作为一项政策性较强的保险,其发展需要有政府针对性政策的支持。在国外的实践中,政府对有利于中小企业融资的保证保险也采取了扶持性的政策。为了促进保证保险的发展,政府一般采取成立相应的政策性保险机构、政府给予中小企业保费补贴及政府参与和保险机构共同分担风险三种方式。实践证明,由于政府政策的推动,才使得保证保险在国外得到了较大的发展。同样,在贷款信用保险的发展中,政府也应当在以上三个方面或更多的方面给予支持。

19.4.5 供给与需求的"瓶颈"分析

通过上面的分析我们可以看到,一方面,由于保险公司缺乏利益驱动,不愿意提供有助于中小企业融资的贷款信用保险和贷款保证保险,导致供给主体较少,产品单一,保障群体有限,供给不足;另一方面,由于银行为了控制成本,同时占据发放贷款的主动权,且缺乏相应的制度环境和政策支持,导致需求不足。供给不足和需求不足的一个现实表现就是信用保险和保证保险的保费收入较少,其保费占财险公司总保费收入的比例较低。我们可以通过表19-3看出来:

表 19-3   保险和保证保险的保费收入

年份	原保险保费收入—信用保险（亿元）	占财险原保费收入比（%）	原保险保费收入—保证保险（亿元）	占财险原保费收入比（%）	财产保险公司原保险保费收入(亿元)
1997		0		0	382.23
1998		0		0	505.74
1999		0	1.41	0.267440537	527.22
2000		0	2	0.328947368	608
2001		0	4	0.583941606	685
2002	7	0.897435897	9	1.153846154	780
2003	8.31	0.955831608	2.03	0.233494364	869.4
2004	16	1.422222222	1	0.088888889	1 125
2005	23	1.792673422	18	1.402961808	1 283
2006	28.67	1.81554517	8.39	0.531301848	1 579.14
2007	34.78	1.666922281	4.24	0.203213067	2 086.48
2008	36.73	1.50148186	6.39	0.261216147	2 446.25
2009	70.25	2.347221758	8.02	0.267967523	2 992.9
2010	95.97	2.383228745	22.91	0.568925399	4 026.89
2011	115.46	2.415956276	56.51	1.182450105	4 779.06
2012	160.57	2.903679646	93.46	1.690090924	5 529.88
2013	155.17	2.394170179	120.37	1.857229261	6 481.16

资料来源:中经网产业数据库。

通过表19-3可以看出,信用保险保费收入一直占财险公司保费收入的3%以下,保证保险的保费则处于更低的水平,这说明信用保险和保证保险的发展程度较低。同时,在当前的保险市场中,由于信用保险主要是保障国际和国内贸易,只有很少一部分用于企业融资,中小企业发展融资更多的是选择保证保险方式,保证保险保费中也只有一部分是刚起步的贷款保证保险。保证保险的发展程度低,表明其在对促进中小企业融资方面尚未发挥很大的作用。随着市场条件的完善,我们需要一方面继续发展保证保险,同时也要设计新的保险机制,通过贷款信用保险来解决中小企业的融资问题,为中小企业融资提供更多的选择。

19.5　贷款信用保险机制设计

综上所述,贷款信用保险存在市场需求小且供给不足的情况,原因主要是目前市场上并没有合适的中小企业贷款信用保险。为了更好地设计发展贷款信用保险机制,首先我们将宁波贷款保证保险作为案例进行分析,借鉴其经验,然后提出发展贷款信用保险的机制设计以及推行条件。

19.5.1　案例分析——宁波贷款保证保险

2009年,宁波保险业与银行业首创小额贷款保证保险。2009年7月27日,宁波市政府出台"关于开展城乡小额贷款保证保险试点工作的实施意见",明确小额贷款保证保险的指导思想、基本原则和主要内容。截至2010年12月31日,小贷保证保险累计签单632笔,实现保费收入1 356.34万元,提供了5.12亿元风险保障。其中,初创型小企业累计承保568笔,贷款金额5.02亿元,占比98.1%。据2014年的统计数据,"宁波经验"运行以来,累计支持小微企业贷款4 500余笔,贷款金额56.43亿元,政府累计安排了2 229万元专项资金用于小贷险的风险损失补助,财政资金的杠杆作用放大了250倍。[①] 2015年,宁波市政府将继续加大支持力度,专项财政补贴资金由1 000万元提升到3 800万元,从而全面优化了小额贷款保证保险。

1. 宁波开展小额信贷保证保险的环境

(1)经济环境

宁波全市陆地总面积9 817km²,户籍人口571.02万人,其中市区面积

---

①　中国保险监督管理委员会宁波监管局.宁波城乡小额贷款保证保险缓解小企业和农村种养户融资难问题.http://www.circ.gov.cn/web/site0/tab5210/info248559.html,2009—10—14.

2 462km²，市区人口 221.83 万人。至 2009 年底，宁波私营企业 11.44 万家，个体工商户 27.46 万户。宁波民营经济创造的 GDP 接近全市总量的 80%，创造的就业岗位接近全市的 85%，可见宁波民营经济比较发达。[①] 同时，中小企业是支持宁波经济发展的重要微观基础。然而，中小企业在生产经营过程中普遍存在融资难的现象，由于缺乏有效的抵押担保，它们也很难从银行等金融机构进行融资，希望通过金融产品创新来解决贷款难问题的需求比较迫切。

(2)金融环境

一般来说，对中小企业开放无抵押、无担保的贷款保证保险潜在风险较大。然而，宁波市商业诚信文化基础较好，银行贷款坏账率较低，2008 年末不良贷款率 1.48%，远低于全国平均水平；以发放小额贷款为主的浙江泰隆商业银行等中小银行发展较快，其小额贷款坏账率不到 1%。

总体来说，宁波市具备开展小额贷款保证保险的基础条件。

(3)政策环境

宁波市人大代表、政协委员多次提案，建议政府引导金融企业创新，解决小企业融资难题。2009 年 7 月 27 日，宁波市政府出台"关于开展城乡小额贷款保证保险试点工作的实施意见"，明确小额贷款保证保险的指导思想、基本原则和主要内容，并建立了由市金融办牵头，保监、银监、人行、财政、税务、工商、司法机关、宣传部门以及试点金融机构各司其职、协同配合的联合工作机制。

2. 试点主要做法[②]

宁波小额贷款保证保险的主要做法是，银行放贷前由保险机构为借款人提供保证保险，承担其非故意原因不能偿还贷款的风险，使得那些有真实生产资金需求、有良好信用记录与发展前景、有可靠还款来源的小额贷款借款人，即使在无抵押、无担保的情况下也能够从银行获得贷款，从而有效地解决融资难问题。具体如下：

(1)明确支持对象和融资成本

城乡小额贷款保证保险试点工作支持对象明确为农业种养大户、初创期小企业和城乡创业者(含个体工商户)三类。借款人融资成本由银行贷款利率、保证保险费率及附加性保险费率三部分组成，贷款利率最高不超过同期基

[①] 中国保险监督管理委员会宁波监管局.宁波城乡小额贷款保证保险缓解小企业和农村种养户融资难问题.http://www.circ.gov.cn/web/site0/tab5210/info248559.html,2009—10—14.

[②] 宁波市人民政府办公厅关于开展城乡小额贷款保证保险试点工作的实施意见[J].宁波市人民政府公报,2009.

准利率上浮 30％,保证保险保费和借款人意外伤害险保费合计不超过贷款本金的 3％。

（2）选定部分金融机构试点,建立银保合作机制

选定的基层网点较多,具有开展车贷险和政策性保险业务经验的人保财险、太保财险宁波分公司 2 家保险机构组成共保体,分别与宁波银行、中国银行、中国工商银行和农行宁波分行签署合作协议,开展试点工作。试点期间,使用统一的条款费率、统一的承保政策、统一的审贷标准和流程。

（3）采取了共保经营模式

在市保监局的指导下,参与试点的人保和太保两家财险公司组建了共保体,成立了小额贷款保险部,共同负责经营试点期小额贷款保证保险业务,拥有放贷的一票否决权,并在贷款逾期率达到 6％～10％或赔付率超过 150％时,有停办此项业务的权利。

（4）风险管控措施

①控制小额贷款额度,对不同对象的小额借款人规定不同的单户贷款上限;

②银行对贷款实施全过程风险管控,包括客户申请、贷前调查、贷中分析决策到贷后跟踪管理、逾期催收等各个环节;

③保险机构对贷款风险进行附加性承保,包括提供个人意外伤害保险、企财险等;

④建立贷款风险叫停机制和责任追究制度,如试点银行小额贷款逾期率超过 10％立即停办此项业务;

⑤建立借款人失信惩戒机制,如将欠款名单纳入中国人民银行征信系统,不允许欠款人 3 年内注册新公司,并取消报考公务员资格等;

⑥建立银保信息交换和工作配合机制。

3. 借鉴与启示

通过分析我们发现,宁波市贷款保证保险的顺利开展得益于政府的正确引导和有利推动,同时很好地迎合了宁波市民营经济发达、中小企业众多的经济环境特点。然而,我们认为贷款保证保险发展主要得益于其精细化的业务管理和严格的风险管控,这也为我们提出贷款信用保险的机制设计提供了很好的借鉴。具体分析如下:

（1）精细化的业务管理

①选定工行宁波分行、宁波银行总行等部分经验较为丰富的金融机构作为试点,试点期间,使用统一的条款费率、统一的承保政策、统一的审贷标准和流程;

②保持较低的融资成本,总体不超过贷款本金的 9%,远低于民间借贷等贷款方法;

③合理控制贷款额度和期限,不仅对三类支持对象分别规定了不同的单户贷款上限,而且把贷款期限限定在半年以内,最高不超过 1 年;

④明确保险合同及理赔标准,保险机构对借款人欠息累计或连续达 3 个月以上,或贷款到期后 1 个月内未偿还本金的,向贷款银行进行理赔,并获得对欠款人的代位追偿权,理赔金额依据贷款人的欠款金额计算得出。

(2)严格的风险管控

除了上文提到的风险管控措施,还包括以下内容:

①控制贷款额度和规模。单户贷款金额根据借款人风险水平分为 10 万元、30 万元和 100 万元三档,全市小额贷款总规模初步定为 8 亿元。

②建立风险共担机制和政府超赔基金。银行与保险机构按 3:7 的比例分摊贷款风险,同时将小额贷款保证保险纳入小企业贷款风险补偿资金的补贴范畴,对保险机构赔付率超过一定比例后的部分进行补偿。建立超赔补偿基金,由宁波市财政拨出 1 000 万元,专项用于超赔补偿。

③严控资金专款专用。

通过以上对宁波市贷款保证保险的分析,我们看到宁波市小额贷款保证保险的运作有以下特点:

首先,它坚持政府扶持和市场运作相结合的运行机制。政府通过制度创新引导,科学、合理地安排银行、保险机构、借款人与政府等参与主体的权责关系,出台实施意见,并陆续为试点工作提供一系列的支持政策,解决了保险公司和银行的后顾之忧,使得有真实生产资金需求、良好信用记录与发展前景、可靠还款来源并符合保险公司资信审查条件的小额借款人在获得相应的保险保障后,可从银行获取一定数额的贷款。

其次,它坚持低成本与广覆盖相结合的普惠原则。保证保险保费和借款人意外伤害险保费合计不超过贷款本金的 3%,总体年化成本为本金的 9% 左右,明显低于民间融资成本和银行无抵押、无担保贷款利率,解决了中小企业由于抵押担保不足、自有资金及银行授信额度不足以支持扩大再生产所需的融资难题。

最后,它坚持银保合作和共保体经营相结合的风险共担机制。借鉴以上经验,我们进行了贷款信用保险的机制设计。

19.5.2 贷款信用保险机制设计

借鉴宁波市贷款保证保险的发展模式,我们在贷款信用保险机制的设计中也主要涉及政府、保险公司、商业银行和中小企业四方。

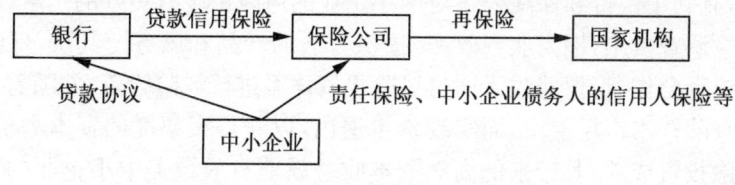

图 19－3　贷款信用保险机制设计

　　如图 19－3 所示,本报告设计的贷款信用保险机制涉及四方——中小企业、银行、保险公司和国家机构。银行向保险公司购买贷款信用保险,然后与中小企业签订贷款协议。为了降低保险公司对中小企业信用的承保风险,要求中小企业根据自身经营情况向保险公司投保自身或者利益相关者(如中小企业的债务人等)的责任保险、信用保险、工程保险或者其他相关保险。如果保险公司自身不经营相关业务,则可与其他经营责任保险等的保险公司签订合作协议甚至共保贷款信用保险。此外,国家机构为承保贷款信用保险的保险公司提供再保险服务。在此过程中,可借鉴宁波市贷款保证保险的风险管控经验,谨慎地控制贷款风险,比如控制中小企业的贷款额度和规模,建立贷款风险叫停机制和责任追究制度等。

　　中小企业由于资本金额不大,在实际经营中很容易由于企业自身发生责任事故、与其合作的生产链的其他企业的不合规操作、企业债务人拖欠债务甚至破产导致中小企业现金流断裂,甚至引发破产,从而无法偿还贷款。如果保险公司根据中小企业的自身经营状况,为其提供避免破产风险的保险产品,则能有效地提高中小企业的还贷能力。一旦中小企业发生此类保险事故,保险公司可以向中小企业提供经济损失补偿,则中小企业也有能力还贷;而如果中小企业发生保险责任外的事故导致无法还贷,则银行向保险公司购买的贷款信用保险就会发挥作用,保险公司就会向银行提供经济损失补偿。为了避免道德风险,保险公司可以采取和银行损失共担的方法,补偿银行经济损失的一定百分比,如 85％。此外,其中必要的一步是国家机构向保险公司提供再保险服务,这有点类似于美国,由联邦政府向中小企业管理局提供资金支持,或者类似于日本由保险公库向信用保证协会提供信用保证保险。考虑到我国有中国再保险公司,能够类似起到政府提供资金保障的功能,利用再保险从而降低保险公司的承保风险,就能鼓励更多的保险公司提供此类贷款信用保险。

　　在此机制中,借鉴宁波市贷款保证保险的经验,鼓励银保合作。首先,实现客户信息资源共享。商业银行和保险公司都有各自庞大的分支机构,拥有自己的客户群和详尽的客户信息。因此银行和保险公司可以建立客户信息共享平台,有利于银行和保险公司对中小企业的风险情况有更好的了解,减少双方的风险调查费用,提高业务效率,提供合适的产品和服务。其次,保险公司可以和银行合作,将保费收入通过风险投资体系进行风险投资,并随着风险投资项目登陆资本市场上市,而实现资本退出,以获得大幅度的资本溢价收益。如果风险投资成功,其带来的高额资本收益就能有效覆盖中小企业的贷款债务,即使承保业务亏损,高效的投资业务也使保险公司扭亏转盈,实现可持续发展,同时商业银行也转移中小企业贷款的信用风险。这种机制实际上是实现了信贷市场、保险市场和资本市场的有效对接,将商业银行的信用风险通过保险市场释放于资本市场。但由于我国资本市场还不完善,要想达到这一目标,还有待所有金融从业人员的共同努力。

传统的担保融资一般流程为:银行审查担保公司的担保资格,并给出担保公司一定期限内的担保额度,同时担保公司审核客户的资信情况给出担保额度反馈给银行,银行在授信额度项下,根据审批条件对信贷客户逐笔审批授信;而信用保险融资的融资流程更加简单、快捷,由保险公司对中小企业进行财务和资信调查,并对每一投保买家批复一个信用额度提供给银行,银行在此买家额度内对中小企业放贷。保险公司相对于担保公司资信状态要好,所以在信用保险融资下,银行的风险更低,也愿意提供更高额的贷款。

总之,借助信用保险,银行就可以放松对中小企业融资的条件,免去审查中小企业资信或担保公司资信等许多繁琐而严格的条件,中小企业也能更便捷地向银行申请贷款。

19.5.3 发展贷款信用保险的条件分析

中小企业贷款信用保险作为一种保险方式,是对目前现有机制的有效补充,可以共同解决中小企业贷款难的问题。然而,如何有效地发展中小企业贷款信用保险,将该机制落到实处,则需要各方努力。中小企业贷款信用保险对社会发展影响大,且风险较大,所以政府的介入和支持对中小企业贷款信用保险的发展是十分必要的,而保险公司则要设计出更优的产品等,致力于满足市场需求,同时社会各方也要提供相关支持。下面,就按照政府、保险公司和社会各界三方来具体探讨发展贷款信用保险的条件。

1. 政府

政府提供的帮助主要从以下三方面展开:首先,改善社会信用环境,包括加强信用保险的立法建设、建立社会信用管理体系和宣传诚实守信的传统美德;其次,建立信用风险分担机制;最后,加大政策支持力度和优惠力度,包括对政策性保险机构提供资金支持、在税收方面给予商业信用保险机构优惠等。

(1)改善社会信用环境

①加强信用保险的立法建设

目前我国除《保密法》以外,对企业资信数据的开放度缺乏法律界定和规范。可以按照国际惯例制定《公平使用信息法》,平衡个人信息隐私和商业秘密开放保护的矛盾,并规范企业的信息披露机制。同时,建立明确的惩罚机制,一旦企业违约,将付出极大的违约成本,使得企业不敢违约操作。此外,目前我国和信用保险相关的法律仅有《保险法》,可专门为信用保险制定法律依据,使得信用保险操作有法可依,规范市场行为。

②建立社会信用管理体系

建立企业信息管理体系和个人信用管理体系。对于企业信用体系,可以建立企业信用档案,为每个企业建立类似于个人身份证的企业身份证号,收集企业资信调查报告和其他有关数据,保险公司在承保信用保险时能节约企业信用评估成本;中小企业的信用与其创立人或者管理者的信用情况非常相关,建立个人信用管理体系有利于保险公司对中小企业重要管理者的信用评估,作为衡量保费的重要指标。

互联网的发展为建立社会信用管理体系提供了可能性,如何使企业和个人的信用数据的收集、管理和搜索变得更加高效,也是需要解决的问题。

(2)建立信用风险分担机制

政府应该建立信用风险分担机制,包括让政策性信用保险机构和商业信用保险机构共担风险,同时让银行等金融机构和企业共担风险。政府应该设立政策性保险机构为商业信用保险提供再保险服务,或者引入与保险机构存在利益关系的业务伙伴来分散风险;同时促进银保合作,将信贷市场、保险市场和资本市场对接,将商业银行的信用风险通过保险市场释放于资本市场。

(3)提供政策支持和优惠

①保证政策性信用保险机构正常运作

政府应加大对政策性保险机构的资金支持,通过在财政预算中定期投入、定期拨付解决政策性保险机构的资金问题,从而保证政策性保险机构有能力持续有效地向商业性信用保险机构提供再保险服务。

②向商业性信用保险机构提供税收优惠

税收优惠甚至能有效提高商业性信用保险机构提供信用保险业务的积极性,从而促进信用保险的供给和需求,加快信用保险的发展。

2. 保险公司

(1)加大对信用保险产品的开发

目前,车险占据财产险市场90%以上的份额,一枝独大,这样的财产险市场是畸形的。信用保险所占市场份额非常小,不到5%。然而,信用保险的市场潜力是巨大的。保险公司认识到信用保险的重要性,迎合我国企业发展情况和融资需求,加强信用保险费率研究,在配合国家政策的同时满足个性化需求,不断推出满足市场需求的系列化产品。同时,保险公司提高对信用保险客户的服务水平,将重点放在事前风险控制而不是事后损失补偿上,帮助中小企业识别、评估、控制风险,从而为中小企业的发展提供强大的支持。

(2)提高信用风险的控制水平

保险公司应该建立专门的风险控制队伍,负责信用风险的承保管理和风险控制,同时建立内部信息数据库,建立高危客户黑名单,实现行业共享,从而使贷款企业的信用风险更加透明,按客户的信用状况条件承保甚至拒保。

(3)通过外部途径分散风险

保险公司可以通过多种外部渠道分散信用风险,具体如下:

①向债务人转移

保险公司可以采取抵押反担保和质押反担保方法,对于民营企业,可以采用个人财产抵押反担保的方式。一旦发生信用风险,保险公司可以通过处置抵押物来补偿自己的损失。

②向债权人转移

这里的债权人即指银行。保险公司可以采取比例保险的方式,一旦债务人无法偿债,保险公司承担债务的一定比例,而银行由于也要对债务承担责任,能促使银保合作,加强对债务人的管理和监督。

③向再保险公司转移

商业保险公司通过向政策性保险公司购买再保险,将信用风险的一部分转移给政府。

④向资本市场转移

类似于巨灾风险证券化的方法,可以将信用风险打包成证券化产品,在资本市场上进行风险转移。目前,保险市场上已经出现了多起将信用风险进行证券化的成功案例。

3. 其他

(1)建立信用保险行业协会

信用风险与其他导致财产损失的风险有明显差异,应当建立专门的信用保险行业协会,代表我国的信用保险业和国外的三大信用保险协会沟通交流,推动我国信用保险的发展。此外,信用保险行业协会要建立行业自律规范体系,建立标准化保单,推动行业内信息共享,对于不诚实守信的企业不再提供信用保险,引导保护守信者、严惩违约者的行业风气。

(2)建立信用评级机构和外部审计制度

为了确保公平、公正,可以引入第三方信用评级机构和外部审计机构,监督信用保险公司的资信情况和信息披露,引导信用保险市场供需双方高效的双向选择。

19.6 结论

综上所述,在分析了我国中小企业融资难现状,借鉴美国和日本在解决中小企业融资难方面以及我国宁波市发展中小企业贷款保证保险的经验,我们设计了涉及政府、保险公司、商业银行和中小企业四方的贷款信用保险机制。简单来说,银行向保险公司购买贷款信用保险,同时中小企业根据自身情况向保险公司购买财产险,有需要时可购买人身意外险,然后银行和中小企业签订贷款协议。最后,国家机构为承保贷款信用保险的保险公司提供再保险服务。在此过程中,还必须设计一些风险防控措施,比如,控制中小企业的贷款额度和规模,建立贷款风险叫停机制和责任追究制度等。

目前,我国尚未有针对中小企业融资的信用保险,我们认为,贷款信用保险为中小企业融资提供了一种新的融资选择方式。我们希望在政府、保险公司和社会各界的共同努力下,贷款信用保险能真正地为中小企业带来福利。

参考文献

[1]中青在线.中小微企业对 GDP 的贡献超过 65％.东方网.http://news.eastday.com/eastday/13news/auto/news/china/u7ai3544562_K4.html,2015－3－2.

[2]和讯科技.郭晓平:中小企业对国民经济的发展有很大作用.和讯网.http://tech.hexun.com/2012－05－25/141792287.html,2012－5－25.

[3]钟明:《保险学》第二版,上海财经大学出版社 2011 年版。

[4]唐金成.信用保证保险与中小企业融资难问题研究[J].南方金融,2013(1).

[5]杨明.引入信用保险下的中小企业融资问题分析[J].黑龙江对外经贸,2011(11).

[6]黄强.信用保险踏上跨界之旅[N].21 世纪经济报道,2014(10).

[7]景春梅.小企业融资:国际比较、经验借鉴及我国对策[J].全球化,2013(1).

[8]中国银行业监督管理委员会.银行业监管统计指标季度情况表(2015年)——银行业金融机构用于小微企业的贷款情况表.http://www.cbrc.gov.cn/chinese/home/docView/3E1B32BC38D54BC2BD3BDCAA3AE798F1.html,2015－5－8.

[9]中国人民银行.小额贷款公司分地区统计表.http://finance.sina.com.cn/money/bank/bank_yhfg/20150123/161021383584.shtml,2015－1－23.

[10]五部门推动信用保证保险,为小额贷款提供资信担保.人民网.http://finance.people.com.cn/money/n/2015/0201/c42877-26486613.html,2015－2－1.

[11]中国保险监督管理委员会宁波监管局.宁波城乡小额贷款保证保险缓解小企业和农村种养户融资难问题.http://www.circ.gov.cn/web/site0/tab5210/info248559.html,2009－10－14.

[12]宁波市人民政府办公厅关于开展城乡小额贷款保证保险试点工作的实施意见[J].宁波市人民政府公报,2011－1－4.

[13]薛红红等.关于商业保险解决中小企业融资难问题的实证研究[J].西部经济管理论坛,2012(6).

[14]彭南刚.我国中小企业贷款信用保险研究[J].保险研究,2003(9).

[15]刘立坤等.引入政策性保险机制缓解科技型中小企业融资难[J].债券热点追踪,2013(2).

[16]王宇晨等.信用保证保险助力中小企业融资的国际经验及启示[J].时代金融,2014(1).

[17]曾华.大力发展信用保险缓解中小企业融资难[J].中国保险论坛,2011(1).

[18]廖新年.保险机制介入中小企业融资问题浅探[J].上海保险,2009(9).

[19]叶萍等.构建信用评价体系对中小企业信用保险的促进作用[J].上海保险,2015(2).

[20]张嵩.新时期信用保险助力中小企业融资探讨[J].金融财税,2012(1).

[21]温信祥.日本中小企业信用担保体系及其启示[J].武汉金融,2013(1).

[22]吉瑞.亚太地区中小企业融资的发展趋势及政策启示[J].东北师大学报,2013(2).

[23]张岭等.美国支持中小企业融资的金融服务体系研究[J].亚太经济,2013(2).